UNION [제9판]

2026년도 변호사시험 대비

EXCALIBUR
엑스칼리버
민사법 II
민소법·상법

MGI 메가고시 연구소 대표 백현관

인해

PREFACE

UNION 기출문제집이 수험서의 보고라고는 말할 수는 있지만, 해마다 늘어나는 많은 양으로 인하여 수험생은 항상 시간과의 싸움을 벌여야만 하였습니다. 『엑스칼리버』 시리즈는 바로 이러한 고민을 해결하고 짧은 시간 동안 합격을 위한 최적의 교재로 기획되었습니다. 그 특징을 간단히 살펴보면 다음과 같습니다.

1. 선택형 핸드북 교재의 결정판
변호사시험 선택형 기출문제 14회분(2012~2025)과 모의시험 39회분(2011-2024)을 중복 없이 키워드를 중심으로 컴팩트하게 요약·정리함으로써 최고 마무리 교재로서의 가치를 극대화하였습니다.

2. 신뢰도·완성도 극대화
반복적인 교차 검토를 진행하였을 분만 아니라 최근에 개정된 법조문과 변화된 판례까지 반영함으로써 교재의 신뢰도와 완성도를 극대화하였습니다.

3. 수험 편리성 극대화

휴대하기 편한 핸드북(크라운판) 사이즈에 튜닝(스프링)작업까지 완료함으로써 누구든지(Whoever), 언제든지(Whenever), 어디에서든(Wherever) 편리하게 활용할 수 있도록 하였습니다.

혹자는 "시험은 암기의 싸움"이라고도 합니다. 암기를 잘하기 위해서는 자신만의 '서브노트'가 필요합니다. 바로 『엑스칼리버』시리즈가 존재하는 이유라고 생각합니다. 실전용으로 구성된 본 교재를 통하여 자신의 약점을 확실하게 보완하는 중요한 계기가 되었으면 합니다.

모쪼록 본서를 통해 시험을 준비하시는 모든 분들에게 합격의 영광이 있기를 간절히 바랍니다. 또한 이 책이 출간되기까지 도와주시고 세심하게 신경써주신 도서출판 인해 대표님과 연구원 그리고 디자이너에게 감사의 마음을 전합니다.

2025. 04
MGI 메가고시 연구소 대표 백현관

CONTENTS

민사소송법

제1편 ▌총 론 · 08
제1장 민사소송법 · 08

제2편 ▌소송의 주체 · 10
제1장 법 원 · 10
제2장 당사자 · 18

제3편 ▌제1심 소송절차 · 38
제1장 소송의 개시 · 38
제2장 변 론[심리(審理)] · 52
제3장 증 거 · 69

제4편 ▌소송의 종료 · 84
제1장 총 설 · 84
제2장 당사자의 행위에 의한 종료 · 84
제3장 종국판결에 의한 종료 · 90

제5편 ▌병합소송 · 102
제1장 병합청구 일반 · 102
제2장 병합청구소송 · 102
제3장 다수당사자소송 · 110

제6편 ▌상소심절차 · 128
제1장 상 소 · 128
제2장 항 소 · 130
제3장 상 고 · 135
제4장 항 고 · 136

제7편 ▌재심절차 · 138
제1장 총 설 · 138
제2장 적법요건 · 138
제3장 재심사유 · 138
제4장 재심절차 · 138
제5장 준재심 · 140

제8편 ▌간이소송절차 · 141
제1장 소액사건심판절차 · 141
제2장 독촉절차 · 141
제3장 공시최고절차 · 141

제9편 ▌민사집행관련 문제 · 141

상 법

제1편 ▌총 칙 · 148
제1장 상법 서론 · 148
제2장 상인과 설비 · 148

제2편 ▌상행위 · 161
제1장 상행위 총설 · 161
제2장 상사매매 · 165
제3장 상호계산 · 166
제4장 익명조합 · 166
제5장 합자조합 · 167
제6장 각 칙 · 167
제7장 해 상 · 175

제3편 ▌회 사 · 176
제1장 회사법 통칙 · 176
제2장 주식회사의 설립 · 185
제3장 주식과 주주 · 190
제4장 주식회사의 기관 · 204
제5장 주식회사의 그 밖의 제도 · 241
제6장 그 밖의 회사 · 254

제4편 ▌어 음 · 258
제1장 어음·수표 총론 · 258
제2장 어음·수표 각론 · 269

제5편 ▌보 험 · 279
제1장 보험법 통칙 · 279
제2장 손해보험 · 287
제3장 인보험 · 296

2026년도 변호사시험 대비

EXCALIBUR
엑스칼리버
민사법 II

민사소송법

제1편 총론

제1장 민사소송법

Excalibur 민사소송법규

- 민사소송법규의 분류
  - 위반시 행위·절차에 영향 있는 효력규정, 영향 없는 훈시규정
  - 판결선고기간(§199, §207)은 훈시규정
  - 효력규정의 분류 : 강한 공익성으로 당사자 의사로 효력 좌우되지 않는 강행규정, 사익 보호성 목적으로 한 임의규정
- 민법상 임의규정과 민사소송법상 임의규정의 차이
  - 사법상 임의규정은 당사자의 합의로 적용배제 可
  - 소송법상 임의규정은 소송절차의 안정성을 위해 적용배제 不可
- 소유권이전등기가 원인무효라는 이유로 그 등기의 말소를 구하는 소송을 제기하였다가 청구기각의 판결을 선고받아 확정된 경우
  - ⇨ 소유권확인 청구의 소제기가 신의칙에 위반 ✕
- 신의성실의 원칙 ⇨ 민사소송법 제1조 제2항은 명문으로 규정 ○
- 신의성실 원칙의 위배 또는 권리남용 ⇨ 강행규정 위반으로 법원의 직권조사사항 ○
- 소권을 남용하여 청구가 이유없음이 명백한 소를 반복하는 경우 ⇨ 무변론판결 및 재판장의 공시송달 가능 ○ (§194④) / 500만원 이하의 과태료 결정 ○ (§219조의2)
- 신의칙 위반 사례 ○
  - 항소심이 추완항소를 받아들여 심리 결과 본안판단에서 그 항소가 이유 없다고 기각하자, 추완항소를 신청했던 당사자가 상고이유에서 그 부적법을 스스로 주장하는 경우
  - 무효인 공정증서상 집행채무자로 표시된 자가 변제를 주장하여 경락허가결정에 대한 항고절차를 취하고 경락대금까지 배당받은 후 경락인에 대하여 공정증서의 무효를 이유로 이에 기한 강제경매도 무효라고 주장하는 경우
  - 의료과오소송에서 진료기록 변조하여 증명방해 ○
  - 부적법한 당사자표시정정신청에 동의한 이후 판결 등을 무효라고 주장하는 경우
- [HIT] 실효의 원칙 ⇨ (判)소송법상 권리에 대하여서도 적용 ○

> **Excalibur 중재**
>
> - **의의**: 당사자 간의 합의로 재산권상의 분쟁 및 당사자가 화해에 의하여 해결할 수 있는 비재산권상의 분쟁을 법원의 재판에 의하지 아니하고 중재인(仲裁人)의 판정에 의하여 해결하는 절차
> - **중재판정의 승인과 집행**
>   - 승인 ⇨ 승인 거부사유가 없으면 승인 (당사자의 신청이 있는 경우에는 법원은 중재판정을 승인하는 결정 可)
>   - 집행 ⇨ 당사자의 신청에 따른 법원의 집행결정 要
> - 중재판정취소의 소의 사유는 일반 재심사유와 다름
> - 국제상거래에서 중재가 활발히 이용되는 이유 중 하나는 '외국중재판정의 승인 및 집행에 관한 협약'에 의하여 체약국의 법원이 다른 체약국에서 행해진 중재판단에 대하여 원칙적으로 승인 및 집행을 허용하도록 의무지워져 있고, 대부분의 주요 국가들이 이 협약에 가입하였기 때문
> - 정부는 중재법에 따라 국내외 상사분쟁을 공정·신속하게 해결하고 국제거래질서를 확립하기 위하여 법무부장관 또는 산업통상자원부장관이 지정하는 상사중재를 하는 사단법인에 대하여 필요한 경비의 전부 또는 일부를 보조 可

제2편 소송의 주체

제1장 법원

[Excalibur] 법관의 제척·기피

- **제척사유** : 제41조 각 호
  - 종중 재산 처분에 관한 종중 총회결의무효확인소송에서 종중의 구성원인 판사(제1호)
  - 법관과 당사자 일방이 부부였으나 이혼한 사이인 경우, but 법관과 당사자 일방의 소송대리인이 부부인 경우 해당 ×
  - 재판장이 증인신청을 철회할 것을 종용하거나 변론을 종결할 의향을 표시한 경우 제척사유 해당 ×
- **[HIT] 법관의 제척사유에 관한 제41조 제5호의 '전심재판관여'**
  - 의미 : 불복사건의 이전심급에 관여한 때
  - 이전심급 : 상소심의 심판대상이 되는 하급심의 모든 재판 (중간재판도 포함)
    ⇨ 1심 법원 재판장으로 판결한 판사가 상고심 관여
    ⇨ 재심 대상인 확정된 원재판 해당 ×, 가압류·가처분 절차 해당 ×
    ⇨ 환송·이송 전 원심에 관여한 경우 : 제41조 제5호의 '전심재판관여' 해당 ×
    But 환송·이송 후 원심에 관여 不可(§436③)
  - 관여 : 전심에서의 실질적 관여를 의미 (최종변론·판결의 합의나 판결의 작성 등 깊이 있게 관여함을 의미함)
    ⇨ 최종변론 전의 변론준비·최종변론 전 변론·증거조사, 기일지정과 같은 소송지휘 혹은 판결의 선고에만 관여한 경우 해당 ×
    ⇨ 재심소송을 담당하는 법관이 그 대상 사건의 심리와 판결에 관여한 경우 해당 ×
    ⇨ 법관이 당해사건의 사실관계와 관련있는 형사사건의 심리와 판결에 관여한 경우 해당 ×
  - 본안사건의 재판장에 대한 기피신청사건의 재판에 관여한 판사가 다시 본안사건에 관여한 경우 ⇨ 전심재판 관여 ×, 제척사유 ×
    1심에서 재판장 기피신청에 관여한 판사가 2심 합의부원으로 관여 ⇨ 제척사유 ×
- **법원은 제척의 이유가 있는 경우** : 직권 또는 당사자 신청에 따라 제척의 재판 ○(§42)
  - 제척의 이유가 있는 법관이 판결에 관여한 경우 ⇨ 절대적 상고이유 해당(§424①2호)
  - 제척신청 이유있다는 결정 ⇨ 불복 不可
  - 제척을 간과한 항소심판결 ⇨ 재판결과에 영향을 미치지 않았다면 심리불속행 상고기각판결 ○
- **기피이유** : 법관에게 공정한 재판을 기대하기 어려운 경우 당사자의 신청(§43①)
  ⇨ 소송당사자 일방이 재판장의 변경에 따라 소송대리인을 교체한 경우는 해당 ×
  ⇨ 평균적 일반인으로서의 당사자의 관점에서 위와 같은 의심을 가질 만한 객관적인 사정이 있는 때에는 실제로 법관에게 편파성이 존재하지 아니하거나 헌법과 법률이 정한 바에 따라 공정한 재판을 할 수 있는 경우에도 기피 사유 인정 可 (判)

- ▢ 기피신청권의 행사시기와 상실(§43②)
  - ⇨ 기피신청권의 행사시기 : 기피사유가 있음을 안 즉시 ○
  - ⇨ 상실 : 당사자가 법관을 기피할 이유가 있다는 것을 알면서도 본안에 관하여 변론하거나 변론준비기일에서 진술을 한 경우에는 기피신청 不可
- ▢ 제척·기피 신청 방법(§44)
  - ▫ 합의부 법관에 대한 제척·기피 신청 ⇨ 사건담당 합의부에게 ○
    수명법관, 수탁판사, 단독판사에 대한 제척·기피 신청 ⇨ 당해 법관에게 ○
  - ▫ 제척·기피의 이유와 소명방법은 신청 후 3일내 서면으로 제출(동조②)
- ▢ 간이각하(§45) : 제척·기피신청이 소송지연을 목적으로 한 것이 분명한 경우 신청 받은 법원 또는 법관이 결정으로 각하
- ▢ 제척·기피신청에 대한 재판절차(§46)
  - ⇨ 재판은 그 신청을 받은 법관의 소속 법원 합의부에서 결정으로 재판(동조①)
- ▢ 불복 신청(§47)
  - ▫ 신청에 정당한 이유가 있다는 결정에 대해서 불복 不可(동조①)
  - ▫ 간이각하 또는 신청에 이유 없다는 결정에 대하여 즉시항고 可(동조②)
- ▢ [HIT] 제척·기피신청의 효과로서 본안소송절차의 정지(§48)
  - ▫ 제척·기피 신청 있는 경우 재판 확정시까지 소송절차 정지 ○
    단, 소송절차 정지 × : 신청이 각하, 종국판결선고시, 긴급을 요하는 경우
  - ▫ (判)기피신청을 각하하는 결정이 확정되었다는 사정만으로 민사소송법 제48조의 규정을 위반하여 쌍방불출석의 효과를 발생시킨 절차위반의 흠결이 치유 × (2009다78467)
  - ▫ (※ 비교判) 기피신청이 이유 없는 것으로서 배척 된 경우 기피신청에 대한 재판이 확정되기 전에 한 판결의 효력은 유효 ○ (78다1242)

[Excalibur] 관할 일반

- ▢ 보통재판적
  - ▫ 피고의 주소지(§2)
  - ▫ 국가의 보통재판적(§6) ⇨ 소송에서 국가를 대표하는 관청 또는 대법원 있는 곳
- ▢ 특별재판적(§7 ~ §24)
  - ▫ 사무소 또는 영업소에 계속하여 근무하는 사람에 대하여 소를 제기하는 경우
    - ⇨ 그 사무소 또는 영업소가 있는 곳을 관할하는 법원에 제기 可
    - ⇨ '사무소 또는 영업소가 있는 사람이' 소를 제기한 경우에는 적용 ×
  - ▫ 부동산등기의무의 이행지 ⇨ 의무이행지 특별재판적 규정 ×, 등기·등록지 특별재판적 적용 ○
- ▢ 변론·합의관할 : 공익적 전속관할위반 아닌 한 관할권 없는 법원에도 허용 ○
- ▢ 지명채권에 관한 관할합의 효력은 특정승계인인 채권양수인에 효력이 미침

- 관련재판적(§25) : 공동소송관계에서만(§65本)
  - 소송목적이 되는 권리나 의무가 공통 or 사실상 또는 법률상 동일 원인인 경우
    - ⇨ 소송목적인 권리나 의무가 같은 종류인 경우(§65但) ×
    - ⇨ 동일 교통사고에 의한 수인의 피해자들간이라면 사실상 동일 원인에 해당
  - 관할의 원인이 동시에 본안의 내용과 관련이 있는 경우의 관할권 유무 판단
    - ⇨ 원고의 청구원인사실을 기초 ○, 본안심리 후에 결정 ×
  - 민사소송의 일방 당사자가 다른 청구에 관하여 관할만을 발생시킬 목적으로 본래 제소할 의사 없는 청구를 병합한 것이 명백한 경우
    - ⇨ 관련재판적에 관한 민사소송법 제25조 적용 不可
- 관할에 관한 사항(§32) : 법원은 직권으로 조사 可
- 관할의 결정시기(§33) : 소제기시를 표준으로 ○
- 관할경합의 경우 ⇨ 원고는 임의선택 可
- 국제재판관할권
  - 피고의 주소지 ⇨ 생활관계의 중심적 장소로서 중요한 고려요소 ○
  - 국제재판관할권 ⇨ 병존 可 (배타적인 것 ×)
  - 특별한 사정이 없는 한 외국의 사법적 행위에 대하여는 당해 국가를 피고로 우리나라 법원이 재판권 행사 可
  - 우리나라 법원이 외국을 제3채무자로 하는 추심명령에 대한 재판권 인정 안되는 경우
    - ⇨ 추심금 소송에 대한 재판권 無
  - 국제재판관할 결정시 판단 기준 ⇨ 개별 사건에서 법정지와 당사자의 실질적 관련성 및 법정지와 분쟁이 된 사안과의 실질적 관련성을 객관적인 기준으로 삼아 합리적 판단 要
  - 제조물책임소송에서 손해발생지 법원에 국제재판관할권이 있는지 판단하는 경우
    - ⇨ 제조업자가 손해발생지에서 사고가 발생하여 그 지역의 법원에 제소될 것을 합리적으로 예견할 수 있을 정도로 제조업자와 손해발생지 사이 실질적 관련성 要
  - 외국 법원을 관할법원으로 하는 전속적인 국제관할 합의의 요건 ⇨ 사건이 대한민국 법원의 전속관할에 속하지 않을 것 要

Excalibur 사물관할

- **HIT** 소가에 따른 구별
  - 원칙 : 소가가 5억 이하인 경우는 단독판사 관할이고, 5억 초과 사건이 합의부 관할
    소가 5억 원 이하의 단독사건 중 소가 1억 원을 초과하는 사건 (고액단독사건)
    - ⇨ 비변호사대리 不可
  - 예외 : 수표, 어음금 청구 사건, 금융기관이 원고가 된 대여금 사건, 재해손해배상청구사건, 재정단독사건 등은 소가가 5억 초과의 경우에도 단독판사 관할

- ☐ 자배법상 손배청구 및 채무부존재확인청구 : 단독 ○
- ☐ 법원조직법에서 소송목적의 값에 따라 관할을 정하는 경우(§26①)
  - ⇨ 소로 주장하는 이익을 기준으로 계산
- ☐ 특정부동산에 설정된 근저당권등기 말소의 소에서 소가의 기준
  - ⇨ 피담보채무가 기준 But 부동산 가격이 피담보채권액보다 적을 때에는 부동산 가격이 기준
- ☐ [HIT] 병합소송의 소가(§27)
  - ☐ 원칙 : 소가합산의 원칙 적용 ○
  - ☐ 예외 : 중복청구(흡수주의), 수단청구(흡수주의), 부대청구(불산입)
  - ☐ 동일한 권원에 기하여 확인 및 이행청구 병합한 경우의 소송목적의 값
    - ⇨ 가장 다액의 청구의 값
- ☐ [HIT] 소가산정 및 사물관할의 표준시기(§33)
  - ☐ 소제기한 때를 표준 ○
    - ⇨ 소제기 뒤에 소의 교환적 변경, 청구취지의 감축 및 목적물의 훼손·가격의 변동 등 사정변경이 있어도 관할에 영향 無
  - ☐ 병합심리로 소가의 합산 액이 소액사건의 소가를 초과하는 경우에도 여전히 소액사건에 해당 ○
- ☐ 단독사건 계속 중 청구취지확장, 반소(§269②)등의 경우 관할
  - ☐ 청구취지 확장 또는 반소 제기 등으로 단독사건이 합의부 관할이 된 경우 법원은 직권 또는 신청에 따른 결정으로 합의부로 이송함이 원칙 ○ (본문)
  - ☐ 다만, 상대방이 관할위반의 항변을 하지 않고 변론관할이 생기게 되면 단독판사가 계속 심리 (단서)
  - ☐ 단독사건에 대하여 지방법원 합의부에 항소가 제기된 후 그 항소심에서 합의부의 사물관할에 속하는 청구로 확장 ⇨ 관할에 영향 ×
  - ☐ 사물관할은 임의관할 ⇨ 합의관할 or 변론관할이 발생 可

Excalibur **전속관할**

- ☐ 의의
  - ☐ 전속관할은 원칙적으로 법률상 명문으로 특정법원만이 배타적으로 관할을 가지는 것으로 정한 경우로서, 재판의 적정 등 고도의 공익적 측면을 고려하여 정함
  - ☐ 임의관할은 전속관할이 아닌 관할로서 당사자의 편의와 공평을 위한 사익적 측면을 고려하여 정함
- ☐ 구체적 검토
  - ☐ 직분관할 : 전속관할에 해당 ⇨ 수소법원과 집행법원 / 지법단독판사와 합의부 / 심급관할 (다만, 비약상고는 임의관할)

- 토지관할과 사물관할 : 원칙적으로 임의관할, 다만 법률에 규정이 있는 경우는 전속관할
□ 특허권등의 지식재산권에 관한 소를 제기하는 경우
- 제2조부터 제23조까지의 규정에 따른 관할법원 소재지를 관할하는 고등법원이 있는 곳의 지방법원의 전속관할로 함
  다만, 서울고등법원이 있는 곳의 지방법원은 서울중앙지방법원으로 한정
- 특허권등의 지식재산권에 관한 소를 관할하는 법원은 현저한 손해 또는 지연을 피하기 위하여 필요한 경우 직권 또는 당사자의 신청에 따른 결정으로 소송의 전부 또는 일부를 제2조부터 제23조까지의 규정에 따른 지방법원으로 이송 可
□ 이혼 원인 손해배상청구 ⇨ 가정법원의 전속관할 ○, 민사법원 ×
□ 특허권 침해를 청구원인으로 하는 손해배상청구 사건의 항소사건
  ⇨ (舊)특허법원의 전속관할 ○
□ 전속관할 위반의 경우 ⇨ 상소심에서 다툴 수 ○, But 전속관할 위반 간과한 판결이라도 재심대상 ×
□ 전속관할 위반을 이유로 제1심판결을 취소한 때(§419) ⇨ 항소법원은 판결로 사건을 관할법원에 이송하여야 ○
  (※ 전속관할 외의 관할(§411)은 항소심에서 주장할 수 없음에 주의)

Excalibur 특별재판적과 토지관할

□ 법인, 그 밖의 사단 또는 재단의 보통재판적은 이들의 주된 사무소 또는 영업소가 있는 곳에 따라 정하고, 사무소와 영업소가 없는 경우에는 주된 업무담당자의 주소에 따라 정함
□ 회사, 그 밖의 사단이 사원에 대하여 소를 제기하거나 사원이 다른 사원에 대하여 소를 제기하는 경우 특별재판적
  ⇨ 그 소가 사원의 자격으로 말미암은 것이면 회사, 그 밖의 사단의 보통재판적이 있는 곳의 법원에 소 제기 可
□ 근무지의 특별재판적(§7)에서 근무지 : 피고의 근무지를 의미 ⇨ 업무와의 관련성 요구 ×
□ [HIT] 재산권에 관한 소의 특별재판적(§8) : 거소지 or 의무이행지 ○
- 특정물의 인도(민법 §467) : 매매계약 성립당시 그 물건이 있었던 장소
- 대금지급장소(민법 §586) : 목적물의 인도와 동시에 지급할 경우 그 인도장소
- 부동산 임대료 지급청구의 소 : 의무이행지 관할 법원 ○ / 부동산소재지 법원 ×
- 부동산등기 신청에 협조할 의무의 이행 : 등기할 공무소 소재지 ○ / 원고주소지 ×
□ 선박 또는 항해에 관한 일로 선박소유자, 그 밖의 선박이용자에 대하여 소를 제기하는 경우
  ⇨ 선적이 있는 곳의 법원에 제기 가능
□ 피고주소가 국내에 없는 경우(§11) : 피고 재산소재지 관할법원에 제소 可
□ 불법행위로 인한 손해배상과 관련한 채무부존재확인소송의 경우
  ⇨ 민사소송법 제18조에 따라 불법행위지에 근거한 토지관할이 인정

- □ 불법행위지 특별재판적
  - □ 가해행위지 및 결과발생지 포함 ○
  - □ 수개의 행위가 불법행위를 구성하는 경우 ⇨ 각 행위지 모두 재판적 인정 ○
- □ 약속어음금 청구사건에 관한 관할법원 ⇨ 어음에 표시된 지급지가 의무이행지 ○, 지급지의 소재지를 관할하는 법원 ○ (cf. 채권자의 주소지를 관할하는 법원 ×)
- □ 등기·등록 공시 특수동산(§21) ⇨ 부동산소재지 특별재판적 적용 없음
- □ 상속 또는 유증, 그 밖에 사망으로 효력이 생기는 행위에 관한 소를 제기하는 경우 특별재판적(§22) ⇨ 상속이 시작된 당시 피상속인의 보통재판적이 있는 곳의 법원에 제기 可
- □ 지적재산권과 국제거래에 관한 소(§24)
- □ 영업에 관한 채무의 이행을 구하는 소 ⇨ (判) 제소 당시 채권 추심 관련 업무를 실제로 담당하는 채권자의 영업소 소재지 법원에 제기 可

Excalibur 합의관할

- □ 의의 : 당사자의 합의에 의해 생기는 관할(§29)
- □ 발생요건
  제1심법원의 임의관할 / 합의의 대상의 특정 / 방식은 서면 / 관할법원의 특정
- □ 전속적 관할합의의 효력
  - ⇨ 성질상 임의관할 ○, 법정의 전속관할(§31)로 바뀌는 것 ×
  - ⇨ 변론관할 발생가능하고 법원의 편의이송 可
- □ [HIT] 관할합의의 효력이 미치는 주관적 범위
  - □ 당사자와 승계인 (특정승계인 中 물권승계인 ×, 채권승계인 ○)
  - □ 근저당권설정자와 근저당권자 사이의 관할합의 : 부동산 양수인에게 효력 ×
- □ [HIT] 전속적 국제재판관할합의의 유효요건
  - ㉠ 해당 사건이 대한민국 법원의 전속관할에 속하지 아니할 것
  - ㉡ 지정된 외국법원이 그 외국법상 해당사건에 대해 관할권을 가질 것
  - ㉢ 해당 사건이 그 외국법원에 대하여 합리적 관련성을 가질 것
  - ㉣ 전속적 관할합의가 현저히 불합리하고 불공정하여 공서양속에 반하는 법률행위에 해당하지 아니할 것
- □ 국제재판관할의 합의 (국제사법 §8③) ⇨ 전속적인 것으로 추정됨

Excalibur 변론관할

- 의의 : 원고가 관할권 없는 법원에 소를 제기하고 피고가 이에 응한 때에 생기는 관할(§30)
- 발생요건
  - i) [HIT] 본안에 관한 변론 또는 진술
    - ⇨ 본안은 청구의 당부에 관한 것 : 소각하 판결 및 기일변경신청 구하는 것은 해당 ×
    - ⇨ 변론기일에 출석하여 구두로 진술 : 답변서의 진술간주는 변론에 해당 ×
    - ⇨ 피고가 법원에 관할권이 있는 것을 조건으로 본안에 관한 변론을 한 경우 ⇨ 관할위반의 항변이 있는 것으로 보아야 함
  - ii) 관할위반의 항변의 부존재
- [HIT] 변론관할은 임의관할의 경우에만 발생 ○
  - ⇨ 사물관할이나 토지관할은 원칙적으로 임의관할이므로 변론관할의 성립 可
  - ⇨ 전속관할을 위반한 소제기의 경우 변론관할 적용 ×
  - ⇨ 원고가 전속적 관할합의를 위반하여 소를 제기하더라도 피고가 본안에 관하여 변론하면 변론관할이 발생 ○
- 효력
  - ⇨ 변론관할은 당해사건에 한하여 발생하므로 소의 취하나 각하 후에 다시 제기하는 재소(再訴)까지는 그 효력 미치지 않음
- 본소가 단독사건인 경우 피고가 반소로 합의사건에 속하는 청구를 한 경우
  - ⇨ 법원은 직권 또는 당사자의 신청에 따른 결정으로 본소와 반소를 합의부에 이송하여야 ○
  - ⇨ 다만, 반소에 관하여 제30조의 규정에 따른 관할권이 있는 경우는 예외

Excalibur 소송의 이송

- [HIT] 관할위반을 이유로 한 이송(§34①) : 당사자의 신청권 無
  당사자 신청은 직권발동의 의미뿐이므로 법원의 재판 不要
- 법원이 이송신청에 대하여 재판하지 않은 경우 특별항고 不可
- 이송신청에 대한 기각결정에 대하여 즉시항고 不可
- 신청권이 인정되지 않는 이상 항고심에서 이송결정이 취소되었어도 재항고 不可
- [HIT] 재량에 따른 이송(§34②) : 직권 or 당사자의 신청권 有
  - 지방법원 단독판사는 관할권이 있는 경우라도 상당하다고 인정하면 같은 지방법원 합의부로 이송 可 ⇨ 동일한 지법 내의 합의부와 단독판사 사이 이송의 여지 有
  - 합의부는 관할권이 없는 경우라도 상당하다고 인정하면 스스로 심리 可
- 심판편의에 의한 이송(§35) : 직권 or 당사자의 신청권 有
- 지방법원 본원 합의부가 단독판사의 판결에 대한 항소사건 심판 중 지방법원 합의부의 관할에 속하는 소송이 새로 추가되거나 변경된 경우 ⇨ 추가되거나 변경된 청구에 대하여 그대로 심판 可

- □ 비송사건이 민사소송으로 청구된 경우
  - ⇨ 석명의무 有, 토지관할 없을 때는 관할법원에 이송 可
- □ 행정소송 사건을 민사소송으로 잘못 제기한 경우
  - ⇨ 관할 법원에 이송 ○ / 단, 제소기간 도과시 각하
  - ⇨ 수소법원이 그 행정소송에 대한 관할도 동시에 가지고 있는 경우라면 원고로 하여금 항고소송으로 소 변경을 하도록 하여 그 1심법원으로 심리·판단함
- □ 당사자에게 이송신청권이 인정되는 이송(§34① 이외의 이송)
  - ⇨ 이송신청기각결정시 즉시항고 可(§39), 항고심에서 당초의 이송결정이 취소되었다 하더라도 이에 대한 신청인의 재항고는 불허용
  - ⇨ 전속관할에는 적용 ×
- □ 전속적 관할 합의는 현저한 손해 또는 지연을 피하기 위하여(§35②) : 편의이송 可
- □ 반소제기에 의한 이송(§269②) : 단독사건 계속 중 합의사건의 반소가 제기된 경우 변론관할이 생기지 않는 한 합의부에 이송하여야 ○
- □ 청구취지의 확장으로 합의부의 관할이 된 경우 ⇨ 합의부로의 이송원인 ○
- □ 법원의 이송에 대한 판단 형식 : 결정의 형식 ○ (판결 ×)
- □ 이송결정이 확정된 뒤라도 급박한 사정이 있는 때 이송결정을 한 법원(§37)
  - ⇨ 직권 or 당사자 신청에 따라 필요한 처분 可, But 소송기록을 보낸 뒤에는 不可
- □ [HIT] 이송결정의 구속력(§38①)
  - □ (判)확정된 이상 전속관할 위반의 경우라도 원칙적으로 구속력 有
  - □ 단, 심급관할위반의 이송결정의 경우
    이송 받은 상급심 ⇨ 기속력 無 (∵ 당사자 심급이익)
    이송 받은 하급심 ⇨ 기속력 有 (∵ 반복이송의 불합리 방지)
  - □ 이송 받은 뒤에 소의 변경 등으로 새로이 관할법원이 생긴 경우 ⇨ 이송 可
- □ [HIT] 이송결정시 소송계속의 발생 시기(§40①)
  - □ 처음부터 이송을 받은 법원에 계속된 것으로 간주 (이송시에 소송계속 발생 ×)
    - ⇨ 따라서 소제기 시에 시효중단·기간준수의 효력이 유지 ○
  - □ 재심의 소가 관할법원에 이송된 경우 민사소송법 제40조에 의하여 제1심 법원에 제기된 때를 기준으로 소송 계속 여부를 판단함
  - □ 이송결정시(§40②) ⇨ 소송기록의 송부 ○
- □ 항소심 판결에 대한 상고장이 대법원에 제출된 경우 ⇨ 원심법원으로 기록 송부
- □ 지방법원 단독판사는 소송에 대하여 관할권이 있는 경우라도 상당하다고 인정하면 같은 지방법원 합의부에 이송 可

> **Excalibur** 선결문제
> - ☐ 행정처분의 무효 여부가 선결문제가 된 민사소송 ⇨ 수소법원이 심리, 판단 가능 ○

▪ 제2장 당사자

> **Excalibur** 당사자확정의 제 문제
> - ☐ 당사자확정 : 원고에 의해서 소장에서 당사자가 특정된 후, 법원이 해석에 의해 당사자가 누구인가를 명확히 하는 것
>   - ☐ 당사자가 누구인가는 소장에 기재된 표시 및 청구의 내용과 원인 사실 등 소장의 전취지를 합리적으로 해석하여 확정
>   - ☐ 당사자가 확정되어야만 법원은 그 당사자에게 절차에 참여할 기회를 주고 심리가 종결되면 그 당사자를 명의인으로 판결 可
> - ☐ 변론종결 후 당사자의 사망
>   - ⇨ 법원은 소송수계절차 없이 판결 선고 可
>   - ∵ 판결의 선고는 소송절차 중단된 중에도 可(§247①)
> - ☐ 성명모용에 의해 선고된 판결 ⇨ 피모용자는 상소 or 재심 청구 可

> **Excalibur** 당사자능력
> - ☐ 소제기 전 사망 : 당사자 능력 없어 소각하 판결
> - ☐ 실종자를 당사자로 한 판결이 확정된 후 실종선고가 확정되어 그 사망간주 시점이 소 제기 전으로 소급하는 경우에도 판결의 효력 ⇨ 무효 × (∵ 판결 자체가 소급하여 당사자능력 없는 사망자 상대의 판결 ×)
> - ☐ [HIT] 소장에 표시된 원고에게 당사자능력이 없는 경우 법원의 조치
>   - ⇨ 당사자 표시정정 허용하여야 ○, 바로 소각하 不可
> - ☐ 단체가 실재하나 당사자능력 없음을 간과한 경우 ⇨ 항소심에서도 당사자표시정정 허용 ○
> - ☐ 법인에 관하여 청산종결등기가 경료 된 경우에도 청산사무가 종료되었다고 할 수 없는 경우
>   - ⇨ 청산법인으로서 당사자능력 有
> - ☐ 종중의 당사자 능력 ⇨ 종중성립을 위해 조직을 갖추어야 하는 것 ×
> - ☐ 학교 : 민사소송뿐만 아니라 비송사건에서도 당사자능력 無
> - ☐ 동물(도룡뇽) : 당사자능력 無

Excalibur 당사자표시정정

- 의의 : 당사자표시정정이란 당사자확정 후 당사자의 동일성을 해치지 않는 범위 내에서 당사자표시를 바로잡는 것을 의미
- [HIT] 피고 표시정정 시효중단 시기 : 소장 제출시
  cf. 피고경정 시효중단 시기 : 경정신청서 제출시
- 시기
  - 단순한 표시착오에 의한 정정의 경우 ⇨ 심급 불문 허용 ○
  - 소제기 당시 이미 사망한 사람 또는 당사자능력이 없는 단체를 당사자로 한 소송의 경우 ⇨ 1심에서만 可
- [HIT] 당사자 표시정정에 관한 판례
  - 허용한 경우 : 당사자능력이 없는 자를 올바른 당사자능력자로 표시 정정
  - 불허한 경우 : 종회대표자를 종회로 변경하는 표시정정, 당사자를 추가하는 경우, 새로운 당사자를 상고인으로 추가하는 경우, 주식회사 대표이사 개인명의 소 제기 후 주식회사로 변경하는 표시정정
- 소장 당사자 표시가 착오로 잘못 기재되었음에도(ex. 박종의(宜)를 박종선(宣)으로) 소송 계속 중 당사자표시정정이 되지 않아 잘못 기재된 당사자를 표시한 본안판결이 선고·확정된 경우 ⇨ 당연무효 ×, 동일성 인정되는 범위에서 적법하게 확정된 당사자에 판결 효력 미침 ○
- 정당한 법정대리인으로 보정하라는 취지의 보정명령에 불응 ⇨ 소장각하명령 불가능 (판결로서 소 각하 가능)
- 소장이 접수되기 전에 공동원고의 한 사람이 사망한 경우 ⇨ 사망한 원고 명의의 제소는 부적법 각하
- 당사자표시정정의 방법으로 새로운 당사자 추가 ×
- 소 제기 당시 이미 사망한 당사자와 상속인이 공동원고로 표시된 손해배상청구의 소가 제기된 경우
  ⇨ 이미 사망한 당사자 명의로 제기된 소 부분은 부적법하여 각하 되어야 ○ (∵ 소의 제기로써 이미 사망한 당사자의 손해배상청구권에 대한 자신의 상속분에 대해서까지 함께 권리를 행사한 것 ×)
- 적법한 일부 당사자표시정정을 법원이 부적법한 당사자변경으로 오인하여 변경 전의 당사자 명의의 판결을 한 경우
  ⇨ 누락된 당사자는 상소의 대상 × (∵ 누락된 당사자에 대해서 재판누락 有)
- 사자(死者)를 당사자로 한 소송에서의 표시정정 (후술)

Excalibur 소송계속 중 사망

- ☐ **소송이 종료되는 경우** : 일신 전속적 권리이거나 대립당사자구조가 해소되는 경우(당사자 지위 혼동)는 소송이 종료 ○
  - ☐ 이혼소송 계속 중 당사자 일방이 사망한 경우 ⇨ 소송 종료 ∴ 심리·판단 ×
- ☐ [HIT] **소송계속 중(후) 상대방 당사자가 사망시 소송대리인이 없는 경우**

(1) 사망의 효과
- ☐ 소송절차 중단(§233), 상속인들에게 당연히 승계되기 때문에 소송 부적법 ×
- ☐ 적법한 수계인이 수계절차를 밟아 소송에 관여하기 전까지 소송절차 중단 ○
  - ⇨ 따라서 적법한 상속인들이 판결을 사실상 송달받아 상고장 제출 및 상고심에서 수계절차 밟으면 그 수계와 상고는 적법
- ☐ 소송계속 중 당사자가 사망하고 그 상속인의 존부가 분명하지 않은 경우
  - ⇨ 소송절차를 중단하고 상속재산관리인 선임하여 소송수계
- ☐ 상속인은 상속포기를 할 수 있는 동안에는 소송절차를 수계 不可
- ☐ 상속인들의 재산상속은 공유관계이므로 소송수행관계는 통상공동소송 ○
- ☐ 소송계속 중 당사자인 피상속인이 사망한 경우 공동상속인 전원이 공동으로 수계하여야 하는 것은 ×
- ☐ 소송절차의 중단 또는 중지 ⇨ ⅰ) 기간의 진행 정지 ○ ⅱ) 소송수계사실 통지한 때 or 소송절차를 다시 진행한 때부터 전체기간이 새로이 진행 ○

(2) 중단을 간과한 판결의 효력
- ⇨ 적법한 수계인의 권한을 배제한 위법 有, 당연무효판결 ×
- ⇨ 대리권흠결을 이유로 유추적용하여 상소(§424①)·재심(§451①3호) 사유 ○

- ☐ [HIT] **소송계속 중 당사자가 사망 시 소송대리인이 있는 경우**

(1) 사망의 효과
- ☐ 소송절차 중단 ×(§238, §233)
- ☐ 당사자가 사망하더라도 소송대리인의 소송대리권은 소멸하지 않으므로(§95①) 상속인 전원을 위하여 소송 수행하는 것, 원칙적으로 소송수계의 문제가 발생 ×, 판결의 효력은 상속인들 전원에 미침
- ☐ 소송대리인에게 상소제기의 특별수권이 없는 경우 소송절차의 중단 시기 : 판결서의 송달과 동시에 중단 (심급대리의 원칙), 항소를 제기하지 아니한 상속인의 판결은 항소제기기간이 도과 시 확정 ×
- ☐ 소송대리인에게 상소제기의 특별수권이 있는 경우 제1심 판결정본이 소송대리인에게 송달되더라도 소송대리권 소멸 ×
  - ⇨ 따라서 소송절차 중단 × (상소제기기간이 경과하면 판결은 확정 ○)
- ☐ 상소의 특별수권이 있는 소송대리인이 상속인 전부라고 생각하고 상속인 일부에 대해서만 수계절차를 밟고 항소인으로 항소한 경우

⇨ 상속인 전원이 확정차단되고 상소심으로 이심되어 중단 ○(§233)
⇨ 상소기간 도과의 문제없어 추후보완 상소 인정될 여지 無

(2) 당사자자격 없는 자에 대한 판결의 효력
- 상소의 특별수권 없는 경우 망인을 그대로 표시하여 판결하였더라도 상속인 모두에게 판결의 효력 有
  ⇨ 소송대리인이 일부만 수계하여 수계절차만을 밟은 일부만을 당사자로 표시하여 판결하였어도 나머지 공동상속인 모두에게 판결의 효력 有
- 상소의 특별수권 있는 경우 소송대리인이 항소하지 않고 공동상속인 중 일부만이 항소한 경우
  ⇨ 판결의 효력은 상속인 전부에 미치고, 항소하지 않은 일부 상속인의 부분은 항소제기기간이 도과하여 판결이 확정 ○
- 이미 사망한 자를 채무자로 한 처분금지가처분신청 ⇨ 신청은 부적법 ○, 가처분결정이 있어도 당연무효이므로 그 효력은 상속인에게 미치지 ×
- 소제기 후 실종선고가 확정된 경우 소송절차의 중단시기 ⇨ (判)실종선고가 확정된 때 ○ (∵ 실종선고의 효력이 생기기 전까지는 생존하였던 것으로 보아야)
- 사망자에 대한 송달 : 무효, But 상속인들이 현실적으로 수령시 : 하자치유 ○

Excalibur 소제기 전 사망한 경우

- **[HIT]** 제소 전 원고가 사자이었던 경우
  - 원칙 : 부적법 각하
  - 예외 : 소송대리인에게 소송위임을 한 다음 소제기 전에 사망하였고 소송대리인이 이를 모르고 사망한 당사자를 원고로 소제기한 경우
    ⇨ (判)당사자 사망에도 소송대리인의 소송대리권은 소멸하지 않으므로(§95①) 소제기 적법, 시효중단 등 소 제기의 효력은 상속인들에게 귀속 ○, 제233조 유추적용으로 상속인들 소송절차 수계하여야 ○
- **[HIT]** 제소 전 사망자를 상대로 소를 제기한 경우 법원의 조치
  1. 당사자 확정
     ⇨ 사망자가 아닌 사망자의 상속인이 당사자 (선순위 상속인이 상속을 포기한 경우 후순위상속인으로 당사자표시정정 可, 원고가 상속인들에 대하여 소송수계신청을 한 경우 법원은 당사자 표시정정으로 선해 可)
     ⇨ (判)당사자확정에 관해 실질적 표시설 ○ (cf. 제소 전 사망의 경우에는 의사설의 입장을 취한다고 한 견해도 有)
  2. 당사자표시정정의 가부
     - (判)실질적 상속인으로 당사자표시정정 허용 ○ (∵ 확정된 당사자인 상속인과 바꾸려는 당사자인 상속인은 서로 동일성이 인정), But 상고심에서는 당사자표시정정 不可

- 피고경정의 방식을 취하더라도 표시 정정 효력 인정
- **사망자를 피고로 제소한 경우** ⇨ 당사자는 상속인 (1순위 상속인이 포기한 경우 2순위 상속인)
  - 채무자 甲의 乙 은행에 대한 채무를 대위변제한 보증인 丙이 甲의 사망사실을 알면서 추후에 상속인을 알아내어 표시정정할 의도로 甲을 피고로 기재하여 소 제기
    ⇨ 丙은 피고의 표시를 甲의 상속인으로 정정 可
  - 제1심에서 상속인으로의 표시정정하면서 일부 상속인 누락 ⇨ 항소심에서 누락된 상속인을 다시 피고로 정정 추가 不可(당사자의 심급의 이익 고려)
- [HIT] **제소 전 사망자임을 간과하고 판결·결정한 경우 소송상 취급**
  - ⅰ) 소제기 후 소장부본이 송달되기 전에 피고가 사망한 경우, ⅱ) 지급명령 신청 후 정본이 송달되기 전에 채무자가 사망한 경우 및 ⅲ) 관리인을 채무자로 한 지급명령의 발령 후 정본의 송달 전에 회생절차폐지결정이 확정된 경우에도 마찬가지로 적용 ○
  - 판결 또는 결정(처분금지가처분결정) 등의 효력 : 당연무효
  - 위 무효인 판결에 기한 소유권이전등기 : 부적법
  - 제소전 사망을 간과한 판결에 대한 상소·재심은 不可
  - 제소전 사망을 간과한 가처분결정에 대한 이의신청 ○
  - 제1심 판결 선고 후 상속인들의 수계신청 ×, 상속인들의 항소 ×
- [HIT] **사자상대 소송이라도 상속인의 현실적 소송관여가 있는 경우**
  ⇨ 신의칙상 상속인에게 판결의 효력을 인수시킬 수 ○
- **이미 사망한 제3채무자에 대하여 압류 및 전부명령 정본의 송달이 이루어진 경우 그 송달의 효력**
  - 원칙은 무효
  - 그 상속인이 현실적으로 그 압류 및 전부명령 정본이나 경정결정 정본을 수령시
    ⇨ 그 때에 상속인에 대한 송달로서 효력을 발생
- [HIT] **실종자를 당사자로 한 판결이 확정된 후 실종선고가 확정되어 그 사망간주 시점이 소제기 전으로 소급하는 경우** ⇨ 판결자체가 소급하여 무효 × (∵ 판결 자체가 소급하여 당사자 능력 없는 사망자 상대의 판결 ×)
  - cf. 실종선고의 효력이 발생하기 전 실종기간이 만료된 실종자의 소송법상 제문제
    ⇨ 소송상 당사자능력 有 / 실종자를 상대로 제기된 소 적법 / 실종자를 당사자로 하여 선고된 판결 유효 ○·판결확정시 기판력 발생 ○

Excalibur 변론종결 후 당사자 사망

- 변론종결 후에 사망으로 소송절차의 중단이 생긴 경우(§233) : 중단 중에도 판결 선고 可(§247)
- 변론종결 후 당사자 사망 후 소송수계절차 없이 판결을 선고한 경우 : 위법하지 않고 유효 ○
- 소송대리인이 있는 경우(§238, §233) : 소송절차 중단 없이 당연히 상속인의 소송대리인 ○
- 소송대리인에 상소의 특별수권 無 : 판결정본 송달로 소송절차 중단 (∵ 심급대리원칙)
- 상속인으로 당사자 표시 정정하지 아니한 채 망인을 그대로 당사자로 표시된 판결된 경우 : 상속인 전원에게 효력 有
- 소송계속 중 당사자 사망시 소송절차 중단이 원칙이나 소송대리인이 있는 경우 중단되지 않고, 상소에 관한 특별수권 없는 한 당해 심급판결 정본이 송달된 때 소송 중단
- 판결확정 후 상속인이 재심원고 표시를 사망자로 한 경우 : 상속인이 실제 재심 제기 한 것이 인정된다면 이후 당사자 표시정정 可

Excalibur 당사자자격

- [HIT] 당사자자격을 비롯한 소송요건의 존부 판단 기준시기 : 변론종결시 ○
- 당사자능력 유무에 관한 사항, 비법인사단의 대표자 대표권 ⇨ 법원의 직권조사사항
- 무권대표가 한 소송행위를 적법 대표가 추인한 경우 ⇨ 소급하여 유효, 상고심에서도 가능
- 법인 아닌 사단이 당사자인 소송에서 기판력 ⇨ 사단의 구성원에게 미치지 ×
- 법인 아닌 사단 개인 명의의 소 ⇨ 부적법 (대표자라거나 사원총회의 있었다 하더라도 부적법)
- 선정당사자 본인에 대한 소가 취하된 경우 ⇨ 선정당사자의 자격 상실
- 추심명령 후 이행의 소 당사자적격
  - 추심명령 ⇨ 추심채권자만 당사자적격 有 / 추심명령취하 ⇨ 채무자에게 회복
  - 항소심판결 선고 후 채권압류 및 추심명령에 대한 압류해제 및 추심포기서가 제출되어 피압류채권의 채권자가 그 지급을 구하는 소를 제기할 수 있게 된 경우 상고심은 채권자의 당사자적격 인정하여야 ○
- 단체내부의 분쟁에 대한 소송에 있어 피고적격
  - 단체의 임원선거에 따른 당선자 결정의 무효확인을 구하는 소 : 단체를 상대로 제기해야 ○ (∵ 당선자 상대로 제기는 확인의 이익 無)
  - 이사직무집행정지가처분의 피신청인 적격 : 당해 이사 ○ (회사 ×)
  - 주주총회결의취소 및 무효의 소의 피고적격 : 회사 ○ (∵ 판결의 대세적 효력)
  - 종중의 대표자를 선출한 결의의 무효나 부존재 확인소송의 피고적격 : 종중 ○
  - 동대표 선출결의무효확인소송의 피고적격 : 공동주택의 입주자대표회의 ○
  - 법인 아닌 사단인 종교단체의 대표자 또는 구성원의 지위에 관한 확인소송
    ⇨ 단체가 아닌 대표자 또는 구성원 개인을 상대로 제기할 확인의 이익 無

- □ 회사의 소송에서 회사를 대표하는 자
  - □ 이사와 회사 간의 소송(상법 §394①) ⇨ 감사 ○, 감사위원회 ○ (위반하여 대표이사로부터 소송대리권 위임받은 소송대리인이 한 소송행위는 무효)
  - □ (判)퇴임이사 상대 소송(상법 §394① 배제) ⇨ 대표이사 ○
- □ 파산재단에 관한 소송 ⇨ 파산관재인이 법정소송담당으로서 당사자적격 有
- □ 등기말소청구 소송에서 등기명의인이나 그 포괄승계인 당사자 적격 有
- □ 종중대표자지위 확인소송의 피고로 종중 또는 종중원 전원 당사자 적격 有
- □ 비법인사단에 해산사유가 발생하였다고 하더라도 청산사무가 완료될 때까지 청산의 목적범위 내에서 그 법인의 당사자능력은 계속 유지 ○
- □ 법인 아닌 사단의 실체를 갖춘 아파트 부녀회 ⇨ 당사자능력 ○
- □ 구분소유자들을 상대로 공용부분 변경에 따른 비용을 청구하는 경우 ⇨ 집합건물의 관리단으로부터 공용부분 변경에 관한 업무를 위임받은 입주자대표회의가 원고적격 有
- □ 집합건물의 관리단으로부터 관리업무를 위임받은 위탁관리회사 ⇨ 구분소유자 등을 상대로 자기 이름으로 소를 제기하여 관리비를 청구할 당사자적격 有
- □ 청산 등기 경료 But 청산사무가 종료되지 않은 청산법인 ⇨ 당사자 능력 有
- □ 수인을 균등한 비율에 의한 피공탁자로 변제공탁시 ⇨ 피공탁자 각자는 공탁서 기재상 지분외 초과 지분에 대하여 다른 피공탁자 상대로 공탁금출급청구권존재 확인의 소 제기 不可
- □ 남편이나 아내가 피성년후견인인 경우 ⇨ 그의 성년후견인이 성년후견감독인 동의 받아 친생부인의 소 제기 可
- □ [HIT] 이행의 소에서 당사자적격의 판단기준
  - □ 자기에게 이행청구권이 있음을 주장하는 자가 원고적격 ○, 그로부터 이행의무자로 주장된 자가 피고적격 ○
  - □ 원고가 실제 이행청구권자이며 피고가 이행의무자인지는 본안심리에서 가릴 문제
    - ⇨ 본안심리 끝에 실제 이행청구권자나 의무자가 아님이 판명되면 청구기각의 판결을 할 것이고, 당사자적격의 흠이라고 하여 소를 각하 ×
  - □ 채권가압류의 경우에도 채무자가 제3채무자를 상대로 이행의 소 제기 可
  - □ 채권에 대한 압류·추심명령이 있는 경우 제3자에 대한 이행의 소의 당사자적격
    - ⇨ 추심채권자 ○ (채무자 ×)
  - □ 채무자의 이행소송 계속 중에 추심채권자가 압류 및 추심명령 신청을 취하한 경우
    - ⇨ 채권자는 추심권능 상실, 채무자는 당사자적격 회복
  - □ 채권에 대한 압류 및 전부명령이 있는 경우 채무자의 제3자에 대한 이행의 소는 청구기각 ○ (∵ 압류된 채권은 동일성 유지한 채로 이전)
- □ 근저당권이 양도된 후 근저당권설정자의 근저당권설정등기말소청구시 피고: 양수인○
- □ 채권자취소소송의 피고적격 : 수익자 ○, 전득자 ○ / 채무자 ×

- ☐ 채권자대위소송 : 제3자의 법정소송담당 중 병행형
  - ⇨ 채권자대위의 소가 제기되더라도 채무자는 당사자 적격 상실되지 ×
- ☐ 채권자대위소송에서 피보전채권의 존재가 부정된 자 ⇨ 당사자 적격 ×
- ☐ 이미 채무자가 제3채무자 상대로 패소확정판결 받은 경우 : 대위채권자 당사자적격 ×

Excalibur 제소의 상대방

- ☐ 분묘철거청구의 상대방 : 분묘의 관리처분권을 가진 자 ○
  - ⇨ 일반적으로 종손 단, 종손이 제사를 주재하는 자의 지위를 유지할 수 없는 특별한 사정이 있는 경우는 종손이 아닌 자가 상대방
- ☐ 이미 파산선고를 받은 자를 상대로 파산선고 전에 갖고 있던 재산상 청구권의 행사
  - ⇨ 파산관재인을 상대로 소를 제기하여야 ○
- ☐ [HIT] 등기의무자 아닌 자를 상대로 한 등기말소청구의 소 : 부적법
  - ☐ 말소등기청구 소송에서 피고적격 ⇨ 등기명의인 ○
- ☐ 근저당권이전의 부기등기있는 경우 근저당권설정등기말소청구의 상대방 : 양수인
- ☐ 회복될 등기와 등기부상 양립할 수 없는 등기명의인을 상대로 한 승낙청구 : 당사자의 적격이 없는 자에 대한 청구로서 부적법 (∵ 회복등기에 앞서 말소의 대상이 될 뿐)
- ☐ 진정등기명의회복을 위한 소이등청구를 중간 명의인에게 한 경우 ⇨ 피고적격 흠결로 부적법
- ☐ 사해행위 취소의 소의 피고적격 : 수익자 또는 전득자
  - ⇨ 사해행위 취소소송에 있어서 채권자는 수익자나 전득자인 현재의 등기명의인을 상대로 채무자 앞으로의 소유권이전등기절차이행청구 可
  - ⇨ 사해행위인 매매예약에 기하여 수익자 앞으로 가등기 마친 후 전득자 앞으로 그 가등기 이전의 부기등기 마친 경우 ⇨ 채권자는 수익자를 상대로 매매예약 취소를 청구 可

Excalibur 조합 · 비법인사단의 소송수행

- ☐ [HIT] 조합 : 권리능력 無, 당사자능력 無
- ☐ 조합의 소송수행방안 : 조합원 전원 명의로 고유필수적 공동소송(민법 §272본, 관리처분행위), 업무집행조합원이 선정당사자(§53, §65본) 또는 (判)임의적 소송담당 인정, 법률상 소송대리 등
  - ☐ 합유부동산의 명의신탁해지 원인으로 한 소유권이전등기청구소송 : 고유필수적 공동소송 ○
  - ☐ 조합의 보존행위 ⇨ 낙찰자선정 무효확인의 소 적법 ○
- ☐ 비법인 사단 : 권리능력 無, 당사자능력 有

- □ [HIT] 총유물에 관한 소송 수행방안
  - □ 비법인사단의 명의로 총회결의를 거쳐 하거나 구성원 전원이 당사자가 되어 필수적 공동소송의 형태로 可 (민법 §276①, 관리처분행위)
  - □ 사단의 구성원(대표자 포함)은 사원총회의 결의를 거쳤다고 하더라도 당사자 × (이러한 법리는 총유재산의 보존행위로서 소를 제기하는 경우도 동일하게 적용 ○)
- □ [HIT] 비법인사단의 명의로 소송 수행하는 경우(§64) : 비법인사단의 대표자는 법정대리인에 준하여 취급 ○
  - ⇨ 적법한 자격 없는 대표자의 행위에 대한 무권대리의 추인은 소급효 有
  - ⇨ 비법인사단·재단의 존재여부 및 대표자의 적법한 대표권 유무는 직권조사사항, 당사자 자백에 구속 ×
- □ [HIT] 비법인사단이 총유재산에 관한 소송 제기시 사원총회결의를 거쳤는지 여부
  - ⇨ 소송요건으로서 직권조사사항 ○
  - ⇨ 사원총회 결의 없이 제기한 경우 법원의 판단은 소송요건 흠결로 부적법각하, 간과판결은 재심사유 ○(§451①3호, §457 적용 ×)
- □ 사단법인의 하부조직의 하나라 하더라도 스스로 단체로서의 실체를 갖추고 독자적인 활동을 한 경우 ⇨ 사단법인과 독립된 별개의 비법인사단
- □ 비법인사단을 당사자로 한 판결의 기판력 ⇨ 그 대표자나 구성원에게 미치지 ×
- □ (判)참칭대표자를 대표자로 표시하여 소송 제기하고, 변론기일에 참칭대표자의 불출석으로 의제자백 판결이 확정되는 경우 ⇨ 재심사유 ○(§451①3호)

Excalibur 피고적격, 소의 이익

- □ 불법 말소된 근저당권 설정등기의 회복등기절차의 이행을 구하는 소송의 상대방
  - ⇨ 등기가 불법 말소될 당시의 소유자 ○
- □ [HIT] 근저당권의 양도에 따라 근저당권 이전의 부기등기가 경료된 후에 근저당권설정등기가 무효일 경우 말소 대상과 그 상대방
  - ⇨ 말소등기청구의 피고적격 : 양수인 ○ (저당권이전의 부기등기명의자)
  - ⇨ 말소를 구할 대상이 되는 등기 : 주등기 ○ (근저당권설정등기)
  - ⇨ 근저당권이전의 부기등기의 말소를 구하는 경우 소의 이익 無
- □ 근저당권의 이전원인이 무효인 경우 ⇨ 근저당권 양도인은 근저당권 양수인 상대로 근저당권 부기등기의 말소 구하여야 ○
- □ 소의 이익 有
  - □ 근저당권설정계약이 사해행위에 해당하더라도 채무자(소유자)가 당해 부동산을 매각하여 그 대금으로 근저당권자(수익자)에게 피담보채무를 변제함으로써 근저당권설정등기가 말소되었다면 채권자가 근저당권설정계약의 취소를 구하는 사해행위취소의 소

- 사해행위가 취소되더라도 원상회복청구의 소에서 패소할 것이 예상되는 사정이 있는 경우 사해행위취소의 소
- 피공탁자 중 1인을 채무자로 하여 그의 공탁물출급청구권에 대하여 채권압류 및 추심명령을 받은 추심채권자가 자기의 이름으로 다른 피공탁자를 상대로 공탁물출급청구권이 추심채권자의 채무자에게 있음을 확인한다는 확인의 이익
- 낙약자가 요약자의 이행청구에 응하지 × ⇨ 요약자가 낙약자에 대하여 제3자에게 급부의 이행을 구할 이익
- 소유권이전등기가 원인무효라는 이유로 그 등기의 말소를 구하는 소송을 제기하였다가 청구기각의 판결을 선고받아 확정된 경우 소유권의 확인의 소 제기
- 보험계약의 당사자 사이에 계약상 채무의 존부나 범위에 관하여 다툼이 있는 경우 보험회사가 먼저 보험수익자를 상대로 소극적 확인의 소를 제기할 확인의 이익

□ 소의 이익 無
- 사해행위취소의 소 제기 당시에 소의 이익이 있었지만 그 소송 도중(변론종결 전)에 사해행위가 해제 또는 해지되어 당초 원상회복을 구하고자 했던 재산이 채무자에게 복귀된 경우
- 지상권의 피담보채무 부존재에 대한 확인의 소를 제기할 확인의 이익
- 압류 및 전부명령을 받은 양 당사자 중 어느 한 쪽이 상대방에 대하여 제3채무자의 상대방에 대한 전부금채무 부존재 확인을 구하는 소
- 주식회사 이사회결의에 참여한 이사 개인을 상대로 이사회결의 무효확인의 소제기
- 주주는 회사가 제3자와 체결한 계약의 무효확인의 소제기
- 임원 개임의 주주총회결의가 있은 후 적법한 절차에 의하여 후임이사가 다시 선임된 경우 ⇨ 당초의 임원개임결의의 부존재확인의 소제기
- 상대적 불확지 변제공탁인 경우 공탁서상의 피공탁자가 아닌 제3자를 상대로 공탁물출급청구권의 확인의 소제기
- 제3자이의의 소가 강제집행이 종료된 후에 제기되거나 3자이의의 소가 제기된 당시 존재하였던 강제집행이 소송 계속 중 종료된 경우

Excalibur 제3자 소송담당

- **제3자 소송담당** : 권리관계 주체 이외의 제3자가 소송수행권(당사자적격)을 갖는 것으로서 종류는 법정 소송담당과 임의적 소송담당 有
- **법정 소송담당** : 권리관계 주체의 의사와 관계없이 법률상 제3자가 당연히 소송수행권을 가지는 경우
  - **HIT** 법률상 관리처분권이 부여된 경우
    - ⅰ) 병행형 : 주주대표소송의 주주, 채권질의 질권자, 공유자·합유자 전원을 위하여 보존행위를 하는 공유자·합유자, 채권자대위소송의 채권자 등

- ii) 갈음형 : 파산관재인, 회생절차에서의 관리인, 추심채권자, 주한미군의 불법행위 손해배상청구에서의 대한민국, 유언집행자의 유증의 목적물에 관한 소, 추심금청구 등
  - e.g. 채무자의 채권자는 사해행위의 수익자 또는 전득자에 대하여 회생절차가 개시되더라도 관리인을 상대로 사해행위의 취소 및 그에 따른 원물반환을 구하는 사해행위취소의 소를 제기 可
- □ 직무상 당사자
- □ **임의적 소송담당** : 본래의 권리의무의 귀속주체가 자신의 의사에 기해 제3자에게 자신의 권리의무에 대한 소송수행권을 수여하는 경우
- □ 법률상 명문의 규정으로 임의적 소송담당을 허용한 경우 : 선정당사자(§53), 추심위임배서의 피배서인, 한국자산관리공사
- □ [HIT] 명문의 규정이 없는 경우 허용여부
  - i) 원칙 : 허용 ×
  - ii) 예외 : 변호사소송대리원칙이나 소송신탁금지원칙에 반하지 아니한 범위 내에서 이를 인정할 합리적 필요가 있는 경우에 한하여 예외적으로 허용 ○
  - e.g. ㉠ 집합건물관리단이 공용부분 체납비용 입주자대표회의에 임의적 소송신탁 허용
    ㉡ 집합건물관리단이 관리업무를 포괄적으로 위임한 위탁관리회사의 당사자적격 인정
- □ [HIT] **주주대표소송**(상법 §403)
- □ 제3자 소송담당 ⇨ ∴ 회사에게 기판력이 미침 ○
- □ 이사 선임 주총결의에 대한 취소판결이 확정된 경우 ⇨ 그 결의는 소급하여 무효
- □ 주주대표소송에 대한 회사의 참가형태 ⇨ 공동소송참가
- □ 여러 사람의 주주에 의한 주주대표소송 ⇨ 유사필수적 공동소송
- □ 주주대표소송 계속 중 원고인 주주가 주주자격 상실 ⇨ 회사는 각하판결 선고 전까지 참가신청 可
- □ 주주대표소송에서 승소판결이 확정된 주주 ⇨ 집행채권자로서 피고의 채권에 대해 압류 및 전부명령 신청 可
- □ 대표소송이 제기된 경우 원고와 피고의 공모로 회사의 권리를 사해할 목적으로 판결을 하게 한 경우 ⇨ 회사 또는 주주는 재심 제기 可
- □ **전부금 청구** : 소송담당 ×

[Excalibur] 채권자대위소송

- □ **법적 성질** : 병행형 법정소송담당
- □ [HIT] **채권자대위소송의 적법요건** (부존재시 각하)
  - □ ① 피보전채권의 존재 ② 보전필요성 ③ 채무자의 권리불행사
- □ **채권자대위소송의 본안요건** : 피대위권리의 존부 (부존재시 청구기각)
- □ **효과** : 동산·부동산의 인도 구하거나 금전지급 구하는 경우에는 대위채권자 자신이 인도받아 상계함으로서 사실상 우선변제 수령 可

제2편 소송의 주체

- □ 대위소송과 시효항변
  - □ 대위소송 제기로 인한 소멸시효중단의 효과 ⇨ 채무자에게 발생 ○
  - □ (判) 대위소송 계속 중 채권자가 채무자를 상대로 피보전채권의 이행을 구하는 별소를 제기하여 채무자가 피보전채권의 시효소멸을 주장 & 그 사유가 현출된 대위소송에서 소멸시효가 완성된 것으로 판단된 경우 : 대위소송 각하 ○ (2007다64471)
    (※ 비교判) 채권자대위소송의 제3채무자가 채무자의 채권자에 대한 소멸시효 항변 원용 不可 (2001다10151)
  - □ 채권자대위권에 기해 청구를 하다가 당해 피대위채권 자체를 양수하여 양수금청구로 소를 변경한 경우 ⇨ 당초의 채권자대위소송으로 인한 시효중단의 효력유지 ○
- □ 대위소송 성질에 따른 피보전채권 부존재시 법원의 처리, 중복소송금지 문제

피보전채권 부존재의 경우	(判)법정소송담당설	고유의 대위권설
법원의 조치	각하	기각
중복소송금지 적용여부	중복 ○	중복 ×

  - □ 채권자대위소송 계속 중 채무자가 후소를 제기 : 중복소송에 해당 ○
  - □ 채무자의 전소 계속 중 채권자의 채권자대위소송 제기한 경우
    ⅰ) 중복소송에 해당 ○ or ⅱ) 권리불행사요건의 불충족으로 당사자적격 흠결
  - □ 채권자대위소송 계속 중 다른 채권자가 채권자대위소송 제기 : 중복소송에 해당 ○
    채권자대위소송 계속 중 다른 채권자가 동일한 채무자를 대위하여 공동소송참가신청
    ⇨ 양 청구의 소송물이 동일하다면 참가신청이 적법
- □ [HIT] 기판력
  - □ 채무자가 채권자대위권에 의한 소송이 제기된 사실을 알았을 경우에는 그 판결의 효력은 채무자에게 미침 cf. 중복소제기금지 ⇨ 채무자 선·악 불문 해당
    재소금지 ⇨ 채무자 소제기 안 때 해당
  - □ 제3채무자가 채무자를 상대로 피대위채권의 부존재확인소송을 제기하여 승소 확정판결을 받은 경우 그 확정판결의 기판력은 대위소송에 미침
  - □ 피보전권리가 승소판결로 확정된 경우 채권자대위소송에서 제3채무자는 그 존재를 다툼 不可 (∵ 피보전권리는 제3채무자에게 대항할 수 있는 것 不要)
  - □ 피보전권리가 패소판결로 확정된 경우 채권자대위소송은 소각하 (∵ 보전필요성 無)
- □ 압류 및 추심명령된 피대위권리에 대한 채권자대위권의 행사
  - □ 압류추심명령 있는 경우 채무자의 제3채무자에 대한 이행청구는 부적법 각하
    (∵ 당사자 적격 상실, 본안에 관한 심리·판단 不要)
  - □ 채무자의 이행청구 계속 중 압류채권자의 추심의소 제기 : 중복소송에 해당 ×
  - □ 채무자의 이행청구에 압류 및 추심채권자의 참가승계는 허용(§81, §79)

Excalibur 채권자취소소송

- □ **채권자취소권의 행사방법** ⇨ 소를 제기하는 방법으로 ○ (소송상의 공격·방어방법으로 ×)
- □ **채권자취소소송의 요건** ① 피보전채권의 존재 ② 사해행위 ③ 사해의사
  - □ 채권자취소소송은 채권자가 자신의 실체법상 권리를 행사하는 것이므로 채권자취소권의 모든 요건은 본안요건 ⇨ 피보전채권 흠결시 청구기각 판결 ○
  - □ 채권자의 채권이 사해행위 이전에 성립한 이상 사해행위 이후에 양도되었다고 하더라도 양수인은 채권자취소권 행사 可
  - □ 상속의 포기 ⇨ 사해행위취소 대상 ×
- □ **사해행위 후 그 목적물에 관하여 선의의 제3자가 저당권을 취득하였음을 이유로 가액배상을 명하는 경우** ⇨ 사해행위 당시 일반 채권자들의 공동담보로 되어 있었던 부동산 가액 전부의 배상을 명하여야 ○ (∴ 그 가액에서 제3자가 취득한 저당권의 피담보채권액을 공제 ×)
- □ **채권자취소권의 요건을 갖춘 여러 명의 채권자가 여러 개의 사해행위취소 및 원상회복청구의 소를 제기하여 수익자가 가액배상을 하여야 하는 경우 법원이 반환을 명하여야 하는 금액의 범위** ⇨ 수익자가 반환하여야 할 가액 범위 내에서 각 채권자의 피보전채권 전액 ○
- □ **피보전채권 산정의 기준시점과 범위**
  - □ 채권액 초과 ×, 사실심변론종결시까지 이자나 지연이자 포함 ○
- □ 근저당권이 설정되어 있는 부동산에 관하여 사해행위가 이루어진 후 근저당권이 말소되어 그 부동산의 가액에서 근저당권 피담보채무액을 공제한 나머지 금액의 한도에서 사해행위를 취소하고 가액의 배상을 명하는 경우 ⇨ 가액의 산정은 사실심 변론종결시를 기준
- □ **HIT** 사해행위 취소의 소에서 의무이행지
  - □ 취소로 인하여 형성되는 법률관계에 있어서의 의무이행지 ○
  - □ 사해행위취소에 따른 원상회복으로서의 소유권이전등기말소의무의 이행지는 등기관서 소재지 ○, 원고의 주소지 ×
- □ **HIT** 사해행위취소소송과 중복소제기
  - □ 채권자가 피보전채권을 달리하여 동일한 법률행위의 취소 및 원상회복을 구하는 채권자취소의 소를 이중으로 제기하는 경우 ⇨ 중복된 소제기 ○ (전·후소의 소송물이 동일, 피보전권리 추가·교환은 공격방법 변경에 불과할 뿐 소의 변경 ×)
  - □ 채권자취소소송 계속 중 다른 채권자의 취소소송제기는 중복제소 ×
  - □ 채권자취소권의 요건을 갖춘 여러 명의 채권자가 동시에 또는 시기를 달리하여 사해행위취소 및 원상회복청구의 소를 제기한 경우, 어느 한 채권자의 청구가 승소판결을 받아 확정된 경우의 다른 채권자의 청구 ⇨ 권리보호의 이익 有 (단, 승소판결에 기하여 재산이나 가액의 회복을 마친 경우 비로소 그에 중첩되는 범위에서 권리보호이익 소멸)
- □ 채권자가 사해행위취소 및 가액배상을 구하여 승소함에 따라 가액배상금을 직접 수령한 경우

⇨ 다른 채권자가 취소채권자를 상대로 하여 안분액의 지급 직접 구할 수 있는 권리취득 ×

□ **사해행위취소소송과 주장·증명 책임**
 □ 채권자에게 우선변제권이 확보되어 있는 경우 ⇨ 피보전채권이 우선변제권 범위 밖에 있음을 채권자가 주장·입증
 □ 채권자취소권의 행사에서 제척기간의 기산점인 채권자가 취소원인을 안 날의 의미 및 제척기간의 도과에 관한 증명책임 ⇨ 채권자취소소송의 상대방 ○
□ 이미 채무초과상태에 빠져 있는 채무자가 그의 유일한 재산인 부동산을 채권자들 중 1인에게 채권담보로 제공하는 행위 ⇨ 사해행위에 해당, 이 경우 수익자의 악의는 추정되므로 수익자가 법률행위 당시 선의였음을 입증하여야 함
□ 원상회복방법으로 원물반환청구시 청구취지변경 없이 가액배상을 명하는 것은 可
  (∵ 처분권주의 위반 ×)
□ 채무자와 수익자가 소송상 자백 등 방법으로 패소판결 또는 화해권고결정을 받아 확정된 경우
 □ 판결 등의 실질적 원인인 책임재산 합의는 사해행위 ○
 □ 위 확정판결 등을 통해 마쳐진 소유권이전등기가 사해행위취소로 인한 원상회복으로써 말소된다 하더라도 그것이 확정판결 효력에 반하거나 모순 × ⇨ 기판력 저촉 ×
□ 제3채무자의 채무자에 대한 청구의 원인행위가 사해행위라는 이유로 채권자가 제3채무자에 대하여 사해행위취소를 청구하면서 독립참가자신청을 하는 경우 ⇨ 참가신청 부적법
□ 채무자가 사해행위취소로 등기명의 회복한 부동산을 제3자에 처분 : 무권리자 처분행위
  ⇨ 제3자에게 마쳐진 소유권이전등기 및 이를 기초로 한 등기 등은 모두 원인무효로 말소
□ 사해행위 취소 및 원상회복 판결 확정 후 등기말소 전 소송당사자 아닌 다른 채권자
  ⇨ 위 확정판결에 기하여 채무자 대위하여 등기말소 청구 不可
  But 채무자 대위하여 이미 마친 말소등기가 이루어진 경우
   ⇨ 절차상의 흠에도 불구하고 실체관계 부합한 유효한 등기 ○
□ 반소로 제기한 사해행위취소가 이유 있다는 전제로 원고의 본소 청구 심리·판단 可
□ 원고의 본소 청구에 대하여 피고가 본소 청구를 다투면서 사해행위의 취소 및 원상회복을 구하는 반소를 적법하게 제기하였는데, 법원이 반소 청구가 이유 있다고 판단하여 사해행위의 취소 및 원상회복을 명하는 판결을 선고하는 경우
 □ 반소 청구에 대한 판결이 확정되지 않았더라도 사해행위인 법률행위가 취소되었음을 전제로 원고의 본소 청구를 심리하여 판단 可
 □ 이 때 반소 사해행위취소 판결을 이유로 원고의 본소 청구를 기각 可

Excalibur 소송능력

- **소송능력** : 당사자로서 유효하게 소송행위를 하거나 소송행위를 받기 위하여 갖추어야 할 능력을 의미
- **소송능력자** : 민법상 행위능력자 / 법인, 비법인 사단, 재단은 소송무능력자임을 전제로 그 대표자가 법정대리인에 준하여 취급(§64)
- **소송무능력자** : 미성년자, 피한정후견인, 피성년후견인
  - 단, 피한정후견인의 소송능력은 원칙적 인정 ○
    - ⇨ 미성년자에게 행위능력이 인정되는 예외에 관한 규정 : 피한정후견인에 준용 여지 ×
    - ⇨ 가정법원이 정한 제한 범위 내에서는 소송능력 無
- **소송무능력자가 선임한 변호사가 제기한 소** : 위법 무효
- **[HIT] 소송능력의 소송상 취급** : 소송행위 유효요건
  - 소송무능력자의 소송행위 : 무효 ⇨ 동의 받아 단독으로 소송행위 ×
    단, 무능력자가 독립하여 법률행위 할 수 있는 경우 ⇨ 소송능력 有
  - 소송능력 흠 발견시 법원의 조치 : 조사와 보정(직권조사사항), 추인의 여지가 있을 때 법원은 보정명령 하여야 ○(§59), 무변론각하 ×
    - ⇨ 만일 보정하는 것이 지연됨으로써 손해가 생길 염려가 있다면 보정 전의 당사자 또는 법정대리인으로 하여금 일시적으로 소송행위를 하게 할 수 ○
  - 소송단계별 법원의 조치
    - ㉠ 소장심사시 흠 발견 : 보정명령에 불응시 소장각하명령
      (∵ 법정대리인은 소장의 필수적 기재사항)
    - ㉡ 소장심사 후 변론종결전 흠 발견된 경우 : 보정하지 않는 한 소각하
    - ㉢ 소제기 후 흠 발견된 경우(§235) : 절차 중단 ○
  - 추인의 소급효(§60) : 보정된 당사자나 법정대리인이 추인하면 소급 유효
  - 소송무능력이라고 판단된 사람도 이를 다투기 위하여 유효하게 소송행위 할 수 ○
  - 정신적·신체적 제약으로 진술 어려운 당사자는 진술보조인과 함께 출석 진술 可
- **소송무능력을 간과한 판결의 효력** : 당연무효 ×
  - ⇨ 소송무능력자 측 : 상소·재심이 허용 ○
  - ⇨ But 소송무능력자 측이 승소한 경우 : 패소한 상대방은 소송능력의 흠을 주장하여 상소·재심 不可 (∵ 소송능력 제도는 소송무능력자 본인을 보호하기 위한 제도)

Excalibur 미성년자의 소송능력

- **미성년자의 소송능력**
  - 원칙 : 소송무능력자
  - 예외 : 혼인한 경우, 법정대리인의 허락을 얻은 영업행위, 근로계약체결, 임금청구

- □ 미성년자는 법정대리인의 동의 있으면 법률행위 可, But 동의를 얻은 경우라도 소송능력 無
- □ 법정대리인이 범위를 정하여 처분을 허락한 재산 ⇨ 소송능력 無
- □ **법정대리인** ⇨ 법원이나 상대방에게 명시적·묵시적으로 소송무능력자 소송행위 추인 可
- □ **소송행위 당시 미성년자였던 경우** ⇨ 성년이 된 후에 묵시적으로 추인하였다고 보여지는 경우에는 소송능력의 흠결 치유 ○
- □ 미성년자의 법정대리인의 기재는 소장의 필수적 기재사항(§249①)
    ⇨ 소장심사시 흠 발견 후 보정명령, 불응시 소장각하명령

Excalibur 변론능력

- □ 변론능력 흠 간과판결 : 상소 or 재심의 사유 ×
- □ 발언금지명령(§135②) : 당해 기일에서만 변론능력 상실
- □ 진술금지명령(§144①) : 모든 기일(준비기일포함)에서 변론능력 상실
- □ 변호사선임명령(§144②) 불응
  - □ 결정으로 소각하, 상소각하 可(동조④)
  - □ 선정당사자에게 변론을 금함과 아울러 변호사 선임명령을 한 경우
      ⇨ (判) i)선정자들에게 법원이 그 취지를 통지하거나 다른 적당한 방법으로 알려주어야 하고 ii) 그러한 조치 없이는 변호사의 선임이 이루어지지 아니하였다는 이유로 곧바로 소를 각하 不可
- □ 진술금지명령에 대해 즉시항고 不可 ⇨ 소각하결정에만 즉시항고규정 有(동조⑤)

Excalibur 소송상 법정대리인

- □ **종류** : 실체법상의 법정대리인(§51), 소송상의 특별대리인(§62), 법인 등 단체의 대표자(§64)
- □ **대리권의 범위(§51)** : 특별한 규정이 없는 한 민법 그 밖의 법률에 따름
  - □ 민법상 법정대리인의 지위에 있는 사람은 소송법상으로도 법정대리인(§51)
      ⇨ 따라서 미성년자의 친권자인 부모는 소송상 법정대리인 ○
  - □ 공동대리는 실체법상 공동대리에 관한 규정이 있는 경우에 한하여 인정
  - □ 민법 제909조 제2항은 혼인 중의 부모가 친권을 공동행사 하도록 규정
      ⇨ 따라서 혼인 중 부모는 공동으로 소송대리권을 행사하여야 ○
- □ **후견인(법정대리인)의 소송행위(§56)**
    ⇨ 수동적 소송행위 : 후견감독인의 권한 수여 不要(동조①)
    ⇨ 후견감독인이 없는 경우 가정법원으로부터 특별수권 필요(동조②)
    ⇨ 소의 취하, 화해, 청구의 포기·인낙, 소송탈퇴하는 경우 권한 수여 要(동조②)

- □ 소송무능력자를 위한 특별대리인(§62 및 §62의2) : 아래에서 상술
- □ 소송절차진행 중 법정대리권의 소멸(§63①) : 상대방에 통지하여야 소멸의 효력 주장 可
- □ 법인이나 종중의 대표권(§64) : 법정대리인에 관한 규정 준용 ○
- □ 소송대리인의 소송대리권이 없는 경우 ⇨ 소송행위는 무효, 판결은 위법·유효
- □ 법정대리인인 미성년자의 친권자, 미성년자의 후견인이 사망하는 경우 ⇨ 소송절차가 중단
- □ 법정대리인에 대한 판결의 효력 ⇨ 기판력 無, 집행력 無

Excalibur 소송무능력자를 위한 특별대리인

- □ 법원의 특별대리인 직권 선임이 가능한 경우 : 제한능력자(§62), 의사무능력자(§62의2)
- □ [HIT] 소송무능력자를 위한 특별대리인 요건 및 선임절차(§62①)
  - □ 요건 : 소송무능력자를 피고로 소송행위를 하고자 하는 경우 / 소송무능력자가 원고가 되어 소송행위를 하고자 하는 경우로서
    ⇨ 법정대리인이 없거나 법정대리인에게 소송에 관한 대리권이 없는 경우(1호)
    ⇨ 법정대리인이 사실상·법률상 장애로 대리권을 행사할 수 없는 경우(2호)
    ⇨ 법정대리인이 불성실하거나 미숙한 대리권 행사로 소송절차의 진행이 현저하게 방해받는 경우(3호)
  - □ 선임절차 : 친족, 이해관계인(미성년자·피한정후견인 또는 피성년후견인을 상대로 소송행위를 하려는 사람을 포함), 대리권 없는 성년후견인, 대리권 없는 한정후견인, 지방자치단체의 장 또는 검사가 수소법원에 선임신청을 하여야 ○, 의사무능력자의 경우 특별후견인 또는 임의후견인도 신청 可(§62의2①但)
    ⇨ 선임신청을 함에 있어서는 소송절차가 지연됨으로써 손해를 볼 염려가 있다는 것을 소명하여 수소법원에 신청
- □ 특별대리인의 권한(§62③) ⇨ 대리권 있는 후견인과 같은 권한 有
- □ 법인을 대표하여 수행하는 소송의 소송법상 특별대리인인 경우
    ⇨ 상소를 제기 or 상소취하 할 권리 有
- □ 한정후견인이 피한정후견인을 대리하여 소를 제기하고자 하는 경우
    ⇨ 후견감독인이 있으면 그의 동의 要(민법 §959의6, §950)
    ⇨ 후견감독인 없는 경우 가정법원으로부터 특별권한 받아야 ○
- □ 의사무능력자를 위한 특별대리인이 재판상 화해를 하는 경우
    ⇨ 법원은 그 행위가 본인의 이익을 명백히 침해한다고 인정할 때에는 그 행위가 있는 날부터 14일 이내에 결정으로 이를 불허 可
- □ 한정후견인과 피한정후견인 사이 이해상반행위에 대하여 후견감독인 있는 경우
    ⇨ 후견감독인은 피한정후견인을 위한 대리권 or 동의권 행사 可
- □ 피임의후견인 : 행위능력 제한 ×(∵ 법정후견과 대비되는 후견계약 의한 것)

Excalibur 소송상 임의대리인

- □ **종류** : 법률상 소송대리인, 소송위임에 의한 소송대리인
- □ **법률상 소송대리인(§87)** ⇨ 법률 규정에 의해 소송대리권의 범위가 정하여지며 일반적으로 일체의 재판상 행위 행사 可
  - ⇨ ex. 지배인(상법 제11조), 선박관리인(상법 제765조), 국가소송수행자(국가소송법 제3조), 조합의 업무집행 조합원(민법 제709조) 등
  - ⇨ ex. 국가를 당사자로 하는 소송에서 국가소송수행자로 지정된 자가 법무부장관의 승인 없이 한 청구인낙은 효력 有
  - ⇨ 국가를 당사자로 하는 소송에서 국가소송수행자는 대리인 선임을 제외한 모든 재판상의 행위 可 (국가를 당사자로 하는 소송에 관한 법률 §3, §7)
  - ⇨ 지방자치단체는 당사자능력이 있으나 소송수행자 지정을 통해 그 소속 공무원이 소송대리하도록 할 수 ×
- □ **소액사건심판법상 소송대리에 관한 특칙**
  - □ 당사자의 배우자·직계혈족·형제자매는 법원의 허가 없이 소송대리인 可
  - □ 신분관계 및 수권관계의 서면 증명 要
- □ **소송위임에 의한 소송대리인 (임의대리인)**
  - □ 의미 : 대리권의 수여가 본인의 의사에 기한 대리인을 의미
  - □ 소송능력 요부 : 다른 사람의 대리인으로 소송행위를 하는 경우 소송능력 不要
  - □ 수인의 소송대리인이 공동하여 소송대리권을 행사하여야 한다는 약정 : 무효
- □ **HIT 자격** : 변호사대리의 원칙과 예외
  - □ 변호사강제주의란 본인소송을 허용하지 않는 소송제도를 의미
  - □ 원칙 : 민사소송에서는 법률에 따라 재판상 행위를 할 수 있는 대리인 외에는 변호사가 아니면 소송대리인 不可
  - □ 예외 : i) 단독사건 중 1억원 이하 사건 or 소가 무관한 단독사건 : 당사자와 일정한 친족,고용관계 등이 있는 사람이 법원의 허가를 받아 소송대리 可 ii) 소액사건 : 소가 3,000만 원 이하의 소액단독사건의 제1심은 당사자의 배우자,직계혈족,형제자매는 따로 법원의 허가 없이도 소송대리인 可
- □ **소송위임에 의한 소송대리인의 권한**
  - □ 상급심에서 원심판결이 파기되어 환송된 경우 ⇨ 환송 전의 원심 소송대리인의 소송대리권이 부활 ○
  - □ 상고심에서 항소심으로 파기환송된 사건이 다시 상고되었을 경우 ⇨ 항소심에서의 소송대리인은 그 소송대리권을 상실
  - □ 특별수권이 없는 이상 재심 전 소송의 소송대리인 ⇨ 당연히 재심소송의 소송대리인 ×
  - □ 화해나 청구의 포기에 관한 특별수권 있는 경우 ⇨ 전제가 되는 당해 소송물의 권리의 처분·포기 권한도 有

- ☐ 변호사법 제31조 제1호의 수임제한에 위반한 변호사의 소송행위의 효력
  - ⇨ 상대방 당사자가 법원에 대하여 이의를 제기하는 경우 그 소송행위는 무효, 단 상대방 당사자가 그와 같은 사실을 알았거나 알 수 있었음에도 불구하고 사실심 변론종결시까지 아무런 이의를 제기하지 아니하였다면 그 소송행위는 소송법상 완전한 효력 생김
- ☐ 반소에 대한 응소 : 특별수권사항 ×(§90②, 특별수권사항은 반소제기만 해당 ○)
- ☐ 소송대리인의 소송대리권이 없는 경우 ⇨ 소송행위는 유동적 무효, 판결은 위법·유효
- ☐ 소송행위에는 민법상의 표현대리 규정 적용 또는 준용 ×
  (ex. 강제집행수락 의사표시에 민법상의 표현대리 규정 적용 또는 유추적용 ×)

Excalibur 대표권흠결의 판결

- ☐ 소장의 필수적 기재사항(e.g. 주식회사의 대표자 기재)흠결 보정명령 불응시
  - ⇨ 소장각하명령 ○ (판결 ×)
  - cf. 소장에 일응 대표자의 표시가 되어있고 정당한 법정대리인으로 정정하라는 취지의 보정명령 불응시 ⇨ 판결로써 소 각하
- ☐ 주식회사의 대표권이 없는 사람이 한 소송행위 : 무효 (단, 추인하면 소급 유효)
- ☐ 적법한 권한 없는 대표자가 수행하여 선고된 판결 : 확정 전이면 상소(§424①4호), 확정 후이면 재심(§451①3호)

Excalibur 소송대리인의 지위 및 대리권의 범위

- ☐ 소송대리권의 증명(§89①) : 서면 증명
  - ⇨ 소송위임장, 회사등기사항증명서 내지 지배인등기사항증명서, 가족관계증명서 등
- ☐ [HIT] 소송위임에 의한 소송대리인
  - ☐ 특별수권 이외의 일체의 소송행위 可(§90①)
    - ⇨ 강제집행·가압류·가처분 등 특별수권 이외의 일체의 소송행위와 변제의 영수 可
    - ⇨ 소송대리인의 처분금지가처분 신청 권한은 특별수권사항 ×
  - ☐ 특별수권행위(§90②) : 반소의 제기, 소의 취하, 화해, 청구의 포기·인낙, 탈퇴, 상소의 제기 또는 취하, 대리인 선임
    - ⇨ 소취하에 대한 동의는 특별수권사항 ×
    - ⇨ 화해나 청구의 포기에 관한 특별수권 있는 경우 전제가 되는 당해 소송물의 권리처분, 포기권한도 有
- ☐ [HIT] 소송대리권의 시간적 범위
  - ☐ 원칙 : 심급대리원칙, 당해 심급의 판결 송달받은 때까지 ○
  - ☐ 상급심에서 파기환송된 경우 : 원심소송대리인의 소송대리권 부활 ○

- □ 다시 재상고된 경우 : 환송 전의 종전 상고심의 소송대리인의 소송대리권 부활 ×
- □ 재심의 경우 : 재심전의 소송대리인이 재심의 소송대리인 되기 위해서는 특별수권 要
- □ 소송대리인 있는 선정당사자 사망의 경우 ⇨ 소송대리인의 대리권 소멸 ×
- □ 법정대리권의 소멸통지(§63)
  - ⇨ 본인 또는 대리인이 상대방에게 통지하지 않으면 소멸효력 주장 不可
  - ⇨ 소송대리인이 사임서를 법원에 제출하였으나 상대방에게 그 사실을 통지하지 않은 경우 대리인의 대리권은 존속 ∴ 소송대리인에 대한 판결서의 송달은 적법 ○
  - ⇨ 다만, 법원에 법정대리권의 소멸사실이 알려진 뒤에는 그 법정대리인은 소의 취하, 화해, 청구의 포기・인낙 또는 제80조에 따른 탈퇴의 소송행위 不可

Excalibur 무권대리인의 소송행위

- □ [HIT] 무권대리인의 행위 추인
  - □ 전체 소송행위 추인하여야 ○
    - ⇨ 무권대리인의 소송행위중 상고제기 행위만을 추인 不可
    - ⇨ 단, 소취하 행위만을 제외하고 추인하는 경우와 같이 소송절차의 안정과 무관한 경우에는 예외적으로 일부의 소송행위에 대한 추인 可
  - □ 보정된 당사자나 법정대리인이 추인 ⇨ 소급하여 유효, 상고심에서도 추인 可
- □ 미성년자가 직접 변호인을 선임하여 제1심의 소송수행을 하게 하였으나 제2심에서는 법정대리인이 소송대리인을 선임하여 소송행위를 하면서 이의제기 없이 제1심의 소송결과를 진술한 경우 ⇨ 무권대리에 의한 소송행위를 묵시적으로 추인한 것 ○
- □ 무권대리행위의 추인거절 ⇨ 확정적 무효 ∴ 다시 추인 不可
- □ 무권대리인의 상대방이 무권대리를 재심사유로 삼기 위한 요건 ⇨ 그러한 사유를 주장함으로써 이익을 받을 수 있는 경우에만 ○
- □ 쌍방대리금지위반의 효과 ⇨ (判)이의설
- □ 업무정지된 대표이사가 선임한 소송대리인에 의한 상고 ⇨ 부적법
- □ 무권대리인을 선임한 대표이사의 상고비용부담

제3편 제1심 소송절차

제1장 소송의 개시

Excalibur 소제기의 방식
- 법원은 소장에 붙이거나 납부한 인지액이 「민사소송 등 인지법」에서 정한 금액에 미달하는 경우 소장의 접수 보류 가능(§248②)
- 법원에 제출한 소장이 접수되면 소장이 제출된 때에 소가 제기된 것으로 봄(§248③)

Excalibur 직권조사사항
- 소송대리인의 대리권의 존부, 종중·법인이 당사자인 사건에서 대표권의 존부:
  직권조사사항 ○
- 직권조사사항 : 입증책임은 원고 ○ / 재판상 자백의 대상 ×
- 직권조사사항이 있는 경우 ⇨ 무변론승소판결 不可
- [HIT] 부제소합의에 위반되어 제기된 소에 관하여 법원이 직권으로 소각하판결을 하기 위한 요건
  - 부제소합의에 위반된 소의 제기 : 직권조사사항으로서 소송요건 ○, 소의 이익 無
  - 합의 위반시 소각하판결을 하기 위한 요건 : 법률적 관점에 대하여 당사자에게 의견을 진술할 기회 부여 + 충분히 심리하여야 ⇨ if. 이를 불이행시 석명의무에 反
- 소멸시효기간 : 법원이 직권으로 판단 ○

Excalibur 소송요건
- 의의 : 소가 적법한 취급을 받기 위해 구비하지 않으면 안 될 사항
- 종류
  - 법원에 관한 요건 : 재판권, 국제재판관할권, 민사소송사항, 직분관할권, 토지·사물관할권
  - 당사자에 관한 것 : i) 당사자의 존재, 당사자능력, 당사자적격, ii) 소송능력, 법정대리권, 소송대리권은 소송행위의 유효요건 다만, 소제기 단계에서 이러한 요건에 흠이 있는 경우 소제기가 무효가 되므로 소송요건 ○
  - 소송물에 관한 요건 : 소송물의 특정, 소의 이익
- 조사방법
  - 직권조사사항 ○, 자백의 대상 ×
  - 직권조사사항에 관하여도 그 사실의 존부가 불명한 경우에는 원고에게 입증책임 有
- [HIT] 소송요건의 판단시점

- □ 원칙 : 사실심 변론종결시를 기준 (소제기시 조합이었으나 변론종결시 비법인사단의 실체구비시 당사자능력 인정 ○)
- □ 예외 : 사실심 변론종결 뒤에 사정변경이 생긴 때 상고심에서도 고려 可
  - ⇨ 상고심 진행 중 소의 이익이 소멸된 경우 법원의 조치 : 소 각하 ○
- □ 소송요건과 본안심리의 심리순서 : (判)요건심사의 선순위성 긍정
- □ 소송요건의 흠이 있는 경우
  - □ 법원은 기간을 정하여 이를 보정하도록 명하여야 ○
  - □ 흠을 보정할 수 없는 경우에는 변론 없이 판결로 소를 각하 可
  - □ 그 흠이 관할위반인 경우 ⇨ 소를 각하하지 아니하고 관할법원에 이송하여야 ○
- □ 피보전채권의 존부, 제척기간의 경과여부 : 소송요건 ○
- □ 매매예약완결권의 제척기간 도과 여부
  - ⇨ 직권조사 사항 ○, 매매예약완결권이 제척기간 도과로 인하여 소멸되었다는 주장이 적법한 상고이유서 제출기간 경과 후에 주장되었다 할지라도 이를 판단하여야 ○
- □ 채권자대위소송에서 피보전채권 부존재의 경우 : 당사자적격이 없으므로 부적법 각하 ○
- □ 채권자 대위소송에서 피보전채권의 존재유무 ⇨ 직권조사사항 ○ (직권탐지사항 ×)
- □ 사해행위취소소송 제척기간의 증명책임 ⇨ 상대방 ○
- □ 채권자취소권을 대위행사하는 경우의 제척기간 판단기준 ⇨ 채권자 ×, 채무자 ○
- □ 소송판결 ⇨ 확정된 소송요건의 흠결에 대해 기판력 작용 ○

Excalibur 소의 이익

- □ 소의 이익 : 소송물에 대하여 본안판결 받을 수 있는 정당한 이익
  - ① 권리보호자격, ② 권리보호이익, ③ 당사자적격
- □ 소각하판결의 기판력 ⇨ 소송요건의 흠결에 한하여 미침
- □ 소송상 합의의 경우 부제소특약과 소취하 합의에 어긋난 제소는 소의 이익 無
  - □ 부제소합의의 유효요건 : 당사자가 처분할 수 있는 특정된 법률관계에 관한 것
    + 그 합의 당시 각 당사자가 예상할 수 있는 상황에 관한 것
  - □ 부제소합의는 권리보호자격 중 계약상 소제기 금지 사유에 해당
- □ [HIT] But 조건부 소취하의 합의를 한 경우 ⇨ 조건의 성취사실이 인정되지 않으면 소송을 유지할 법률상 이익 有
- □ 임야대장, 토지대장 명의 말소·변경 청구 : 소의 이익 無, 소의 이익이 없는 것이 원칙이나, 언제나 법률상 소의 이익이 없는 것은 아니고 사안을 개별적,구체적으로 고려하여 판단
- □ 국가를 상대로 한 토지소유권확인의 소에서 확인의 이익이 인정되는 경우
  - □ 그 토지가 미등기이고 토지대장이나 임야대장상에 등록명의자가 없거나 등록명의자가 누구인지 알 수 없을 때

- 토지대장상의 소유자 표시 중 주소 기재의 일부가 누락된 경우(등록명의자가 누구인지 알 수 없는 경우), 토지대장상 토지소유자의 채권자가 소유권보존등기의 신청을 위하여 토지소유자를 대위하여 소유권확인을 구하는 경우
- 그 밖에 국가가 등기 또는 등록명의자인 제3자의 소유를 부인하면서 계속 국가소유를 주장하는 때
  cf. 당해 건물의 소유권에 관하여 국가가 이를 특별히 다투고 있지도 아니하다면, 국가를 상대로 미등기 건물의 소유권 확인을 구하는 것은 그 확인의 이익이 없어 부적법 ○
- 규제구역 내의 토지에 대하여 거래계약이 체결된 경우 ⇨ 허가신청절차에 협력하지 않는 상대방에 대하여 그 협력의무의 이행을 소송으로써 구할 이익 有
- 소유권에 관하여 순차적으로 각 등기가 경료된 경우 말소등기청구
  - 후순위등기 말소 가부와 관계없이 전순위 등기의 말소이행 청구 可
  - 최종 등기명의자가 등기부시효취득 항변 제출하여 법원에서 받아들여진 경우
    ⇨ 선등기명의자의 소유권이전등기가 원인무효라고 하더라도 최종 등기명의자의 시효취득사실 원용 可, 원소유자의 후순위등기에 대한 소유권에 기한 등기말소청구는 배척
    ⇨ 후순위등기의 말소등기절차 이행청구가 패소확정 되어도 전 순위등기의 말소를 구할 소의 이익 有
    ⇨ 위 소유권에 기한 등기말소 청구의 이행불능을 이유로 손해배상청구권 不可
- [HIT] 확정판결 후 10년의 도과가 임박한 경우, 강제집행의 실시가 가능했는지 여부와 관계없이 시효중단을 위한 재판상 청구의 소의 이익 有
  - 소송중단을 위한 후소로서 '재판상의 청구'가 있다는 점에 대하여만 확인을 구하는 형태의 새로운 방식의 확인소송이 허용 ○
  - 승소확정판결 받은 당사자가 시효중단을 목적으로 동일한 청구의 소 제기 可
  - 시효중단 등 특별한 사정이 있어 예외적으로 신소가 허용되는 경우, 후소 법원 그 확정된 권리를 주장할 수 있는 모든 요건이 구비되어 있는지 여부에 관하여 다시 심리 不可
- 승소확정판결 이후 10년이 경과한 후 시효중단을 위한 재소시 ⇨ 소의 이익 없음을 이유로 각하해서는 ×, 본안판단하여야 ○
- 시효중단을 위한 재소시 전소 사실심 변론종결 후 발생사실은 심리대상 ○
- 민법상 법인의 임기만료 된 이사의 지위
  - 수임인의 긴급처리의무가 인정
  - 후임이사 선임에 대한 이사회결의 무효확인의 소를 제기할 법률상 이익 有
- 甲이 乙을 상대로 그 소유의 부동산에 대한 매수당사자가 甲이라고 주장하면서 소유권이전등기절차이행을 구하는 소송계속 중 ⇨ 자기가 매수당사자라고 주장하는 丙의 甲에 대한 소유권이전등기청구권부존재 확인의 이익 有
- 집행불능이나 현저하게 곤란한 사유가 있더라도 소의 이익 有 (∵ 관념적 해결절차)
- 반소제기에 의하여 적법한 본소의 소의 이익이 소멸하는지 여부 : 부정
  ⇨ 채무부존재확인의 소 계속 중 이행의 반소가 제기된 경우도 전소 확인의 이익 有

- □ 사해행위인 근저당권설정계약 후 그에 기한 근저당권실행으로 제3자에게 경락되어 근저당권설정등기가 말소된 경우 채권자의 수익자에 대한 근저당권설정계약의 취소청구가 소의 이익이 있는지 여부
    - ⇨ 수익자로 하여금 근저당권자로서의 배당을 받도록 하는 것을 막을 필요 有
        - ∴ 채권자는 근저당권설정계약의 취소를 구할 이익 有
- □ 현황과 다른 감정서대로의 판결 후 새로운 측량에 기한 청구한 경우 ⇨ 전소의 기판력이 미치지 않으며 소송물 동일한 경우라도 집행을 할 수 없는 경우 소의 이익 有
- □ 건축 중인 건축물을 양수한 자가 건축주 명의변경에 동의하지 않는 양도인을 상대로 그 의사표시에 갈음하여 건축허가서의 건축주 명의변경절차 이행을 구하는 경우 소의 이익 有
- □ 건물이 멸실되었어도 신축건물의 소유권보존등기를 위해 필요하다면 종전 건물에 대한 소유권보존등기말소청구의 소의 이익 有
- □ 강제집행승낙문구가 기재된 공정증서의 작성 후 그 작성원인이 된 채무의 부존재를 구하는 소송의 소의 이익 有
- □ 경매절차에서 유치권이 주장되지 아니한 경우 ⇨ 담보목적물이 매각되어 그 소유권이 이전됨으로써 근저당권이 소멸하였더라도 채권자인 근저당권자가 유치권의 부존재 확인을 구할 법률상 이익 有
- □ [HIT] 압류, 추심명령을 받은 채권의 이행청구의 소의 이익
    - □ 가압류·가처분, 압류 : 소의 이익 有 (단, 법원이 인용하는 경우 : 가압류, 가처분의 해제를 조건으로 하여야만 소유권이전등기절차의 이행을 명할 수 ○)
    - □ 추심명령 : 채무자는 이행소송을 제기할 당사자적격을 상실하기 때문에 소의 이익 無
- □ 채권자취소의 확정판결 후에도 원상회복 전에는 동일한 취소소송의 이익 有
- □ 사해행위의 취소 및 원상회복을 구하는 소송계속 중 사해행위가 해제 또는 해지되고 사해행위의 취소에 의해 복귀를 구하는 재산이 채무자에게 복귀한 경우 ⇨ 소에 의해 확보할 권리보호의 이익 無
- □ 어느 서면에 의하여 증명되어야 할 법률관계를 둘러싸고 이미 소가 제기되어 있는 경우 그와 별도로 그 서면에 대한 진정 여부를 확인하는 소를 제기할 확인의 이익 無
- □ 소송 계속 중 사해행위가 해제 또는 해지되어 그 목적부동산이 채무자에게 원상회복된 경우 소의 이익 無
- □ 근저당설정등기의 말소등기절차의 이행을 구하는 소송 도중에 그 근저당권설정등기가 말소된 경우 ⇨ 근저당권설정등기의 말소를 구할 법률상 이익 無
- □ 부동산의 처분금지가처분등기의 말소등기청구는 소의 이익 無
- □ 강제경매 신청채권자는 말소된 강제경매개시결정 기입등기의 회복등기절차의 이행을 소구할 이익 無 (∵ 법원의 촉탁에 의하여 말소된 경우에는 그 회복등기도 법원의 촉탁에 의하여 행해져야 ○)

□ 근저당권 이전의 부기등기가 있는 경우 ⇨ 피담보채무 소멸을 이유로 근저당권설정등기와 부기등기에 대한 말소를 구하는 소는 부적법
□ 무허가건물대장상 건물주 명의의 기재 말소 청구가 소의 이익이 있는지 여부 ⇨ 개별적 사건에 있어 구체적 사정을 고려하여 판단 要
□ 소유권이전등기 및 근저당권설정등기의 말소를 명하는 판결확정 후 임의경매실행으로 인한 소유권취득자 ⇨ 변론종결후의 승계인 ○, 기판력 ○
□ 회사에 대하여 이사의 책임을 추궁할 소의 제기를 청구하지 않고 즉시 회사를 위하여 소를 제기한 경우 ⇨ 부적법
□ 주식회사를 상대로 자신이 주주명부상 주식의 소유자인데 위조된 주식매매계약서에 의해 타인 앞으로 명의개서가 되었다며 주주권 확인을 구할 경우 ⇨ 확인의 이익 無
 (∵ 이행의 소를 제기할 수 있는데도 확인의 소를 제기한 경우 확인의 이익 無
 즉, 회사를 상대로 직접 자신이 주주임을 증명하여 명의개서절차의 이행 청구 可)
□ 회사와 제3자 사이의 계약의 무효를 다툴 소의 이익
 ① 주주가 제소시 소의 이익 無
 ② 채권자가 제소시 : 회사의 변제자력이 감소된다는 이유만으로는 소의 이익 無

Excalibur 근저당권말소소송과 소의 이익 등

□ 근저당권 양도의 부기등기가 경료된 경우, 근저당권설정등기 말소등기청구의 피고
 ⇨ 양수인 ○
□ 피담보채무의 전부 소멸을 원인으로 한 근저당권설정등기 말소청구 소송 중 잔존채무가 있는 것으로 밝혀진 경우
 ⇨ 법원은 잔존채무 및 이에 대한 완제일까지의 지연손해금을 받는 조건으로 등기말소를 命
□ 담보지상권설정등기에 관한 피담보채무의 범위 확인을 구하는 청구
 ⇨ 확인의 이익 無 (∵ 담보지상권 : 피담보채권 부존재)
□ [HIT] 근저당권설정등기의 말소등기절차의 이행을 구하는 소송 중, 근저당권설정등기가 말소된 경우 소의 이익 존부 (e.g. 임의경매에 따른 말소의 경우 등)
 ⇨ 소송의 목적이 이미 실현되었거나 아무런 실익이 없는 청구 ∴ 소의 이익 無
□ [HIT] 근저당권이 말소된 경우, 근저당권의 피담보채무에 관한 부존재확인의 소의 가부
 ⇨ 과거의 권리 또는 법률관계의 존부에 관한 것으로서 확인의 이익이 無
 ⇨ 근저당권설정등기말소를 구할 수 있는 자는 피담보채무부존재에 대한 확인의 이익 無
□ 근저당권설정자의 피담보채무부존재확인의 소 및 근저당권설정등기의 말소청구의 병합소송의 경우, 피담보채무부존재확인의 소의 확인의 이익 존부
 ⇨ 피담보채무가 존재하지 않음을 이유로 근저당권설정등기의 말소를 구하는 것이 분쟁을 유효·적절하게 해결하는 직접적인 수단 ○

⇨ 별도로 근저당권설정계약에 기한 피담보채무가 존재하지 아니함의 확인을 구하는 것은 확인의 이익 無
☐ 근저당권자의 물상보증인을 상대로 한 채무존재확인의 소의 소의이익 가부
⇨ 물상보증인이 근저당권자의 채권에 대하여 다투고 있을 경우 확인의 이익 有
(∵ 그 분쟁을 종국적으로 종식시키는 유일한 방법은 근저당권의 피담보채권의 존부에 관한 확인의 소)

Excalibur 장래이행의 소

☐ [HIT] 장래이행의 소(§251) : 이행기가 도래하면 즉시 강제집행 할 수 있게 하려는 것
☐ 청구적격
  ⅰ) 청구기초가 변론종결시 존재 (농지매매증명 없어도 기초 ○)
  ⅱ) 그 상태가 원고주장의 장래이행기까지 계속될 것이 확실히 예상될 것
    ⇨ (判)학교법인은 감독청허가 없이 기본재산인 부동산 매매계약 체결 및 학교이전 및 준공검사를 마친 경우 매매계약의 효력은 아직 없으나 매매계약의 기초되는 법률관계가 존재하고 미리 청구할 필요요건도 충족→감독청허가를 조건으로 소유권 이전등기절차 이행청구 可
☐ 미리 청구할 필요 : 장래 발생, 특정될 청구권 또는 이행기가 도래하지 아니한 청구권에 있어서 장래 임의이행을 기대할 수 없는 경우를 의미
  ⅰ) 의무자의 태도 : 피담보채무 액수 다투는 경우 등
  ⅱ) 의무의 성질 : 정기행위의 이행지체
☐ 책임기간이 불확실하여 변론종결 당시에 확정적으로 예정할 수 없는 경우
  ⇨ 장래 이행판결 不可
☐ 구상금채권의 존부에 대하여 다툼이 있어 보험자가 피보험자에게 보험금을 지급하더라도 보험계약자와 구상금채무의 연대보증인들의 채무이행을 기대할 수 없음이 명백한 경우
  ⇨ 미리 구상금지급을 구하는 장래이행의 소 可
☐ 양도인측이 계약이 무효가 되었다고 주장하여 양수인으로부터 받은 매매대금을 변제공탁
  ⇨ 양수인으로서는 의무의 이행기 도래 전에도 의무의 이행을 미리 청구할 필요 ○
  (∵ 양도인측이 양도 부동산에 관한 소유권이전의무의 존재를 다투고 있는 것)
☐ [HIT] 채무자가 피담보채무 전액을 변제하였다고 하거나 일부가 남아 있음을 시인하면서 변제를 조건으로 저당권설정등기의 말소등기절차 이행을 청구하였지만 피담보채무의 범위에 관한 견해 차이로 채무 전액을 소멸시키지 못하였거나 변제하겠다는 금액만으로는 소멸시키기에 부족한 경우
  ⇨ 그 청구 중에는 확정된 잔존채무의 변제를 조건으로 그 등기의 말소를 구한다는 취지까지 포함 ○
  ⇨ 장래이행의 소로서 저당권설정등기의 말소를 미리 청구할 필요 ○
☐ 채무자가 피담보채무를 변제하더라도 채권자가 채권담보 목적으로 경료된 가등기 말소에

- 협력할 것이 기대되지 않는 경우 ⇨ 피담보채무의 변제를 조건으로 가등기의 말소를 미리 청구할 필요 有
- □ 피담보채무가 발생하지 아니한 것을 전제로 한 근저당권설정등기 말소청구 중에 피담보채무의 변제를 조건으로 한 장래 이행 청구취지 불포함
- □ 수표의 제권판결에 대한 취소판결의 확정을 조건으로 한 수표금청구 不可
  - ⇨ 제권판결 불복의 소는 형성의 소, 판결확정으로 비로소 권리변동의 효력 발생하므로 이를 전제로 이행소송 등을 병합하여 제기 不可
- □ 장래의 부당이득금의 계속적·반복적 지급을 명하는 판결의 주문표시
  - ⇨ (判) '원고의 소유권 상실일까지'라는 표시 바람직 ×

Excalibur 확인의 소

- □ [HIT] 확인의 소의 대상
  - □ 현재의 법률관계가 그 대상이 되는 것이 원칙
  - □ 과거의 법률관계는 원칙적으로 그 대상이 되지 아니하나 예외적으로 일체 분쟁의 직접적 해결수단이 되는 경우 허용 ○
  - □ 장래의 법률관계의 경우 법률상 지위에 터 잡은 구체적 권리 발생이 조건 또는 기한에 걸려 있거나 법률관계가 형성과정에 있는 등의 원인으로 불확정적이라고 하더라도 보호할 가치 있는 법적 이익에 해당하는 경우에는 확인의 이익 有
- □ 확인의 소의 확인의 이익
  - ① 법률상 이익일 것 ② 원고의 권리 또는 법률상의 지위에 현존하는 법적 불안이 존재할 것 ③ 유효·적절한 수단일 것
- □ 확인의 소에서 소송물 판단 ⇨ 청구취지로만 소송물 특정
- □ [HIT] 원고인 채권자가 피고인 채무자를 상대로 이행청구 중 피고가 채무부존재 확인의 소 제기하면 소의 이익 無 (※ 원고의 피고에 대한 채무부존재확인청구 계속 중 피고가 그 채무이행을 구하는 반소제기 한 경우 ⇨ 본소가 부적법 ×)
- □ 저당권의 실행으로 이미 소멸된 근저당권의 피담보채무 부존재확인의 소는 과거의 권리 또는 법률관계 ○ ⇨ 확인의 이익 無
- □ 배당표확정 후 가압류등의 이유로 가장임차인이 배당금추심하지 못한 경우 배당받지 못한 후순위 진정채권자는 가장임차인 상대로 배당금지급청구권 부존재확인 구하는 것은 확인의 이익 無 (∵ 부당이득채권의 반환을 구하는 것이 유효적절한 수단)
- □ 원고 소유의 점포를 피고가 점유하고 있는 경우⇨점포의 인도를 구하는 것과는 별도로 피고를 상대로 이 사건 점포에 대한 유치권 부존재확인청구는 확인의 이익 無 ∴ 부적법
- □ 정관 변경결의의 내용이 어느 종류의 주주에게 손해를 미치게 될 때에 해당하지 않는다는 이유로 회사가 종류주주총회의 개최를 명시적으로 거부하고 있는 경우
  - ⇨ 정관변경 무효확인의 소 제기 可

- ☐ 채권자가 채무자 소유의 목적물에 저당권 설정됨 알면서 채무자와 통모하여 유치권 성립한 경우, 근저당권자가 위법한 유치권을 배제하기 위하여 유치권부존재확인의 소 제기
  - ⇨ 확인의 이익 有
- ☐ 근저당권자가 유치권 신고를 한 사람을 상대로 하는 유치권의 부존재확인의 이익
  - ⇨ 유치권 전부 부존재 뿐 아니라 경매절차에서 유치권을 내세워 대항할 수 있는 범위를 초과하는 부분에 대하여 유치권의 부존재확인의 이익 有
- ☐ 사실혼배우자 사망의 경우 ⇨ 사실혼관계존부확인청구의 소의 이익 有
- ☐ 혼인무효소송 도중 협의이혼으로 혼인 해소된 경우 ⇨ 신분상 및 연금 등의 문제로 혼인무효의 소의 이익 有
- ☐ 확인의 소는 원고·피고 간의 법률관계에 한하지 × ⇨ 원고·피고의 일방과 제3자 또는 제3자 상호간의 법률관계도 확인의 이익 있으면 그 대상 ○
- ☐ 공유자 일부가 제3자를 상대로 다른 공유자의 지분 확인을 구하는 것은 타인의 권리관계의 확인을 구하는 소에 해당 ⇨ 그 타인간의 권리관계가 자기의 권리관계에 영향을 미치는 경우에 한하여 확인의 이익 有
- ☐ 피고가 1심에서 권리관계를 다투었다면 항소심에서 다투지 않았어도 확인이 이익 인정 ○

Excalibur 토지경계확정의 소

- ☐ [HIT] 처분권주의의 배제, 불이익변경금지 원칙의 배제
- ☐ 형식 : 소송사건, 실질 : 비송사건
- ☐ 불가능 : 포기, 청구인낙, 재판상화해, 가능 : 소취하 ○
- ☐ 고유필수적 공동소송, 공유자 전원이 당사자 ⇨ ∴ 피고가 누락된 경우 소는 각하
- ☐ 원고 : 필수적 공동소송인의 추가 可
- ☐ 누락된 피고 : 공동소송참가 可
- ☐ 불이익한 행위 ⇨ 전원이 하여야만 효력 발생 ○

Excalibur 소장심사와 법원의 조치

- ☐ 소장의 필요적 기재사항(§249①) : 당사자·법정대리인, 청구취지·원인
- ☐ 보정명령(§254①)
  - ☐ 소장심사단계에서 재판장이 소장 부적식을 시정토록 하여 소송경제 도모하기 위한 제도
  - ☐ 내용 및 범위의 구체적 특정 要, 청구취지의 특정 여부는 직권조사사항 ○
  - ☐ 청구취지가 특정되지 않은 경우 ⇨ 법원은 직권으로 보정을 명하고 보정명령에 응하지 않을 때에는 소 각하 ○
  - ☐ 사유 : 필요적 기재사항의 흠·인지붙이지 않은 경우

- □ 방식 : 상당한 기간을 정하여, 상당한 방법으로 고지, 이 때 재판장은 법원사무관등으로 하여금 위 보정명령을 하게 할 수 있음
- □ [HIT] 소장에 대표자의 표시가 되어 있으나 그 표시에 잘못이 있는 경우 ⇨ 재판장이 보정명령을 하고 그에 대한 불응을 이유로 소장 각하 명령 불가, 이 경우 판결로써 소 각하하여야 함
- □ [HIT] 소장보정명령에 대한 불복 불가, But 소장각하명령에 즉시항고 可
- □ 인지보정명령의 보정기간 내에 원고가 소송구조신청을 하였으나 기각결정 확정된 경우
  - ⇨ 종전의 보정기간 경과되면 소장각하명령 ×, 종전의 보정명령에 따른 보정기간 전체가 다시 진행 ○
- □ 인지보정명령으로 보정기간 내 인지 납부하였으나 보정기간 내 납부서 부제출
  - ⇨ 인지 납부시 보정효과 발생 (∵납부서 제출여부는 사무처리일 뿐)
- □ 소장각하명령 원본이 법원사무관에게 교부된 후 그 정본 고지 전 부족인지 보정
  - ⇨ 각하명령 위법 ×

[Excalibur] 무변론 판결, 준비서면 부제출의 효과

- □ [HIT] 무변론판결(§257)
- □ 의의 : 피고가 소장부본을 송달받은 날로부터 30일 이내에 답변서를 제출하지 아니한 때(§256①) 또는 모두 자백하는 취지의 답변서를 제출하고 항변하지 아니한 때(§257②) 자백한 것으로 보고 변론 없이 판결할 수 있는 제도
- □ 법률상 무변론판결의 예외 : 공시송달로 소장부본 송달받은 경우(§256① 但), 직권조사사항이 있는 경우, 판결선고일까지 원고의 청구를 다투는 취지의 답변서가 제출된 경우(§257①但)
- □ 무변론확정 판결의 기판력(§218①) : 판결선고 뒤의 승계인에 대하여도 작용 ○
- □ 흠을 보정할 수 없는 부적법한 소(§219) : 변론 없이 판결로 소각하
- □ 답변서의 제출 ⇨ 변론절차로 들어가는 것이 원칙 (변론기일 중심제)
- □ 준비서면 부제출의 효과
- □ 무변론패소판결의 위험(§257①)
- □ 예고 없는 사실의 주장 금지 : 준비서면에 적지 아니한 사실은 상대방 불출석의 경우 주장 不可(§276本)
- □ 변론준비절차의 종결(§284①2호)
- □ 소송비용의 부담(§100)
- □ [HIT] 준비서면 제출의 효과
- □ 자백간주의 이익(§150①, ③)
- □ 진술간주의 효과(§148①) : 준비서면을 제출한 당사자가 불출석하더라도 준비서면 기재사항에 대해서는 진술간주
- □ 실권효 배제의 효과(§285③)
- □ 소취하 등에 대한 동의의 필요(§266②)

Excalibur 소제기의 효과 - 실체법상 효과

- **[HIT] 소송계속의 효과**
  - 발생 시기 : 소장부본 송달시 (∵ 소장부본 송달하여야 대립당사자구조 형성)
  - 발생 효과 : 그 다음날부터 지연손해금 법정이율 연 12%
- **[HIT] 소멸시효 중단**
  - 하나의 채권 중 일부에 관하여만 판결을 구하는 취지를 명백히 하여 소송을 제기한 경우
    - ⇨ 일부청구임을 명시하는 방법은 일부청구하는 채권의 범위를 잔부청구와 구별하여 심리의 범위를 특정할 수 있는 정도의 표시하는 것으로 충분
    - ⇨ 소제기에 의한 소멸시효중단의 효력이 그 일부에 관하여만 발생 ○, 나머지 부분에는 소멸시효중단의 효력 발생 ×
    - ⇨ 위 일부청구소송의 계속 중 나머지 부분에 대한 소멸시효기간 도과 후 그 나머지 부분에 대해 청구 확장한 경우 그 나머지 부분 시효 중단 ×
  - 소장에서 채권 중 일부만을 청구하면서 소송의 진행경과에 따라 장차 청구금액을 확장할 뜻을 표시한 경우
    - ⇨ 당해 소송이 종료될 때까지 실제로 청구금액을 확장한 경우 소제기 시부터 채권 전부에 관하여 시효중단의 효력 발생 ○
    - ⇨ 당해 소송이 종료될 때까지 실제로 청구금액을 확장하지 않은 경우 채권자는 당해 소송이 종료된 때부터 6월 내에 민법 제174조에서 정한 조치를 취함으로써 나머지 부분에 대한 소멸시효 중단 可
  - 제소 전 사망한 당사자를 상대로 한 판결은 무효판결이므로 시효중단효력 없음
  - 채권자가 채무자의 제3채무자에 대한 채권을 압류 또는 가압류한 경우 ⇨ 압류 또는 가압류된 채무자의 제3채무자에 대한 채권에 대하여는 시효 중단의 효력 ×
- **시효중단의 효과**(민법 §170)
  - 채권의 소멸시효 완성은 항변사항으로 당사자의 주장이 있어야 판단 可
    But 법원은 당사자의 소멸시효기간 주장에 구속되지 않고 직권 판단 ○
  - 재판상의 청구가 소각하, 기각 또는 취하된 경우 ⇨ 시효중단 효력 ×
  - 과세처분의 취소 또는 무효확인청구의 소 ⇨ 행정소송이지만 조세환급을 구하는 부당이득반환청구권의 소멸시효중단 ○
  - 파면처분에 대한 무효확인청구의 소 ⇨ 퇴직급여청구권에 대한 소멸시효 중단 ×, 보수금채권에 대한 시효중단사유 ○
  - 채무자가 제기한 소에 응소하여 적극적으로 권리를 주장하고 그것이 받아들여진 경우
    - ⇨ 시효중단사유인 재판상청구에 해당 ○
    - ⇨ 주장시기 : 소멸시효기간이 만료된 후라도 사실심 변론종결 전에는 언제든 시효중단 주장 可
  - 권리자인 피고가 응소하여 권리를 주장하였으나 소가 각하되거나 취하되는 등의 사유로 본안에서 권리주장에 관한 판단 없이 소송이 종료된 경우

- ⇨ 그때부터 6월 이내에 재판상의 청구 등 다른 시효중단 조치를 취한 경우에 한하여 응소 시에 소급하여 시효중단의 효력 ○
□ 제3취득자나 물상보증인이 제기한 소송에서의 응소행위 ⇨ 시효중단사유인 재판상의 청구에 준하는 행위 ✕
□ 채권자대위소송의 제기로 인한 소멸시효 중단의 효력 ⇨ 채무자에게 미침 ○
□ 채권자대위소송 계속 중 피대위채권 자체를 양수하여 양수금청구로 소를 교환적 변경
  ⇨ 채권자대위소송으로 인한 시효중단 효력 소멸 ✕
□ 채무자가 제3채무자를 상대로 금전채권의 이행을 구하는 소를 제기한 후 채권자가 위 금전채권에 대하여 압류 및 추심명령을 받아 제3채무자를 상대로 추심의 소를 제기한 경우 ⇨ 채무자가 권리주체의 지위에서 한 시효중단의 효력이 추심채권자에게 미침 ○
□ 甲 차량의 보험자인 丙 주식회사가 甲에게 보험금을 지급한 후 乙 회사를 상대로 구상금 청구의 소를 제기하였고 甲이 丙 회사 측 보조참가인으로 참가하여 乙 회사의 과실 존부 등에 관하여 적극적으로 다툰 경우 ⇨ 甲의 손해배상청구권의 소멸시효는 위 보조참가로 중단 ○
□ 채무자 겸 저당권설정자가 제기한 저당권설정등기말소청구소송에서 채권자 겸 저당권자가 청구기각을 구하면서 피담보채권의 존재를 주장하는 경우 ⇨ 시효중단효 ○
□ 피고 경정 시효중단 : 경정신청서 제출시 / 피고 표시정정 시효중단 : 소제기시
□ 소송고지서에 피고지자에 대한 채무청구의사 표명 : 법원제출시에 시효중단 ○
□ 가압류에 의한 시효중단 효력의 발생시기 ⇨ 가압류를 신청한 때
□ 가압류에 의한 시효중단 ⇨ 특별한 사정이 없는 한, 채권자가 가압류집행에 의하여 권리행사를 계속하고 있다고 볼 수 있는 가압류등기가 말소된 때 그 중단사유가 종료되어, 그때부터 새로 소멸시효 진행 ○
□ 임차권등기명령에 따른 임차권등기 ⇨ 임차보증금 반환채권에 대한 소멸시효 중단사유인 압류 또는 가압류, 가처분에 준하는 효력 ✕
□ 민사집행법상 재산명시신청 ⇨ 소멸시효 중단사유인 '최고'로서의 효력만 인정
□ 지급명령에 의한 시효중단의 효력의 발생시기 ⇨ 지급명령을 신청한 때
□ 지급명령 사건이 채무자의 이의신청으로 소송으로 이행된 경우 ⇨ 지급명령을 신청한 때 시효중단
□ 채권양도의 대항요건 갖추기 전에 양도인이 채무자를 상대로 제기한 재판상 청구가 소송 중에 채무자가 양도의 효력을 인정하는 등의 사정으로 기각되고, 그 후 6월 내에 양수인이 재판상 청구를 한 경우 ⇨ 양도인의 최초의 재판상 청구로 인하여 시효중단 ○
□ 근저당권설정등기청구의 소 ⇨ 소멸시효 중단효 ○

Excalibur 중복소제기 금지 - 소송법상 효과

- [HIT] 중복소제기에서 전소와 후소의 판별기준
  ⇨ 소장부본이 피고에게 송달된 때의 선후로 판단 ○, 법원에 소장이 접수된 선후 ×
  (송달 전에 선행된 보전처분이 있는지 여부는 고려 ×)
- 중복소제기금지에 위반한 판결에 대한 불복 ⇨ 상소 ○ / 재심 사유 ×, 다만 재심사유와 관련하여 중복소송을 간과한 판결이 확정된 후 서로 모순, 저촉되는 경우에는 재심사유 ○ (§451①10호)
  ⇨ 중복제소금지의 원칙에 위배되어 제기된 소에 대한 판결이나 그 소송절차에서 이루어진 화해라도 확정된 경우에는 당연무효 ×
- 중복 소제기 되어 두개의 모순·저촉되는 확정판결이 있는 경우 : 후에 확정된 판결에 재심사유 有
- [HIT] 전소가 소송요건 흠결로 부적법해도 후소의 변론시까지 취하, 각하 등 소송이 소멸되지 않는 한 후소는 중복소송에 해당 ○ ⇨ 채권자가 채무자를 대위하여 제3채무자를 상대로 제기한 채권자대위소송에서도 동일하게 적용 ○
- 취득시효완성을 원인으로 한 소유권 확인청구소송 계속 중에 다시 매매를 원인으로 소유권 확인의 소 제기 ⇨ 중복제소 ○
- 중복소제기여부 : 소극적 소송요건, 법원의 직권조사사항이며 발견시 각하
- [HIT] 상계항변과 중복소송금지원칙
  - 상계항변에 기판력이 예외적으로 인정되어 문제되나 중복제소 해당 ×
  - (判)별소 선행 중인 채권을 상계항변으로 제출하는 것 허용 ○ ⇨ 중복제소 ×
  - (判)상계항변한 후 소송계속 중 별소로 반대채권의 이행을 구하는 것 ⇨ 중복제소 ×
- 동일 교통사고의 수인의 피해자가 각기 한 보험자대위 ⇨ 중복제소 ×
- [HIT] 채권자가 채무인수자를 상대로 제기한 채무이행청구소송 계속 중 채무인수자가 채권자를 상대로 제기한 원래 채무자의 채권자에 대한 채무부존재확인소송 : 확인의 이익 없어 부적법 각하 (But 소송물 달라 중복소송 해당 ×)
- 채무자의 소송계속 중 압류채권자의 추심금청구의 소제기 : 중복제소 ×
- 동일 부동산에 관하여 각기 자신에게 소유권이 있음을 확인해 달라는 의미의 양 소유권존재확인청구 ⇨ 중복제소 × (∵ 소송물이 다름)
- 각 채권자가 동일한 사해행위에 관하여 동시 또는 이시에 그 취소 및 원상회복청구의 소를 제기한 경우 ⇨ 중복제소 ×
- 채무자가 제3채무자를 상대로 제기한 이행의 소가 이미 법원에 계속되어 있는 경우 ⇨ 압류채권자가 제3채무자를 상대로 추심의 소 제기 可 (∵ 중복제소 ×)
- 채권자대위소송이 이미 법원에 계속되어 있을 때 같은 채무자의 다른 채권자가 동일한 소송물에 대하여 채권자대위권에 기한 소를 제기한 경우 ⇨ 채무자가 선행하는 대위소송의 존재를 알았는지 여부와 상관없이 나중에 계속된 소송은 중복 소제기 금지의 원칙에 위배 ○

- 채권자들의 채권자대위소송 중 어느 한 소송이 각하·취하되는 경우 ⇨ 중복제소 ×
- 채권자대위소송 계속 중 채무자와 제3채무자 사이에 채권자대위소송과 동일한 소송물의 소송이 제기된 경우 ⇨ 중복제소 ○
- 채권자의 채무자에 대한 소와 채무인수인의 채권자에 대한 소 ⇨ 중복제소 ×
- 보전처분 신청이 중복신청에 해당하는지 여부 판단
  - 원칙 ⇨ §259 준용, 후행 보전처분 신청의 심리종결 시를 기준으로 판단
  - 보전명령에 대한 이의신청이 제기된 경우 ⇨ 그 이의신청에 대한 심리종결시를 기준으로 판단

Excalibur 상계항변

- **[HIT]** 소송상 형성권의 행사 : 소송상 방어방법으로서의 상계항변을 행사한 경우
  - 소송상 상계의 의사표시에 의해 확정적으로 효과가 발생하는 것이 아니라 당해 소송에서 수동채권의 존재 등 상계에 관한 법원의 실질적 판단이 이루어지는 경우에 비로소 실체법상 상계의 효과가 발생 (신병존설)
  - 소송상 방어방법으로 상계항변이 있었으나 소송절차 진행 중 조정이 성립된 경우의 상계항변의 효력 ⇨ 조정조서에 기재되어 있는 경우에는 상계의 효력이 발생, but 조정조서에 기재되어 있지 아니한 경우 상계항변 효력 ×
  - 소송상 방어방법으로서 상계 항변이 있었으나 소송절차 진행 중 조정이 성립됨으로써 수동채권의 존재에 관한 법원의 실질적인 판단이 이루어지지 않은 경우
    ⇨ 상계항변의 사법상 효과 발생 ×
- **[HIT]** 소송상 상계항변은 수동채권존재가 확정되는 것을 전제로 한 예비적 항변
  - 상계항변과 소멸시효 완성 항변을 함께 주장 ⇨ 소멸시효 완성 항변 먼저 판단
  - 상계항변 후 소멸시효항변이 있는 경우 상계항변 당시 채무자에게 시효이익 포기의 효과의사가 있었다고 단정 不可
    (∵ 제1심에서 상계항변이 이루어지고 항소심에서 소멸시효항변이 이루어진 경우에도 상계항변은 마찬가지 일종의 예비적 항변)
  - 소송상 상계항변은 상대방의 동의 없이 철회 可 ⇨ 철회한 경우 법원은 심판 不可
- **[HIT]** 소송상 상계항변에 대하여 상대방이 상계의 재항변 : 부정
- 파기환송되기 전에 제출할 수 있었던 상계항변을 환송 후에 주장한 경우는 실기한 방어방법이 될 수 있음
- 압류금지채권 ⇨ 수동채권으로 하는 상계의 금지 ○
- 수동채권이 전부된 후에는 자동채권자는 전부채권자에 대하여 상계항변 가능
- 상계항변과 처분권주의
  - 일부청구의 경우 전액에 대해 상계하고 청구금액의 범위 내에서 인용 ○

- □ 피고 소송대리인이 상계 항변을 철회한 경우 ⇨ 피고의 원고에 대한 손해배상채권 불성립 이유로 상계항변을 배척한 것은 처분권주의 위배
- □ [HIT] 상계항변과 기판력
- □ 비록 판결이유에서 판단하지만 예외적으로 기판력이 발생
- □ 상계 주장에 관한 판단에 기판력이 인정되려면 수동채권이 소송물로서 심판되는 소구채권이거나 그와 실질적으로 동일하다고 보이는 경우이어야 ○
  - ⇨ 수동채권이 동시이행항변에 행사된 채권인 경우에는 기판력 발생 ×
- □ 피고의 상계항변에 제공된 자동채권의 부존재를 이유로 그 항변이 배척된 경우
  - ⇨ 현재 자동채권(반대채권)이 부존재한다는 판단에 기판력 발생 ○
  - ⇨ 피고가 다시 후소에서 그 자동채권의 이행을 구하는 소를 제기한 경우 : 기판력에 저촉
- □ 합의에 의한 상계 항변 ⇨ 기판력 발생 ×
- □ 수동채권의 원리금이 여러 개의 자동채권의 원리금의 합에 미치지 못하는 경우
  - ⇨ 상계의 경우에도 변제충당의 법리(민법 §499, §467, §477)가 적용 ○
  - ⇨ 법원은 상계의 기판력이 미치는 자동채권과 그 범위를 판결이유에서 특정하여야 ○
- □ 표준시 이후의 상계권 행사 : 종국판결 이후에도 상계권은 실권 ×
  - ⇨ 전소의 변론종결 전 상계적상 있었으나 상계항변하지 않은 경우에도 판결확정 후 상계권 행사하여 청구이의의 소로 집행 저지 可
- □ 1심에서 소구채권을 인정하지 않고 청구기각, 2심에서 소구채권 인정하고 상계항변 인정한 경우 기판력 발생범위가 달라지므로 ⇨ 1심판결 취소하고 청구기각 ○ (항소기각 ×)
- □ 예비적 반소의 원인채권에 기한 상계항변이 다른 사건에서 인용되어 이미 확정되었으므로 그 예비적 반소는 소의 이익이 없게 되어 부적법
- □ 동일한 목적을 달성하기 위해 복수의 채권을 가진 채권자가 어느 하나의 채권만을 행사하는 것이 명백한 경우
  - ⇨ 채권자가 행사하는 당해 채권에 대한 항변으로 보아야 ○
- □ [HIT] 상계항변이 인용되어 전부승소한 경우에도 소구채권의 부존재를 이유로 상소할 이익 有
- □ 재판상에서 어음채권을 자동채권으로 하여 상계의 의사표시를 하는 경우 ⇨ 어음을 서증으로써 법정에 제출하여 상대방에게 제시되게 함으로써 足 (어음이 상대방에게 교부 不要)

[Excalibur] 일부청구

- □ 일부청구
  - ① 소의 이익, ② 일부청구 명시방법, ③ 소송물, ④ 시효중단의 범위, ⑤ 중복제소금지원칙 위반여부, ⑥ 과실상계의 방법, ⑦ 기판력의 범위 등의 문제 발생 ○
- □ [HIT] 일부청구임을 명시하는 방법
  - ⇨ 일부청구하는 손해의 범위를 잔부청구와 구별하여 그 심리의 범위를 특정할 수 있는 정도의 표시를 하여 전체 손해의 일부로서 우선 청구하고 있는 것임을 밝히는 것으로 足

- □ **HIT** 일부청구의 경우 시효중단효력 : (判)명시적 일부청구인 경우 명시한 일부채권의 범위에서 시효중단효력이 미친다는 명시설
  - □ 일부 청구가 명시된 경우 ⇨ 일부만 시효중단 ○
  - □ 청구 취지로 보아 전부 청구로 보이는 경우 ⇨ 전부의 시효중단 효력 발생 ○
    (즉, 채권 중 일부만을 청구한 경우이나 취지로 보아 채권 전부에 관하여 판결을 구하는 것으로 해석되는 경우 ⇨ 채권의 동일성의 범위 내에서 전부에 관하여 시효중단의 효력 발생)
  - □ 일부청구로 청구금액 확장의 뜻을 표시하였으나 실제 확장하지 않은 경우 ⇨ 그 소송 종료시로부터 6개월 내에 재판상 청구 ⇨ 시효중단 효력 ○
- □ 가분채무의 잔부에 대한 이행청구의 소 제기시
  - ⇨ 전소에서 일부청구 명시 有 : 중복소송 × / 전소에서 일부청구 명시 無 : 중복소송 ○
- □ **HIT** 불법행위 피해자가 일부청구임을 명시하여 손해의 일부만 청구한 전소가 상고심에 계속 중에 나머지 치료비를 구하는 손해배상청구의 소 ⇨ 중복제소에 해당 ×
- □ **HIT** 일부청구임을 명시하여 손해의 일부만을 청구한 경우 ⇨ 일부청구에 대한 기판력은 청구의 범위에 한하여 미치고 잔액부분 청구에는 미치지 ×
- □ **HIT** 일부청구임을 명시하지 않고 청구를 하여 전부승소판결을 받았으나 나머지 부분에 대해 청구를 확장하기 위해 제기하는 상소 ⇨ 상소의 이익 有
- □ 명시적 일부청구의 경우 사실심 계속 중 별소로 잔부청구 하는 것 ⇨ 소권 남용
- □ **HIT** 일부청구와 과실상계 (처분권주의)
  - □ 손해의 전액에서 과실비율에 의한 감액을 하고 그 잔액이 청구액을 초과하지 않을 경우 ⇨ 그 잔액을 인용
  - □ 잔액이 청구액을 초과할 경우 ⇨ 청구의 전액을 인용
  - □ 채무부존재확인소송에서 채무의 존재가 인정되는 경우 ⇨ 법원은 현존하는 구체적인 채무액을 확인하는 판결을 하여야 ○ (일부인용판결)

제2장 변 론[심리(審理)]

Excalibur 처분권주의

- □ **처분권주의(§203)**
  - □ 의의 : 절차의 개시, 심판의 대상, 절차의 종결을 당사자의 처분에 맡기는 것
  - □ 심판의 대상과 범위 : 당사자가 신청한 사항에 대하여 신청한 범위 내에서만
- □ 당사자가 신청한 소송물과 다른 별개의 소송물에 대한 판단 ⇨ 처분권주의 反
  - □ 소유권상실로 인한 손해배상청구를 보존등기 말소절차 이행불능으로 인한 손해배상으로 인정하는 것은 처분권주의 反

- □ 불법행위를 원인으로 한 손해배상청구의 소를 제기했는데 계약상 의무불이행을 원인으로 한 손해배상금 인정하는 것은 처분권주의 反
- □ 대물변제예약에 기한 소유권이전등기청구권과 매매계약에 기한 소유권이전등기청구권 ⇨ 소송물이 서로 다름
- □ 불법행위를 원인으로 한 손해배상을 청구한 것에 대하여 채무불이행을 원인으로 한 손해배상을 인정한 판결
  ⇨ 당사자가 신청하지 아니한 사항에 대하여 판결한 것으로서 위법 ○
- □ 원고가 대여금 청구에 대하여 피고가 상계항변을 하였다가 철회한 경우 ⇨ 상계항변에 제공된 자동채권이 성립하지 않는다는 이유로 그 항변을 배척하면서 원고의 청구를 전부 인용하는 것은 위법 ○
- □ 공유물분할의 소는 형식적 형성의 소 (형식 : 소송 But 실질 : 비송)
  - □ 법원은 자유로운 재량에 따라 합리적인 분할 可
  - □ 공유물분할청구의 소에서는 공유관계를 유지하도록 판결해서는 안됨
- □ 재판상 이혼의 경우 당사자의 청구가 없더라도 직권으로 미성년 자녀에 대한 친권자 및 양육자 정하는 재판 可 ⇨ 처분권주의 위반 ×
- □ 채권자취소소송에서 원물반환이 불가능한 경우 가액배상을 명하는 것
  ⇨ 처분권주의 위반 × (∵ 사해행위취소 및 원상회복을 구하는 주장에는 사해행위를 일부 취소하고 가액배상 구하는 취지도 포함)
- □ [HIT] 손해배상소송 : 손해3분설
  - □ 원고가 구하는 적극적 손해, 소극적 손해, 위자료의 각 항목의 청구액을 초과하여 인용하는 것은 허용 ×
  - □ 일부 항목의 청구액을 초과하여 인용하였지만 청구총액을 벗어나지 않는 경우에도 처분권주의 反
- □ [HIT] 원금, 이율, 기간 등이 원고 주장을 넘어서는 경우 ⇨ 처분권주의 反
- □ [HIT] 연대채무 또는 부진정연대채무의 관계가 아니지만, 부진정연대채무 관계에 있음을 전제로 연대하여 지급할 것을 구한 경우 ⇨ 개별적 지급책임을 인정하면 처분권주의 反
- □ 청구취지에 "각~지급하라"청구하면서 부진정연대채무 주장× ⇨부진정연대책임 인정 不可
- □ 채무부존재확인소송에서 채무의 존재가 인정되는 경우 ⇨ 법원은 현존하는 구체적인 채무액을 확인하는 판결(일부인용판결)을 하여야 ○, 전부기각판결을 해서는 안됨
- □ 단독으로 상속하기로 하는 상속재산분할협의를 이유로 부동산 전부가 자기 소유라는 확인을 청구했으나 협의사실이 인정되지 않은 경우 자신의 상속지분에 대한 소유권확인구하는 취지 포함 ⇨ 인정되는 지분에 일부인용 판결 하여야 ○
- □ [HIT] 피담보채무소멸을 주장하며 근저당설정등기의 말소청구하는 경우 확정된 잔존채무 변제를 조건으로 말소청구한다는 취지 포함 ⇨ 변제를 선이행 조건으로 등기말소절차 이행을 명하는 판결하여야 ○

- ☐ 원고가 매매를 원인으로 한 소유권이전등기를 청구하였는데 원심이 양도담보약정을 원인으로 한 소유권이전등기를 명한 경우 ⇨ 처분권주의 위반 ○
- ☐ 법원은 원고가 주장한 이혼사유에 관하여서만 심판 要 (∵ 민법 제840조 각각의 이혼사유 : 각각 독립된 이혼청구원인)
- ☐ 원고가 상한을 표시하지 않고 일정액을 초과하는 채무의 부존재의 확인을 청구하는 사건에 있어서 일정액을 초과하는 채무의 존재가 인정되어, 법원이 존재하는 채무부분에 대하여 일부패소의 판결을 한 경우 ⇨ 처분권주의 위반 ×
- ☐ 자동차 사고를 당한 원고가 「민법」상 불법행위의 사용자책임에 따른 손해배상 청구를 하였는데, 법원이 「자동차손해배상보장법」상 자기를 위하여 자동차를 운행하는 자의 손해배상 책임 규정을 적용하여 청구를 인용한 경우 ⇨ 처분권주의 위반 ×
- ☐ 처분권주의의 예외 : 판결의 경정, 소송비용의 재판, 가집행선고, 재판누락의 경우 추가판결, 소송구조 등

Excalibur 상환이행판결

- ☐ [HIT] 단순이행 청구시 상환이행판결 : 처분권주의 위반 ×
  ⇨ 원고의 단순이행청구에 대해 피고가 동시이행의 항변이나 유치권 항변한 경우
  ① 그것이 정당하다고 인정되고, ② 원고의 명시적 반대의 의사표시가 없다면, 상환이행판결을 하여야 ○ (원고 청구기각 不可)
- ☐ 상환이행 판결의 주문
  - ☐ 반소가 없는 경우 : 단순한 방어방법이므로 별도의 주문 不要
  - ☐ 반소가 제기된 경우 : 본소와 반소 양자에 주문 要
- ☐ 당사자가 반대급부의무 없음을 분명히 한 경우 ⇨ 청구기각 ○ (상환이행판결 不可)
- ☐ 임대차 해지로 건물철거 및 토지인도청구시 임차인이 건물매수청구권을 행사한 경우
  ⇨ 임대인이 상환이행청구하지 않는 한 청구기각
- ☐ 담보물권의 경우 채무변제가 선이행채무 ⇨ 채무의 일부가 잔존하는 이상 상환이행판결 不可
- ☐ 상환이행판결의 기판력 ⇨ 반대채권의 존부나 수액에 미치지 ×

Excalibur 변론주의

- ☐ 변론주의
  - ☐ 의의 : 소송자료의 수집, 제출책임을 당사자에게 맡기고 당사자가 수집하여 변론에서 제출한 소송자료만을 재판의 기초로 삼아야 한다는 원칙
  - ☐ 내용 : 사실의 주장책임 / 자백의 구속력 / 증거제출책임
- ☐ [HIT] 변론주의의 적용범위 : 주요사실에만 적용 ○ (간접사실과 보조사실에는 적용 ×)

- 주요사실 : 법률효과를 발생시키는 법규의 직접요건에 해당하는 사실로 청구원인 사실과 항변사실
- 간접사실 : 주요사실의 존부를 경험칙에 의해 추인하게 하는 사실
- 일실수익 산정에 대한 현가 산정방식은 평가에 불과하므로 변론주의 적용 ×
- 재판상 자백 : 변론 또는 변론준비기일에 이루어진 상대방의 주장과 일치, 자신에게 불리한 주요사실에 대한 진술
  - ⇨ 법원은 자백의 대상이 된 사실을 인정하여야 ○ (자백의 구속력)
  - ⇨ 인신사고에서 손해배상액 산정 기초가 되는 피해자의 기대여명은 재판상 자백의 대상 ○
- 강제경매 개시결정에 대한 이의의 재판절차 ⇨ 민사소송법상 재판상 자백이나 의제자백에 관한 규정 준용 ×
- [HIT] 소멸시효와 변론주의 적용대상
- 변론주의의 대상 ○ : 소멸시효완성의 주장, 소멸시효의 기산일(당사자가 주장하는 기산일을 기준으로 소멸시효 계산), 응소행위로 인한 시효중단효가 인정되기 위해서는 피고가 이를 주장 要, 채무의 이행불능 사실, 인신사고로 인한 손해배상 사건에서 기대여명
- 소멸시효 기간 ×(법률의 해석이나 적용에 관한 주장으로 법원이 직권판단)
- 시효중단 주장 ○(사실심 변론종결 전에는 언제든지 주장 可)
- 시효중단사유의 입증책임 : 시효완성을 다투는 자 ○
- 부동산 점유취득시효에서 점유개시시기(기산일)는 간접사실 ⇨ 이에 대한 자백은 법원과 당사자 구속 ×
- 항소심에서 항소이유로 특별히 지적하거나 그 후의 심리에서 다시 지적하지 않는다 하더라도 법원은 제1심에서의 주장을 당연히 받아들일 수 있음 (∵ 변론주의 위배되지 ×)

Excalibur 주요 사실의 주장책임

- 당사자가 주장하지도 아니한 주요사실을 인정 ⇨ 변론주의 反
  But, 변론을 전체적으로 관찰하여 간접적으로 주장한 것으로 볼 수 있는 경우
  ⇨ 변론주의 위반 ×
- 변론의 전취지의 독립적 증거원인 인정
  - [HIT] 재판상 자백의 취소(반진실 + 착오) ⇨ 반진실 증명만으로 착오 추정 ×, But 변론의 전취지로 착오 인정 可
  - 사문서의 진정성립에 관하여 상대방이 부지로 다툴 경우 ⇨ 변론의 전취지로 성립 인정 可
- [HIT] 주장책임은 주요사실에 대해서만 인정 ○
  - 취득시효에서 기산점, 점유권원 등은 점유기간이나 자주점유를 추정하는 간접사실로서 주장책임 無

- ◻ 중도금을 당사자에게 직접 지급하였느냐 또는 그 수령권한 수임자로 인정되는 자를 통하여 지급하였느냐는 변제사실에 대한 간접사실로서 주장책임 無
- ◻ 동시이행의 항변권은 소송상 주장하여야 비로소 매수인의 잔대금지급유무 심리
- ◻ 무권대리인의 상대방이 대리권이 없음을 알았거나 알 수 있었는데도 알지 못하였다는 사실에 관한 주장·증명책임 부담자 ⇨ 무권대리인 ○
- ◻ 점유물에 대한 필요비와 유익비 상환청구권을 기초로 하는 유치권주장을 배척하는 경우에 점유가 불법행위로 인하여 개시되었다는 주장 증명책임 ⇨ 상대방 당사자 ○
- ◻ 유치권 부존재 확인소송에서 유치권의 목적물과 견련관계 있는 채권의 존재에 관한 주장·증명책임 ⇨ 피고 ○
- ◻ 당사자가 채무의 이행불능 항변을 하지 않은 경우 : 이행불능사실은 주요사실이므로 판단 不可 (if. 이행불능에 대하여 법원판단 시 ⇨ 변론주의 反)
- ◻ 임대차종료의 원인되는 사실은 요건사실(주요사실) ○ ⇨ 원고가 특정한 임대차 종료사유와 다른 사유를 들어 임대차목적물 반환청구 인용 不可
◻ **법원은 당사자가 주장할 책임이 있는 사항 자체에 대하여 이를 주장하는지 여부를 석명하여야 할 의무 없음**
◻ **피고의 소송상 상계항변에 대한 원고의 상계의 재항변** ⇨ 원칙적 허용 ×
◻ **주장공통의 원칙** : 주요사실은 주장책임을 지는 당사자가 진술하여야 하는 것은 아니고 어느 당사자이든 진술하면 인정할 수 있다는 것 (刑은 인정)
  - ◻ 당사자의 주요사실에 관한 주장 ⇨ 명시적 주장이 없어도 쌍방 당사자 간에 제출된 소송자료가 상대방에게 불의의 타격을 줄 우려가 없는 경우에는 그 주장이 있는 것으로 보아 이를 재판의 기초로 삼을 수 있음
◻ **당사자 본인신문에서의 진술(증거자료에 나타난 사실)** : 소송상의 주장사실 ×
◻ **서증을 제출하며 증명취지와 함께 서증기재사실을 진술한 경우** : 주요사실의 주장이 있는 것으로 보아야 함
◻ [HIT] **일정한 주장에 다른 주장이 포함되어 있지 않다고 본 경우**
  - ◻ 채무불이행으로 인한 손해배상청구권에 대한 소멸시효항변은 불법행위로 인한 손해배상청구권에 대한 소멸시효항변을 포함 ×
  - ◻ 불공정한 법률행위로 무효라는 주장에는 착오에 기한 의사표시 취소주장 포함 ×
  - ◻ 유권대리의 주장에 표현대리 주장 포함 ×
  - ◻ 변제의 주장에 상계주장 포함 ×
  - ◻ 시효취득주장 속에 이전등기청구권의 시효소멸 주장은 포함 ×
  - ◻ 무효의 주장에 착오취소의 주장이 포함 ×
  - ◻ 강박에 의한 의사표시로 당연무효주장에 강박을 이유로 취소하는 주장 포함 ×
  - ◻ 매매계약이 해제 또는 무효로 되었다는 매도인의 항변에 매도인의 소유권이전등기의무와 매수인의 잔대금지급의무가 동시이행관계라는 항변 포함 ×

- 간접적 묵시적 주장으로 인정된 경우
  - 증인신청으로 대리행위를 입증하고 있다면 간접적 주장이 인정 ○
  - 피담보채무소멸을 주장하며 근저당설정등기의 말소청구하는 경우 확정된 잔존채무 변제를 조건으로 말소청구한다는 취지 포함 ○ ⇨ 변제를 선이행조건으로 등기말소절차 이행을 명하는 판결
  - 피고가 채권양도 사실을 내세워 당사자 적격이 없다고 주장하는 경우
    - ⇨ 원고가 채권을 양도하였기 때문에 채권자임을 전제로 한 청구는 이유가 없는 것이라는 취지의 본안에 관한 항변이 포함 ○

Excalibur 석명권

- 의의 : 석명권은 소송관계를 분명히 하기 위해 당사자에게 질문, 증명촉구, 간과한 법률상 사항을 지적하여 의견진술의 기회를 주는 것을 의미(§136)
- [HIT] 석명의무 여부
  - ⇨ 당사자가 어떠한 법률효과를 주장하면서 미처 깨닫지 못하고 그 요건사실 일부를 빠뜨린 경우 : 법원은 그 누락사실을 지적하고, 당사자가 이 점에 관하여 변론을 하지 아니하는 취지가 무엇인지를 밝혀 당사자에게 그에 대한 변론을 할 기회를 주어야 할 의무 有
  - ⇨ 당사자가 부제소합의의 효력이나 범위에 관하여 주장하지 않았음에도 법원이 직권으로 조사한 결과 서면에 의한 부제소 합의가 있었음을 발견한 경우
  - ⇨ 소 변경 형태가 불명할 경우 : 법원의 석명의무 有
  - ⇨ 소의 변경이 교환적인가 추가적인가 또는 선택적인가의 여부가 불명한 경우: 법원의 석명의무 有
  - ⇨ 주위적 청구와 예비적 청구가 병합된 사건에서 주위적 청구에 관련된 청구취지와 청구원인만을 일부 변경한 경우 : 예비적 청구를 취하한 것인가의 점을 석명할 의무 有
  - ⇨ 사해행위취소소송에서 제척기간의 도과여부에 대해서는 석명의무 有
  - ⇨ 당사자 주장과 제출증거 사이에 모순이 있는 경우 석명의무 有
  - ⇨ 토지임대인이 그 임차인에 대하여 지상물철거 및 그 부지의 인도를 청구한데 대하여 임차인이 적법한 지상물매수청구권을 행사한 경우 : 법원이 원고에게 대금지급과 상환으로 지상물 매수인도를 청구할 의사가 있는지 석명하지 아니한 채 청구기각 판결 선고하는 것은 위법
  - ⇨ 소송당사자가 문서가 위조되었다거나 권한 없이 작성되었다는 취지로 다투다가 그 서증의 인부 절차에서는 갑자기 진정성립을 인정한 경우 : 법원은 적어도 당사자가 위와 같이 모순되는 진술을 하는 취지를 석명하여야 ○
  - ⇨ 불법행위책임 인정되는 경우 손해액은 직권으로라도 심리·판단 可
    (단, 불법행위로 인해 손해가 발생한 사실은 인정되지만 손해액에 관한 원고의 주장과 증명이 미흡하여 법원이 증명을 촉구하였음에도 불구하고 원고가 이에 응하지 아니하면서 손해액에 관하여 나름의 주장을 펴고 그에 관하여만 증명을 다하고 있는 경

우 : 법원이 굳이 스스로 적정하다고 생각하는 손해액산정 기준이나 방법을 적극적으로 원고에게 제시할 필요 無)
⇨ 원고가 변제공탁사실을 주장하고 변제공탁서를 증거로 제출하였으나 반소가 제기된 후 위 주장을 반소에 관한 항변으로 원용하거나 반소에서 변제공탁의 항변을 한 일이 없는 경우 : 법원은 석명권을 행사하여 본소에서 한 변제공탁주장을 반소에 관한 항변으로 원용하는지 여부를 알아보고 이 점에 관하여 심리하여야 함
□ 지적의무를 위반한 경우 ⇨ 일반적 상고이유에 불과(§423)
□ 당사자가 주장하지 아니한 요건사실을 권유 ⇨ 석명권 행사의 한계 일탈
⇨ 토지소유권에 기한 물권적 청구 사건에는 토지임대차계약해지를 원인으로 한 청구가 포함되어 있지 않음(∴ 석명의무 ×)
⇨ 등기부취득시효의 주장임이 분명한 경우 : 점유취득시효의 주장이 포함되어 있는지 여부를 석명할 의무 ×
⇨ 토지 사용으로 인한 부당이득금 및 지연손해금 지급만을 구하는 경우 : 피고가 악의 수익자로서 받은 이익에 이자를 붙여 원고에게 반환하라는 주장에 관한 석명의무 ×
□ 당사자 주장의 모순, 불완전, 불명료를 제거하기 위한 소극적 석명 ⇨ 제한 없이 허용 ○
⇨ 주채무의 이행을 청구하는 소에서 차용증에 피고인이 보증인으로 기재된 경우 : 주장과 증거 사이의 모순을 바로잡을 기회 부여할 석명 의무 ○

Excalibur 실기한 공격·방어방법의 각하

□ 환송 전 상계항변의 기회가 있었음에도 환송 후 소송절차에서 비로소 주장하는 상계항변 ⇨ 실기한 공격방어방법 ○
□ 실기한 공격·방어방법에 해당하는지 판단하는 기준
  □ 새로운 공격·방어방법이 소송의 진행정도에 비추어 과거에 제출을 기대할 수 있었던 객관적 사정이 있었는데도 이를 하지 않은 것인지 여부
  □ 상대방과 법원에 새로운 공격·방어방법을 제출하지 않을 것이라는 신뢰를 부여하였는지 여부
  □ 당사자의 고의 또는 중대한 과실 판단 기준 ⇨ 당사자의 법률지식과 함께 새로운 공격·방어방법의 종류, 내용과 법률구성의 난이도, 기존의 공격·방어방법과의 관계, 소송의 진행경과 등을 종합적으로 고려 要
□ 실기한 공격·방어방법이라도 소송의 완결을 지연시키는 것이 아니어서 각하할 수 없는 경우
  ⇨ 법원이 당사자의 공격·다틀 방어방법에 대하여 각하결정을 하지 아니한 채 그 공격·방어방법에 관한 증거조사까지 마친 경우
□ 당사자가 제출한 공격 또는 방어방법의 취지가 분명하지 아니한 경우
  ⇨ 당사자가 필요한 설명을 하지 아니하거나 설명할 기일에 출석하지 아니한 때에는 법원은 직권 또는 상대방의 신청에 따라 결정으로 이를 각하 可

변론의 갱신, 재개, 공개

- 이송이나 항소에 의하여 법관이 바뀐 경우 ⇨ 변론의 갱신이 필요 有
- 변론종결 후 주장·증명 제출 위한 변론재개신청
  - 원칙적으로 이를 받아들일지는 법원의 재량, 다툴 수 없음
  - 예외적으로 변론을 재개하여 심리 속행할 의무 有 ⇨ (判)변론재개신청 사유가 신빙성 있고 그 사유인 1심 증인의 증언이 허위이며 그 증언 이외에 다른 증거가 없었던 경우
- 변론공개유무(변론방식)의 증명(§158) ⇨ 원칙적으로 변론조서에 의해서만 증명
- 병합 의무가 있는 경우를 제외하고 변론병합 여부 ⇨ 법원의 재량사항 ○

변론준비절차 실무

- 소취하 방식(§266③但) ⇨ 변론 또는 변론준비기일에서 말로 可
- 변론준비기일의 절차 ⇨ 준비절차실 또는 심문실에서 진행 ○
- 원고, 피고가 변론준비기일에 불출석하거나 무변론출석의 경우(§286, §148①)
  ⇨ 제출한 소장·답변서 그 밖의 준비서면에 적혀있는 사항을 진술간주
- 변론준비기일에서 상대방이 주장하는 사실을 명백히 다투지 않은 때(§286, §150①)
  ⇨ 자백간주
- [HIT] 첫 변론기일·변론준비기일을 바꾸는 것(§165②) ⇨ 현저한 사유가 없는 경우라도 당사자들이 합의하에 허가 可
- 화해, 청구의 포기·인낙을 변론준비기일조서에 적은 때(§220) ⇨ 그 조서는 확정판결과 같은 효력 有
- 소송지휘에 관한 결정과 명령의 취소는 재량(§222)
- 재판장은 특별한 사정 있는 때에는 변론기일을 연 후에도(§279②) ⇨ 사건을 변론준비절차에 부칠 수 ○
- [HIT] 변론준비절차는 재판장 진행이 원칙 ○, 다만 합의사건의 경우 수명법관에게 맡길 수 ○ (§280③)
- 변론준비절차를 진행하는 재판장은 변론의 준비를 위하여 필요하다고 인정되는 경우(§281①)
  ⇨ 증거결정 可
- 소장에 적힌 사항이 변론준비기일에서 진술되지 않았더라도 일정한 경우 변론에서 주장 可 (§285①)
  - 그 제출로 인하여 소송을 현저히 지연시키지 아니하는 때
  - 중대한 과실 없이 변론준비절차에서 제출하지 못하였다는 것을 소명한 때
  - 법원이 직권으로 조사할 사항인 때
- 사실조회(조사촉탁)(§294) ⇨ 공공기관, 사적단체에 대해서도 허용 ○
- 제1심 변론준비절차 ⇨ 항소심에서도 효력 有(§410)

민사소송법상의 조서

- 조서는 관계인이 신청(§157) ⇨ 그에게 읽어주거나 보여주어야 ○
- 조서의 증명력
  - 변론의 방식에 관한 사항(§158) : 법정증명력 ○, 조서로서만 증명 可
  - 변론의 방식에 관한 사항이 아닌 경우 ⇨ 일응의 증거로만 可 (법정증명력 不可)
- 판결문과 선고조서의 선고일자가 다른 경우 : 선고조서의 기재에 따름
- 소취하의 의사표시 없는데 변론조서에 소취하 사실기재 ⇨ 소취하의 효력 발생 ×

당사자가 변론기일에 출석하지 아니한 경우

- [HIT] 쌍방불출석으로 인한 소취하 간주 요건(§268)
  - ① 2회에 걸친 기일불출석 후 ② 기일지정신청이 없거나(동조②) 새 기일 지정 이후 1회 불출석(동조③)
- [HIT] 쌍방 모두 1회 불출석/출석무변론이 있는 경우(§268①) ⇨ 법원은 새 기일을 지정하고 통지하여야 ○
- 변론기일에 쌍방이 출석하지 아니할 때의 의미
  - 당사자 쌍방이 적법한 절차에 의한 송달을 받고도 불출석/출석무변론을 의미 ○
    - ⇨ (判)변론기일의 송달절차가 적법하지 아니한 이상 비록 그 송달이 유효(e.g 부적법하지만 유효한 공시송달)하고 그 변론기일에 당사자 쌍방이 출석하지 아니하였다고 하더라도 쌍방 불출석의 효과는 발생 ×
- 당사자의 변론기일 불출석으로 인한 불이익을 그 당사자에게 귀속시키려면, 그 당사자 본인과 소송대리인 모두가 출석하지 아니함을 요건으로 하고 그 출석 여부는 변론조서의 기재에 의하여서 증명할 것 要
- 당사자 쌍방이 변론기일에 출석하지 아니하여 법원이 직권으로 기일 지정한 경우
  - ⇨ 당사자의 기일지정신청에 의한 기일지정이 있는 경우와 동일
- 당사자가 기일변경 신청을 하고 출석하지 않은 경우 재판장이 기일을 변경하지 아니한 채 지정된 변론기일에서 사건과 당사자를 호명한 경우 ⇨ 불출석의 효과 발생 ○
- 당사자의 불출석 효과가 발생하는 변론기일 ⇨ 법정 외에서 실시하는 증거조사기일은 포함 ×
- 변론준비기일에서 불출석의 효과 : 변론기일에 승계 ×
- 변론기일에 원고 불출석 : 원고 진술간주하여 피고에 변론을 명하거나(§148), 피고 출석무변론으로 쌍방불출석 처리 可(§268①)
- 2회 쌍방불출석/무변론출석 효과 : ⅰ) 제1심은 소 취하간주(§268②), ⅱ) 항소심은 항소취하가 간주되고 1심이 확정(동조④但)
  - ⇨ 배당이의의 소의 첫 변론기일에 불출석 : 소 취하간주 (민집 §158 특칙)
- 진술금지 당한 자는(§144①) 변론능력이 없어 새 기일에 출석한 경우 ⇨ 불출석으로 취급 可

- □ 일방 불출석으로 인한 진술간주 요건(§148①)
  ⅰ) 변론기일을 해태한 일방 당사자가 ⅱ) 미리 소장 답변서 그 밖의 준비서면 제출
- □ 일방당사자의 불출석의 경우 변론을 진행할지 여부 : 법원의 재량 ○
  But, 출석한 당사자만으로 변론을 진행하는 경우 : 반드시 진술 간주하여야 ○
- □ 준비서면 불기재에 의해 주장할 수 없는 사실 ⇨ 주요사실, 간접사실이 모두 포함 ○
- □ 일방불출석의 경우 원고의 준비서면에 청구포기, 인낙이 표시되고 공증사무소의 인증을 받을 경우(§148②) ⇨ 청구포기·인낙이 성립 ○
- □ [HIT] 피고의 불출석으로 인한 답변서의 진술간주 ⇨ 응소관할 (변론관할) 사유 ✕
- □ 일방 불출석으로 인한 자백간주 요건(§150③)
  ⇨ 변론기일을 해태한 일방 당사자가 상대방 주장을 다투지 않은 것으로 ○
- □ [HIT] 공시송달로 기일통지서 받은 자(§150③但) ⇨ 불출석의 경우 자백간주의 불이익 無
- □ 제150조 제3항에 의하여 일단 의제자백효과가 발생한 때에 그 이후의 기일에 대한 소환장 송달불능으로 공시송달한 경우 ⇨ 의제자백의 효과 상실 ✕
- □ [HIT] 일방당사자 불출석으로 진술 간주되는 경우의 효과
  - □ 상대방의 주장사실에 대해 인정(자백)하는 경우 : 재판상 자백
  - □ 명백히 다투지 않은 경우 : 자백간주
  - □ 다투는 내용 있는 경우 : 다음 속행기일 지정

Excalibur 소송상 형성권의 행사의 법적 성질

- □ [HIT] 소송상 형성권의 행사의 법적 성질 (소송행위인 소취하 후에도 실체법상 형성권 행사의 효과가 존속하는지 여부)
- □ 병존설이 다수설 ∴ 외관상으로는 1개의 행위일지라도 사법상의 의사표시와 이러한 사법상의 의사표시가 있었다는 법원에 대한 사실상의 진술로서의 소송행위 두 행위가 존재 ⇨ 전자에 대하여는 사법상의 효과가 후자에 대하여는 소송법상의 효과가 발생
- □ 소제기로써 계약해제권을 행사한 후 그 뒤 그 소송을 취하한 경우 : 해제권은 형성권이므로 그 행사의 효력에는 아무런 영향을 미치지 ✕ ⇨ 병존설적 입장을 취한 판례
- □ 원고가 소로써 계약상 청구한데 대하여 피고가 그 계약의 해제권을 행사
  ⇨ 권리소멸 항변
- □ 소송상 방어방법으로서의 상계항변을 행사한 경우
  ⇨ 일종의 예비적 항변
  ⇨ (判)소송상 상계의 의사표시에 의해 확정적으로 효과가 발생하는 것이 아니라 당해 소송에서 수동채권의 존재 등 상계에 관한 법원의 실질적 판단이 이루어지는 경우에 비로소 실체법상 상계의 효과가 발생 ○ (※ 판례가 상계권과 관련해서는 신병존설을 취했다는 평석이 주류)

Excalibur 주위적 주장, 예비적 주장

☐ 원고가 피고에 대해 부동산의 소유권존재확인청구를 하면서, 그 소유권 취득의 근거로 주위적으로 상속을 주장하고 예비적으로 취득시효의 완성을 주장하는 경우
  ⇨ 법원은 원고의 주장 순서에 구속 × / 예비적 병합과 차이점
  ⇨ 하나의 주장이 받아들여진 경우 법원은 다른 주장에 대하여 판단 不要
  ⇨ 법원은 원고의 청구를 기각하는 때에 상속과 취득시효의 두 가지 주장 전부 배척 要
  ⇨ 법원은 상속에 관한 부분과 취득시효에 관한 부분의 변론을 분리하여 일부판결 不可

Excalibur 기일, 재정·불변기간 등

☐ 불변기간은 기간의 신축 不可, 단, 부가기간 설정 可(§172①,②)
☐ 부가기간 : 원래의 불변기간이 경과하기 전에 지정하여야 ○
☐ 통상기간이라도 신축이 불가한 경우 有
  ⇨ 소송행위 추후보완기간(§173②), 공시송달기간(§196③), 상고이유서 제출기간 등
☐ 재정기간 : 법정기간에 상대되는 개념으로 구체적 사정에 따라 재판으로 정한 기간을 의미 ○
☐ 민사소송법 제268조 제2항에서의 1월의 기일지정신청기간 ⇨ 불변기간 × ⇨ 추후보완의 대상 ×
☐ 첫 기일의 변경 ⇨ 현저한 사유 또는 당사자의 합의시 可
☐ 기일통지 방법 ⇨ 기일통지서나 출석요구서 송달로 통지, 당해 사건 출석자 직접고지도 可
☐ 변론기일 통지서 송달이 없었다면 위법한 기일진행임 ⇨ 그러나, 출석하여 즉시 이의를 제기하지 않고 변론을 한다면 하자 치유 ○

Excalibur 소송행위의 추후보완에 관한 제 논점

☐ [HIT] 추후보완 可否(§173①)
  ☐ 당사자가 책임질 수 없는 사유로 불변기간을 지킬 수 없었던 경우 ⇨ 그 사유가 없어진 날부터 2주 이내. 다만, 그 사유가 없어질 당시 외국에 있던 당사자에 대하여는 30일
  ☐ 당사자의 범위 : 당사자 본인뿐만 아니라 그 소송대리인 및 대리인의 보조인도 포함 ○
  ☐ 책임질 수 없는 사유의 의미 : 당해 소송행위를 하기 위한 일반적 주의를 다하였어도 그 기간을 준수할 수 없는 사유
☐ 추후보완의 대상이 되는 기간은 불변기간만 ○, 재정기간은 ×
  ⇨ 재정기간 : 법정기간에 상대되는 개념, 구체적 사정에 따라 재판으로 정한 기간
☐ 추후보완 상소의 불귀책사유에 관한 입증책임 ⇨ 추후보완하고자 하는 당사자 ○
☐ 상고이유서 제출기간(§427) ⇨ 불변기간 아니므로 추완신청의 대상 ×
☐ 송달의 무효와 추후보완 : 기간의 진행이 개시되지 않으므로 추후보완은 문제 無

- 제1심, 항소심 모두 공시송달로 진행 -> 피고의 불출석 -> 제1심에서는 일부인용판결, 항소심에서도 일부인용판결시 추후보완상소의 대상
  - ⇨ 피고는 제1심판결 중 피고패소부분에 추후보완항소 ○, 원심인 항소심 중 피고 패소부분에는 상고 or 추후보완상고 ○
- 소장부본 및 판결정본이 공시송달의 방법으로 송달된 경우 추후보완항소 제기기간의 기산점인 그 사유가 없어진 날 ⇨ 당사자나 소송대리인이 단순히 판결이 있었던 사실을 안 때가 아니고 나아가 그 판결이 공시송달의 방법으로 송달된 사실을 안 때(사건기록열람 또는 새로이 판결정본을 수령한 때 알았다고 봄)
- 조정불성립후 사건종결, 피신청인이 주소변경신고×, 조정이 소송으로 이행되어 공시송달로 소송진행 ⇨ 피신청인에게 소송진행상황 조사의무無 ⇨ 책임질 수 없는 사유 해당 ○
- 소송 중 피고의 교도소 수감시 이후 송달은 교도소장에게 하여야 함 ⇨ 공시송달 하였다면 위법하지만 재판장의 명에 의한 것인 이상 '위법한 유효송달'에 해당 ⇨ 추완항소 可
- [HIT] 소송의 진행 도중 통상의 방법으로 소송서류를 송달할 수 없게 되어 공시송달의 방법으로 송달한 경우 ⇨ 당사자가 이러한 소송의 진행상황을 조사하지 않아 불변기간을 지키지 못하였다면 당사자가 책임질 수 없는 사유 × (∵ 당사자에게 소송의 진행상황을 조사할 의무 有)
  - ⇨ cf. 소송서류와 심판정본이 공시송달된 사실을 송달된 이후에 알게 된 경우 : 특별한 사정이 없는 한 추후보완 인정 ○
- [HIT] 원고가 피고의 주소를 허위로 기재하여 소를 제기함으로써 허위주소로 소송서류가 송달되어 의제자백의 형식으로 원고승소의 제1심판결이 선고되고 판결정본 역시 허위의 주소로 보내어져 송달된 것으로 처리 ⇨ 피고에게 부적법하게 송달된 제1심 판결정본은 무효, 항소기간 진행 ×, 소송행위의 추후보완의 문제 無
- [HIT] 추후보완상소로 항소심에 사건 계속 중인 경우, 반소제기의 가부
  - ⇨ 항소심에서의 반소요건 갖추면 可 : 상대방의 심급의 이익을 해할 우려 없거나, 상대방의 동의 要
- 변호사를 선임한 당사자가 소송행위의 추후보완을 하는 경우
  - 소송대리인 뿐 아니라 업무보조원도 과실 없이 불변기간을 준수할 수 없었던 경우여야 ○
  - 소송대리인의 보조인에 해당하는 변호사의 사무원의 잘못은 추후보완상소의 당사자의 귀책사유 ○
- 추후보완신청이 있다고 하더라도 확정판결의 집행력에는 아무런 영향 無 (§500①)
  - ⇨ 확정판결에 대한 집행을 정지시키려면 별도의 집행정지결정을 받아야 ○

Excalibur 추후보완상소와 재심의 소

- ☐ [HIT] 원고가 피고의 주소를 허위로 기재, 소를 제기한 탓에 판결정본이 공시송달 된 경우
  - ⇨ 공시송달에 의한 판결 편취
  - ⇨ 송달은 유효, 피고는 재심(§451① 11호, 재심사유 안 날부터 30일 내 제기) or 추후보완상소(§173)可
- ☐ [HIT] 추후보완상소와 재심제도는 독립된 별개의 제도
  - ⇨ 재심사유와 추완상소사유가 동시에 존재하는 경우 추완상소기간이 도과한 경우라도 재심기간 내에 재심의 소 제기 可
- ☐ 추후보완항소가 적법하면 해당 사건이 항소심에 계속 ○
  - ⇨ 당사자는 부대항소, 반소제기 등 공격·방어방법 행사 可
- ☐ 추후보완 대상인 기간은 불변기간에 한하고 추후보완신청으로 판결의 기판력이나 집행력에 영향을 미치는지 여부 ⇨ 판례의 입장은 긍정하는 것과 부정하는 것이 모두 존재하여 통일 ×

Excalibur 송달기관, 송달받을 사람

- ☐ 송달담당기관(§175①) : 법원사무관 등
- ☐ 송달실시기관(§176) : 집행관, 우편에 의한 송달의 경우 우편집배원
- ☐ 송달은 서류의 등본·부본을 교부하는 것이 원칙(§178①)
- ☐ 소송무능력자에게 할 송달(§179) ⇨ 법정대리인에게 ○
- ☐ [HIT] 공동대리인이 있는 경우(§180) : 그 중 한사람에게만 송달하면 유효 ○
  But (判)소송대리인이 여러 명인 경우 : 소송대리인에 각각 송달하여야 하고, 항소기간은 소송대리인 중 1인에게 최초로 판결정본이 송달되었을 때부터 기산
- ☐ 국가를 당사자로 하는 소송에서 소송수행자나 소송대리인이 있는 경우 (국가를당사자로하는소송에관한법률 §9②) ⇨ 그 소송수행자나 소송대리인에게 ○
- ☐ [HIT] 소송대리인이 있는 경우 소송대리인에 송달하는 것이 실무상의 원칙
  - ⇨ 단, (判)소송대리인이 있는 경우에 당사자 본인에게 한 소송서류 송달은 유효, 동거하는 고용인에 대한 송달도 유효 ○

Excalibur 송달실시방법

- ☐ 교부송달원칙(§178①) : 특별한 규정 없으면 송달받을 사람에 서류 교부
- ☐ [HIT] 교부송달장소(§183)
- ☐ 송달받을 사람의 주소·영업소 또는 사무소 등에서 하는 것이 원칙, 단, 법정대리인에 대한 송달은 본인의 주소에도 할 수 ○(동조①)
  - ☐ 소송대리인이 있는 경우에 당사자 본인에게 한 소송서류 송달의 효력은 유효함
  - ☐ 다른 소송에서 선임된 소송대리인이 그 재판절차에서 위와 같은 준비서면 등을 송달받

- 았다는 사정만으로 이를 당사자가 직접 송달받은 경우와 동일 ×
- □ 영업소 또는 사무소에 송달 받을 사람의 근무장소는 해당 ×
- □ 소장에 기재된 피고의 주소로 송달을 시도하지 않은 채 피고의 근무장소로 한 송달은 위법
- □ 법인에 대한 송달
  - ⇨ 제179조, 제64조 따라 법인의 대표자의 주소에 하는 것이 원칙이나 제183조 1항 단서에 따라 법인의 주소지에도 可
  - ⇨ 대표자가 겸임하고 있는 다른 법인의 사무소는 이 때의 대표자의 사무소에 해당 ×
  - ⇨ 법인의 주소지로 발송하였으나 송달불능 된 경우 원칙으로 돌아가 법인 대표자의 주소지를 조사하여 송달하여보고 송달불능인 경우 비로소 공시송달 可
- □ 재감자에 대한 송달
  - ⇨ 교도소 등의 소장이 법정대리인이므로 수감되기 전의 종전 주소에 하면 수감사실에 선악 불문하고 무효(몰랐더라도 무효)
- □ 다음으로 송달받을 사람이 취업하고 있는 다른 사람의 주소(근무장소)에서의 송달도 可(동조②)
  - □ [HIT] 다른 주된 직업 있으면서 A주식회사의 비상근이사, 비상근감사 또는 사외이사의 직을 가지고 있는 사람에 대해서 A주식회사의 본점이 '근무장소' 해당 ×
- □ 위의 송달장소에서 송달할 수 없는 경우(동조③) ⇨ 만나는 장소에서의 조우송달
- □ 송달장소 변경을 신고하지 않은 경우(§185②, 민사소송규칙 §51) ⇨ 종전에 송달받던 장소에 등기우편으로 발송 可
- □ 보충송달(§186)
- □ 근무장소 외의 송달할 장소에서 송달받을 사람 만나지 못한 때 그 사무원, 피용자 또는 동거인으로 사리를 분별할 지능이 있는 사람에 서류를 교부(동조①)
  - □ '동거인'의 의미 : 송달을 받을 사람과 동일한 세대에 속하여 생활을 같이하는 사람 ○
    - ⇨ 반드시 법률상 친족관계 × ⇨ 이혼한 배우자라도 위 요건 갖추면 해당 ○
      (피고와 이혼한 후 사실상 피고와 동일 세대에 소속되어 생활을 같이하고 있는 자에게 소장 부본 교부 可)
  - □ [HIT] '사무원' 의미 : 반드시 송달받을 사람과 고용관계 不要. 평소 본인을 위하여 사무 등을 보조하면 足
- □ 소송서류를 송달받을 본인과 당해 소송에 관하여 이해의 대립 내지 상반된 이해관계가 있는 수령대행인에 대하여는 보충송달 不可
- □ 보충송달은 제183조가 정하는 송달장소에서만 허용 ○
  - ∴ 송달장소가 아닌 우체국에서 우연히 만난 동거인에게 교부하는 것은 적법한 보충송달 ×
- □ '송달할 장소'의 의미 : 반드시 송달을 받을 사람의 주민등록상의 주소지에 한정 ×
- □ 근무장소에서 송달받을 사람 만나지 못한 때 제183조 제2항의 다른 사람 또는 그 법정대리인이나 피용자 또는 그 밖의 종업원으로서 사리를 분별할 지능이 있는 사람이 거부하지 않으면(동조②) ⇨ 서류를 교부 可

- 유치송달(§186③) : 송달받을 자가 정당한 이유 없이 송달받기를 거부하는 경우 송달할 장소에 서류를 놓아 둘 수 ○
- 우편송달(§187)
- [HIT] 요건 : 교부송달과 보충송달, 유치송달이 불가능한 경우
  - 교부송달이 불가능 할 때 보충·유치송달 하거나 바로 우편송달 : 不可
  - 요건을 갖춘 우편송달은 당해 서류의 송달에 한하여 할 수 있는 것이지 그에 이은 별개의 서류 등의 송달에 관하여는 위 요건이 따로 구비되지 않는 한 당연히 우편송달 不可
  - 우편송달(발송송달)에 관한 '달리 송달할 장소를 알 수 없는 경우'의 의미
    ⇨ 상대방에게 주소보정 명하거나 직권으로 주민등록표 등을 조사할 필요까지 不要
    ⇨ 적어도 기록에 현출되어있는 자료로 송달할 장소를 알 수 없는 경우에 한하여 ○
  - 소장과 항소장에 원고의 주소로 기재되어 있기는 하나 당시 원고의 실제 생활근거지가 아닌 곳으로 변론기일 소환장을 우편송달한 것 ⇨ 우편송달로서의 효력 無
  - 당사자가 송달받을 장소를 바꿨음에도 그 취지를 법원에 신고하지 않았다면 그에게 송달할 서류는 달리 송달할 장소를 알 수 없는 경우에 한하여 종전에 송달받던 장소에 등기우편으로 발송 可
- 송달 시점(§189,발신주의) : 서류를 발송한 때 ○
- 송달함 송달(§188) : 교부·보충·유치·우편송달에도 불구하고 법원사무관이 법원안에 설치한 송달함 이용하여 송달 可, 송달함에 넣은 후 3일 지난 때 송달간주
- 외국에서의 송달(§191) : 그 나라에 주재하는 대한민국의 대사·공사·영사 또는 그 나라의 관할 공공기관에 촉탁
  ⇨ 촉탁기관에 촉탁할 수 없거나 이에 따라도 효력이 없는 경우 공시송달 可
- 송달장소 변경을 신고하지 않은 경우(§185②) ⇨ 종전에 송달받던 장소에서 등기우편으로 발송 可
- 전자소송이용 동의자 : 전자적인 방법으로 송달 可
- 전자적 송달의 경우 : 본인이 확인한때 도달한 것, But 전자적 송달 등재의 통지 후 1주일 이내 확인 하지 않는 경우 : 통지 후 1주가 지난날에 송달된 것 간주

Excalibur 공시송달

- 공시송달 요건(§194①)
  ① 당사자의 주소 또는 근무장소를 알 수 없는 경우 또는 외국에서 하여야 할 송달에 관하여 제191조의 규정에4 따를 수 없거나 효력이 없을 것으로 인정되는 경우 ② 당사자의 신청 또는 법원사무관등의 직권으로 可
- 공시송달을 신청하는 경우(동조②) ⇨ 신청자는 공시송달 사유를 소명하여야 ○
- 재판장은 직권 또는 신청으로 법원사무관 등의 공시송달처분 취소 可(동조④)
- [HIT] 원고가 소권(항소권을 포함한다)을 남용하여 청구가 이유 없음이 명백한 소를 반복적

- 으로 제기한 것에 대하여 법원이 변론 없이 판결로 소를 각하하는 경우 ⇨ 재판장은 직권으로 공시송달 명할 수 있음
- 재판장의 명령에 의한 공시송달은 그 요건에 위법이 있다 하더라도 송달은 유효 ○
- 법인에 대한 송달은 대표자에게 하는 것이므로 대표자가 사망 후 법인을 대표할 자도 정하여지지 아니하였기 때문에 법인에 대한 송달을 할 수 없는 경우
  ⇨ 공시송달을 할 여지 無
- 피고가 변론종결 후에 사망한 상태에서 판결이 선고된 경우 망인에 대한 판결정본의 공시송달 ⇨ 무효
- 첫 공시송달은 공시송달 실시일로부터 2주 지나야 효력 발생, 단, 같은 당사자에게 하는 그 뒤의 공시송달은 실시한 다음날부터 효력 발생(§196①)
- [HIT] 원고가 피고의 주소를 허위로 기재하여 소를 제기한 탓에 판결정본이 공시송달 된 경우 (공시송달에 의한 판결 편취)
  ⇨ 송달은 유효, 항소기간 내 항소 없으면 판결은 형식적 확정, 피고는 재심(§451①11호), 추후보완상소(§173)可
- 소장 부본부터 공시송달의 방법으로 송달되어 피고가 귀책사유 없이 소나 항소가 제기된 사실조차 모르는 상태에서 피고의 출석 없이 변론기일이 진행된 경우
  ⇨ 절대적 상고이유 (민사소송법 제424조 제1항 제4호 유추적용)
- 요건불비의 공시송달의 경우 쌍방불출석의 효과 가부 ⇨ 쌍방불출석의 효과 無
- 요건을 갖춘 경우 소송지연을 피하기 위한 공시송달 ○, 직권 또는 신청에 의한 공시송달처분 취소 可
- 환경분쟁조정법에 의한 재정의 경우 재정문서의 송달 ⇨ 공시송달의 방법 不可
- 조정을 갈음하는 결정 ⇨ 공시송달 불가

Excalibur 공시송달에 기한 판결정본의 송달

- [HIT] 판결정본 송달이 공시송달로 이루어진 경우 판결의 확정여부
  - 비록 피고의 주소가 허위 또는 요건미비의 송달이라 하더라도 그 송달은 유효, 따라서 판결은 확정
  - 이 경우 당사자의 구제책 : 판결이 확정되었으므로 상소 제기 不可. 추후보완 상소 또는 재심을 제기하여야 ○
- [HIT] 위와 같은 경우, 추후보완상소의 구체적 요건 검토
  - 불귀책사유가 없어진 날로부터 2주일 내 상소제기 可
  - 그 사유가 없어진 날의 의미 : 피고가 위 사건기록의 열람을 하는 등의 방법으로 위 판결정본이 공시송달의 방법으로 송달된 사실을 안 때를 의미
  - 공시송달에 의한 판결확정에 기하여 원고가 소유권이전등기 ⇨ 피고의 소유권이전등기

말소청구의 소제기 ⇨ 피고의 소취하 및 추후보완상소 제기 한 때 ○
(당초의 말소등기청구소송의 제기시점은 추후보완상소의 제기시점 ×)
- 피고의 추완항소에 대해 법원이 즉시 각하하지 않고, 1년 4개월 후 각하한 사정
  ⇨ 신의칙 위반 ×

Excalibur 부적법한 송달

- 부적법한 송달의 효력
  - 원칙 : 무효
  - 예외 : ⅰ) 공시송달, ⅱ) 우편송달통지서에 집배원 날인 없는 경우, ⅲ) 수령권자가 아닌 자가 교부받았어도 동거자나 본인에 전달한 경우 유효
- [HIT] 송달이 부적법한 경우의 예
  - 피고에게 송달되는 판결정본을 원고가 도로상에서 우편집배원으로부터 수령하여 자기 처를 통하여 피고의 처에게 교부하고 다시 피고의 처가 이를 피고에게 교부한 경우 송달은 부적법 무효 : 상소기간 진행 ×
  - 소송무능력자인 경우 법정대리인에게 송달하지 않고 본인에게 송달하면 부적법
  - 근무장소에서의 보충송달시 사용자 등이 수령을 거부하면 서류 교부 不可
- [HIT] 송달무효의 경우 이의권 포기 상실에 의한 하자치유 여부
  - 원칙 : 하자치유 ○
  - 예외 : 판결정본송달의 하자는 치유 ×
  - cf. 이의권 포기·상실의 대상으로 인정될 수 없는 경우
    ⇨ 불변기간준수, 판결의 선고와 확정, 임의관할 이외의 소송요건, 상소요건, 재심요건, 판결정본의 송달에 관한 흠 등

Excalibur 소송절차의 중단에 관한 제 논점

- 소송당사자가 소송계속 중 파산시(§239) : 소송대리인의 유무에도 불문하고 소송절차가 중단
  ⇨ 파산채권자가 제기한 채권자대위소송에도 유추적용 ○
  ⇨ (判)채권자대위소송 중 채무자가 파산선고를 받은 경우 파산채권자가 제기한 대위소송은 중단되고 파산관재인이 수계 可
  ⇨ 이혼 및 재산분할청구 소송 중 당사자의 파산 선고시 파산관재인의 소송수계 ×
- 소송중단 중 판결 선고 可(§247①)
- [HIT] 소송절차의 중단을 간과하고 내려진 판결의 효력
  - (判)무효 ×, 유효하지만 위법 ○
  - 적법한 수계인이 수계절차를 밟아 소송에 관여하기 전까지 소송절차 중단 ○

- 재판이 송달된 뒤 중단된 소송절차의 수계에 대해서는 그 재판을 한 법원이 결정하여야 ○ (§243②)
  ⇨ 단, 적법한 수계인들이 판결을 사실상 송달받아 상고장 제출 및 상고심에서 수계절차 밟은 경우에도 그 수계와 상고는 적법 ○

제3장 증 거

Excalibur 증거의 분류(본증과 반증), 증명의 종류(증명과 소명)

- 본증과 반증의 증명의 정도
  - 본증의 경우 : 법관이 요증사실의 존재가 확실하다고 확신을 가져야 ○
    if. 법관이 확신을 갖지 못하면 증명책임의 효과로서 불이익 有
  - 반증의 경우 : 요증사실의 존재가 확실치 못하다는 심증을 형성케 하면 足 (즉, 주요사실에 대한 법관의 확신을 흔들리게 하여 진위불명의 상태에 빠뜨리는 것이면 足)
- 증명과 소명
  ⇨ 원칙 : 증명 / 소명에 의하려면 특별규정(§110②, §128②)있어야 ○
  ⇨ 법원이 필요한 경우 소명에 의해 입증하게 하는 것은 不可

Excalibur 재판상 자백

- 재판상 자백(§288)
- 개념 : 변론기일 또는 변론준비기일에 당사자에 의하여 행하여지는 진술로서 상대방 당사자의 주장과 일치하는 자기에게 불리한 사실의 진술
  ⇨ 일치 여부에 관하여는 필요한 경우 석명권 행사하여 변론 전체의 취지에서 판단
  ⇨ 법원은 당사자 사이에 다툼이 없는 사실에 관하여 성립된 자백과 배치되는 사실을 증거에 의하여 인정 ×
- [HIT] 재판상 자백의 대상적격 : 구체적인 사실
  - 주요사실에 대해 성립 ○, 간접사실이나 보조사실에 대해서는 자백이 성립 ×
  - 직권조사사항 ⇨ 자백의 대상 ×
  - 종중의 대표자에게 적법한 대표권의 유무 ⇨ 직권조사사항 ○ ⇨ 자백의 대상 ×
  - 부동산 시효취득에서 점유개시의 시기(간접사실)에 대한 자백의 구속력 ×
  - 이행불능에 관한 주장 ⇨ 자유로이 철회 可, 법원도 이에 구속 ×
  - 상대방 주장의 소유권을 인정하는 진술 ⇨ 재판상 자백에 해당 ○
  - [HIT] 문서의 성립에 관한 자백(보조사실)은 주요사실에 대한 자백과 동일
    ⇨ 문서에 찍힌 인영의 진정성립의 경우 재판상 자백 ○, 자유롭게 철회 不可

- ☐ [HIT] 권리자백 : 소송물의 전제가 되는 권리관계나 법률효과를 인정하는 진술로서 법원을 기속하는 것이 아니고 상대방의 동의 없이 자유로이 철회 可
  - ⇨ 법정변제충당의 순서는 법률 규정의 적용에 대한 법률효과에 대한 것이므로 권리자백에 해당하여 자백의 대상 ×, but 그 기준이 되는 이행기나 변제이익에 관한 사항은 자백의 대상 ○
- ☐ 무명혼합계약을 당사자가 동산질권설정계약 등으로 잘못 진술한 경우 ⇨ 일종의 권리자백에 해당 ○ (∴ 법원 구속 ×)
- ☐ [HIT] 선결적 법률관계에 관한 자백 : 소유권에 기한 이전등기말소청구소송에 있어서 피고가 원고 주장의 소유권을 인정하는 진술은 소유권의 내용을 이루는 사실에 대한 재판상 자백으로 인정 ○
- ☐ 불법행위책임에서 피해자의 사고 당시 수입 ⇨ 재판상 자백의 대상 ○
- ☐ 인신사고로 인한 손해배상청구사건에 있어서 노동능력상실율 ⇨ 자백의 대상 ○
- ☐ **재판상 자백의 모습** : 상대방 주장사실과 일치하는 진술
  - ☐ [HIT] 선행자백 : 당사자 일방이 자기에게 불리한 사실상의 진술을 자진하여 한 후 그 상대방이 이를 원용함으로써 그 사실에 관하여 당사자 쌍방의 주장이 일치함을 要
    - ⇨ 선행자백은 상대방이 이를 원용하기 전까지는 자백의 효력이 발생 × (∴ 상대방의 원용 이전에는 자유로이 철회 可)
  - ☐ 자기에게 불리한 사실을 진술한 당사자가 상대방의 원용이 있기 전 진술 철회한 경우
    - ⇨ 이와 모순되는 진술을 자유로이 할 수 있고 자인사실 소송자료에서 제거 ○
  - ☐ 당사자 일방이 한 진술에 잘못된 계산이나 기재, 기타 이와 비슷한 표현상의 분명한 잘못 + 상대방이 이를 원용 ⇨ 쌍방의 주장이 불일치하므로 자백 ×
  - ☐ 당사자본인신문의 내용이 상대방의 주장사실과 일치되는 경우 ⇨ 재판상자백 ×
- ☐ **재판상 자백의 방법** : 변론·변론준비기일에서 소송행위로서 진술
  - ☐ 준비서면에 자백하는 내용이 기재되어 있어도 변론기일에 진술 또는 진술간주 要
- ☐ **재판상 자백의 효과**
  - ☐ 법원에 대한 구속력 ○ ⇨ 증거조사결과 자백과 반대되는 심증을 얻더라도 자백과 배치되는 사실을 인정 不可
  - ☐ 당사자에 대한 구속력 ○ ⇨ 자백이 성립되면 자백한 당사자는 임의로 철회 불가 (원칙)
    (아래에서 검토)

Excalibur 증명의 대상(요증사실)

- □ 증명의 대상 : 주요사실, 간접사실, 보조사실
- □ 외국법이나 관습법 : 증명의 대상이 되고 자유로운 증명에 의하는 것도 무방
- □ 준거법인 외국법이나 관습법 : 법원이 직권으로 조사해야 하며 법원이 합리적이라 판단하는 방법에 의하면 足
- □ 육체노동자의 가동연한 : 경험칙상 만 65세까지 ○

Excalibur 불요증사실

- □ [HIT] 불요증사실 : 증명을 요하지 않는 사실
  - □ 현저한 사실(§288본) : 법관이 명확하게 인식하고 있고, 객관성이 담보된 사실
    ⇨ 공지의 사실, 법원에 현저한 사실
  - □ 재판상 자백(§288본), 자백 간주, 법률상 추정된 사실 (증명책임 부분에서 별도로 논함)
- □ 법원에 현저한 사실인지 여부 (법관이 직무상 경험으로 알고 있는 사실로 명확한 기억을 하고 있거나 조사를 통해 곧바로 알 수 있는 사실○, 법관 개인의 경험×)
  - □ e.g. 직종별임금실태조사 보고서, 한국직업사전의 각 존재 및 그 기재내용 ○
  - □ 판결문 등이 증거로 제출된 적이 없고, 당사자들도 이에 관하여 주장한 바 없는 사실 ×
  - □ 피고와 제3자 사이에 있었던 민사소송의 확정판결의 존재를 넘어서 판결의 이유를 구성하는 사실관계 × ⇨ 즉, 다른 민·형사사건 등의 확정판결에서 인정된 사실은 당해 민사재판에서 배척 可, 이를 법원에 현저한 사실로 인정할 경우 변론주의 위반
- □ 법원에 현저한 사실도 주장해야 인정 可 (∵ 변론주의 원칙상)
- □ [HIT] 자백간주(§150③, §257)
  - □ 성립요건 : 변론기일을 해태한 일방 당사자가 상대방 주장을 다투지 않은 경우(§150③), 피고가 답변서 제출의무 다하지 않은 때 청구원인 사실에 대하여(§257) 자백 간주 ○
  - □ [HIT] 피고가 공시송달에 의해 소장부본을 송달 받은 경우 ⇨ 답변서 제출의무 없어(§256①) 자백간주 판결 ×(§257①)
  - □ [HIT] 공시송달로 기일통지서 받은 자는 불출석의 경우에도 자백간주의 불이익 無 (§150③但)
  - □ 기일에 불출석한 피고가 청구원인 사실을 다투는 취지의 답변서 제출 ⇨ 서면에 따른 진술간주 인정되어(§148) 자백간주 ×
  - □ 재심사유 해당사실 존부는 직권탐지주의, 재심사유에 대해 자백간주 ×
  - □ 통상공동소송 ⇨ 주장공통의 원칙 적용 ×, 일부 피고가 청구원인사실 적극적으로 다투어도 이를 명백히 다투지 않은 다른 피고의 경우 자백간주 인정 可
  - □ 효과 : 자백간주 된 사실은 법원에 대한 구속력 ○ / 당사자에 대한 구속력 ×(사실심변론 종결시까지 다툼 可)
    ⇨ 1심에서 자백간주가 있었다고 하더라도 항소심의 변론기일에 다툼 可

Excalibur 재판상 자백의 취소, 철회

- **HIT** 재판상 자백의 취소, 철회가 허용되는 경우
- 자백이 진실에 반하고 착오에 의한 것인 경우(§288 但)
  - 진실에 반함과 착오 두 가지 모두 입증해야 하고 진실에 반함이 증명되었다고 하여 착오임이 추정 ×. 다만 진실에 반함이 입증되면 변론전체의 취지로 착오임을 인정 可
  - **HIT** 재판상 자백을 취소하는 경우 진실에 부합하지 않는다는 사실에 대한 증명
    ⇨ 직접증거에 의한 증명, 간접사실에 의한 증명 모두 可
  - 재판상 자백의 취소는 명시적, 묵시적 모두 可
    ⇨ 일단 자백이 성립되었다고 하여도 그 후 그 자백을 한 당사자가 종전의 자백과 배치되는 내용의 주장을 한 경우에도 인정
- 형사상 처벌을 받을 다른 사람의 행위로 자백을 한 경우(§451①5호)
  ⇨ 유죄확정판결이 필요 ○
- **HIT** 재판상 자백의 성립 후 청구를 교환적으로 변경한 경우 ⇨ 자백의 효력 소멸
- 제1심에서 피고에 대하여 공시송달로 재판이 진행되어 피고에 대한 청구가 기각되었는데, 원고가 항소한 항소심에서 피고가 공시송달 아닌 방법으로 송달받고도 다투지 아니한 경우
  ⇨ 민사소송법 제150조의 자백간주 성립 ○
- 민사소송법 제150조에 의하여 일단 의제자백효과가 발생한 때에 그 이후의 기일에 대한 소환장 송달불능으로 공시송달한 경우 ⇨ 의제자백의 효과 상실 ×
- 상대방의 동의가 있는 경우
  ⇨ 자백이 성립 후 그 자백을 한 당사자가 종전의 자백과 배치되는 내용의 주장을 하고 상대방이 이의제기 없이 주장내용을 인정할 때 종전 자백은 취소되고 새로운 자백이 성립 된 것
- 소송대리인의 자백을 당사자가 취소하거나 경정하는 경우(§94)
- 재판상 자백의 철회나 취소의 가능시기 ⇨ 상고심에서는 허용 ×

Excalibur 증거조사

- 증거조사절차 : 증거신청 -> 증거채부결정 -> 증거조사의 실시 -> 심증형성
- 증거조사의 개시가 있기 전에는 상대방의 동의 없이 증거신청 철회 可
- 증거채부결정 ⇨ 원칙 : 재량, 예외 : 유일한 증거(§290)
- 증거조사의 유형 ⇨ 증인신문, 감정, 서증, 검증, 당사자신문 등
  - 당사자 본인신문에서의 진술 ⇨ 소송상의 주장사실 ×, 증거자료에 불과함
- 출석·선서·진술의 의무(§369): 당사자가 정당한 사유 없이 출석하지 아니하거나 선서 또는 진술을 거부 → 법원은 신문사항에 관한 상대방의 주장을 진실한 것으로 인정 可
- 민소법 제369조 신문사항에 포함된 내용에 관한 것을 법원이 적용함에는 당사자 본인신문사항 가운데 어느 항을 진실한 것으로 인정한 연후에 그에 의하면 상대방 당사자의 요건사실에 관한 주장사실을 인정할 수 있다고 판시하는 것이 정당

- □ 소제기 전후 증거보전신청 可(§376) / 직권에 의한 증거보전결정 可(§379)
- □ 전자증거(§374, 규칙§120·121) ⇨ 별도의 증거조사절차를 거침
- □ 조사촉탁(§294)의 결과를 증거자료로 하기 위하여 ⇨ 별도로 서면증거로 제출 不要
- □ 사실조회에 대한 회보가 제출 ⇨ 법원은 의견진술의 기회를 주어야 ○
- □ 확정된 형사판결 ⇨ 민사소송에서 유력한 증거자료 ○

Excalibur 유일한 증거

- □ 의의 : 신청한 증거에 대한 채택여부는 소송촉진과 소송경제와의 관계에서 원칙적으로 법원의 직권에 속하는 재량사항이나, 예외적으로 주요사실에 관한 유일한 증거일 때에는 반드시 조사하여야 ○(§290)
- □ 예외 : 유일한 증거라도 증거신청이 부적합한 경우 증거조사 ×
- □ [HIT] 판단기준
  - □ 쟁점단위별로, 전체심급을 통해 판단
  - □ 본증에 한하고 반증은 포함 ×
  - □ 당사자신문에 대해서 구법 하에서는 보충성이 인정되어 유일한 증거가 아니었으나 신법 하에서는 인정 可
- □ 유일한 증거를 조사하지 않으면 ⇨ 채증법칙 위반으로 상고이유 ○,
  But 조사한 이상 ⇨ 조사내용 채택여부는 자유심증에 의함 ○

Excalibur 증인신문

- □ 선서방법(§321③) : 소리내어 읽음이 원칙이되, 법원사무관 등으로 대신케 할 수 있음
- □ 증언거부사유(§316) : 소명의 대상(○)
- □ 신문방법(§328) : 격리신문의 원칙(따로따로), 예외적으로 재정신문 가능 ⇨ 따라서, 반드시 나가야 하는 것은 아님
- □ 순서
  - □ 주신문 -> 반대신문 -> 재주신문 -> 재판장허가에 의한 재반대신문(규칙 §89)
  - □ 주신문, 반대신문, 재주신문의 순서 변경 ⇨ 당사자의 의견을 들어 재판장이 알맞다고 인정하는 때 可(§327①)
  - □ 합의부원은 재판장에게 알리고 신문 可(§327⑥)
  - □ 주신문은 유도신문 ×, 반대신문은 유도신문 ○(규칙 §92②)
- □ 증인신문 신청(§308) : 당사자의 신청이 원칙
- □ 법원은 효율적인 증인신문을 위하여 필요하다고 인정되는 때에는 증인을 신청한 당사자에게(증인에게 ×) 증인진술서 제출하게 할 수 ○(규칙 §79①)

- □ 증인이 정당한 사유 없이 출석하지 아니한 때에 법원은 결정으로 과태료부과
  - ⇨ 과태료의 재판을 받고도 정당한 사유 없이 다시 출석하지 아니한 때 결정으로 7일 이내의 감치 (정당한 사유 심리 필요)
- □ 감치의 재판을 받은 증인이 감치의 집행 중에 증언을 한 때 ⇨ 법원은 바로 감치결정을 취소하고 그 증인을 석방하도록 명하여야 ○
- □ 증인은 재판장의 허가 없이는 서류에 의한 진술 불가
- □ 증인이 자신의 직업의 비밀에 속하는 사항에 대하여 신문을 받을 때 해당 사항에 대하여 비밀을 지킬 의무가 면제된 경우(§315②) ⇨ 증언거부 불가
- □ 민사소송절차상 재판장의 증언거부권(§314·315) 고지 無 ⇨ 위법 ×
- □ 증인진술서가 제출되어도 법정에서 진술하지 않은 경우 위증죄 ×
- □ 16세 미만인 사람(§322 1호) ⇨ 선서능력 無
- □ 당사자, 법정대리인, 당사자인 법인 등의 대표자 ⇨ 증인능력 ×
- □ [HIT] 법정대리인은 증인능력 無, But 당사자나 법정대리인을 증인으로 신문한 경우
  - ⇨ 지체 없이 이의하지 않으면 하자는 치유 ○
- □ 감정증인은 증인 ○ (§340)
- □ 증인신문과 당사자신문은 당사자의 주장과 증거를 정리한 뒤 집중적으로 하여야 ○
- □ 증언을 조건으로 통상비용을 넘어서는 수고료 약정의 효력 ⇨ 무효
- □ 대질신문 (§329, §368)
  - ① 증인상호간 ② 증인과 당사자 간 ③ 당사자 상호간 대질 모두 가능

Excalibur 감 정

- □ 감정은 법원의 직권이나 당사자 신청이 원칙(§333, §308)
- □ 감정인의 출석명령 불응에 과태료 재판 후 정당한 사유 없이 불출석(§333但, §311②)
  - ⇨ 감치명령 불가
- □ 선서하지 아니한 감정인에 의한 감정 결과 ⇨ 증거능력 無, 사실인정의 자료 ×
- □ 감정인의 지정의 주체(§335) : 법원 ○ (당사자 ×)
- □ 감정인에게 기피이유 있음을 알고 있었던 경우(§336) : 진술 전 기피신청 하여야 ○
- □ 공공기관, 학교, 그밖에 상당한 설비가 있는 단체·외국의 기관에 감정을 촉탁할 수 있고 그 경우 감정인의 선서의무가 면제 ○(§341①) But 법원은 그 단체·기관이 지정한 사람으로 하여금 감정서를 설명하게 할 수 있다(동조②)
- □ [HIT] 당사자가 감정 또는 감정촉탁에 의하지 않고 서증으로 제출한 소송 외에서의 감정의견 : 사실인정자료 可 (자유심증주의)
- □ [HIT] 법원이 착오로 감정인의 선서를 누락한 경우

- ⇨ 당사자에 의하여 서증으로 제출되고, 법원이 그 내용을 합리적이라고 인정하는 때에는 사실인정의 자료 可
- ☐ **감정인의 감정결과** ⇨ 당사자가 증거로 원용하지 않아도 증거로 사용 可
- ☐ **동일한 사실에 관하여 상반되는 수개의 감정결과가 있는 경우**
  - ⇨ 그중 어느 감정 결과를 채택할 것인지는 원칙적으로 사실심 법원의 전권에 속함
  - ⇨ 어느 하나를 채용하고 그 나머지를 배척하는 이유를 구체적으로 명시할 필요 無

Excalibur 증서진부확인의 소(제250조)

- ☐ **소의 이익** : 문서가 증명하는 법률관계의 분쟁해결이나 이에 기여하기 위하는 것 ○
- ☐ [HIT] **소의 대상** : 처분문서 (계약서, 차용증서, 유가증권, 정관 등)
- ☐ [HIT] **소의 이익이 없는 경우**
  - ☐ 법적불안을 제거하기 위하여서는 당해 권리 또는 법률관계 자체의 확인을 구하여야 할 필요가 있는 경우
  - ☐ 서면에 의하여 증명되는 법률관계에 대하여 당사자 간에 다툼이 없거나 그 법률관계가 소멸하게 된 경우
  - ☐ 서면에 의하여 증명되는 법률관계에 대하여 이미 소가 제기되어 있는 경우
- ☐ 임대차계약금으로 일정한 금원을 받았음을 증명하기 위하여 작성된 영수증 ⇨ 증서의 진정 여부를 확인하는 소의 대상 ×
- ☐ **증서의 진정 대상** : 성립의 진정 ○, 내용의 진정 ×

Excalibur 서증

- ☐ **의의**: 문서의 기재내용을 증거자료로 하는 것
- ☐ 서증이 아닌 위조문서라는 입증취지로 제출 한 경우 ⇨ 법원은 상대방의 진정성립 인정 이유로 그 기재내용을 인정 ×
- ☐ **판결서의 성격**
  - ☐ 처분문서로 쓰이는 경우 : 판결의 존부 또는 판결의 내용에 대한 증명의 한도 내에서 인정
  - ☐ 보고문서로 쓰이는 경우 : 판결서 중에서 한 사실판단에 대한 사실을 증명하기 위한 한도에서 인정
- ☐ 소제기 이후에 작성된 사문서라도 증거능력 有

Excalibur 문서의 형식적 증거력

- 공문서는 진정성립 추정되며(§356①) 외국의 공공기관이 작성한 문서도 진정성립 추정 (동조③) ⇨ 공무원이 직무상 작성한 것으로 인정한 때에는 이를 진정한 공문서로 추정하나, 위조 또는 변조 등 특별한 사정이 있다고 볼 반증이 있는 경우에 위 추정은 복멸 (사실상의 추정)
  - 공증인이 작성한 공증문서는 공문서이므로 그 진정성립이 추정 ○
- 사문서는 그것이 진정한 것임을 증명하여야 한다(§357)
  - ⇨ 차용증의 진정성립은 제출자가 증명
  - ⇨ 법원은 다른 증거에 의하지 않고 변론의 전 취지를 참작하여 사문서의 진정성립을 인정 可
  - ⇨ 변론전취지는 변론과정에 현출된 모든 상황과 소송자료로서 증거조사의 결과를 제외한 것이고, 변론종결 후 제출된 자료는 여기에 포함 ×
- 문서의 진정성립
- 인정 방법 : 육안 대조 방법으로도 可
- **HIT** 사문서 성립의 진정에 관한 2단의 추정 : 사실상 추정 ○
  인영의 진정인정 ⇨ 인영의 진정성립 추정 ⇨ 문서의 진정성립 추정(§358)
- 인영의 진정성립 추정 ⇨ 사실상의 추정이므로, 반증을 들어 법원으로 하여금 의심을 품게 할 수 있는 사정을 입증하면 그 진정성립의 추정은 복멸
- **HIT** 문서의 진정성립 추정
- 인영이 작성명의인의 인장에 의해 현출된 것이라도 다른 사람이 날인한 것으로 밝혀지면 문서 전체의 진정성립이 추정 ×
- 작성명의인의 인영임이 인정되어 인영의 진정성립 및 문서의 진정성립이 추정되는 것은 내용이 기재된 후에 인영이 압날된 경우에만 허용 ○
  - ∴ 작성명의인의 날인이 먼저 있고 그 후에 내용이 기재된 사실이 증명된 경우 문서 전체의 진정성립 추정 ×
- 날인행위가 작성명의인 이외의 자에 의하여 이루어지고 그 대리권한에 대해 다툼이 있는 경우 ⇨ 문서제출자가 작성명의인으로부터 위임받은 정당한 권원에 의한 것이라는 사실을 증명하여야 ○
- 사문서의 작성명의인이 스스로 당해 사문서에 서명·날인·무인하였음을 인정
  - ⇨ 문서의 진정성립 추정
- 공증인의 사서증서인증서 ⇨ 특별한 사정 없는 한 공증인이 인증한 사서증서의 진정성립도 사실상 추정 ○
- 부동문자로 인쇄된 계약조항이 모두 예문에 해당 × ⇨ 구체적 사안에 따라 법원이 결정
- 처분문서의 진정성립 인정되어도
  - ⇨ 법원은 기재내용과 다른 명시적·묵시적 사실 인정되는 경우 그 사실을 인정 可

- ⇨ 법원은 적절한 반증이 있는 경우에도 그 기재내용의 일부를 달리 인정 可
- □ 당사자·대리인이 고의·중과실로 진실에 반하게 문서의 진정을 다툰 경우
    - ⇨ 과태료 부과 결정 可(§363①)

Excalibur 백지문서 내지 미완성문서의 형식적 증거력

- □ 문서의 전부 또는 일부가 미완성된 상태에서 서명날인만을 먼저 하였다는 등의 사정이 있는 경우 ⇨ 완성문서로서의 진정성립의 추정력을 뒤집으려면 그럴 만한 합리적인 이유와 이를 뒷받침할 간접반증 등의 증거 要
- □ [HIT] 날인만 있는 차용증의 백지부분을 후일 보충한 경우 ⇨ 작성명의인의 인영임이 인정되더라도 차용증의 진정성립은 추정 ×
- □ [HIT] 완성문서로서의 진정성립의 추정이 번복되어 백지문서 또는 미완성 부분을 작성명의자가 아닌 자가 보충하였다는 등의 사정이 밝혀진 경우 ⇨ 백지문서 또는 미완성 부분이 정당한 권한에 기하여 보충되었다는 점에 관하여 그 문서의 진정성립을 주장하는 자 또는 문서제출자에게 입증책임 有
- □ 백지문서 날인의 증명책임 ⇨ 백지문서에 날인하였다는 주장은 2단의 추정을 복멸하기 위한 주장 : 합리적인 이유와 증거 要
- □ 백지부당보충의 경우 진정성립의 증명책임
    - ⇨ 문서제출자가 정당한 권원에 의한 기재를 증명하여야 ○

Excalibur 문서의 실질적 증거력

- □ [HIT] 처분문서
    - □ 처분문서 ⇨ 기재내용을 부정할 만한 분명하고도 수긍할 수 있는 반증이 없는 한 그 기재내용에 의하여 그 의사표시의 존재 및 내용을 인정하여야 ○
    - □ 처분문서의 실질적 증거력(내용의 진정)은 형식적 증거력(성립의 진정)이 인정되면 사실상 추정 ○ ⇨ 반증에 의해 복멸 可
    - □ 처분문서의 기재내용과 다른 명시적·묵시적 약정사실이 인정되는 경우
        - ⇨ 법원은 기재내용과 다른 사실 인정 可
    - □ 지급기일을 공란으로 한 약속어음을 발행한 경우 ⇨ 백지어음으로 추정 ○
    - □ 은행과 근저당권설정자와의 사이의 부동문자로 인쇄된 근저당권설정계약서에 포괄근저당권을 설정한다는 문언이 기재된 경우 + 진정성립 인정되는 때
        - ⇨ 그 문언대로 의사표시의 존재와 내용을 인정 ○ (특별한 사정이 없는 한)
    - □ 민법상 사단법인 총회 등의 결의와 관련하여 의사록에 기재된 의사정족수나 의결정족수 충족여부 다툼 ⇨ 결의의 효력을 다투는 측에서 구체적으로 주장·증명하여야 ○

- □ 처분문서인 차용금증서에 채권자 甲 채무자 乙 연대보증인 丙으로 기재된 경우
- □ 이 차용증이 채권자 丁 채무자 戊로 하는 소비대차 약정 사실을 인정하는 문서가 될 경우 丙을 연대보증인으로 볼 수 있는 요건 ⇨ 丙이 위 차용금증서의 실제 채무자는 乙이 아니라 戊이고, 실제 채권자는 甲이 아니라 丁이라는 사실을 알고 있었다는 점이 증명되어야 ○ (∵ 주채무에 대한 계약과 연대보증계약은 별개의 법률행위)

Excalibur 문서의 직접 제출

- □ 문서제출방식에 의한 서증신청 방식(§343 전단)
  - ⇨ 원본, 정본 또는 인증 있는 등본 원칙(§355①) 전부제출원칙(규칙 §105)
- □ 소장이나 준비서면에 서증 첨부 후 변론기일 불출석 ⇨ 서증 제출 없는 것으로 ○
- □ [HIT] 서증신청은 원본제출 원칙이나, 상대방이 동의하면 사본을 원본에 갈음하여 제출할 수 있고 원본제출과 동일한 효과 有
  - □ 문서제출이 불가능 or 비실제적인 상황에서의 사본제출의 정당화 사유 주장·입증 책임 소재 ⇨ 신청 당사자측 ○
  - □ 원본의 존재 및 진정성립에 관하여 다툼이 있고 사본을 원본의 대용으로 하는데 대해 상대방으로부터 이의가 있는 경우 사본을 원본에 갈음하여 제출 不可
- □ 문서제출신청 방식(§345, 규칙 §110) : 서면신청주의

Excalibur 문서제출명령

- □ [HIT] 문서제출명령에 의한 서증신청의 방식(§343) : 문서를 제출하는 방식 또는 문서를 가진 사람에게 그것을 제출하도록 명할 것을 신청하는 방식
- □ 문서제출명령신청에 관한 결정 ⇨ 즉시항고 가능 ○
- □ 당사자와 문서 사이에 특별한 관계가 있는 경우 제출의무(§344①)
  - ⅰ) 인용문서 (1호)
  - ⅱ) 인도·열람문서 (2호)
  - ⅲ) 이익문서와 법률관계문서 (3호), 예외적으로 공무원의 직무상 비밀문서, 제314조·제315조의 증언거부사유가 적혀있는 문서는 제출을 거부 可
- □ 대상문서 ⇨ 통신비밀보호법상 통신사실확인자료도 제출의무 (○)
- □ 제출의무가 없는 문서
  - ① 공무원 또는 공무원이었던 사람이 그 직무와 관련하여 보관하거나 가지고 있던 문서에 해당하지 않는 문서로서 오로지 문서를 가진 사람이 이용하기 위한 문서
  - ② 신청자의 이익을 위하여 작성된 문서이며, 공무원의 직무상 비밀에 관한 사항이 기재되어 있는 문서로서 소속 관청 또는 감독관청의 동의를 받지 않은 경우

- ③ 공무원 또는 공무원이었던 사람이 그 직무와 관련하여 보관하거나 가지고 있던 문서에 해당하지 않는 문서로서 변호사의 직무상 비밀에 속하는 사항이 기재되어 있는 문서
- □ 문서소지인은 그 문서의 내용이 개인정보보호법상 개인정보에 해당한다는 이유로 문서제출 거부 不可
- □ 인도·열람문서(§344①2호)의 인도·열람 구할 권리는 물권적이든 채권적이 계약에 근거한 것이든 법률의 규정에 근거한 것이든 불문
- □ 어느 문서에 담겨 있는 정보가 직업 비밀에 해당하는 경우 문서소지자는 비밀이 보호가치 있는 경우에만 문서 제출 거부 可
- □ 직무상 비밀이 적혀 있는 문서는 신청자의 이익을 위하여 작성된 것이라도 문서제출명령 거부 可
- □ 소송에서 인용한 동영상 파일은 검증의 방법으로 증거조사를 하여야 하므로 문서제출명령의 대상 ×
- □ **일반적 제출의무로 확장(§344②)** : 예외적으로 공무원의 직무관련 보관문서(동조② 本), 증언거부사유가 적혀있는 문서(1호), 자기이용문서(2호)는 제출을 거부 可
- □ 민소법 제344조 제2항에 해당하는 문서소지자 ⇨ 문서제출명령의 신청자가 문서를 가지고 있는 사람에게 그것을 넘겨 달라고 하거나 보겠다고 요구할 수 있는 사법상의 권리가 없더라도 원칙적으로 문서의 제출을 거부하지 못함
- □ 공무원이 그 직무와 관련하여 보관하는 문서(§344②)라도 인용문서에 해당하면 제출의무 有
- □ 자기이용문서에 해당하기 위한 요건 ⇨ 오로지 문서를 가진 사람이 이용할 목적으로 작성되고 외부자에게 개시하는 것이 예정되어 있지 않으며 개시할 경우 문서를 가진 사람에게 간과하기 어려운 불이익이 생길 염려가 있는 문서이어야 ○
- □ 문서제출 거부사유가 인정되지 않는 경우에도 ⇨ 제출명령신청의 대상이 된 문서가 서증으로서 필요하지 않거나 대상문서로 증명하고자 하는 사항이 청구와 직접 관련이 없을 때에는 신청을 받아들이지 않을 수 ○
- □ 당사자가 문서제출신청 하면서 문서의 취지나 문서로 증명할 사실을 개괄적으로 표시한 경우 (§346) ⇨ 상대방 당사자에 당해 문서에 관하여 표시와 취지 등을 적어내도록 명할 수 ○
- □ 제3자에 대한 문서제출명령시 제3자 또는 그가 지정하는 자를 필요적 심문
- □ 문서제출명령의 대상인지 판단을 위한 문서제시명령 가능 ○ (§347④) ⇨ 법원은 그 문서를 다른 사람이 보도록 하여서는 × (제출 거부사유 비공개 심리)
- □ 동영상 파일은 문서제출명령의 대상 ×
- □ [HIT] 문서제출명령에 불응한 때 제재
  - □ 당사자에 대한 제재
    - ⇨ 문서의 기재에 대한 상대방의 주장을 진실한 것으로 인정할 수 ○(§349)
    - ⇨ 다만 상대방이 입증하고자 하는 주장사실이 증명되었다고 인정 × (자유심증)
  - □ 제3자에 대한 제재
    - ⇨ 당사자의 주장을 진실한 것으로 인정 ×

- ⇨ 500만 원 이하의 과태료에 처할 수 ○(§351, §318, §311①)
- □ 당사자가 문서훼손 등으로 사용을 방해한 때 제재
  - □ 문서의 기재에 대한 상대방의 주장을 진실한 것으로 인정 可(§350)
  - □ 문서훼손을 통한 입증 방해행위 有 ⇨ (判)훼손한 당사자에 불리한 평가 可
- □ 법원은 신청 또는 직권으로 소송당사자에 상업장부 or 그 일부분의 제출을 명할 수 있음 (상법 §32)
- □ 법원의 문서제출명령이 있었다 하여도 그 문서가 법원에 제출되기 전에는 상대방의 동의 없이 그 증거신청 철회 可
- □ 문서제출명령신청에 대해서, 별다른 판단을 하지 아니한 채 변론 종결, 판결 선고
  - ⇨ 문서제출명령신청을 묵시적으로 기각한 취지 ○

Excalibur 당사자신문

- □ [HIT] 당사자 신문의 당사자 진술 ⇨ 증거자료 ○, 소송자료 (소송상 주장) ×
- □ 소송당사자인 비법인사단의 대표자에 대한 신문(§64, §372) ⇨ 당사자신문 ○, 증인신문 ×
- □ 당사자본인으로 신문해야 함에도 증인으로 신문한 경우 ⇨ 상대방이 지체 없이 이의하지 아니하면 책문권 포기·상실로 인하여 하자가 치유 ○
- □ 증인신문에서 선서한 증인이 거짓 진술을 할 때에는 형사상 위증죄의 성립 ○ / 선서한 당사자의 허위진술에 대하여는 형사처벌 규정 없고 과태료 부과 가능(§370①)
- □ [HIT] 당사자본인신문 ⇨ 보충성 無
- □ 당사자가 정당한 사유 없이 출석하지 아니하거나 선서 또는 진술을 거부한 때
  - ⇨ 법원은 신문사항에 관한 상대방의 주장을 진실한 것으로 인정 可

Excalibur 자유심증주의

- □ 판결서에 심증형성의 경로를 명시하여야 하는 경우
  - □ 처분문서의 진정성립 배척
  - □ 확정된 판결에서 인정된 사실의 배제
  - □ 경험칙상 이례적 판단
- □ 증명방해의 효과 : (判)자유심증설(곧바로 증명책임이 전환되거나 상대방 주장 사실이 증명되는 것은 ×), 증명책임전환설, 법정증거설
- □ [HIT] 소송 외에서 작성된 감정서 ⇨ 서증으로 제출될 때 사실인정자료 可 (자유심증주의)
- □ 사실인정에 필요한 확신의 정도 ⇨ 고도의 개연성 要
- □ [HIT] 재산상 손해의 발생사실은 인정할 수 있으나 구체적인 손해액을 증명하기 곤란한 경우
  - ⇨ 간접사실을 종합하여 손해액 판단 可

- 상대방 제출 증거는 그 타방이 원용했는지와 무관하게 그 타방의 이익자료로 쓸 수 있음 (증거공통의 원칙)

Excalibur 증명책임의 분배

- 증명책임의 분배 : 법률요건분류설
  - ⇨ 권리의 존재를 주장하는 자는 권리근거규정의 요건사실, 권리의 존재를 다투는 상대방은 반대규정의 요건사실에 대한 증명책임 부담
- 매매대금의 지급을 구하는 소에서 피고의 소멸시효완성·상계 : 권리 소멸사실로 피고가 증명책임
- 직권조사사항인 소송요건의 증명책임 : 원고 ○
- [HIT] 채무부존재확인소송 : 피고인 채권자가 권리관계의 요건사실을 증명하여야 ○
- 무효의 주장자가 무효원인의 증명책임 ○
- 정지조건부 법률행위에 해당한다는 사실의 증명책임 : 법률효과의 발생을 다투려는 자
- 대리인과 계약을 체결한 상대방이 본인에 대한 계약의 이행을 청구하는 경우 대리권의 존재 사실 : 대리인과 계약체결한 상대방 본인 (∵ 대리권의 존재는 계약의 이행에 대한 법률효과 발생의 요건사실)
- 자주점유의 증명책임 : 자주점유를 부정하는 자
- 손해배상액의 예정이 있는 경우
  - 채권자 : 채무불이행사실만 증명하면 足
  - 채무자 : 채무자의 귀책사유가 필요하며 이에 대한 증명책임은 채무자가 부담
- 사해행위 취소소송
  - 수익자의 선의의 증명책임 : 수익자 자신
  - 사해행위가 증여인지 변제인지 다투어지는 경우의 증명책임 : 채권자
- 확정된 지급명령에 대한 청구이의의 소에서의 증명책임
  - 채권의 발생원인 사실에 대한 증명책임은 피고에게 有
  - 권리장애 또는 소멸사유 해당 사실에 대한 증명책임은 원고에게 有
- 부당이득 유형별 증명책임
  - 급부부당이득의 경우 ⇨ 부당이득반환을 주장하는 자가 법률상 원인이 없다는 점에 대한 증명책임
  - 침해부당이득의 경우 ⇨ 부당이득반환 청구의 상대방이 이익을 보유할 정당한 권원이 있다는 점에 대한 증명책임
- 지명채권 양도를 원인으로 한 양수금 청구소송
  - 양도인이 채무자에 채권양도 통지 하였거나 채무자가 이를 승낙하였다는 사실의 증명책임 : 양수인

- 채권양도금지 특약의 항변
  - ⇨ 대항할 수 있는 제3자 : 악의 또는 중과실 있는 제3자
  - ⇨ 악의 또는 중과실에 대한 증명책임 : 채권양도금지 특약으로 양수인에게 대항하려는 자
- 근저당권의 피담보채권을 성립시키는 법률행위가 있었는지 여부에 대한 증명책임
  : 그 존재를 주장하는 자
- 통정허위표시에 대하여 제3자가 악의라는 사실에 관한 주장·증명책임 : 허위표시의 무효를 주장하는 자
- 임차인의 목적물 반환의무 이행불능 원인으로 한 임대인이 손해배상을 구하는 소 제기시 이행불능 귀책사유에 대한 증명책임 소재 ⇨ 이행불능에 대해 귀책사유가 없음을 임차인이 증명하여야 ○
- 매매계약의 요건사실의 주장책임 : 원고
- 이미 발생한 계약해제권의 소멸 등에 대한 증명책임의 소재 ⇨ 해제권자의 상대방
- 동시이행항변을 주장, 입증한 경우 : 지연이자를 청구하는 원고가 동시이행항변권이 소멸한 사실을 입증
- 유치권 부존재 확인소송에서 유치권의 목적물과 견련관계 있는 채권의 존재에 관한 주장·증명책임자 : 피고
- 배당이의소송 상 원고가 피고의 채권이 성립하지 아니하였음을 주장하는 경우 채권의 발생원인 사실 증명책임 : 피고
- 확정된 지급명령에 대한 청구이의의 소송상 원고가 피고의 채권이 성립하지 아니하였음을 주장하는 경우 채권의 발생원인 사실 증명책임 : 피고
- 사망자 명의의 신청에 기한 등기의 추정력은 인정 ×, 등기의 유효를 주장하는 자가 입증책임 有
- 증명책임의 전환 ⇨ e.g. 치료행위에 설명의무를 이행한 사실의 입증책임 : 의사
- 입증방해의 경우 하나의 자료로 삼아 자유심증으로 불리한 판단가능
  - 문서의 기재에 대한 상대방의 주장을 진실한 것으로 인정 可
  - 증명책임 전환 ×, 상대방의 주장 사실 증명 간주 ×

Excalibur 법률상 추정(증명책임의 완화)

- **법률상 추정의 경우** ⇨ 추정사실을 입증하거나 전제사실을 입증하여 증명책임의 완화 可
- **법률상 추정의 복멸** ⇨ 추정사실을 본증으로 다투거나(추정사실의 반대사실에 대한 본증을 제출) 전제사실을 반증으로 다툴 수 ○
- 법률상의 추정의 예시
  - 등기의 추정력은 법률상의 추정
  - 동시사망의 추정(민법 §30)은 법률상의 추정 ⇨ 이를 번복하기 위해서는 동일위난 사망의 전제사실에 대한 반증 또는 다른 시각에 사망했다는 본증을 제출하여야 ○

- 점유자의 권리 적법 추정(민법 §200)은 법률상의 추정 ⇨ 점유자가 주장한 점유권원이 인정되지 않는 경우라도 자주점유의 추정이 번복 ×
- 점유계속의 추정(민법 §197) : 전후양시에 점유한 사실이 있는 때에 추정 ○
- □ [HIT] 등기의 추정력
- 법률상 권리추정, 법률상 사실추정(등기절차·원인에 대한), 등기절차상 적법추정까지 인정
- 이 경우 그 효과를 부정하는 당사자가 절차 및 원인이 부당하여 등기가 무효임을 주장 입증하여야 ⇨ 증명책임의 전환효 ○
- 법률상 추정 복멸을 위한 증명의 정도 ⇨ 추정사실인 등기절차의 정당성에 관한 전제사실에 대한 법원의 확신을 흔들리게 하는 반증(등기절차가 적법하게 진행되지 아니한 것으로 볼만한 의심스러운 사정)이 증명된 경우
- 등기 추정력은 현 등기명의인과 이전 등기명의인 사이에서도 미치며, 대리권의 존재에도 미침 ⇨ 무권대리를 주장하는 자가 추정복멸을 위한 증명책임을 부담
- 전등기 명의인이 미성년자이고 등기원인이 이해상반행위인 경우 ⇨ 이전등기가 적법절차를 거친 것에 대해서 등기추정력이 미침 ○
- 추정력이 복멸된 경우 다른 등기원인의 존재에 대한 증명책임 ⇨ 등기명의인 ○

Excalibur 일응의 추정(증명책임의 완화)

- 일응의 추정 : 사실상 추정 가운데 고도의 개연성 있는 경험칙을 이용하여 간접사실로부터 주요사실을 추정하는 것
- □ [HIT] 공해소송에서의 증명책임
  - 공해(환경)소송에서의 증명책임 완화 (개연성설)
    ⇨ ① 오염물질 배출, ② 도달, ③ 피해발생의 주장으로 일응 인과관계 증명
  - 공해소송의 간접반증이론
    ⇨ ① 유해물질 배출, ② 원인물질의 도달 및 손해발생, ③ 원인물질의 무해
    ⇨ ①, ②는 피해자(원고)가 증명책임, ③은 가해자(피고)가 증명책임
- 의료소송에서의 증명책임 완화 (전환 ×)
  ⇨ 설명의무 위반에 대한 입증책임은 의사 측에 有
  ⇨ 의료사고에 대한 증명은 ① 의료상의 과실, ② 종전 건강상 결함 없음 증명하면 일응 인과관계 추정되고, 의사가 다른 원인에 의한 것임을 증명하여야 ○
- 공작물 하자의 존재에 관한 입증책임 : '피해자' ○, But 일단 하자있음이 인정되면 하자가 불가피함의 입증책임 : '점유자' ○
- 가압류 집행 후 집행채권자가 본안소송에서 패소 확정된 경우 ⇨ 보전처분 집행으로 인한 채무자의 손해에 대해 집행채권자에게 고의, 과실이 있다고 사실상 추정 ○

제4편 소송의 종료

제1장 총 설

Excalibur 소송의 종료

- 소송종료선언의 사유
  ① 이유 없는 기일지정신청 ② 법원의 소송종료의 간과진행 ③ 당사자대립구조의 소멸
- 이혼소송 중 당사자 일방 사망시 ⇨ 사망함과 동시에 당연히 소송 종료 ○ (간과판결시 소송종료선언 ○)
- 청구의 인낙이 조서에 기재된 경우 → 확정판결과 동일한 효력 발생 → 이후 준재심으로만 다툴 수 있음 → 이를 간과하고 소송진행 한 경우 소송종료선언
- 화해권고결정에 대한 이의신청기간(§226①) : 송달받은 날부터 2주 또는 정본 송달 전 可
- 일방불출석의 경우 서면포기·인낙 성립(§148②) : 상대방의 수령 不要
- 주주대표소송에서 회사가 소의 취하·청구포기·인낙·화해 하는 경우 (상법 §403⑥)
  ⇨ 법원의 허가 要
- 소송종료선언에 대한 불복 : 상소제기 可
- 청구의 포기·인낙으로 소송종료된 경우 이에 관한 관한 다툼은 원칙적으로 준재심에 의함 (단, 당연무효사유가 있는 경우 기일지정신청 가능)

제2장 당사자의 행위에 의한 종료

Excalibur 소의 취하

- **[HIT]** 소의 취하(§266)
- 구별개념
  - 청구의 포기(§220) : 청구금액 감축의 경우 청구의 일부포기인지 일부취하인지 원고의 의사가 불명한 경우 원고에게 유리한 소의 일부 취하로 해석
  - 효과 : 항소의 취하(§393) ⇨ 1심판결확정 / 소취하 ⇨ 이미 한 판결 실효(§267①)
- 시기(동조①)
  - 판결확정시까지 언제든 可, 대법원의 파기환송 판결 후 환송심에서도 소 취하 可
  - 다만 본안에 대한 종국판결 후 소취하는 재소금지의 제재 有
- 범위 ⇨ 소의 전부나 일부에 대하여 제기 허용
  - 수량적으로 가분인 동일 청구권에 기한 청구금액의 감축 ⇨ 소의 일부 취하 ○
- 피고의 동의(동조②)

- ☐ 상대방이 본안에 관하여 준비서면 제출, 변론준비기일에서 진술, 변론한 뒤 소취하를 할 경우에 필요 ○
- ☐ 소 취하에 대하여 피고가 이의하여 동의를 거절 ⇨ 소취하 효력 ×, 그 후 동의하여도 소취하 효력 ×
- ☐ [HIT] 피고가 주위적 소각하, 예비적 청구기각을 구한 경우 ⇨ 피고 동의 없이 소취하 可
- ☐ 피고의 반소 제기 후 본소 취하인 경우 반소 취하시 원고의 동의 不要
  But 피고의 반소 제기 후 본소 각하인 경우 반소 취하 시 원고 동의 要
- ☐ 동의 효과 : 소취하가 확정 ○
☐ 방식(동조③) : 법원에 대한 단독행위
  ⇨ 원칙 : 소송 계속된 법원에 소취하서를 제출하여야 ○, 적법한 소 취하의 서면 제출시 그 서면이 상대방에게 송달되기 전·후를 묻지 않고 원고는 소취하 철회 不可
  ⇨ 예외 : 변론 또는 변론준비기일에 구술로 可, 구술 취하시 상대방 불출석시에도 可
- ☐ 소송행위로서 유효요건을 갖추어야 ○
☐ 소취하에 대한 상대방의 이의제기(동조⑥) : 2주 이내에 하여야 ○(없으면 동의간주)
☐ 소취하의 효력을 다투는 절차 : 민사소송규칙(§67)에 따른 기일지정신청
 - ☐ 소 취하가 부존재 또는 무효임을 주장하는 당사자 ⇨ 기일지정신청 可
 - ☐ 소취하 간주의 경우 그 효력을 다투며 기일지정신청 可
☐ 기일지정신청에 대한 심판 방식 : 중간판결 또는 종국판결에서 그 판단을 표시
 - ☐ 신청이 이유 없는 경우 : 소송종료선언으로 종결
 - ☐ 신청이 이유 있는 경우 : 취하 당시 소송정도에 따라 필요한 절차 계속
☐ 종국판결 선고 후 상소기록을 보내기 전 소 취하에 관하여 기일지정신청이 있고 상소이익 있는 당사자 모두가 상소한 경우 ⇨ 상소법원이 기일지정신청에 대해 재판
☐ 소송유지의 법률상 이익 없어 각하하여야 비로소 소 취하의 효력 발생 ○
  (∴ 소취하 합의로 바로 소 취하의 효력 발생 ×)
☐ 소취하의 효력유무 판정기준 ⇨ 소취하의 표시기준으로 ○ (내심의 의사 고려 ×)
☐ [HIT] 소취하와 소송행위의 하자
 - ☐ 원칙 민법 규정 적용 × (즉 사기, 강박, 착오 등 의사표시의 하자로 무효, 취소 주장 不可)
 - ☐ 착오로 인한 소 취하 ⇨ 소 취하의 효력 有 (∵ 소의 취하는 그 표시를 기준으로 하여 그 효력 유무 판정)
☐ 원고들 소송대리인으로부터 원고 중 1인에 대한 소 취하를 지시받은 사무원은 원고들 소송 대리인의 표시기관에 해당
  ⇨ 적법한 소 취하의 서면이 제출된 이상 취하 유효, 임의로 철회 不可
 - ☐ 형사상 처벌받을 타인의 행위로 이루어진 경우 : 재심규정 유추적용 可
 - ☐ 형사책임이 수반되는 타인의 강요와 폭행에 의하여 이루어진 소취하 ⇨ 무효

- □ 소취하의 경우 유죄의 확정판결을 요하는 판례와 요하지 않는 판례 병존
- □ **소 취하 합의한 경우** ⇨ 특별한 사정이 없는 한 원고의 소는 각하 ○, 소취하계약도 당사자 사이 합의에 의하여 해제 可
- □ 공동소송적 보조참가 : 유사필수적 공동소송에 준함
  - ⇨ 소취하시 공동소송적 참가인의 동의 不要
- □ 공동소송적 보조참가인의 동의가 없는 피참가인의 재심의 소 취하 효력 無
- □ 독립당사자 참가 소송에서 원고의 본소 취하 ⇨ 피고의 동의 외에 당사자 참가인 동의要
- □ 소취하를 하는 경우 ⇨ 공증사무소의 인증 不要
- □ 피고들 중 일부에 대한 소취하 가능
  - □ 임대인이 수인의 임차인 상대로 한 차임청구
  - □ 대지 소유자가 지상건물의 공유자를 상대로 한 대지의 사용·수익에 따른 부당이득 청구
  - □ 건물소유자가 임대차 종료 후 건물의 임차인과 무단전차인의 임대인을 상대로 한 부당이득 청구
  - □ 대자소유자가 건물의 공유자들 상대로 한 건물 철거 청구
- □ 피고들 중 일부에 대한 소취하 불가능 ⇨ 공동상속인이 다른 공동상속인을 상대로 어떤 재산이 상속재산임의 확인의 소

Excalibur 재소금지

- □ **재소금지원칙(§267②)**
  - □ 법원의 직권조사사항
  - □ 본안에 대한 종국판결 후 소취하 한 경우에 발생, 중복소제기시 후소는 부적법 각하
  - □ 취지 : 소의 취하로 인하여 법원의 종국판결이 농락될 염려를 방지하기 위한 제재적 조치
    단, 소 취하하더라도 제재적 취지의 규정에 반하지 않고 소제기를 필요로 하는 정당한 사정(새로운 권리보호이익)이 있다면 재소 가능
- □ **당사자의 동일**
  - □ **HIT** 채권자대위소송과 재소금지 ⇨ 일반승계인과 특정승계인을 가리지 않고 채권자대위소송의 경우 채무자가 대위소송이 제기된 것을 안 때에는 재소금지 효과 有
    (채권자대위소송의 경우 기판력의 범위 문제와 같고, 중복제소의 경우는 채무자의 인식 여부를 묻지 않고 중복제소라고 보는 점에 주의)
  - □ 채권자가 채무자를 대위하여 채권자대위소송을 제기하여 종국판결이 있은 후 소를 취하하였는데 대위소송의 계속사실을 알고 있던 채무자가 제3채무자를 상대로 대위소송과 동일한 소를 제기 ⇨ 재소금지규정에 反
  - □ 압류 및 추심명령을 받은 채권자의 추심소송이 본안판결 후 소취하된 경우, 다른 추심채권자의 추심소송은 가능 ⇨ 재소금지원칙 위반 ×
  - □ 집합건물 공용부분을 무단점유한 구분소유자에 대한 부당이득반환청구

- 다른 구분소유자가 1심에서 패소, 항소심에서 소취하시 관리단이 부당이득반환소송을 제기 ⇨ 재소금지원칙 위반 ×

□ **소송물 동일**
  - 원고가 면직처분무효확인소송의 항소심에서 취하 후 다시 면직무효임을 전제로 주위적으로 손해배상청구, 예비적으로 부당이득반환청구
    ⇨ 재소금지규정에 反 (∵ 주위적, 예비적 청구 모두 전소와 동일한 소)
  - 전소가 소유권에 기한 인도청구소송이고 후소가 약정에 의한 인도청구소송인 경우
    ⇨ 재소금지원칙 위반 ×
  - 대여금청구의 소와 어음금지급의 소는 소송물이 다름 ⇨ 재소금지원칙 위반 ×
  - 원본채권의 이행을 청구하는 소 제기 후 소취하를 한 후 이자채권 청구 한 경우
    ⇨ 재소금지원칙 위반 ○ (∵ 선결적 법률관계나 선결관계 때문)

□ **전·후소의 권리보호이익이 다른 경우 재소금지의 적용가부**
  - 예외적으로 재소가 허용
  - [HIT] 피고가 전소 취하의 전제조건인 약정사항을 지키지 아니함으로써 위 약정이 해제 또는 실효되는 사정변경이 발생한 경우 ⇨ 재소금지원칙에 위반 ×
    (∵ 권리보호의 이익이 다름)
  - [HIT] 매수인이 매매를 원인으로 한 소유권이전등기절차 이행의 소를 제기하여 승소판결을 받았지만, 항소심에서 매매에 따른 토지거래허가신청절차의 이행을 구하는 소로 변경하여 당초의 소는 종국판결 선고 후 취하된 것으로 된 경우, 토지거래허가를 받고 나서 다시 소유권이전등기절차의 이행을 구하는 것
    ⇨ 재소금지원칙 위반 × (∵ 새로운 권리보호이익 有)
  - 추심의 소가 항소심에서 소취하된 경우 다른 추심채권자에 의한 추심의 소 ⇨ 재소금지 위반 × (∵ 새로운 권리보호이익 有)

□ [HIT] **본안에 대한 종국판결 선고 후 취하**
  - 청구의 교환적 변경의 경우
    ① 구소취하·신소제기의 성격 ⇨ 교환적으로 변경된 구청구는 취하되었다가 다시 소제기한 것이 되어 재소금지원칙에 反
    ② 항소심에서 교환적 변경 : 구청구 취하 신청구 추가 ⇨ 본래의 구청구로의 교환적 변경은 재소금지 反
  - 사자상대 제소임을 간과한 판결의 경우 (당연무효 판결) ⇨ 항소심 변론에서 소취하 효력 無, 재소금지의 제한 無

□ 1심 상계항변 이후 항소심에서 상계항변을 철회하였어도 재소금지원칙 적용 없음 (∵ 이후 별소제기는 可)

□ **효과** : 소송법상 효과에 그치고 실체법상 권리관계에는 영향 無
  ⇨ 본안에 대한 종국판결이 있은 후 소를 취하한 자에 대하여 상대방의 부당이득반환청구는 부당

- ⇨ 실체법상의 권리가 침해되었다면 재소금지 여부에 불구하고 손해배상청구는 可
- ⇨ 명의수탁자가 제3자에게 처분하지 않았다면, 재소금지 제재를 받았다 하더라도 명의신탁자는 손해배상 청구 不可

[Excalibur] 재판상 화해

- ☐ 재판상 화해의 법적 성질
  - ☐ 사법행위설 ⇨ 사법상 화해계약과 동일, 재판상 화해의 창설적 효력 설명 용이
  - ☐ 소송행위설 ⇨ 소송을 종료시키는 소송상 진술
  - ☐ 양성설 ⇨ 법원 : 소송행위 / 당사자 : 사법상 화해계약
- ☐ 재판상 화해의 효력 및 대상
  - ☐ 확정판결과 동일한 효력 ⇨ 강제집행을 신청 可 / 재판상 화해의 기판력은 화해의 당사자에만 발생 ○
  - ☐ 화해성립시 종전 법률관계를 바탕으로 한 권리·의무관계 소멸 (창설적 효력)
  - ☐ 공유물분할조정절차에서의 현물분할시 창설적 효력 X
  - ☐ 재판상 화해의 효력범위 : 당사자간 다툼없는 부분 또는 화해의 전제로 서로 양해되어 있는 부분 → 효력이 미치지 않음
  - ☐ 성질상 당사자가 임의로 처분할 수 없는 것을 대상으로 한 재판상 화해 : 당연무효
  - ☐ 강행법규에 반한 내용의 제소전 화해조서는 유효
  - ☐ 제소전화해조서의 효력을 다투는 방법 : 준재심 ○ (무효주장 ×)
- ☐ [HIT] 조건부 재판상 화해의 허용여부
  - ☐ 내용상 의무이행의 발생에 조건을 붙인 경우 ⇨ 허용 ○
  - ☐ 재판상 화해 자체의 성립·효력발생에 대한 조건을 붙인 경우
    ⇨ 사법행위설 : 허용 ○ / 소송행위설 : 허용 ×
- ☐ 재판상 화해의 내용을 실효조건부로 하는 것도 인정 ○
  - ⇨ (判)재판상 화해가 실효조건의 성취로 실효 or 준재심에 의하여 취소된 경우 화해 성립 전의 법률관계 다시 주장 可
- ☐ [HIT] 재판상 화해에 실체법상 하자가 있는 경우
  - ☐ 사법행위설 및 양성설의 일부 ⇨ 기판력 부정
  - ☐ 소송행위설 : 무제한기판력설 ⇨ 재심사유가 있는 경우 준재심의 소로 다툴 뿐 그 외는 주장 不可
  - ☐ 양성설 : 제한적기판력설 ⇨ 무효임을 전제로 기일지정신청 또는 화해무효확인의 소로 구제 可
- ☐ [HIT] 실체법상 강행법규에 위반한 화해조서
  - ☐ 당사자 일방이 화해조서의 당연무효 사유를 주장하며 기일지정신청을 한 때 ⇨ 법원으로서는 그 무효사유의 존재 여부를 가리기 위하여 기일을 지정하여 심리 ○

- □ 확정판결의 당연무효 사유와 같은 사유가 없는 한, 당연무효임을 주장하여 화해무효확인의 소 제기 不可 / 준재심의 소를 통해 다투어야 ○
- □ 주식회사의 대표이사가 주주총회의 특별결의 없이 제소전화해 ⇨ 준재심 대상 ○
- □ 준재심에 의해 취소되지 않는 한 집행권원 ○
- □ [HIT] 화해조항의 실현을 위하여 부동산을 경매에 붙여 그 경매대금에서 경매비용 등을 공제한 나머지 대금을 원고들 및 피고들에게 배당할 것을 구하는 소
  ⇨ 형성의 소. But 법률상의 근거가 없으므로 허용 ×
- □ 화해조항에서 정한 의무의 불이행 ⇨ 화해조항 불이행을 이유로 화해해제 가능하다는 내용 유보가 없는 한 재판상 화해 해제 불가능
- □ 재판상 화해 내용 ⇨ 소송당사자 이외의 제3자를 화해당사자로 포함시키는 것도 허용 ○
- □ 화해는 당사자가 서로 합의하여 그 내용을 정하여야 ○ (법원이 화해조항을 임의로 정할 수는 ×)
- □ 소송계속 중이라면 종국판결이 선고된 경우에도 재판상 화해 可(상고심에서도 可)
- □ 독립당사자참가에 의한 소송에서 원·피고 사이에만 재판상 화해를 하는 것 : 不可
- □ 주주의 대표소송 or 회사가 주주의 제소청구에 따라 이사의 책임을 추궁하는 소송에서의 재판상 화해 ⇨ 법원의 허가 필요 ○
- □ 소송상 화해는 준재심 이외에 사기나 착오를 이유로 취소 不可

Excalibur 화해권고결정

- □ 법원이 피고에게 소장부본을 송달하지 아니한 채 곧바로 화해권고결정 하는 것은 위법 ○
- □ 당사자는 이의신청기간 내라면 화해권고결정이 송달된 후에 생긴 사유를 들어서도 이의신청 可
- □ 화해권고결정이 송달된 후의 승계인 ⇨ 이의신청과 동시에 승계참가신청 可
- □ 독립당사자참가인이 화해권고결정에 대하여 이의한 경우 ⇨ 이의의 효력이 원·피고 사이에도 미침 ○
- □ 화해권고결정의 기판력 발생시기 ⇨ 화해권고결정의 확정시 ○, 이 후에 다른 주장 不可
- □ 소유권에 기한 물권적 방해배제청구로서 소유권등기의 말소를 구하는 소송 中 그 소송물에 대하여 화해권고결정 확정 ⇨ 그 청구권의 법적 성질은 여전히 물권적 청구권 ○
- □ 소송물 이외의 권리관계에도 그 화해권고결정의 효력이 미치기 위해서는 ⇨ 권리관계가 화해권고결정사항에 특정 or 주문 중 청구의 표시 다음에 부가적으로 기재됨으로써 화해권고결정의 기재내용에 의하여 소송물인 권리관계가 되었다고 인정 가능하여야 ○
- □ 법원, 수명법관 또는 수탁판사는 소송계속 중 화해권고결정 可
- □ 당해 심급 판결선고시 화해권고결정 실효 ○ (§232②)
- □ 이의신청권은 그 신청전까지 포기 可 (§229①)

> **Excalibur** 청구의 포기·인낙

- 청구의 포기 ⇨ 변론기일에서 원고가 자기의 소송상 청구가 이유 없음을 스스로 인정하는 법원에 대한 일방적 의사표시
- 청구의 포기·인낙, 화해 및 소의 취하는 공동소송인 각자 가능
- 청구의 인낙 요건
  - 청구 자체, 그 소송물인 권리의무가 선량한 풍속 그 밖의 사회질서 내지 강행법규에 반하는 경우 ⇨ 인낙 허용 ×
  - 청구원인이 선량한 풍속 그 밖의 사회질서에 반하거나 강행법규에 반하는 경우 ⇨ 청구의 인낙 허용 ○
- 소유권에 기한 인도청구의 소에서 소유권의 인정 ⇨ 선결적 법률관계에 대한 자백으로 소송상 청구에 관한 진술인 청구인낙과 구별
- [HIT] 불출석 진술간주에 의한 청구의 포기, 인낙 간주 요건(§148②)
  ⇨ 포기, 인낙의 의사표시 + 공증사무소의 인증
- 행사시기 : 상고심 절차에서도 可
- 청구의 포기, 인낙 ⇨ 변론조서와 달리 조서에 적을 사항의 생략이 不可(§155①)
- 청구의 인낙 조서에 기초해서 강제집행 可(민사집행법 §56)
- 청구의 포기, 인낙 ⇨ 소송대리인의 특별수권사항(§90②2호)
- [HIT] 예비적 또는 선택적 공동소송의 경우(§70) ⇨ 개별적으로 청구 포기 또는 인낙 可
- 청구의 인낙 ⇨ 실체법상 채권·채무의 발생 또는 소멸의 원인이 되는 법률행위 X
- 예비적병합에서 예비적 청구만을 대상으로 한 인낙 不可
- 직권탐지주의에 의하는 인지청구의 소 (가사소송 나류사건) ⇨ 청구의 인낙 허용 ×
- [HIT] 주주총회결의 하자를 다투는 소, 합병무효의 소 ⇨ 청구의 인낙 不可
- 증권관련집단소송에서 청구의 포기 ⇨ 법원의 효력을 받지 아니하면 효력 X
- [HIT] 포기, 인낙 조서 확정 후에 이에 대한 불복(§220, §461) ⇨ 준재심의 소 제기 ○
- 청구포기 후 제소한 경우 ⇨ 청구기각 판결 ○

제3장 종국판결에 의한 종료

> **Excalibur** 판결, 결정, 명령

- 판결, 결정, 명령의 구분
  - 재판의 주체 및 심리의 방식
    ⇨ 판결과 결정은 법원의 재판이고 / 명령은 재판장, 수명법관, 수탁판사 등의 재판
    ⇨ 판결은 필수적 변론에 / 결정과 명령은 임의적 변론에 의함(§134①)
  - 재판의 방식 : 판결의 경우 판결서를 작성하여 선고(§205) / 결정, 명령은 조서 기재로 대용할 수 있으며 고지하면 足(§221)

- 재판의 효력 : 판결의 경우 법원은 자신의 판결에 기속 ○ / 결정, 명령의 경우 기속되지 않고 취소, 변경 可(§222)
- 불복방법 : 판결은 상소 (항소·상고) / 결정, 명령은 이의신청, 항고, 재항고
□ 일부판결(§200)·재판누락·판단누락(§212)
    - [HIT] 판결이유에 설시되었더라도 주문에 설시 없으면 재판누락 ○
        ⇨ 재판상 이혼시 친권자 및 양육자를 정하지 않았다면 재판누락
    - (判)법원의 판결에 당사자가 주장한 사항에 대한 구체적·직접적인 판단이 표시되어 있지 않더라도 판결 이유의 전반적인 취지에 비추어 그 주장을 인용하거나 배척하였음을 알 수 있는 정도라면 판단누락 ×
    - 당사자가 주장한 사항에 대한 구체적·직접적인 판단이 판결 이유에 표시되어 있지 않지만 판결 결과에 영향이 없는 경우, 판단누락 ×
    - 단순병합된 여러 개의 청구에 대해 하나의 전부판결을 한 경우 하나의 청구에 대하여 항소를 제기하면 그 항소는 재판 전부에 대하여 이심의 효력이 미침 But 청구의 일부에 대하여 재판을 누락한 경우 그 부분의 청구는 아직 제1심에 계속 중이므로 이심의 효력이 미치지 ×
□ 중간판결(§201)
    ⇨ 중간판결 전제로 하여 종국판결이 나면 중간판결은 독립하여 상고 不可, 종국판결에 대하여 상소하면서 중간판결의 내용을 다투어야 ○
□ 판결은 당사자가 출석하지 아니하여도 선고 可(§207②)
□ 판결의 경정
    - 판결에 잘못된 계산 등 잘못이 있음이 분명한 경우(§211①) ⇨ 법원은 직권 또는 당사자신청으로 경정결정 可
    - 내용의 오류나 판단누락을 이유로 하는 것 X
    - 판결경정에 의하여 더 불리해진 사정으로는 상소추완 부정
    - 불복 : ① 경정결정은 즉시항고로 불복가능 ② 기각결정에 해석상 불복불가 ⇨ 따라서, 특별항고만 가능

Excalibur 기판력의 제 문제

□ 기판력이 생기는 재판
    ⇨ 확정된 종국판결, 청구의 포기, 청구의 인낙, 재판상 화해(§220)
    ⇨ 전소의 변론종결 전 당사자가 주장하였거나 주장할 수 있었던 모든 공격방어방법에 작용 ○
□ [HIT] 승소확정판결에 어긋나는 후소의 경우 ⇨ 권리보호이익이 없음을 이유로 각하
  / 패소확정판결에 어긋나는 경우 ⇨ 청구기각판결

- □ 소송물 동일한 경우라도 시효중단 등 특별한 사정 ⇨ 소의 이익이 인정, 이때 후소 법원은 권리 주장 요건 구비여부에 대해서 다시 심리 不可
- □ 소송물 동일한 경우라도 판결 내용이 특정되지 아니하여 집행을 할 수 없는 경우
  ⇨ 후소에 권리보호이익 有
- □ 기판력 있는 전소판결과 저촉되는 후소판결의 확정 ⇨ 두 판결 모두 기판력 ○,
  But 후소판결은 재심대상 ○
  (§451①10호)
- □ 공시송달에 의한 편취판결의 효력 : 송달은 유효, 기판력 有 (형식적 확정력)
- □ 동일한 채권에 대해 복수의 채권자들이 압류·추심명령을 받은 경우 ⇨ 한 채권자가 제기한 추심금소송에서 확정된 판결의 기판력이 변론종결일 이전에 압류·추심명령을 받았던 다른 추심채권자에게 미치지 않음

[Excalibur] 기판력의 시적 범위

- □ **[HIT]** 기판력의 시적 범위
- □ 후소 절차에서 항변 할 수 있는 새로운 사유 해당 여부
  - □ 해당 ○ : 변론종결 후에 발생한 사실자료
  - □ 해당 × : 법률이나 판례의 변경, 법률의 위헌결정, 기초가 되었던 행정처분의 변경과 기존의 사실관계에 대한 새로운 증거자료가 있다거나 새로운 법적 평가 또는 그와 같은 법적 평가가 담긴 다른 판결이 존재 한다는 등의 사정
- □ 원금의 지급을 구하는 전소 청구기각 판결이 확정된 경우
  - □ 사실심 변론종결시점에 원금채권의 부존재에 대한 기판력 발생
    ⇨ 표준시 전후의 권리관계에 기판력 작용 ×
  - □ 사실심 변론종결시 후의 이행지연으로 인한 손해배상(이자) 청구 부분은 표준시이후의 권리관계 But 선결관계 ⇨ 확정판결의 기판력 작용 ○
  - □ 변론종결당시까지의 부분 : 표준시이전의 권리관계 ⇨ 확정판결의 기판력 작용 ×
- □ **표준시 전에 존재하는 사유의 실권효** : 당사자는 전소의 표준시 이전에 존재했으나 그때까지 제출하지 않은 공격방어방법의 제출권을 상실
  - □ 전소 변론 종결 전 해제사유로 변론 종결 후 해제의사표시 불허
  - □ 전소에서 당사자가 제출할 수 있었으나 귀책사유로 제출하지 아니한 사실자료에 실권효 여부 : 사실심변론종결 전에 존재하였으나 제출하지 아니한 모든 공격방어방법은 지·부지, 또는 고의·과실 유무 불문하고 일률적으로 실권 ○
  - □ 상속채무이행의 소에서 상속포기사실을 주장하지 않고 후소에서 재차 주장하는 것이 실권효에 의해 차단되는지 여부 ⇨ 기판력의 시적범위에 의해 차단 (∵ 상속에 의한 채무의 존재 자체가 문제되어 그에 관한 확정판결의 주문에 당연히 기판력이 미침)
    ⇨ 비교 (判) : 한정승인의 경우

① 한정승인 사실을 주장하지 않으면 책임의 범위는 현실적인 심판대상으로 등장 ×
  ⇨ 주문에서는 물론 이유에서도 판단되지 × ⇨ 기판력 미치지 ×
② 따라서 채무자가 한정승인을 하고도 채권자가 제기한 소송의 사실심 변론종결시까지 그 사실을 주장하지 아니하여 책임의 범위에 관한 유보가 없는 판결이 선고되어 확정시 ⇨ 채무자는 그 후 위 한정승인 사실을 내세워 청구에 관한 이의의 소를 제기 可
③ 전소에서 상속인의 한정승인이 인정되어 상속재산의 한도에서 지급을 명하는 판결이 확정된 경우 ⇨ 새로운 소제기에 의해 전소의 변론종결시 이전에 존재한 법정단순승인 등 한정승인과 양립 불가한 사실을 주장하여 위 채권에 대해 책임의 범위에 관한 유보가 없는 판결을 구하는 것 허용 ×
▫ 말소등기청구 소송에서 등기원인의 무효를 뒷받침하는 개개의 사유는 독립된 공격방어방법에 불과
  ⇨ 변론종결전에 발생한 것이면 후소에서 주장시 기판력 저촉 ○

▢ **표준시 이후의 형성권 행사**
  ▫ [HIT] 전소에서 백지보충권을 행사하지 않고, 동일 후소에서 이를 보충하여 행사하는 것이 실권효에 의하여 차단되는 것인지 여부 ⇨ 전소판결의 기판력에 의하여 차단 ○
  ▫ 확정판결의 변론종결 전에 이미 발생하였던 취소권 판결확정 후 취소권 행사 不可
  ▫ 전소 확정판결 변론종결 전에 상계적상 있었더라도 변론종결 이후에 상계의 의사표시 한 경우 ⇨ 전소판결의 기판력 작용 ×, 변론종결전 상계적상 여부 알았는지 불문하고 적법한 청구이의사유 ○ (상계권비실권설)
  ▫ 토지인도청구소송의 승소판결 확정 후 그 지상건물 철거청구소송 제기된 경우 후소에서 건물소유 목적의 토지임차권에 기한 건물매수청구권을 행사 ⇨ 전소판결의 기판력에 의하여 차단 ×

▢ **변론종결 후 새로 발생한 사유**
  ▫ 기판력의 시적 범위 미치지 않음. 단, 새로운 사실관계를 말하는 것일 뿐 기존의 사실관계에 대한 새로운 증거자료 포함 ×
  ▫ 조건 미성취로 패소판결 확정 : 후에 조건 성취되면 소제기 可

Excalibur 기판력의 주관적 범위

▢ [HIT] **기판력의 주관적 범위(§218)**
  ▫ 원칙 : 판결의 당사자 사이에만 미침 (기판력의 상대성 원칙)
  ▫ 확장 : 변론종결 후의 승계인, 추정승계인, 청구의 목적물의 소지자
▢ [HIT] **변론종결 후의 승계인 범위**
  ▫ 구이론(判) : 채권적 청구권에 기한 소송 중 계쟁물을 취득한 자는 여기의 승계인 ×
  ▫ 신이론 : 소송물인 권리관계가 물권적 청구권인가 채권적 청구권인가를 가리지 아니하고 점유·등기승계인은 모두 승계적격자 ○

- ㅁ 소유권에 기한 방해배제청구는 화해권고결정이 확정되어도 여전히 물권적 청구권 ○
 따라서 화해권고결정 후 피고 지위 승계인은 변론종결 후 승계인으로서 기판력 ○
□ 소송계속 중 부동산의 소유권이전에 따른 소송승계의 판단 기준
 ㅁ 변론종결 전에 등기이전 ⇨ 변론종결 전 승계인
 ㅁ 변론종결 후에 등기이전 ⇨ 변론종결 후 승계인
□ 기판력의 주관적 범위와 관련하여 변론종결 후 소유권이전등기를 경료받은 자의 승계인 해당여부
 ㅁ 청구가 소유권에 기한 이전등기말소청구권인 경우 ⇨ 승계인 ○ (물권적 청구권)
 ㅁ 청구가 매매에 기한 소유권이전등기청구권인 경우 ⇨ 승계인 × (채권적 청구권)
□ HIT 변론종결 후 승계인 여부
 ㅁ 양도인의 상호를 계속 사용하는 영업양수인 : 면책적채무인수를 등의 특별한사정이 없는 한 변론종결 후의 승계인 ×
 ㅁ 변론종결 후 채무자인 회사를 흡수합병한 존속회사 : 승계인 ○
 ㅁ 변론종결 후 채무자인 회사가 신설합병되어 설립된 회사 : 승계인 ○
 ㅁ 변론종결 후 채무자로서 금전지급채무만 부담하고 있는 회사가 채무면탈 목적으로 설립한 신설회사 : 변론종결후의 승계인 ×
 ㅁ 면책적 채무인수인 : 변론종결 뒤 승계인 ○
 ㅁ 중첩적 채무인수인 : 변론종결 뒤 승계인 ×
□ 변론종결 뒤의 승계인이 임의경매에서의 소유권취득자인 경우 기판력 ○
□ 소유권확정 판결이 확정된 후 채권을 승계한 자 ⇨ 승계집행문 부여받아 기존 집행권원에 기해 강제집행 신청 可
□ 채권자대위소송과 기판력 ⇨ 채무자가 대위소송제기 사실을 알았을 경우에 한하여 다른 채권자가 제기한 후소인 채권자대위소송에 판결의 효력 미침
□ 채권자취소의 확정판결 후 ⇨ 원상회복 전에는 동일한 취소소송의 이익 有
□ 집합건물 공용부분을 무단점유한 구분소유자에 대한 부당이득반환청구
 ㅁ 다른 구분소유자가 제기한 소의 확정판결의 효력은 관리단에 미침(§218③)
 ㅁ 관리단이 부당이득반환소송을 제기하여 받은 경우 판결의 효력은 구분소유자에 미침
□ 추심채권자가 재판상 화해를 한 경우 재판상 화해의 효력은 다른 채권자에게 미치지 ×

Excalibur 기판력의 객관적 범위

□ HIT 기판력의 객관적 범위(§216)
 ㅁ 판결주문에 포함된 소송물인 법률관계의 존부에 관한 판단의 결론에 발생 ○
 ㅁ 선결적 법률관계, 항변, 사실인정 등 판결이유판단에는 발생 ×
  ⇨ 매매계약의 무효 또는 해제를 원인으로 한 매매대금반환청구에 대한 기판력은 선결적 법률관계인 매매계약의 무효 또는 해제에 발생 ×

□ **상계항변**
  □ 상계를 주장한 청구가 성립되는지에 대한 판단은 상계하자고 대항한 액수에 한하여 기판력 발생 ○(동조②) ⇨ 여기서 말하는 상계는 민법 제492조 이하에 규정된 단독행위로서의 상계를 의미 ○ (But 합의에 의한 상계정산을 의미 ×)
  □ 상계주장의 대상인 수동채권이 동시이행항변에 행사된 채권인 경우 ⇨ 상계에 관한 판단에 기판력 발생 × (∵ 수동채권이 소송물로서 심판되는 소구채권이거나 그와 실질적으로 동일하다고 보이는 경우 기판력 발생 ○)
  □ 상계적상 시점 전에 수동채권변제기 이미 도래한 경우 법원은 상계적상의 시점 및 어느 채권에 충당되는지, 수동채권의 지연손해금 및 이율을 판결이유에서 구체적으로 특정하여야 ○
  □ 반대채권이 부존재한다는 판결이유 중의 판단의 기판력의 범위 ⇨ '법원이 반대채권의 존재를 인정하였더라면 상계에 관한 실질적 판단으로 나아가 수동채권의 상계적상일까지의 원리금과 대등액에서 소멸하는 것으로 판단할 수 있었던 반대채권의 원리금 액수'의 범위에서 기판력 발생 ○
  □ 상계항변으로 2개 이상의 반대채권을 주장, 법원이 그 중 하나의 반대채권의 존재를 인정하여 수동채권의 일부와 대등액에서 상계하는 판단을 하고, 나머지 반대채권들은 모두 부존재한다고 판단하여 그 부분 상계항변은 배척한 경우 ⇨ 부존재한다는 판단의 기판력의 범위는 상계를 마친 후의 수동채권의 잔액을 초과 不可
□ **HIT 소송판결** : 소송요건의 흠으로 소가 부적법하다는 판단에 기판력 발생
□ 채권자대위소송에서 피보전채권이 없다는 이유로 소각하 판결을 받은 경우
  ⇨ 제3채무자가 채권자에게 제기한 후소에서 채권자가 피보전채권의 존재를 주장하는 것은 기판력에 저촉 ○
  ⇨ cf. 그 판결의 기판력이 채권자가 채무자를 상대로 피보전채권의 이행을 구하는 소송에 미치지 ×
□ 사해행위취소소송의 피고인 수익자가 별개의 다른 채권으로 한 가액배상채권에 대한 압류 및 전부명령은 유효 ○
□ **확정판결이 동시이행판결인 경우**
  □ 동시이행관계에 있는 반대채권의 존부 및 액수에 대하여는 기판력 발생 ×
  □ 동시이행의 조건이 붙어 있다는 점에 대하여는 기판력 발생 ○
□ 예비적 청구 병합시 주위적 청구 전부인용하여 예비적 청구에 대해 판단하지 않은 경우
  ⇨ 확정된 기판력은 예비적 청구에 대해선 발생 ×
□ 배당이의의 소 패소확정 이후 배당액에 대한 부당이득반환청구 ⇨ 기판력 저촉 ○ (∵ 선결문제)
□ 사기에 의한 의사표시 취소를 원인으로 한 근저당권설정등기말소청구권과 변제를 원인으로 하는 피담보채무 부존재를 원인으로 한 근저당권설정등기말소청구권 ⇨ 별개의 소송물로 기판력이 미치지 않음

> **Excalibur** 소송물과 기판력

- ☐ 등기원인을 달리하는 소유권이전등기청구권은 별개의 소송물
    - ⇨ 매매에 기한 소유권이전등기청구의 소에 대한 확정판결 후 대물변제약정을 원인으로 소유권이전등기청구의 소를 제기하더라도 기판력에 저촉 ×
- ☐ 부당이득반환청구권과 불법행위로 인한 손해배상청구권 ⇨ 서로 실체법상 별개의 청구권
- ☐ 동일한 불법행위로 인한 손해배상청구에 대한 판결과 미리 예측하지 못한 후유증으로 인한 추가적 배상청구 ⇨ 별개의 소송물이므로 기판력에 저촉 ×
- ☐ [HIT] 토지의 일부 매수를 원인으로 제기된 소유권이전등기청구에 대한 기각판결 확정 후 전체 토지 중 일정 지분의 매수를 원인으로 다시 제기된 경우
    - ⇨ 기판력 저촉 × (∵ 동일한 소송물 ×)
- ☐ 토지의 임대인이 임차인에 대하여 제기한 토지인도 및 건물철거청구 소송에서 임차인의 패소판결이 확정된 경우 ⇨ 토지의 임차인은 건물철거가 집행되지 아니한 이상 건물매수청구권을 행사하여 별소 제기 可
- ☐ 백지보충권을 행사하여 어음금의 지급을 청구할 수 있었음에도 변론종결일까지 백지 부분을 보충하지 않아 이를 이유로 패소판결 확정된 후에 백지보충권을 행사하여 다시 동일한 어음금을 청구하는 경우 ⇨ 위 백지보충권 행사의 주장 불허
- ☐ 1필지 토지 전부에 대한 소유권이전등기청구권소송에서 토지일부의 매수사실 인정되나 특정할 수 없어 전부패소 확정판결을 받고 후소에서 매수부분을 특정하여 소유권이전등기청구 한 경우 ⇨ 전소는 매수부분의 권리관계의 존부에 실질적으로 판단 ×, 기판력 저촉 ×
- ☐ 소유권이전등기의 원인무효를 이유로 말소등기청구 제기, 청구기각 판결이 확정된 경우의 기판력의 범위
    - ⇨ 소송물인 말소등기청구권이나 이전등기청구권의 존부에만 미침 ○
    - ⇨ 소유권 자체의 존부에는 미치지 ×
    - ⇨ 변론 종결 후 목적물의 승계인이 소유권을 전제로 건물 인도청구 및 부당이득반환청구를 한다고 하여 기판력에 저촉 ×
- ☐ 토지 소유권에 기한 물권적 청구권을 원인으로 하는 가등기말소청구소송 청구기각된 확정판결로 인하여 토지 소유자가 갖는 토지 소유권의 내용이나 토지 소유권에 기초한 물권적 청구권의 실체적인 내용이 변경, 소멸 ×
- ☐ 가등기에 기한 소유권이전등기절차의 이행을 명한 전소 판결의 기판력
    - ⇨ 소송물인 소유권이전등기청구권의 존부에만 미치고 가등기만의 말소를 청구하는 것은 전소 판결의 기판력에 저촉 ×
- ☐ 기망행위로 인해 근저당권설정계약을 체결하였다고 주장하면서 근저당권설정계약을 취소하고 그 말소등기를 구하는 소를 제기한 경우 ⇨ 근저당권설정등기말소의무와 부당이득반환의무는 동시이행관계 ○

- 이전등기청구소송에서 패소한 피고가 말소등기소송을 제기한 경우 ⇨ 전소의 기판력에 저촉
- 매매를 원인으로 한 이전등기청구소송의 기판력 ⇨ 매매계약이 유효라는 부분에는 미치지 ✕
- [HIT] 말소등기청구사건의 소송물 ⇨ 당해 등기의 말소등기청구권 ○ (말소등기청구권의 발생원인 : 당해 등기원인의 무효라 할 것으로서 등기원인의 무효를 뒷받침하는 개개의 사유는 독립된 공격방어방법에 불과)
- 소유권에 기한 방해배제청구권의 행사로서 근저당권설정등기의 말소등기청구를 한 전소의 확정판결의 기판력 ⇨ 계약해제에 따른 원상회복으로 근저당권설정등기의 말소청구를 하는 후소에 미치지 ✕
- 소유권이전등기말소청구와 진정등기명의회복을 위한 이전등기청구의 실체법상 근거
  ⇨ 모두 민법 제214조 ○
- 소유권이전등기 말소청구소송에서 패소한 당사자 ⇨ 그 후 소유권확인의소 제기 可
- 소유권이전등기청구 인용판결확정에 의하여 소유권이전등기 후 채무자가 소유권확인의 소를 제기 ⇨ 기판력에 저촉 ✕
- 적극적 손해의 배상을 명한 전소송의 변론종결 후에 발생한 새로운 적극적 손해
  (∵ 변론종결 당시 예견할 수 없었고 청구를 포기한 것이 아닌 경우 전소송에 그 부분에 관한 청구가 유보되어 있지 않더라도 전소송의 소송물과는 별개)
- 채권자가 불법행위로 인한 손해배상청구권에 기한 소를 제기하여 승소 확정판결을 받았지만 아직 채권의 만족을 얻지 못한 경우 ⇨ 경합관계에 있는 부당이득반환청구권에 기한 이행의 소 제기 可 (ex. 손해배상청구의 소를 먼저 제기하여 과실상계 등으로 승소액이 제한된 경우)
- 피담보채무의 변제로 양도담보권이 소멸하였음을 원인으로 한 소유권이전등기의 회복 청구가 기각
  ⇨ 후소로 장래 잔존 피담보채무의 변제를 조건으로 소유권이전등기의 회복을 청구 可
- 물건 점유자 상대로 물건의 인도를 명하는 판결 확정 ⇨ 인도판결의 기판력은 물건에 대한 불법점유를 원인으로 한 손해배상청구소송에 미치지 ✕

Excalibur 기판력의 작용범위

- [HIT] 기판력의 작용범위
  - 전후소의 소송물 동일
  - 모순관계 : 후소가 전소의 기판력 있는 법률관계와 정면으로 모순되는 반대관계를 소송물로 할 때
    ⇨ 제소전 화해에 기하여 마쳐진 소유권이전등기가 원인무효라고 주장하며 말소등기절차의 이행을 청구하는 것은 전소판단과 모순되는 주장을 하는 것으로 전소 기판력에 저촉

- ⇨ 매매계약을 원인으로 한 소유권이전등기청구소송에서 승소확정판결 후 패소자가 매매계약이 무효라고 주장하면서 소유권이전등기말소청구 소를 제기하는 것은 모순관계로서 기판력이 작용 ○
- ⇨ 본등기인 소유권이전등기청구권의 승소확정판결 이후 본등기의 전제인 가등기의 말소를 구하는 경우 ⇨ 기판력에 저촉 ×
- ⇨ 제3자의 소유권이전등기청구소송 승소확정판결에 의한 소유권이전등기 경료 후 매도인의 채권자가 대위하여 위 이전등기가 무효임을 이유로 등기말소를 구하는 경우 ⇨ 기판력에 저촉 ○
□ 전소가 후소의 선결적 법률관계인 경우
- ⇨ 소유권확인청구에 대한 청구기각 판결이 확정된 후, 다시 동일 피고를 상대로 소유권에 기한 물권적 청구권을 청구원인으로 하는 소송을 제기한 경우 :
기판력에 저촉 ○ (선결관계)
- ⇨ 원금의 지급을 구하는 전소 청구기각 판결이 확정된 경우 전소 변론종결 이후의 이행지체로 인한 손해배상(이자) 후소 : 선결관계
- ⇨ 배당이의소송 청구기각판결 확정 후 확정된 배당액이 부당이득임을 이유로 반환청구 소송을 제기한 경우 : 선결관계
□ 전소 소송물(매매를 원인으로 한 소유권이전등기청구권)과 후소 소송물(취득시효 완성을 원인으로 한 소유권이전등기청구권) ⇨ 후소는 전소 기판력에 저촉 × (∵ 동일, 선결, 모순관계에 있지 않음)
□ 매매계약의 무효 또는 해제를 원인으로 한 매매대금반환청구에 대한 인낙조서 작성 후 동일한 매매계약의 유효를 전제로 한 소유권이전등기청구 소 ⇨ 기판력에 저촉 ×
□ 전세금반환청구의 소에서 패소확정된 자가 후소에서 같은 전세금반환청구권을 동시이행항변 하는 경우 ⇨ 기판력에 저촉 ○

Excalibur 판결의 무효 및 편취

□ 판결무효
  □ 사망한 자 상대 간과판결
  □ 피고가 예비적 반소하여 법원이 원고의 청구를 기각하면서 예비적 반소에 대해 판결한 경우 ⇨ 예비적 반소부분에 대한 판결은 무효
□ 무효인 판결에 대한 상소·재심 청구는 허용 ×
□ [HIT] 피고 모용하여 판결정본이 허위주소로 송달된 경우 항소기간이 진행되지 않아 미확정 판결 ⇨ 언제든 항소제기 可
□ [HIT] 공시송달에 의한 판결편취의 경우 송달이 유효 ⇨ 추완상소 또는 재심 可
□ 참칭대표자를 대표자로 표시하여 소송을 제기하여 그 앞으로 소장부본 및 변론기일소환장이 송달된 결과 의제자백 판결이 선고된 경우

- ⇨ 민사소송법 §451①3호 소정의 재심사유에 해당 ○
- ☐ [HIT] 실종자를 당사자로 한 판결이 확정된 후 실종선고가 확정되어 그 사망간주 시점이 소 제기 전으로 소급하는 경우 ⇨ 판결 자체가 소급하여 무효 × (∵ 판결 자체가 소급하여 당사자 능력 없는 사망자 상대의 판결 ×)
  - ☐ cf. 실종선고의 효력이 발생하기 전 실종기간이 만료된 실종자의 소송법상 제 문제
    ⇨ 소송상 당사자능력 有 / 실종자를 상대로 제기된 소 적법 / 실종자를 당사자로 하여 선고된 판결 유효 ○ · 판결확정시 기판력 발생 ○
- ☐ 편취판결에 대한 실체법상 구제
  - ☐ 불법행위책임은 절차적 기본권의 근본적 침해 또는 재심사유의 존중 등 요건 필요
  - ☐ 실체적 청구권이 없음에도 소 제기하여 승소판결인 경우 재심으로 취소되지 않는 한 부당이득 성립 × (判 : 먼저 재심제기하여야 ○. 재심 필요설)
- ☐ 편취판결에 대한 강제집행이 권리남용인 경우 ⇨ 청구이의 소 가능

Excalibur 소송비용

- ☐ 소송비용에 관한 규정 ⇨ 비송사건에는 적용 ×
- ☐ 소송비용액확정결정절차에서의 심판
  - ⇨ 상환할 소송비용의 액수를 정함 可 But 소송비용부담재판에서 확정한 상환의무 자체의 범위를 심리 · 판단 or 변경 不可
- ☐ 승소한 당사자가 비용부담하는 예외(§100) : 실기한 공격방어방법, 기간의 불준수 등
- ☐ 일부패소의 소송비용(§101) : 법원이 결정 ○
- ☐ 공동소송인의 소송비용(§102①) : 균분이 원칙
- ☐ 재판에 의하지 않은 소송종료(§114①) : 당사자의 신청으로 법원이 결정
- ☐ 소송비용재판누락의 경우(§212②) : 직권 또는 신청에 따라 소송비용재판을 하여야 ○
- ☐ 소송비용의 재판에 대한 불복
  - ⇨ 본안의 재판에 대한 상소의 전부 or 일부가 이유 있는 경우에 한해 허용 ○
- ☐ 소송비용에 담보제공(§117) : 피고의 신청 또는 직권으로 담보제공을 命
- ☐ 피고의 상고제기로 피상고인이 된 본안소송의 항소심에서 승소한 원고 ⇨ (判)소송비용의 담보제공신청권 인정 × (∵ 소송비용의 담보제공신청권은 피고에게만 有)

Excalibur 가집행선고

- ☐ [HIT] 가집행선고 있는 판결
  - ☐ 집행권원으로서 판결확정 없이 강제집행 可
  - ☐ 본안판결의 불복과 함께 불복할 수 있고 가집행선고만 독립하여 상소 不可

- ☐ 가압류, 가처분과 같은 집행보전이 아니라 권리의 만족에 이를 수 ○
- ☐ 상소제기로 집행의 당연정지 효력 無 당사자의 강제집행정지신청 필요 ○ (§500, §501)
- ☐ 제1심 판결에 붙은 가집행선고에 의해 지급된 금원은 확정적으로 변제의 효과 발생 ✕
  - ⇨ 채무자 변제항변은 적법 ✕
- ☐ 상소심의 판결에 의하여 가집행선고의 효력이 소멸되거나 집행채권의 존재가 부정되는 경우 ⇨ 집행절차에 기한 경락인의 소유권취득의 효력 有
- ☐ 제1심 판결에 대하여 항소를 제기하여 제1심에서 인용된 금액에 대하여 다투었을 경우
  - ⇨ 가집행이 붙은 제1심 판결을 선고받은 채무자가 추심 채권자에게 스스로 지급한 사실은 적법한 청구이의사유 ○

☐ **재산권의 청구에 관한 판결과 가집행선고(§213)**
- ☐ 법원은 직권으로 가집행선고하여야 함이 원칙(동조①)
  - ⇨ 가집행선고는 직권판단사항으로 처분권주의 적용 ✕
- ☐ 어음금·수표금 청구에 관한 판결(동조①但) ⇨ 담보를 제공하게 하지 아니하고 가집행선고를 하여야 ○
- ☐ 담보제공으로 가집행 면제여부는 법원의 재량(동조②)

☐ **가집행의 선고는 그 선고 또는 본안판결을 바꾸는 판결의 선고로 바뀌는 한도에서 그 효력 상실 (§215①)**
- ☐ 가집행선고부 판결이 항소심에서 교환적 소변경된 경우 : 전소 취하의 효과, 그 한도 내에서 가집행선고 효력상실
- ☐ 가집행선고부 제1심판결의 일부취소를 의미하는 항소심판결이 상고심에서 파기된 경우
  - ⇨ 일부실효된 가집행선고 효력의 부활 ○
- ☐ 가집행선고로 인하여 집행 후 본안 판결의 변경 : 가집행선고 실효
  - ⇨ 가지급물반환청구로 원상회복 可, 지연손해금에 대해 소송촉진등에 관한 특례법 소정의 법정이율 적용 ○ (∵ 부당이득 반환채무의 성질)
- ☐ **항소심 법원의 청구의 당부 판단** ⇨ 제1심 가집행선고부 판결에 기하여 당사자 일방이 그 가집행선고 금액을 지급한 사정을 참작함이 없이 판단 ○
- ☐ 가집행선고 있는 판결을 집행권원으로 ⇨ 재산명시신청, 채무불이행자명부등재신청, 재산조회신청 不可

> **Excalibur 집행정지**
>
> □ 가집행선고부 판결 無 ⇨ 강제집행정지신청 여지 無
> □ 1심에서 가집행선고부 판결(§501) or 상소제기(§500)한 경우
>   ⇨ 법원은 당사자의 신청에 따라 강제집행 정지여부 재량으로 명령
> □ 청구이의의 소 제기하더라도 별도의 잠정처분 있어야 강제집행 정지(민사집행법 §46)
> □ 강제집행 정지 위한 담보는 원리금 전부를 현금으로 제공하여야 ○
>   (∵ 지연손해금 상당의 담보제공으로는 부족)

제5편 병합소송

제1장 병합청구 일반

제2장 병합청구소송(청구의 복수)

Excalibur 병합청구소송

- 소의 객관적 병합 : 동종절차, 공통관할 要
- 병합청구의 요건 : 소송요건이므로 직권조사사항 ○
- [HIT] 병합의 형태 및 항소심의 심판범위는 당사자의 의사가 아니라 병합청구의 성질을 기준으로 판단하여야 ○
  - ⇨ (判)실질적으로 선택적 병합 관계에 있는 두 청구에 관하여 당사자가 주위적·예비적으로 순위를 붙여 청구하였고, 그에 대하여 제1심법원이 주위적 청구를 기각하고 예비적 청구만을 인용하는 판결을 선고하여 피고만이 항소를 제기한 경우에도, 항소심으로서는 두 청구 모두를 심판의 대상으로 삼아 판단하여야 ○
- 단순병합 : 소가합산 원칙 / 예비적·선택적 병합 : 중복청구 흡수법리
- 병합청구 可
  - 취소소송에 당해 처분 등과 관련되는 손해배상·부당이득반환·원상회복 등
  - 정정보도청구 등의 소에 간접강제의 신청
  - 부작위채무의 이행을 구하는 소에 간접강제의 신청
- 병합청구 不可
  - 제권판결에 대한 불복의 소에 민사상의 청구
  - [HIT] 재심의 소를 제기하면서 일반 민사청구의 병합 不可 ⇨ 별소로 제기하여야 ○
  - 보전소송절차와 본안절차는 절차의 종류를 달리하므로 병합심리 不可
  - 피고가 원고를 상대로 하는 재심의 소에서는 확정판결의 취소를 구하면서 그 본소청구의 기각을 구하는 것 외에 새로운 청구를 병합 不可

Excalibur 단순병합

- [HIT] 주청구와 함께 장래 집행불능에 대비한 전보배상청구를 병합하는 것 : 단순병합
  - 본래적 급부청구에 이를 대신할 전보배상을 부가하여 대상청구를 병합하여 소구한 경우
    ⇨ 본래의 급부청구가 인용된다고 예비적 청구에 대한 판단을 생략할 수 없음
- 논리적으로 전혀 관계 없이 순수하게 단순병합으로 구하여야 할 수개의 청구를 선택적 또는 예비적으로 병합하여 청구하는 것의 적법여부
  ⇨ 부적법 (법원은 단순병합으로 보정하게 하는 등의 조치를 취하여야 ○)

- cf. 예비적 병합을 선택적 병합으로 청구하는 경우 ⇨ 부적법
- 단순병합을 선택적 병합으로 청구, 법원이 하나는 인용 하나는 기각, 피고가 인용된 청구에 대해 항소 ⇨ 모든 청구 이심, 심판은 불복한 청구에 한정
- [HIT] 단순병합의 경우 일부판결 및 추가판결의 가부
    - ⇨ 단순병합은 판결의 모순·저촉의 우려가 無 : 일부판결 허용 ○
    - ⇨ 일부판결 사실을 제1심 법원이 알지 못하고 판결 : 재판누락
    - ⇨ 이에 대한 당사자의 구제책 : 누락된 부분의 상소는 상소의 대상적격이 없어 부적법, 누락된 부분은 원심의 추가판결의 대상 ○
- 단순병합된 여러 개의 청구에 대해 하나의 전부판결을 한 경우
    - ⇨ 하나의 청구에 대하여 항소를 제기하면 그 항소는 재판 전부에 대하여 이심의 효력이 미침 ○
    - ⇨ 항소하지 않은 나머지 부분 : 심판대상 × (항소취지를 확장해야 항소심의 심판대상)
- But 청구의 일부에 대하여 재판을 누락한 경우 ⇨ 그 부분의 청구는 아직 제1심에 계속 중이므로 이심의 효력이 미치지 ×, 따라서 상소는 부적법

[Excalibur] 선택적 병합

- [HIT] 선택적 병합 : 같은 목적 + 양립가능 + 수개의 청구권이 경합하는 경우 인정
    - 양립불가한 청구 (e.g. 행정처분에 대한 무효확인청구, 취소청구)
        - ⇨ 선택적 병합 × (∴ 동일소송절차내에서 동시에 심판 不可)
    - 당사자가 심판의 순위를 붙여 청구할 합리적 필요성이 있는 경우 당사자가 붙인 순위에 따라서 심리(부진정 예비적 병합)
- 선택적 청구 중 하나에 대하여 일부만 인용하고 다른 선택적 청구에 대하여 아무런 판단을 하지 아니한 것은 위법
- [HIT] 선택적 병합에서 어느 한 청구를 인용한 판결에 피고가 항소한 경우 이심의 범위와 심판의 범위
    - 상소불가분의 원칙이 적용 ⇨ 전체의 청구에 대하여 확정을 차단
    - 인용을 한 청구 이외에 다른 청구도 모두 이심되므로 나머지 청구 또는 예비적 청구에 대하여 심판 可
- 선택적 병합의 경우 원고 청구가 전부 기각된 후 일부에 대해 항소한 경우
    - ⇨ 전부이심 ○, 전부심판대상 ○
    - ⇨ (判) 수개의 청구가 선택적으로 병합된 경우에 있어 항소심이 제1심에서 심판되지 아니한 청구를 임의로 먼저 선택하여 심판 可
- [HIT] 선택적 청구에서 원고 패소판결을 하면서 어느 하나를 판단하지 않은 경우
    - ⇨ 판단누락에 준하는 것 ○ (재판누락 ×)

- ⇨ 재판의 누락 여부는 판결 주문을 기준으로 판단, 이 때 판결이유에 청구가 이유 없다고 설시하고 있더라도 주문에 그 기재가 없으면 재판의 누락에 해당
- □ 선택적 병합에서 원고의 청구를 모두 기각할 경우 ⇨ 청구 전부에 대해 이유 없다는 판단 要
- □ 원고의 청구 인용한 판결에 피고가 항소를 제기한 후, 항소심에서 선택적으로 청구를 병합한 경우
  - □ 항소심은 제1심에서 인용된 청구를 먼저 심리하여 판단 不要
  - □ 병합된 청구를 인용하여 원고승소판결을 하는 경우 : 제1심판결 취소 후 새로이 청구를 인용하는 주문을 선고하여야 ○(이에 반하는 항소기각설도 존재함)
  - □ 추가부분 기각 이후 본래의 청구부분에 대한 누락시 ⇨ 판단누락에 의한 상고가능(○)
  - □ 항소심에서 주위적 청구기각 이외에 예비적 청구에 대한 판단누락이 있음에도 상소하지 않아 판결이 확정된 경우 ⇨ 그 예비적 청구에 대한 별소는 권리보호이익이 없어 부적법 각하
- □ [HIT] 1심에서 청구기각 되고 원고가 이에 항소한 뒤, 항소심에서 선택적 병합을 한 경우 심판의 범위
  - □ 법원은 병합된 수개의 청구 중 어느 하나의 청구를 선택하여 심리 ○, 제1심에서 기각된 청구를 먼저 심리 不要
  - □ 이 경우 제1심의 대상이 되지 아니하였던 청구에 대한 심급의 이익이 문제 : 선택적 병합의 경우 각 청구가 밀접하게 관련되어 있어서 제1심에서 인용된 청구의 심리의 중요 부분은 판단을 받지 않은 다른 청구와 공통 ⇨ ∴ 심급의 이익을 박탈 ×
- □ 전부 기각 항소심 판결에 원고가 상고한 경우 법원의 조치
  - ⇨ 선택적 청구 中 하나가 이유 있으면 원심 판결 전부 파기 하여야 ○
- □ 성질상 선택적 관계에 있는 양 청구 ⇨ 소송심판의 순위와 범위를 한정하여 청구하는 이른바, 부진정 예비적 병합 청구의 소 허용 ○
- □ 허위 입원사유에 의한 보험금 초과지급시 보험자의 ① 불법행위에 기한 손해배상청구권 및 부당이득반환청구는 양립가능함 ⇨ 실질은 선택적 병합임(∴ 부진정예비적 병합)
- □ 원인무효를 원인으로 한 소유권이전등기말소등기청구와 유효한 등기이지만 명의신탁해지를 원인으로 한 소유권이전등기말소청구는 예비적 병합관계임

Excalibur 예비적 병합

- □ [HIT] 본래 급부청구에 이행불능에 대비한 대상청구 병합 : 진정예비적 병합
- □ [HIT] 주위적으로 무조건적인 소유권이전등기절차의 이행을 구하고, 예비적으로 금전 지급과 상환으로 소유권이전등기절차의 이행을 구하는 경우
  - ⇨ 소송상의 예비적 청구 × (∵ 주위적 청구를 일부 감축한 것 불과)

- ☐ 주위적 청구와 동일한 목적물 + 동일한 청구원인 + 주위적 청구를 양적·질적 일부 감축 청구
  - ⇨ 소송상의 예비적 청구 × (∵ 주위적 청구에 예비적 청구가 흡수 ○)
- ☐ 예비적 병합에서 주위적 청구의 일부인용판결시 ⇨ 특별한 사정이 없는 한 예비적 부분에 관한 판단 不要
- ☐ 원고 패소의 제1심판결에 대하여 원고가 항소한 후 항소심에서 예비적 청구를 추가한 경우, 항소심이 주위적 청구에 대한 항소가 이유 없다고 판단한 경우
  - ⇨ 예비적 청구에 대하여 제1심으로서 판단하여야 함
- ☐ **[HIT]** 주위적 청구 인용판결에 대해 피고만 항소한 경우
  - ⇨ 주위·예비 모두 항소심 이심, 주위적 청구 배척시 예비적 청구 심판 要
- ☐ **[HIT]** 주위적 청구기각 예비적 청구 인용판결에 피고만이 항소한 경우
  - ☐ 상소불가분 ○ : 주위적 청구에 관한 부분도 항소심에 이심
  - ☐ 불변금 적용 ○ : 항소심의 심판범위는 피고의 불복신청의 범위에 한정
    - ⇨ 즉 예비적 청구를 인용한 제1심 판결의 당부에 그치고 원고들의 부대항소가 없는 한 주위적 청구는 심판대상 ×
    - ⇨ 항소심이 심판대상이 아닌 주위적 청구에 대한 기각판결을 한 경우 : 이 부분에 대한 상고는 불복의 이익이 없어 부적법
  - ☐ 항소심 법원의 심리결과 주위적 청구가 이유 있다고 판단한 경우 판결주문 ⇨ 피고가 항소한 예비적 청구에 대해서 항소를 인용하여 제1심 판결을 취소하고 예비적 청구기각 판결을 선고 (항소기각 ×)
    - ⇨ 판결의 모순은 상소심이 석명권을 적절하게 행사하여 원고에게 부대항소를 촉구
  - ☐ 피고는 항소심에서 주위적 청구를 인낙하여 소송 종료 可: 예비적 청구는 심판 不要
- ☐ 주위적 청구 기각 예비적 청구 일부 인용한 환송 전 항소심판결에 대하여, 피고만이 상고하고, 원고는 상고도 부대상고도 하지 않은 경우
  - ☐ 예비적 청구 중 피고 패소 부분만이 상고심의 심판대상
  - ☐ 피고의 상고에 이유가 있는 때에는 상고심은 예비적 청구에 관한 피고 패소 부분만 파기
  - ☐ 파기환송의 대상이 되지 아니한 주위적 청구부분은 예비적 청구에 관한 파기환송판결의 선고와 동시에 확정 ⇨ 환송 후 원심에서의 심판범위는 예비적 청구 중 피고 패소 부분에 한정 ○
- ☐ 주위적 청구 기각 예비적 청구 인용하는 판결을 선고한데 대하여 피고만 항소를 제기한 뒤 피고가 항소심 변론에서 주위적 청구를 인낙한 경우
  - ⇨ 확정판결과 동일한 효력이 있으며, 이 경우 예비적 청구에 관한 심판은 不要
- ☐ 주위적 청구 일부인용, 예비적 청구 전부기각의 제1심판결에 대하여 항소심이 제1심판결 취소하고 원고의 주위적 청구에 대해 전부기각판결을 한 경우
  - ⇨ 항소심은 기각하는 주위적 청구 부분과 관련된 예비적 청구를 심판대상으로 판단하여야 ○

- ☐ **HIT 주위적 청구를 배척하면서 예비적 청구에 대하여 판단하지 아니하는 판결을 한 경우**
  - ☐ 판단누락의 위법이 있는 판결 ○ (∵ 변론의 분리 ×, 일부판결 ×, 재판누락 ×)
  - ☐ 불복방법 : 상소제기로 ○ (별소제기×, 추가판결 ×)
  - ☐ 상소시 이심범위 : 판단이 누락된 예비적 청구 부분도 상소심으로 이심 ○
  - ☐ 성질상 선택적 관계에 있는 부진정 예비적 병합의 경우도 판단누락 ○, 재판누락 ×
- ☐ **서로 양립가능한 청구를 병합하며 합리적 필요에 따라 심판의 순위를 붙여 청구한 경우**
  - ⇨ 주위적 청구의 일부를 기각하고 예비적 청구취지보다 적은 금액만 인용할 경우 석명하여야 ○

Excalibur 소의 변경

- ☐ 의의 : 청구의 변경은 소의 변경, 즉 법원과 당사자의 동일성을 유지한 채 소송물을 변경하는 것을 의미(§262)
- ☐ 모습
  - ☐ 청구취지의 변경과 청구원인의 변경 : 청구취지 확장(양적·질적), 청구취지의 감축, 청구취지의 정정·보충, 청구원인의 변경
  - ☐ 교환적 변경과 추가적 변경
    - ⇨ 교환적 변경은 구청구에 갈음하여 신청구를 제기하는 것, 추가적 변경은 구청구를 유지하면서 신청구를 추가로 제기하는 것
  - ☐ 청구의 변경 형태가 불분명한 경우 ⇨ 법원은 변경의 취지를 석명할 의무가 있음
- ☐ **HIT 소 변경이 되기 위한 요건**
  - ☐ 법원과 당사자의 동일성을 유지하면서 오로지 청구가 변경되는 경우만을 의미
    - ⇨ 소유권이전등기청구를 하면서 등기원인을 매매에서 취득시효완성으로 변경하는 것은 청구의 변경 ○
    - ⇨ 점유시효취득을 원인으로 한 소유권이전등기청구의 소를 사해행위취소의 소로 변경 불가 (∵ 당사자가 변경 결과 초래)
  - ☐ 청구취지의 변경은 서면에 의하여야 ○, 청구원인의 변경은 구두로도 가능
- ☐ **청구 변경의 적법 여부에 대해 지체 없이 이의하지 아니하고 변경된 청구에 관한 본안의 변론 시** ⇨ 상대방은 그 청구 변경의 적법 여부에 대하여 다툼 불가
- ☐ 원금채권지급청구소송 중 약정이자지급청구를 추가한다면 청구의 추가적 변경 해당 ○
- ☐ **소송계속 후 원고가 금전지급청구 일부감축한 경우**
  - ☐ 소의 일부취하에 해당 ○
  - ☐ 피고가 본안에 관하여 응소하여 다투던 중 원고 일부 감축하려는 경우: 피고의 동의 要
  - ☐ 원고가 실제로 청구감축한다고 진술한 것보다 더 많은 부분을 감축한 것으로 보아 판결을 선고한 경우 ⇨ 감축한 금액을 제외한 나머지 부분은 재판의 누락에 해당 ○, 나머지

부분은 원심에 계속 중이므로 항소는 부적법
- □ 나머지 금전지급청구에 대하여 판단하여야 하는데 그 중 일부금에 대해서만 재판한 것은 재판의 누락 ○
- □ 누락부분은 원심에 계속되어 있으므로 상소가 허용 ×
- □ 심판대상이 불분명한 경우 청구취지를 보충, 정정하는 것 ⇨ 청구의 변경 ×
- □ [HIT] 교환적 변경의 효과 : 구소취하 및 신소제기 (결합설)
    - ⇨ 구청구에 대해 교환적 변경을 하면 구소에 대해서는 소취하의 효과가 발생하고 다시 이전의 구소로 교환적 변경을 하는 경우 신소제기의 효과가 발생하여 재소금지에 위반
- □ 1심 또는 항소심에서 교환적 변경 간과 후 구청구만 판단 : 신청구 재판누락에 해당하고 원심에 그대로 계속 ○
- □ 항소심에서 소의 변경 可 ⇨ 상대방의 동의 不要
- □ 항소심에서 소의 교환적 변경이 이루어진 뒤에 한 항소취하는 효력 無 (∵ 제1심 판결은 소급적으로 소멸하고, 구 청구는 판결 선고 후의 소취하가 되어 재소금지의 적용 받으며 항소심의 심판대상은 새로운 소송으로 변경 ○)
- □ 제1심에서 적법하게 반소를 제기하였던 당사자가 항소심에서 반소를 교환적으로 변경
    - ⇨ 변경된 청구와 종전 청구가 청구의 기초가 동일한 경우 허용 ○
- □ 사해행위의 취소를 구하면서 피보전채권을 추가·교환 ⇨ 청구의 변경 ×
- □ 청구취지변경 불허 결정에 대한 불복방법 ⇨ 상소 可 (독립하여 항고 不可)
- □ [HIT] 제1심 청구기각판결 받은 원고가 항소심에서 교환적 변경 + 신청구에 대하여도 기각 판단시 항소심 법원의 조치 ⇨ 그 신청구에 대한 청구기각의 주문만 내면 足(∵ 항소심은 실질상 제1심으로 재판 ○)
- □ 교환적 변경을 간과하여 구청구를 심판한 1심판결에 대하여 항소한 경우 법원의 조치
    - ⇨ 구청구에 대하여 소송종료선언 + 원심법원이 신청구에 대한 추가판결(§212)
- □ [HIT] 구소송물이론(판례의 태도)에 의하면 어느 한 청구에서 다른 청구로 추가한 경우
    - ⇨ 소변경으로 취급 ○ (공격방어방법변경 ×)
- □ 1심 가집행선고부승소판결의 집행 후 항소심에서 소의 교환적 변경이 이루어진 경우
    - ⇨ 당해 항소심절차에서 가지급물의 반환을 청구 可
- □ 본등기청구를 하면서 등기원인을 매매예약완결이라고 주장하는 한편 가등기의 피담보채권을 처음에는 대여금채권이라고 주장, 나중에 손해배상채권 주장 可 (∵ 등기로 담보되는 채권은 공격·방어방법에 불과)
- □ 회생채권자가 채무자에 대한 회생절차개시결정으로 중단된 회생채권 관련 소송절차를 수계하는 경우 ⇨ 회생채권의 확정을 구하는 것으로 청구취지 등을 변경해야 ○
- □ 변경된 청구로 인한 시효중단·기간준수의 효과발생 시점(§265) ⇨ 청구변경신청서가 제출된 때(○), 소 제기시(×)

Excalibur 중간확인의 소

- 중간확인의 소(§264)의 법적 성질
  - 중간확인의 소는 독립된 소 ○ (단순한 공격 방어방법 ×)
    - ⇨ (判)재심사유가 없어 재심청구를 기각하는 경우 중간확인의 소를 각하하고 이를 판결 주문에 기재 要
- 원고 제기시 : 소의 추가적 변경 or 청구의 확장
- 피고 제기시 : 일종의 반소

Excalibur 반 소

- [HIT] 반소청구의 요건(§269)
  - 상호관련성 : 본소청구 또는 본소의 방어방법과 서로 관련성이 있을 것
    - ⇨ 점유권에 기한 본소의 청구에 대하여 소유권에 기한 반소 제기 可
    - ⇨ 상호관련성 요건은 사익적 요건 ⇨ 상호관련성이 없어도 이의권 상실대상 ○
  - 본소가 사실심에 계속되고 변론종결 전일 것
    - ⇨ 본소의 계속은 반소의 제기요건이지 존속요건 ×. 따라서 본소가 취하·각하되거나 청구포기·인낙 등으로 본소의 소송계속이 소멸되어도 반소의 계속에 영향 無
  - 본소절차를 현저하게 지연시키지 않을 것
  - 청구병합의 일반적 요건(동종절차, 공통관할)을 갖출 것
  - 일반적인 소송요건을 갖출 것
  - 본소 청구 기각 이상의 의미를 지닐 것
    - ⇨ [HIT] 본소청구 기각을 구하는 것 이상의 적극적 내용이 포함되지 있지 않은 경우: 반소청구는 부적법 (e.g. 채권에 대한 이행의 소에 대하여 채무부존재 확인의 반소를 제기하는 것)
- [HIT] 채무부존재확인의 소 계속 중 이행의 반소가 제기된 경우 ⇨ 본소의 확인의 이익은 존속 ○
- [HIT] 본소가 취하된 경우(§271) : 피고는 반소 취하 시 원고 동의 필요 ×
  But, 본소가 각하된 경우 : (判)피고는 반소 취하 시 원고 동의 필요 ○
- 반소피고 : 원고가 원칙
  - ⇨ 제3자를 반소피고로 추가하려면 필공추가요건(§68) 요구 ○
- 단독판사 사건의 소송 중 피고가 합의사건의 반소를 제기
  - ⇨ 합의부 이송이 원칙 But 변론관할 인정 可
- 반소는 독립된 소 ⇨ 실·공·방 각하규정 적용 ×
- 반소가 제기된 경우에 본소만 판단하고 반소에 관한 판단을 빠뜨린 경우 ⇨ 재판의 누락
- 단순 반소의 제기 후 본소의 각하·취하한 경우 ⇨ 반소에 영향 無
- 추완항소가 부적법 각하된 경우 ⇨ 추완항소시에 제기된 반소는 종료

- □ 본소 심리를 마치고 반소 심리를 마치지 않은 경우 ⇨ 본소에 대하여 종국판결 可
- □ [HIT] 항소심에서 반소청구의 요건
    - ㉠ 상대방의 심급의 이익을 해할 우려가 없는 경우(e.g. 반소청구 실질적인 쟁점이 제1심에서 본소 청구원인 또는 방어방법과 관련 충분히 심리된 경우)
    - ㉡ 상대방의 동의를 얻은 경우 (예외인정) → 반소기각의 답변만으로 동의로 볼 수 ×
- □ 항소심에서도 반소원고는 반소피고 동의 없어도 적법하게 예비적 반소청구 추가可
- □ 본소 이혼 청구를 기각하고 반소 이혼청구를 인용하는 경우
    - ⇨ (判)본소 이혼청구에 병합된 재산분할청구는 피고의 반소에 대한 재반소의 실질이므로 심판대상 ○
- □ 독립당사자참가의 경우에 참가인과의 관계에서 피고의 지위에 있는 종전의 원·피고도 참가인 상대의 반소 제기 可

Excalibur 예비적 반소

- □ 예비적 반소 : 본소청구의 인용을 대비한 조건부 청구
- □ 예비적 반소
    - □ 본소청구 각하·취하 ⇨ 반소청구도 소멸
    - □ 본소청구 기각 ⇨ 예비적 반소는 심판대상성 상실, 이에 대해 판단해도 효력 無
    - □ 본소 배척하면서 예비적 반소에 대해 판단하지 않았음을 이유로 항소 ⇨ 부적법
- □ 점유회수의 본소에 대하여 본권자가 소유권에 기한 인도를 구하는 반소를 제기하여 본소청구와 예비적 반소청구가 모두 인용되어 확정된 경우
    - □ 점유자는 본소 확정판결에 의하여 집행문을 부여받아 강제집행으로 물건의 점유 회복 可
    - □ 본권자는 위 본소 집행 후 집행문을 부여받아 반소 확정판결에 따른 강제집행으로 물건의 점유 회복 可
- □ 1심법원이 예비적 반소를 심판하지 않은 경우도 항소심은 본소청구를 인용한 경우
    - ⇨ 예비적 반소 심판하여야 ○
- □ 예비적 반소에서 반소·본소 모두 각하 or 기각된 경우 원고만 항소
    - ⇨ 반소도 심판대상 ○
- □ 가지급물 반환신청 ⇨ 예비적 반소의 성질, 원칙적으로 항소심 변론종결 전에 제기해야 ○

제3장 다수당사자소송(당사자의 복수)

Excalibur 공동소송

- 공동소송의 주관적 요건(§65)
  - ⅰ) 소송목적인 권리·의무의 공통
  - ⅱ) 발생원인이 사실상 또는 법률상 동일
  - ⅲ) 소송목적인 권리·의무가 동종 및 동종발생원인인 경우
- 권리·의무발생원인의 동일에 해당하는 경우 ⇨ 동일한 교통사고 피해자들이 함께 제기하는 경우
- 권리·의무와 발생원인의 동종 ⇨ 아파트 구분소유자들이 전유부분의 개별적 하자 때문에 시공사를 상대로 손해배상청구의 소를 제기 하는 경우(필수적 공동소송 ×)
- [HIT] 공동소송 종류 검토순서 (고필공 ⇨ 유필공 ⇨ 통공)
- 고필공 (실체법상 관리처분권 공동귀속 여부) e.g. 다른 공동상속인 상대로 상속재산 확인, 총유재산(구성원 전원), 동업자금 공동예금 인출
- 유필공 (기타 소송목적 합일확정 필요 여부)
- 통공 e.g. 합유물에 관한 제3자의 원인무효등기 말소, 복수채권자 매매예약 담보가등기 (지분을 특정한 경우)
- 수인의 채권자가 매매예약완결권을 독립된 형태로 갖는 경우 ⇨ 매매예약의 내용에 따라 공동소송의 형태 판단하여야 ○
- 각자의 지분별로 별개의 매매예약완결권을 가지는 경우 ⇨ 1인이 단독으로 지분에 기한 본등기절차 이행 청구 可

Excalibur 통상공동소송

- [HIT] 통상공동소송에서 상소로 인한 확정차단효
  - ⇨ 상소인과 그 상대방에 대하여만 확정차단효 ○ (다른 공동소송인 ×)
- 통상공동소송에서 일부만이 항소를 제기한 경우 ⇨ 피항소인은 항소인인 공동소송인 이외의 다른 공동소송인을 상대로 부대항소 제기 不可
- 주위적 피고에 대한 예비적 청구와 예비적 피고에 대한 청구가 법률상 양립할 수 있는 관계
  - ⇨ 양 청구를 병합하여 통상공동소송으로 보아 심리, 판단 可
- [HIT] 통상공동소송관계 : (判)추가적 당사자 변경 허용 ×
- [HIT] 최종 명의인을 상대로 말소를 구하는 소송과 직전 명의인을 상대로 이전등기를 구하는 소송(순차로 경료된 등기들의 말소를 청구하는 소송) ⇨ 통상공동소송
- 순차경료된 등기 또는 수인 앞으로 경료된 공유등기의 말소청구소송 ⇨ 통상공동소송
- 제3자가 공유자를 상대로 한 소송 : 소유권확인소송, 소유권보존등기말소소송, 소유권이전등기청구소송 ⇨ 통상공동소송(공유자 전원을 공동피고로 할 필요 ×)

- 부진정연대채무관계의 채무자들을 공동피고로 하는 공동소송의 형태
  - 예비적 공동소송 ×, 통상공동소송 ○
  - 1인에 대한 상소는 그 자에 대해서만 효력 有
  - 피용자의 업무집행중의 불법행위 책임과 사용자 배상책임 ⇨ 부진정연대채무 관계로써 양립 可 (∴ 통상공동소송 ○)
- 타인 소유의 토지 위에 설치되어 있는 공작물을 철거할 의무가 있는 수인을 상대로 그 공작물의 철거를 청구하는 소송 형태 ⇨ 통상공동소송 ○ e.g. 건물철거의무 부담하는 공동상속인의 1) 철거의무, 2) 철거소송의 병합 형태
- 건물의 일부 지분권자에 대한 철거청구의 적법성 ⇨ 전체지분에 대한 승소판결이 없는 한 사실상 목적달성이 불가능할 수 있으나 통상공동소송으로서 적법 ○
- 수인의 공동점유를 상대로 한 점유물인도청구소송 ⇨ 통상공동소송 ○
- 수인의 공동불법행위자를 상대로 한 손해배상청구소송 ⇨ 통상공동소송 ○
- 주채무자와 연대보증인을 상대로 한 소송 ⇨ 통상공동소송 ○

Excalibur 공동소송인 독립의 원칙

- **[HIT] 통상공동소송의 심판방법(§66)** : 공동소송인 독립의 원칙 ○
  - 소송요건의 개별심사 : 각 공동소송인별로 심사
    - ⇨ 1인만 흠결 시 그 공동소송인만 소 각하·이송
  - 소송자료의 불통일 : 소송행위 개별적, 공격방어방법(주장과 증거)제출 개별적
    - ⇨ 자백, 소취하, 포기, 인낙, 화해, 상소제기 등 공동소송인 상호간 주장공통·증거공통원칙 적용 ×
  - 소송진행의 불통일 : 1인에 생긴 중단사유·기일해태 효과는 다른 공동소송인에게 영향 無
  - 자백간주된 당사자와 다른 당사자에 대한 판단이 배치되어도 무방
  - 재판의 불통일 : 재판의 합일확정 不要, 일부 판결 可
  - 공동피고 상호간 다른 입장의 주장시 : 재판장에게 진상규명의무 無
  - 소송비용재판시 공동소송인별로도 可
- 공동소송인 독립의 원칙의 수정
  - 주장공통의 원칙 적용 × (判)
  - 증거공통의 원칙 : 판례는 부정하나 통설은 긍정
    - ⇨ 주채무자가 신청한 유리한 증인의 증언은 보증인의 원용이 없어도 그를 위한 유리한 자료로 사용 可

Excalibur 필수적 공동소송

- 필수적 공동소송이란 공동소송인 전원에 대해 소송목적의 합일확정이 법률상 필수적으로 요구되는 소송 ⇨ 고유필수(공동소송이 법률상 강제 ○)와 유사필수(강제 ×) 有
- 소송요건의 조사 ⇨ 각 공동소송인별로 개개의 소송요건을 조사
- **HIT** 필수적 공동소송에서 당사자 누락시 이를 보정하는 방법
  - ⇨ 민사소송법 제68조 제1항의 필수적 공동소송인의 추가 ⇨ 제1심의 변론을 종결할 때까지, 원고의 신청에 따라 결정 ○
  - ⇨ 필수적공동소송인 추가·피고경정은 사실심 변론종결시까지 可 (가사소송법 §15①)
- **HIT** 고유필수적 공동소송 ⇨ 당사자가 누락되면 원칙적으로 부적법
  But 유사필수적 공동소송 ⇨ 처음부터 소송이 강제되는 것은 아니므로 처음부터 전원이 당사자가 될 필요 ×
- 상대방이 공동소송인에 대하여 한 소송행위
  - ⇨ 공동소송인에게 유·불리 불문, 모두에게 효력 有
- **HIT** 필수적 공동소송인들 중 1인만 출석 변론한 경우 ⇨ 다른 공동소송인에게 기일해태의 불이익 無 (소송진행의 통일)
- 1인에게 중단·중지 사유가 발생한 경우 ⇨ 다른 공동소송인에게도 중단의 효과 발생 ○
- **HIT** 공동소송인 일부에 대한 일부판결 不可
  - ⇨ 고유필수적 공동소송에 대하여 본안판결을 할 때 공동소송인 일부에 대해서만 판결하거나 남은 공동소송인에 대해 추가판결을 하는 것은 허용 ×
- 상소기간의 진행 ⇨ 각 공동소송인에게 판결정본 송달된 때부터 개별진행 ○
  단, 모두에 대해 상소기간 만료시까지 판결확정 ×
- 1인이 상소제기
  - 전원에 대하여 판결이 확정차단 / 전 소송이 상급심으로 이심
  - 상소하지 않은 나머지 당사자는 상소인은 아니지만, '상소심의 당사자'이기는 함
- 고유필수적 공동소송 1인의 소취하 ⇨ 전원의 동의 要
- 유사필수적 공동소송 ⇨ (判)일부에 의한 소취하 可 / 법원에 의한 변론의 분리 不可
- 각 채권자대위권에 기하여 공동하여 채무자의 권리를 행사하는 다수의 채권자들의 소송관계
  - ⇨ 유사필수적 공동소송
- 공동소송인 일부에 의한 청구인낙의 가부 ⇨ 고유필수적 공동소송, 유사필수적 공동소송 모두 不可
- 파산재단에 관한 소송에서 파산관재인이 여럿인 경우 그 소송의 법적 성격
  - ⇨ 필수적 공동소송 ○

Excalibur 고유필수적 공동소송 여부

- 수인의 유언집행자에게 유증의무 이행을 구하는 소송
  ⇨ 유언집행자 전원을 피고로 하는 고유필수적 공동소송 ○
- 공동상속인이 다른 공동상속인을 상대로 어떤 특정 재산이 상속재산임의 확인을 구하는 소
  ⇨ 고유필수적 공동소송 ○
- 제3자가 부부를 공동피고로 하는 혼인무효·취소의 소 ⇨ 고유필수적 공동소송 ○
- [HIT] 공동상속인이 다른 공동상속인을 상대로 어떤 재산이 상속재산임의 확인을 구하는 소
  ⇨ 고유필수적 공동소송 ○
- [HIT] 총유재산에 관한 소송 : 비법인사단의 명의(총회결의 필요) 또는 구성원전원의 명의로 필수적 공동소송
  - 당사자적격 : 비법인 사단 ○, 사단구성원 전원 ○
  - 사단구성원(대표자 포함)은 사원총회결의 거쳤다 하더라도 당사자적격 無
  - 총유재산의 보존행위로 소 제기한 경우에도 마찬가지
- 청산인 해임의 소 : 고유필수적 공동소송 ○, 회사와 청산인 공동피고 ○
- [HIT] 인접 토지의 한편이 수인의 공유에 속하는 경우 경계확정의 소의 성질 : 고유필수적 공동소송 ○, 공유자 전원이 당사자
- [HIT] 동업약정에 따라 동업자 공동으로 토지를 매수하였다면 동업자들은 토지에 대한 소유권이전등기청구권을 준합유하는 관계에 있고, 그 합유재산에 관한 소의 성질 : 고유필수적 공동소송 ○
- 공유물 전체에 대한 소유권확인청구 : 필수적 공동소송 ○
- 합유 부동산에 관하여 명의신탁 해지를 원인으로 한 소유권이전등기청구소송 : 고유필수적 공동소송 ○
- 조합재산에 속하는 채권에 관한 소송 : 고유필수적 공동소송 ○
- 주주총회결의 부존재 또는 무효확인을 구하는 수인의 주주의 소송 ⇨ 필수적 공동소송 ○
- 집합건물법상의 관리인 해임의 소 ⇨ 관리단 및 관리인 모두를 피고로 하여야 함
- 피상속인의 채권자가 공동상속인들을 상대로 상속채무의 이행을 구하는 소 : 고필공 ×
- 공유토지의 일부에 대하여 취득시효완성을 원인으로 공유자들을 상대로 그 시효취득부분에 대한 소유권이전등기절차의 이행을 청구하는 소 : 고필공 ×
- 동업목적 아닌 특정목적의 공동명의 예금반환청구의 소, 공유물 철거청구의 소 : 고필공 ×
- 주주총회결의취소의 소 : 회사만 피고적격 有 / 고필공 ×
  - 패소시 대세효 無 / 승소시 대세효 有
  - 여러 개의 안건에 대한 주주총회의 취소소송의 제소기간 ⇨ 각 안건에 대한 결의마다 별도로 판단하여야 ○

- □ 주주대표소송, 회사합병무효의 소, 회사설립무효의 소 : 고필공 ×
  - ⇨ 주주총회 소집절차의 하자가 일부 주주에게만 있는 경우 : 다른 주주의 총회 결의취소의 소 제기 可
- □ 수인의 채권자들이 제기하는 채권자대위소송 ⇨ 고필공 ×, 유사필수적 공동소송 ○

Excalibur 공유관계소송

- □ 소유권확인의 소를 공유자 1인이 단독으로 제기 不可 (∵ 공유물의 보존행위 ×)
- □ 공유물에 가하여진 불법행위를 원인으로 하는 손해배상청구소송은 고유필수적 공동소송 ×
  - ⇨ 공유자는 그 지분에 대응한 비율의 한도에서만 이를 행사 可 (∵ 타인의 지분에 대해서는 청구권이 無)
- □ 공동상속인중 1인이 단독명의의 등기를 경료한 경우 ⇨ 전부 말소 不可
- □ [HIT] 공동상속인을 상대로 한 소송 : 통상공동소송 ⇨ 필수적 공동소송인의 추가 적용 ×
- □ 공유토지 중 일부에 대하여 취득시효 완성을 이유로 공유자들을 공동피고로 하여 취득부분에 대한 소유권이전등기절차 이행을 청구하는 소송 ⇨ 필수적 공동소송 ×
- □ 甲이 A토지를 단독으로 상속하기로 협의분할을 하였다는 주장이 인정되지 않는다고 하더라도 甲은 자신의 법정상속지분에 대하여는 그 소유권 有
  - ⇨ 甲의 법정상속분에 대하여 그 소유권존재를 인정하는 판결을 선고하여야 ○
- □ [HIT] 공유관계의 대내적·대외적 주장
- □ 공유물이 방해되거나 그 점유를 빼앗긴 경우에 공유자 측이 보존행위로서 공유물의 인도청구 또는 방해제거청구를 하는 경우 ⇨ 고유필수적 공동소송 ×
- □ 공유토지의 일부에 대해 취득시효완성을 원인으로 공유자들을 상대로 그 시효취득부분에 대한 소유권이전등기절차의 이행을 청구하는 소송 : 통상공동소송
- □ 제3자가 공유자를 상대로 소송을 제기하는 경우 : 통상공동소송
  - ⇨ 공유자들을 상대로 한 공유물 소유권이전등기청구
  - ⇨ 공유물 철거(∵ 공동상속인 중의 1명을 상대로 하여 그 상속분의 한도에서만 건물의 철거를 인용 ○) 또는 반환청구의 소
  - ⇨ 불법공동점유자에 대한 점유물 인도청구소송
- □ 공유관계 확인청구는 필수적 공동소송
- □ 공동상속재산의 지분에 관한 지분권존재확인을 구하는 소송 : 통상공동소송
- □ 다른 공유자의 지분의 확인을 구하는 것 ⇨ 타인의 권리관계 관한 것으로 확인의 이익 無, 자기의 권리관계에 영향 미치는 경우에 한하여 확인의 이익 有
- □ [HIT] 공동명의 예금채권자들의 은행을 상대로 한 예금반환청구소송
  - □ 동업목적일 경우 채권의 준합유관계로 필요적 공동소송
  - □ 동업목적 이외의 경우는 통상공동소송

- ⇨ 예금채권 : 각 공동명의자가 출연한 만큼 분량적 분할, 각자에게 공동 귀속
- ⇨ 관리처분권 : 각자에게 귀속
- ⇨ 은행이 공동명의 예금채권자 중 1인에 대한 별개의 대출금채권을 자동채권으로 하여 그의 지분에 상응하는 예금반환채권과 상계 可
□ 공동명의 예금채권자 중 일부가 은행에 대한 공동반환청구절차에 협력하지 않는 경우
  ⅰ) 예금주는 먼저 그 사람을 상대로 공동반환절차에 협력하라는 취지의 판결 얻어 판결을 은행에 제시함으로써 예금을 반환받을 수 ○ (e.g 예금주 단독으로 하는 반환청구에 관하여 승낙의 의사표시를 하라는 등의 청구)
  ⅱ) 그럼에도 불구하고 은행이 예금의 반환을 거절하는 경우 예금주는 은행에 대하여 단독으로 예금반환을 청구 可
  ⅲ) 은행에 대하여 미리 청구할 필요 있는 때에는 위 공동명의 예금채권자와 은행을 공동피고로 하여 승낙의 의사표시 및 예금의 반환을 청구 可
□ **공유물에 원인무효의 등기가 경료된 경우**
  ⇨ 공유자 1인이 단독으로 제3자 명의 원인무효의 등기의 말소 또는 각 공유자에게 해당지분별로 진정명의회복을 원인으로 한 소유권이전등기 진정명의회복을 위한 이전등기 可 (∵ 고유필수적 공동소송 ×)
□ **조합의 채권자가 조합원의 개인적 책임에 기하여 당해 채권을 행사하는 경우**
  ⇨ 조합원 각자를 상대로 하여 그 이행의 소를 제기 可
□ **합유재산이라도 현실적으로 점유하고 있는 합유자만을 상대로 명도청구하는 경우**
  □ ⇨ 고유필수적 공동소송 ×

Excalibur 공유물분할의 소

□ [HIT] **공유물분할청구의 소의 법적 성격과 형식적 형성의 소의 특징**
  형식적 형성의 소 ○ : 형식은 소송사건, 실질은 비송사건인 소
  ⇨ 소송절차로 제기하여야 ○ (비송사건으로 제기 不可)
□ 법원이 당사자 주장의 범위나 내용에 구속 ×, 처분권주의 및 불이익변경금지의 원칙 적용 ×
□ 현물분할의 청구에 대해 경매에 의한 분할, 다른 공유자들을 공유로 남겨두는 방식도 허용 ○
□ But, 분할청구자 지분의 일부에 대해 공유관계를 유지하도록 남기는 방식은 허용 ×
□ 상속재산의 분할에 관하여 공동상속인 사이에 협의가 성립되지 아니하거나 협의할 수 없는 경우 ⇨ 상속재산분할심판 청구 可, 공유물분할청구의 소 不可
□ 공유물분할소송 중 조정조서가 작성된 경우, 소유권이전등기를 하여야 물권적 효과 발생 ○
□ **공유물분할청구소송** ⇨ 고유필수적 공동소송으로 합일확정 필요 ○
  □ 전원이 참여하여야 하고 누락이 있는 경우 당사자적격을 상실하여 부적법 각하
  □ 어느 1인의 부분에 소송요건 흠결시 소 전체 각하 ○
  □ [HIT] 1인에 대한 소취하 허용 ×

- □ 1인에게 중단사유가 발생한 경우 ⇨ 다른 공동소송인에게도 중단의 효과 발생 ○
- □ 공유물분할청구소송 ⇨ 제1심 변론종결까지 원고 또는 피고의 추가 可 (∵ 필수적 공동소송)
- □ [HIT] 변론종결 전 공유자 1인의 공유지분을 이전 받은 자가 변론종결 시까지 소송당사자가 되지 않으면 부적법 각하
- □ 공유물분할 ⇨ 지분비율은 원칙적으로 가액비율에 의함. 경제적 가치 등이 균등하지 아니할 경우 원칙적으로 경제적 가치가 지분비율에 상응하도록 조정하여 분할을 명하여야 함
- □ 고유필수적 공동소송에서 공동소송인 중 일부가 상소를 제기한 경우 ⇨ 공동소송인 전원에 대하여 판결의 확정이 차단되고 소송은 전체로서 상소심에 이심됨
- □ 필수적 공동소송인 공유물분할청구소송에서 이미 사망한 자를 상대로 소를 제기한 경우 ⇨ 상고심에 이르러 당사자표시정정의 방법으로 흠결 보정 불가
- □ 공유물분할청구소송의 심판방법
  - □ 누락된 필수적 공동소송인 보정방법 i) 별소제기 변론병합 ii) 공동소송참가(상고심에서는 허용 ×) iii) 필수적 공동소송인 추가(§68)
  - □ [HIT] 소송자료의 통일 / 소송진행의 통일 : 상소의 경우 일부만이 상소한 경우에도 모두에 대해 판결확정이 차단되고 상소심에 이심 ○
  - □ 공동소송인 일부에 대한 일부판결 不可
  - □ 금전으로 경제적 가치의 과부족 조정방법의 분할 可
- □ 금전채권자가 자신의 채권을 보전하기 위하여 채무자가 보유한 부동산에 관한 공유물분할청구권을 대위행사 한 경우 ⇨ 원칙적으로 허용 ×
- □ [HIT] 공유물분할청구의 소와 분할판결이 날 경우를 대비하여 소유권이전등기를 구하는 소를 병합가능 제기 不可
  (∵ 분할판결의 확정에 따라 단독소유권을 취득하며(분할판결이 확정되면 민법 제187조에 따라 등기 없이 물권변동의 효력발생), 단독으로 이전등기신청 可)
  (※ 비교判) : 공유지분권자가 공유물 분할의 소를 본안으로 제기하기에 앞서 그 승소 판결이 확정됨으로써 취득할 특정 부분에 대한 소유권을 피보전권리로 하여 부동산 전부에 대한 처분금지가처분 可
- □ 공유자 사이에 이미 분할에 관한 협의가 성립된 경우 일부 공유자가 분할에 따른 이전등기에 협조하지 않거나 분할에 관하여 다툼이 있는 경우 ⇨ 다시 소로써 그 분할을 청구하거나 이미 제기한 공유물분할의 소를 유지함은 허용 × (그 분할된 부분에 대한 소유권이전등기를 청구하든가 소유권확인 청구는 可)
- □ [HIT] 구분소유적 공유관계시 공유물분할청구 × ⇨ 명의신탁해지 원인의 지분이전등기절차 이행청구 ○

Excalibur 예비적·선택적 공동소송

- ☐ [HIT] 예비적 공동소송에서 법률상 양립불가능
  - ⇨ 두 청구들 사이에서 한쪽 청구에 대한 판단 이유가 다른 쪽 청구에 대한 판단 이유에 영향을 주어 각 청구에 대한 판단 과정이 필연적으로 상호 결합되어 있는 관계
- ☐ 민사소송법 제70조 제1항 본문이 규정하는 '공동소송인 가운데 일부에 대한 청구'의 의미
  - ☐ 적법여부
    - ⇨ 주위적 피고에 대한 주위적·예비적 청구 중 주위적 청구 부분이 받아들여지지 아니할 경우 그와 법률상 양립할 수 없는 관계에 있는 예비적 피고에 대한 청구를 받아들여 달라는 취지로 주위적 피고에 대한 주위적·예비적 청구와 예비적 피고에 대한 청구를 결합하여 소를 제기 可 (∵ 반드시 '공동소송인 가운데 일부에 대한 모든 청구'라고 해석할 근거 無)
  - ☐ 심리·판단 방법
    - ⇨ 주위적 피고에 대한 예비적 청구와 예비적 피고에 대한 청구가 서로 법률상 양립할 수 있는 관계에 있으면 양 청구를 병합하여 통상의 공동소송 심리·판단 (원고가 주위적 피고에 대하여 실질적으로 선택적 병합 관계에 있는 두 청구를 주위적·예비적으로 순위를 붙여 청구한 경우에도 그대로 적용 ○)
- ☐ 법률상 양립불가능은 실체법상 이유는 물론 소송법상 이유에서 불가능한 경우도 포함
  - ⇨ 아파트 입주자대표회의 구성원 개인을 피고로 삼아 제기한 동대표지위 부존재확인의 소의 계속 중에 아파트 입주자대표회의를 피고로 추가하는 주관적·예비적 추가 허용 ○
- ☐ 예비적·선택적 공동소송
  - ⇨ 필수적 공동소송규정을 준용 But 단독으로 가능한 소송행위 존재 ○
  - ⇨ 모든 공동소송인에 관한 청구에 대하여 판결 하여야 함
- ☐ [HIT] 예비적·선택적 공동소송에서 일부 공동소송인의 청구에만 판결을 하는 경우
  - ⇨ 흠이 있는 전부판결 ○ (∵ 일부판결 허용 ×)
  - ⇨ 누락된 공동소송인은 상소를 제기할 이익 有
- ☐ [HIT] 주관적·예비적 공동소송
  - ☐ 일부 공동소송인에 대하여만 판결 허용 × or 남겨진 자를 위하여 추가판결 허용 ×
  - ☐ 화해권고결정에 대하여 일부 공동소송인이 이의하지 아니한 경우 ⇨ 분리 확정 허용 ○
  - ☐ 일부 소취하 可
- ☐ 예비적·선택적 공동소송 : 원고·피고 추가도 可
  - ⇨ 추가된 당사자에 대하여 처음 소가 제기된 때로 소제기 간주 ○
- ☐ [HIT] 예비적 공동소송의 항소 : 합일확정의 필요성이 존재
  - ⇨ 필수적 공동소송규정을 준용 ○
  - ⇨ 모두 확정차단되어 이심되고 심판대상 ○ (∵ 불이익변경금지원칙 적용 ×)
- ☐ 주위적 공동소송인과 예비적 공동소송인 중 어느 한 사람이 상소를 제기한 경우
  - ⇨ 다른 공동소송인에 관한 청구 부분도 확정이 차단되고 상소심에 이심되어 심판대상 ○

Excalibur 선정당사자

- □ **의의** : 선정당사자란 공동의 이해관계가 있는 여러 사람이 공동소송인이 되어 소송을 하여야 할 경우에 모두를 위하여 소송을 수행할 당사자로 선정된 자를 의미(§53)
- □ **[HIT] 선정당사자의 선정요건(§53)** : 공동의 이해관계를 가질 것
  - ⇨ 다수자 상호간에 공동소송인이 될 관계 + 주요한 공격방어 방법을 공통
  - ⇨ 다수자의 권리·의무가 동종이며 그 발생 원인이 동종인 관계에 있는 것만으로는 공동의 이해관계 無 (∴ 선정당사자의 선정 허용 ×)
  - ⇨ 수인의 임차인이 동일한 임대인을 상대로 제기한 임차보증금반환청구소송의 경우 : 공동의 이해관계 ○
- □ **선정당사자의 권한** ⇨ 일체의 소송행위 및 사법상 행위 가능
- □ 공동의 이해관계 없는 자를 선정당사자로 선정한 것 ⇨ 재심사유 ×
- □ 비송사건에는 선정당사자에 관한 규정 적용 ×
- □ 선정당사자의 선정 ⇨ 서면으로 증명 要, 소송기록에 붙여야 ○
- □ 선정당사자를 선정자로 표기하는 것 ⇨ 위법 ×
- □ **[HIT] 선정의 시기** : 소송계속 전후를 불문, **선정시 선정자** : 소송탈퇴 간주
  ※ 선정당사자 선정 후 선정자는 당사자적격 상실
- □ **당사자 선정** ⇨ 언제든지 장래를 위하여 이를 취소·변경 可
  선정을 철회한 경우 ⇨ 선정자 또는 당사자가 상대방 또는 법원에 선정 철회 사실 통지 要
- □ **선정당사자 선정의 효력 존속시기 및 심급을 제한한 선정의 의미**
  - □ 선정의 효과는 소송종료시까지 ○, 다만 약정으로 심급의 제한을 둘 수 있음
  - □ 대리인이 아닌 당사자 본인에 해당○ ∴ 심급대리원칙 적용 × (cf. 심급의 한정도 가능하다는 것이 판례의 태도)
  - □ "제1심 소송절차에 관하여"라는 문언이 기재된 경우의 의미 : 선정의 효력은 제1심의 소송에 한정 ×, 사건을 특정하기 위한 것 ○ ⇨ 소송의 종료에 이르기까지 계속 ○
  - □ 가처분신청절차에서 이루어진 선정행위의 효력이 미치는 범위
    ⇨ 그에 기한 제소명령신청 사건 ○, But 가처분결정취소신청 사건 ×
- □ 같은 선정단에서의 여러 선정당사자 : 필수적 공동소송관계 ○
- □ **[HIT] 선정당사자와 선정자의 관계** (선정당사자가 받은 판결의 효력)
  - □ 임의적 소송담당관계 (∴ 선정자명단에 선정당사자 포함 可)
  - □ 선정자에 대해서도 그 효력이 미침(§218③)
- □ **[HIT] 선정당사자는 당사자 ○ (대리인 ×)**
  - □ 선정당사자의 권한 : 일체의 소송행위 및 사법상 행위도 可 ⇨ 소취하의 개별수권 필요 ×
  - □ But 선정자로부터 별도의 수권 없이 변호사 보수에 관한 약정을 한 경우 ⇨ 선정자의 추인이 없는 한 효력 無

- □ 소송절차 진행 중 선정당사자가 변경된 경우
  - ⇨ 상대방에게 통지하여야 소멸의 효력 주장 가능
- □ 선정당사자변경이 법원에 알려진 경우 ⇨ 종전 선정당사자는 소취하 不可(§53, §63, §56)
- □ [HIT] 선정당사자 본인에 대한 부분의 소가 취하되거나 판결이 확정된 경우
  - ⇨ 선정당사자의 자격 상실 ○
- □ 선정당사자의 자격상실의 효과
  - □ 일부가 자격상실 : 소송절차가 중단 × ⇨ 다른 선정당사자가 소송을 속행 ○
  - □ 전부가 자격상실 : 선정자 모두 또는 다른 선정당사자가 소송을 수계할 때까지 소송절차가 중단 ○
- □ 수인의 선정당사자 중 죽거나 자격 잃은 자가 있는 경우 ⇨ 나머지 선정당사자가 모두를 위하여 소송행위 ○
- □ 공동 이해관계가 없는 자가 선정되어 확정판결 받은 경우 ⇨ §451① 3호 재심사유 ×
- □ 선정당사자에 관한 민사소송법 규정 ⇨ 비송사건절차법이 적용되는 비송사건에는 준용되거나 유추적용 ×

Excalibur 보조참가

- □ 보조참가의 주체(§71) : 소송의 결과에 법률상 이해관계가 있는 제3자 ○
- □ 상고심에서도 보조참가 可
- □ 참가이유 : 소송결과에 대하여 이해관계가 있을 것
  - □ 판결주문에서 판단되는 소송물인 권리관계의 존부에 의하여 직접적으로 보조참가를 하려는 자의 법률상의 지위가 결정되는 관계가 있을 때
  - □ 불법행위로 인한 손해배상책임을 지는 자는 피해자가 다른 공동불법행위자들을 상대로 제기한 손해배상청구소송에 피해자를 위하여 그 상소기간 내에 보조참가와 동시에 상소제기 可
  - □ 보조참가에 대한 당사자의 이의가 없는 경우 ⇨ 직권으로 조사할 필요는 없음
- □ 독립당사자참가를 하면서 예비적으로 보조참가 불허
- □ 보조참가인에 대한 이의신청
  - □ 소송절차 정지 ×, 확정시까지 참가인은 소송행위 할 수 ○, 불허결정이 확정되어도 피참가인이 원용하면 그 소송행위는 효력 有
  - □ 당사자 보조참가 이의신청 × + 변론 or 변론준비기일 진술 ⇨ 이의신청권상실(§74), 참가인은 수소법원의 보조참가 허가결정 없이도 계속 소송행위 可
- □ [HIT] 보조참가인의 소송상 지위
  - □ 보조참가인의 종속성 : 당사자도 공동소송인도 아니므로 판결의 효력 ×
    (소의 변경 不可) / 참가인의 상소제기는 피참가인의 상소기간 내에 可

- □ 보조참가인의 독립성 : 당사자에 준하는 절차관여권이 인정 ○
  - ⇨ 보조참가인에게 기일통지서 or 출석요구서를 송달하지 아니하여 보조참가인이 불출석한 상태로 행하여진 기일의 진행 ⇨ 적법 ×
- □ 소송 계속 중 보조참가인이 사망한 경우 ⇨ 소송절차 중단 ×
- □ 참가인이 할 수 있는 소송행위 : 피참가인의 승소를 위하여 필요한 소송행위, 즉 증거신청, 상소제기, 이의신청 可
  - ⇨ 보조참가인의 재심청구 당시 피참가인인 재심청구인이 이미 사망하여 당사자능력이 없는 경우 원칙적으로 보조참가인의 재심청구 허용 ×
  - ⇨ 재심의 소에 공동소송적 보조참가인이 참가한 후 피참가인이 공동소송적 보조참가인의 동의 없이 한 재심의 소 취하 효력 無
  - ⇨ 보조참가인은 피참가인의 상소기간이 도과하지 않은 경우 상소제기 可
  - ⇨ But 피참가인의 행위와 어긋나는 행위는 할 수 없으므로 참가인이 제기한 항소를 피참가인이 포기 또는 취하 可
  - ⇨ 참가인 다툼 But 피참가인의 자백간주인 경우 : 참가인 다툼 효력 有 (∵ 참가인의 소송행위가 피참가인의 소송행위에 어긋나는 경우에 해당 ×)
  - ⇨ 보조참가인의 증거신청행위가 피참가인의 소송행위와 저촉되지 아니하고 그 증거들이 적법한 증거조사절차를 거쳐 법원에 현출되었다면 법원은 보조참가인이 신청한 증거에 터잡아 피참가인에게 불이익한 사실을 인정 可
- □ 당사자에 준하는 절차관여권
  - ⇨ 보조참가인에게 기일통지서 또는 출석요구서를 송달하지 아니함으로써 변론의 기회를 부여하지 아니한 채 행하여진 기일의 진행은 위법
  - ⇨ 단, 기일통지서를 송달받지 못한 보조참가인이 변론기일에 직접 출석하여 변론할 기회를 가졌고, 기일통지서를 송달받지 못한 점에 관하여 이의를 하지 아니하였다면, 절차진행상의 흠 치유 ○
- □ 보조참가인은 소송행위의 유효요건의 구비 필요
  - ⇨ 당사자능력 및 소송능력이 없는 행정청은 보조참가 不可
- □ **보조참가인** : 피참가인 패소 후 참가신청을 취하하고 독립당사자 참가를 하여 항소 可
- □ **보조참가인이 독립당사자참가를 한 경우** ⇨ 보조참가 종료
- □ **HIT 참가적 효력** : 피참가인이 패소 후 피참가인의 참가인 상대 소송에서 참가인은 전소 판결의 부당을 주장할 수 없는 효력
  - □ 참가적 효력의 주관적 범위 : 피참가인과 참가인 사이에만 有, 피참가인과 그 소송 상대방간의 판결의 기판력이 참가인과 피참가인의 상대방과의 사이에까지 발생 ×
  - □ 참가적 효력의 객관적 범위 : 판결 주문 + 판결이유 중의 판단 : 피참가인이 패소 확정판결을 받은 경우 확정판결의 참가적 효력은 확정판결의 결론의 기초가 된 사실상 및 법률상의 판단으로서 보조참가인이 피참가인과 공동이익으로 주장하거나 다툴 수 있었던 사항에 한하여 미침

⇨ (判)화해권고결정에 의하여 소 종료된 경우 참가적 효력 부정
▫ 보조참가인의 재심청구 당시 피참가인인 재심청구인이 이미 사망하여 당사자능력 없는 경우
　⇨ 허용하는 규정 등이 없는 한 보조참가인의 재심청구는 허용 ×
▫ 증거를 제출한 참가인의 참가신청이 부적법 각하되었다 하여도 그 증거자료 효력에 영향 無
▫ 조정갈음결정에 의하여 종료된 경우 ⇨ 참가적 효력 인정 × (∵ 확정판결과 같은 판단×)

Excalibur 소송고지

▫ **소송고지**(§84) : 소송계속 중에 당사자가 소송참가를 할 수 있는 이해관계 있는 제3자에 대하여 법정의 방식에 따라 소송계속의 사실을 통지하는 것을 의미
▫ 소송고지 할 것인지 여부는 고지자의 재량 But 고지의무가 있는 경우도 있음 (추심의 소, 주주대표소송 등)
▫ 요건
　▫ 소송계속 중일 것 : 상고심 계속 중일 때도 가능
　▫ 고지자 : 피고지자도 다시 소송고지 가능
　▫ 피고지자 : 보조참가인, 공동소송적 보조참가, 당사자참가(독립당사자 참가, 공동소송참가), 소송승계를 할 수 있는 제3자
▫ **HIT** 소송고지의 효과
　▫ 참가하지 않아도 참가효 발생하고, 소송고지 받은 자는 참가할 수 있는 제3자에게 다시 소송고지 可
　▫ 소송고지는 최고의 효력 有, 민법 제174조에 규정된 6월의 기간은 당해 소송이 종료된 때로부터 기산 ○
　▫ 소송고지의 요건이 갖추어진 경우 ⇨ 소송고지서에 고지자가 피고지자에 대하여 채무의 이행을 청구하는 의사가 표명되어 있다면 시효중단사유로서의 최고의 효력 有
　▫ 피고지자가 후일의 소송에서 주장 不可 ⇨ 상대방에 대하여 고지자와의 공동이익으로 주장하거나 다툴 수 있었던 사항에 한함 / 고지자와 피고지자 사이에 이해관계가 대립되는 사항은 주장 可
▫ 추심소송의 경우 ⇨ 채무자에게의 소송고지는 강제 (민집법 §238)
▫ 채권자대위소송이 제기되고 대위채권자가 채무자에게 대위권 행사사실을 통지, 채무자가 이를 알게 되는 경우
　▫ 채무자는 처분행위 不可, 제3채무자도 채권자에게 처분행위의 효력으로 대항 不可
　▫ 우선권 있는 채권에 기초한 피대위채권에 대한 전부명령은 유효
　▫ 채무자는 그 명의로 소유권이전등기를 경료 可
▫ 채권자대위소송 소장 부본이 제3채무자에게 송달된 이후 채무자가 채권자대위소송과 같은 소송물을 같이하는 내용의 소송이 제기된 경우 ⇨ 후소는 중복소송

- □ 채권자가 채권자대위권을 행사하는 방법으로 제3채무자를 상대로 소송을 제기하고 채무자에게 소송고지한 경우 ⇨ 피고지자인 채무자가 대위소송에 참가하지 않더라도 채무자에게 기판력 미침
- □ 피고지자가 소송고지를 받은 후 소송에 참가 × ⇨ 피고지자에게 변론기일 통지할 필요 ×

Excalibur 공동소송적 보조참가

- □ 공동소송적 보조참가의 성질 ⇨ 유사필수적 공동소송에 준함
- □ 공동소송적 보조참가 여부의 판단 ⇨ 당사자의 신청에 의해 결정 ×, 법원이 해석에 의해 결정 ○
- □ 피고로부터 부동산을 매수한 참가인이 소유권이전등기를 미루고 있는 사이에 원고가 피고에 대한 채권이 있다 하여 당시 피고의 소유명의로 남아 있던 위 부동산에 대하여 가압류를 하고 본안소송을 제기하자 참가인이 피고보조참가를 한 경우
  ⇨ 참가인은 위 소송에 공동소송적 보조참가 不可
- □ 공동소송적 보조참가인에게 소송절차 중단 또는 중지 이유가 있는 경우
  ⇨ 중단 또는 중지는 모두에게 효력 ○
  □ 공동소송적 보조참가인이 소송계속 중 사망 ⇨ 소송절차 중단 ○
- □ 공동소송적 보조참가인은 소송의 진행 정도에 따라 피참가인이 할 수 없는 행위를 할 수 없음
- □ [HIT] 공동소송적 보조참가에서 보조참가인의 동의 없는 피참가인의 행위
  ⇨ 자백·청구의 포기·인낙·상소포기·재심의 소취하 不可 But, 소취하 可
- □ 참가인이 상소를 한 경우에 피참가인의 상소취하나 상소포기 허용 X
- □ 공동소송적 보조참가를 한 참가인이 적법하게 상고를 제기하고 상고이유서 제출기간 내에 상고이유서를 제출하였으나 상고를 제기하지 않은 피참가인인 피고의 상고이유서 제출기간이 경과한 경우 ⇨ 그 상고이유서 제출은 적법 ○
- □ 재심의 소에 공동소송적 보조참가인이 참가한 후 피참가인이 재심의 소를 취하
  ⇨ 재심의 소를 취하하는 것은 공동소송적 보조참가인에게 불리한 행위 ○
  ⇨ 공동소송적 보조참가인의 동의 얻어야 효력 ○ (동의 없으면 무효)
- □ 원고가 제기한 대여금청구소송에 피고가 허위채권임에도 자백하려 한다는 이유로 공동소송적 보조참가신청을 하는 것은 허용 ×

Excalibur 독립당사자참가

- □ [HIT] 독립당사자참가의 참가이유(§79①)
  □ 권리주장참가 : 소송목적의 전부나 일부가 참가인의 권리라고 주장하여야 하므로 원고의 권리와 참가인의 권리가 논리적으로 양립하지 않는 관계 ○

- 사해방지참가 : 소송결과에 따라 참가인의 권리가 침해된다고 주장하여야 하므로 원고의 권리와 참가인의 권리의 양립여부는 불문
- 독립당사자참가인 가운데 한 사람의 소송행위는 모두의 이익을 위하여서만 효력 ○(§79②, §67①)
- [HIT] 권리주장참가·사해방지참가인지 명백하지 않은 경우
  - ⇨ 석명권 행사 要, 사해방지참가로 추정 ×
  - ⇨ 참가인이 독립당사자참가신청을 함에 있어 원고와 피고가 사해소송을 수행하고 있다는 등의 특별한 주장을 한 바 없다면 권리주장참가를 한 것으로 보아야 ○
- 사해방지참가의 적법여부
  - 선순위 근저당권 회복등기소송에서 후순위 근저당권자는 선순위 근저당권부존재확인을 구하는 사해방지참가는 적법 ○
  - 본소청구의 원인행위가 사해행위라는 이유로 사해방지참가를 하는 것은 부적법(∵ 사해행위취소의 상대적 효력, 참가신청 인용되어도 원·피고의 법률관계에 영향 無)
  - 소유권확인을 구하는 원고들의 본소청구에 대하여 소유권 확인을 구하는 독립당사자참가는 적법 ○
- 참가승계인의 독립당사자참가(권리주장참가)로의 전환 : 승계참가에 대해 피참가인이 승계원인을 다툴 경우
- [HIT] 독립당사자참가의 참가취지 : 2002년 개정법으로 편면참가를 명문 허용 ○
- 독립당사자참가의 시기 및 방식
  - 상고심 ⇨ 독립당사자참가 不可
  - 독립당사자참가의 방식 ⇨ 보조참가 신청 방식에 준함
  - 독립당사자참가인의 예비적 보조참가 不可
  - 필수적 공동소송 규정 준용 ○
- [HIT] 수개의 청구를 병합하여 참가하는 경우 ⇨ 각 청구별로 독립당사자참가 요건 갖추어야 ○
- 독립당사자참가를 한 소송의 경우 ⇨ 법원은 원고, 피고, 참가인 모두에 대하여 하나의 종국판결을 하여야 ○ (일부판결 不可)
- 독립당사자참가 ⇨ 원·피고의 재판상 화해는 허용 ×
- [HIT] 독립당사자참가인이 화해권고결정에 대하여 이의한 경우
  - ⇨ 이의의 효력이 원·피고 사이에도 미침
- [HIT] 독립당사자참가는 ① 참가인의 참가신청이 적법하고 나아가 ② 합일확정의 요청상 필요한 경우 불이익변경금지원칙 배제 可
  - ⇨ 원고 승소하여 참가인만이 항소한 경우 피고가 항소나 부대항소를 제기하지 않은 경우라도 결론의 합일확정을 위하여 피고에게 결과적으로 제1심판결보다 유리한 내용으로 판결 변경 可

- ⇨ 독립당사자참가소송에서 원고의 피고에 대한 청구를 인용하고 참가인의 참가신청을 각하한 제1심판결에 대하여 참가인만이 항소하였는데, 참가인의 항소를 기각하면서 제1심판결 중 피고가 항소하지도 않은 본소 부분을 취소하고 원고의 피고에 대한 청구를 기각한 것 ⇨ 부적법
- □ 제1심 판결에서 독립당사자참가신청을 각하하고 원고의 청구를 기각한데 대하여 참가인은 항소기간 내에 항소를 제기하지 아니하고 원고만이 항소한 경우 ⇨ 독립당사자참가신청을 각하한 부분은 본소청구와 별도로 확정 ○
- □ 합일확정을 요하는 독립 당사자 소송에서의 상소 ⇨ 전부이심 ○, 불변금 적용 ×
  - □ 독립당사자참가소송 제1심에서 원고 및 참가인 패소, 피고 승소의 본안판결 선고, 원고만 항소 ⇨ 항소심: 참가인의 원·피고에 대한 청구도 같은 판결 판단 要
- □ [HIT] 원고 또는 피고의 소송탈퇴
  - □ 상대방의 승낙 필요하지만(§80), 참가인의 동의 불요 (통설)
  - □ 탈퇴의 효력 : 집행력 포함설이 통설 (판결의 효력은 탈퇴한 당사자에게도 미침)
- □ 독립당사자참가와 소의 취하
  - □ 독립당사자참가인의 참가 이후 원고의 본소 취하 ⇨ 피고와 참가인 양자의 동의 要
  - □ 본소가 취하된 경우 ⇨ 참가신청을 각하하는 것이 아님(독립된 소로서 소송계속 적법)
  - □ 독립당사자참가인의 참가신청 취하 ⇨ 원고와 피고 모두의 동의 要
- □ 독립당사자참가 중 권리주장참가를 하려는 소송에 수 개의 청구가 병합된 경우
  - □ 어느 하나의 청구라도 독립당사자참가인의 주장과 양립하지 않는 관계에 있으면 그 본소청구에 대한 참가 허용 ○
  - □ 양립할 수 없는 본소청구에 관하여 본안에 들어가 심리한 결과 이유가 없는 것으로 판단된다고 하더라도 참가신청이 부적법한 것은 아님

Excalibur 공동소송참가

- □ 항소심절차에서 공동소송참가가 이루어진 후 피참가소가 소송요건의 흠결로 각하된 경우 ⇨ 공동소송참가한 것은 적법
- □ 공동소송참가의 실질은 신소제기 ⇨ 항소심에서는 可, 상고심에서는 不可
- □ 학교법인의 이사회결의무효확인의 소에는 제3자가 공동소송참가 불가
- □ 채권자대위소송의 계속 중 다른 채권자가 공동소송참가를 할 수 있는 지 여부
  - ① 채권자대위소송 계속 중 다른 채권자가 동일한 채무자를 대위하여 채권자대위권을 행사하면서 공동소송참가신청 可
  - ② 채권자들이 각기 자신을 이행 상대방으로 하여 제3채무자에게 금전의 지급을 청구한 경우 ⇨ 서로 소송물 동일
  - ③ 원고가 일부 청구임을 명시하여 피대위채권의 일부만을 청구한 것으로 볼 수 있는 경우

⇨ 소송물이 동일하여 중복되므로 소송목적이 원고와 참가인에게 합일합정 필요성이 있어 참가인의 공동소송참가신청은 적법 ○
□ 주주대표소송에서 회사의 참가의 법적 성질 ⇨ 공동소송참가 ○, 중복소송 ×
□ 공유물분할청구소송의 계속 중 어느 공유자의 지분이 이전된 경우
⇨ ① 승계참가·이전참가 可, ② 필수적 공동소송이므로 누락당사자 공동소송참가 可
□ 추심소송 중 집행력 있는 정본을 가진 모든 채권자는 원고 쪽에 공동소송참가 可

Excalibur 당사자변경에 관한 제 논점

□ 원고경정신청의 가부 ⇨ 판례가 명시적으로 인정한 예 無
□ [HIT] 회사를 피고로 하여 제기된 소송 중, 대표이사를 예비적 피고로 추가하는 것의 가부
  ⇨ 통상공동소송에 해당 ○ (필수적 공동소송인의 관계 ×), 통상공동소송에서 공동소송인의 추가 不可
  ⇨ 단, 예비적 공동소송의 관계 ○ (법률상 양립불가에 해당), 예비적 공동소송인의 추가(§70) 可
□ 피고의 경정(§260)
 □ 신청권자 : 원고 ○ / 행사가능한 기간 : 제1심 변론종결 시까지 ○
 □ [HIT] 피고경정의 요건 중 "피고를 잘못 지정한 것이 명백한 때"의 의미
   ⇨ 청구취지나 청구원인의 기재 내용 자체로 보아 원고가 법률적 평가를 그르치는 등의 이유로 피고의 지정이 잘못된 것이 명백한 경우 or 법인격의 유무에 관하여 착오를 일으킨 것이 명백한 경우
   ⇨ 피고가 누구인지를 증거조사를 거쳐 사실을 인정하고 그 인정 사실에 터잡아 법률 판단을 하여야 인정할 수 있는 경우는 이에 해당 ×
   ⇨ (判)원고가 공사도급계약상의 수급인은 그 계약 명의인인 피고라고 하여 피고를 상대로 소송을 제기하였다가 심리 도중 변론에서 피고측 답변이나 증거에 따라 이를 번복하여 수급인이 피고보조참가인이라고 하면서 피고경정을 구하는 경우 : 부적법
     (∵ 피고경정의 요건인 "피고를 잘못 지정한 것이 명백한 때" 흠결)
□ 법원의 피고경정 허가 결정 ⇨ 종전의 소는 취하된 것으로 간주 ○
□ 피고경정허가결정
  ⇨ 종전 피고는 자신의 동의가 없었다는 사유로만 즉시항고 可/ 원고는 불복 不可
□ 피고경정신청기각결정 ⇨ 원고는 통상항고 可
□ 피고경정시 시효중단시기 ⇨ 법원에 경정신청서 제출시 ○

Excalibur 참가승계 · 인수승계

- **[HIT]** 참가승계(§81) 또는 인수승계(§82)에서 승계인적격 판단기준
  - (判)민사소송법 제218조의 변론종결한 뒤의 승계인에 준하여 취급하여야 ○
  - 구이론(判) : 채권적 청구권에 기한 소송 중 계쟁물을 취득한 자는 여기의 승계인 ×
    ⇨ 부동산소유권이전등기 청구소송계속 중 같은 부동산에 대한 소유권이전등기가 제3자 앞으로 경료 ⇨ 제3자에 대한 등기 말소 구하기 위한 소송인수 허용 ×
  - 신이론 : 소송물인 권리관계가 물권적 청구권인가 채권적 청구권인가를 가리지 아니하고 점유·등기의 승계인은 모두 승계적격자 ○
- 소송인수결정은 본안과 독립하여 불복 × (∵승계인의 적격을 인정하여 당사자로 취급하는 중간적 재판에 지나지 아니하기 때문)
- 물권적 청구권에 기한 소송계속 중 계쟁물의 양도가 있는 사안에서, 참가승계신청의 적부
  ⇨ 어느 견해에 의하든지 승계인의 범위에 해당. 따라서 참가승계신청은 적법
- 소송 도중 소송물인 채권을 제3자에게 양도한 경우, 이는 목적물 자체의 양도에 해당 : 인수승계 신청은 적법
- 승계인의 소송인수신청에 대한 재판형식 ⇨ 결정 ○
- **[HIT]** 소송 계속 중에 소송목적인 의무의 승계가 있다는 이유로 소송인수신청이 있는 경우
  ⇨ 승계적격 흠결이 명백하지 않는 한 결정으로 신청을 인용하여야 ○ (∵ 승계인에 해당하는 지 여부는 본안판결의 문제)
- 소송인수신청에서 주장하는 사실관계 자체에서 승계적격 흠결 명백하지 않은 경우 ⇨ 신청 인용 ○
- 권리승계참가 : 채무를 승계한 경우도 可 / 소송인수 : 소송물 일부 승계시에도 可
- 청구이의의 소가 제기되기 전 집행권원에 표시된 청구권을 양수하고 대항요건 갖춘 자
  ⇨ 권리승계 참가신청 不可 (∵ 소송계속중 채무승계 ×)
- 상고심에서는 승계참가 × (∵ 상고심은 법률심이므로 소송계속중 채무승계 ×)
- 참가승계인의 지위 : 피참가인의 소송상 지위를 승계 ○
- 참가승계를 한 경우 참가인과의 관계에서 시효중단 또는 법률상 기간준수의 효력
  ⇨ 소송이 법원에 처음 계속된 때에 소급 ○
- 제1심 법원이 참가승계인의 참가신청과 피참가인의 소송탈퇴가 적법함을 전제로 참가승계인과 상대방 사이의 소송에 대해서만 판결을 하였는데 항소심에서 참가신청이 부적법한 것으로 밝혀진 경우 ⇨ 상소심 법원은 탈퇴한 피참가인의 청구에 관하여 심리·판단 ×
- **[HIT]** 원고가 승계참가인의 승계 여부에 대해 다투지 않으면서도 소송탈퇴, 소 취하 등을 하지 않거나 이에 대하여 피고가 부동의하여 원고가 소송에 남아 있는 경우
  ⇨ 승계로 인해 중첩된 원고와 승계참가인의 청구 사이에 필수적 공동소송에 관한 민사소송법 제67조 적용 ○ (종래 판례는 통상공동소송으로 보았으나 변경됨)

□ 원고가 소송의 목적인 손해배상채권을 승계참가인에게 양도하고 피고들에게 채권양도의 통지를 한 다음 승계참가인이 승계참가신청을 하자 탈퇴를 신청하였으나 피고들의 부동의로 탈퇴하지 못한 경우 ⇨ 원고의 청구와 승계참가인의 청구 사이에 필수적 공동소송 규정 적용
□ 신주발행무효의 소 계속 중 주식이 양도된 경우에 양수인은 제소기간 등의 요건이 충족된다면 새로운 주주의 지위에서 신소를 제기 可, 양도인이 이미 제기한 기존의 소송을 적법하게 승계 可 ⇨ 제소기간 준수 여부는 원래의 소 제기시를 기준으로 판단
□ 인수참가인의 소송목적 양수 효력이 부정되어 인수참가인에 대한 청구기각 또는 소각하 판결이 확정된 날부터 6개월 내에 탈퇴한 원고가 다시 탈퇴 전과 같은 재판상의 청구 등을 한 경우 ⇨ 탈퇴 전 원고가 제기한 재판상의 청구로 인한 시효중단의 효력은 그대로 유지
□ 인수승계 신청의 이유로서 주장하는 사실관계에서 승계적격의 흠결이 명백하지 않다면 법원은 본안심리를 진행한 후 승계사실이 인정되지 않을 경우 ⇨ 청구기각의 본안판결 ○ (∵ 인수참가신청 자체가 부적법 ×)
□ 당사자의 사망으로 인한 소송수계 신청이 이유 있다고 보아 소송절차를 진행시켰는데 그 후 신청인에게 수계자격이 없음이 판명된 경우 ⇨ 수계재판 취소, 신청 각하
□ 공유물분할에 관한 소송계속 중 변론종결일 전에 공유자 중 1인의 지분이 제3자에게 이전된 경우 ⇨ 참가승계나 인수승계 등의 방식으로 제3자를 당사자로 되게 하지 않은 이상 위 소송은 전부 부적법
□ 채무자나 소유자가 배당이의의 소를 제기한 경우, 채무자·소유자로부터 배당받을 권리를 양수한 자라 할지라도 배당이의의 소의 소송물을 승계한 것이라 할 수 ×

제6편 상소심절차

제1장 상 소

Excalibur 상소 일반

- **HIT** 상소의 대상은 종국판결 : 중간판결을 전제로 하여 종국판결이 나면 이에 대하여 상소하면서 중간판결의 내용을 다투어야 ○ (∵ 중간판결에 대하여 독립하여 항소 不可)
- **HIT** 상소불가분의 원칙 : 확정차단 및 이심의 효력이 불복범위와 관련 없이 원판결 전부에 발생하는 것
  - 재산분할청구와 이혼청구재산분할청구를 병합청구 한 경우 ⇨ 재산분할 부분만 항소한 경우 이혼청구부분도 이심 ○
  - 이전등기말소청구와 금원청구 모두 기각한 제1심판결에 대해 원고가 말소청구부분만 항소하였을 뿐 그 변론종결시 까지 항소취지를 확장한 바 없는 경우 ⇨ 항소심의 심판범위는 말소청구부분에 한정 ○, 나머지 부분은 환송 전 원심판결의 선고와 동시 확정되어 소송이 종료
- 확정차단 및 이심의 범위와 심판의 범위는 일치 ×
- **HIT** 항소권 포기
  - 항소권 포기를 위한 항소포기서 제출법원
    - ⇨ 항소 前 : 제1심 법원
    - ⇨ 항소 後 : 소송기록이 있는 법원, 따라서 소송기록이 제1심법원에 있는 동안은 제1심 법원에 항소권포기서를 제출한 즉시 항소권 포기의 효력이 발생
  - 항소한 뒤 항소권 포기(§395③) ⇨ 항소취하의 효력 有
  - 전부 패소자가 항소권을 포기한 경우 ⇨ 상대방의 항소기간이 만료하지 않았더라도 제1심판결이 확정
- **HIT** 불상소합의, 불항소합의
  - 불상소합의 : 현재 계속 중이거나 장래 계속될 특정의 소송에 대하여 상소를 하지 않기로 하는 당사자간의 합의
  - 판결 선고 전의 불상소 합의는 반드시 서면에 의하여야 ○
  - 불상소합의의 존부에 관한 당사자의 의사해석 방법
    - ⇨ 철저한 표시주의와 외관주의에 의하여야 ○ (내심의 의사가 기준 ×)
    - ⇨ 당사자의 의사해석상 그 존부가 불명하면 합의의 존재는 부정됨
  - 불항소합의 : 제1심판결선고전에 구체적·특정 법률관계에 관하여 당사자간 합의
    - 제1심판결은 선고와 동시에 확정 ○, 따라서 판결선고 후에는 합의에 의하여도 불항소합의 해제 不可
    - 불항소 합의의 유무 : 법원의 직권조사 사항 ○

- □ 당사자 일방만이 항소를 하지 않기로 약정하는 불항소 합의는 무효
- □ 불항소의 합의는 상고할 권리를 유보 (§390①) ⇨ 상고, 비약적 상고 可
□ [HIT] 소송비용부담을 위한 재판에 대한 불복 : 독립한 항소 不可
□ 상고장에 상고이유를 기재 可
□ 상고이유서 제출기간 : 소송기록 접수통지 수령 후 20일내에 제출하여야 ○,
　　　　　　　　　　if. 부제출시 상고기각 ○
□ 변론조서 기재에 불복 有 ⇨ 상고이유 ×

Excalibur 판결의 확정시기

□ 판결의 확정시기
- □ 판결선고와 동시에 확정되는 경우
- □ 상소기간 만료시에 확정되는 경우
- □ 상소권포기와 불상소합의의 경우
- □ 일부불복의 경우 불복하지 아니한 부분의 확정시기
□ [HIT] 단순병합에서 일부불복의 경우 불복하지 아니한 부분의 판결 확정시기
- □ 항소심 : 항소심 판결의 선고시 ○, 상고심 : 상고심판결의 선고시 ○
- □ 원고의 청구를 일부인용한 1심판결에 대해 원고만이 패소부분에 항소제기하고 피고가 항소나 부대상소 제기하지 않은 경우
　　⇨ 항소심의 심판범위는 원고 패소부분에 한정, 1심판결 중 원고 승소 부분은 항소심판결의 선고와 동시에 확정
- □ 원고의 청구를 일부인용한 제1심판결에 대해 피고만이 항소제기한 경우 원고가 부대항소 제기하지 않은 경우
　　⇨ 항소심 판결 선고시 원고 청구 기각 부분 제1심판결은 확정
□ 주위적 청구를 기각하면서 예비적 청구를 일부 인용한 환송 전 항소심판결에 대하여 피고인만이 상고하고 원고는 상고 및 부대상고 하지 않은 경우
- □ 주위적 청구 부분의 확정시기 : 예비적 청구에 관한 파기환송판결의 선고와 동시에 확정
- □ 환송 후 항소심에서의 심판 범위 : 예비적 청구 중 피고 패소부분에 한정
□ 심리불속행·상고이유서 부제출에 따른 상고기각판결 ⇨ 판결정본의 송달과 동시에 확정
□ 당사자 쌍방이 제1심 판결선고전에 불항소 합의한 경우 1심 판결의 확정시기
　　⇨ 제1심 판결의 선고와 동시에 확정
□ 판결 선고 후 불항소의 합의가 있는 경우 ⇨ 불항소의 합의 성립과 동시에 확정
□ 상소취하·상소각하판결이 있는 경우 ⇨ 상소기간 만료로 확정
- □ 항소기간 경과 전에 항소취하 한 경우 ⇨ 판결 확정되지 아니하고 항소기간 내라면 다시 항소의 제기 可

- ☐ **HIT** 피고가 수개의 판결 중 일부에 대해서만 항소한 경우 항소하지 아니한 부분의 확정시기
  ⇨ 항소심 판결선고시 ○
- ☐ **HIT** 고유필수적 공동소송인 경우 ⇨ 상소기간 (개별적으로 진행)
  ⇨ 판결 확정시기 (전원의 상소기간 만료 시)
- ☐ 공유물분할 판결 ⇨ 일부 공유자의 상소기간이 만료되었어도 그 공유자에 대한 판결 부분이 분리·확정되는 것 ×(∵ 공유자 전원에 대하여 상소기간이 만료되기 전에는 확정 ×)
- ☐ 통상공동소송인 경우 ⇨ 항소하지 않은 부분에 대하여만 분리확정 ○
  (∵ 공동소송인 독립의 원칙)

제2장 항 소

Excalibur 항 소

- ☐ 항소장 제출할 법원(§397①) ⇨ 제1심법원에 제출
- ☐ 항소장에 법률 규정에 따른 인지를 붙이지 아니한 경우(§399①) ⇨ 원심재판장은 항소인에게 상당한 기간을 정하여 그 기간 이내에 흠을 보정하도록 명하여야 ○
- ☐ 원심법원제출주의에 위반한 항소제기의 경우 상소기간의 준수여부 판단기준
  ⇨ 원심에 송부된 때 ○
- ☐ **HIT** 항소제기기간 준수 여부 판단기준 ⇨ 항소장이 제1심 법원에 접수된 때 ○
- ☐ 판결정본이 적법하게 송달되지 않은 경우 : 항소기간 진행 無
- ☐ **HIT** 항소심에서도 청구의 기초에 변경이 없는 한 청구의 확장 변경 可 ⇨ 제1심에서 원고가 전부승소해도 항소심에서 청구취지 확장변경 可 (∵ 부대항소 의제)
- ☐ 소·상소를 제기한 사람이 진술금지명령, 변호사선임명령을 받고 불이행한 경우 ⇨ 소각하결정, 상소각하결정
- ☐ **HIT** 항소기각
  ⇨ 제1심판결이 정당 하거나 그 이유는 부당하여도 다른 이유로 판결이 정당할 때
    (∵ 판결의 기판력은 판결이유중의 판단에는 발생 ×)
  ⇨ 제1심이 청구기각 판결을 하여야 할 사건에 대하여 소각하 판결을 하였으나 원고만이 불복하여 항소한 경우 항소심의 조치 : 항소기각
- ☐ 항소심에서의 교환적 변경 : 신청구에 대하여 1심으로 판단하여야 ○
- ☐ 항소심에서 항소이유로 특별히 지적하거나 그 후의 심리에서 다시 지적하지 않는다 하더라도 법원은 제1심에서의 주장을 당연히 받아들일 수 있음

> **Excalibur** **항소심에서 항소의 취하 및 소취하**

- ☐ [HIT] 항소취하(§393)
- ☐ 시기(동조①) : 항소심의 종국판결시까지 ○ (항소심 변론종결시까지 ×)
- ☐ 방식
  - ☐ 상대방의 동의 不要(§393②, §266② 준용×)
  - ☐ 원칙 서면, 변론 또는 변론준비기일에서 구두로 可(§393②, §266③ 준용 ○)
- ☐ 효력 ⇨ 적법한 항소취하서 제출시 효력 발생
- ☐ 항소심 계속 중 ⇨ 원고 소취하 可(§408, §266), 피고 항소취하 可(§393)
- ☐ 항소취하는 소의 취하, 항소권의 포기와 달리 제1심 종국판결 유효하게 존재 ○
  - ☐ 항소기간 경과 후 항소취하 있는 경우 제1심판결은 항소기간 만료시에 소급하여 확정
  - ☐ 항소기간 경과 전에 항소취하가 있는 경우, 항소기간 내에 다시 항소제기 可
- ☐ 일부항소취하 不可, 전부항소취하 可
- ☐ [HIT] 항소심의 종국판결이 있은 후 상고심에서 파기되어 사건이 다시 항소심에 환송된 경우 항소인의 항소취하 가능한지 여부
  - ☐ 피항소인이 부대항소를 제기하였는지 여부에 관계없이 항소를 취하 可
  - ☐ 피항소인이 부대항소의 이익을 잃게 되어도 그 이익은 본래 상대방의 항소에 의존한 은 혜적인 것으로 주된 항소의 취하에 따라 소멸 ○
- ☐ 항소심에서 구청구를 신청구로 교환적 변경을 하였다가 다시 구청구로 교환적 변경을 한 경우 ⇨ 종국판결이 있은 후 소를 취하하였다가 동일한 소를 다시 제기한 경우에 해당하여 부적법
- ☐ 항소심에서 소의 교환적 변경 있는 경우 그 후 항소취하를 하는 경우
  ⇨ 항소취하는 무효 (∵ 제1심판결은 교환적 변경에 의한 소취하로 실효, 항소심의 심판 대상은 새로운 소송으로 변경)
- ☐ 병합된 수 개의 청구 전부에 대하여 불복한 항소심에서 그 중 일부 청구에 대한 불복신청 철회한 경우 ⇨ 항소 자체의 효력에는 영향 ×
- ☐ 항소취하 간주의 효력을 다투는 방법 ⇨ 기일지정신청 ○ (∵ 항소취하 간주는 상고의 대 상이 되는 종국판결에 해당 ×)

> **Excalibur** **상소이익의 판단**

- ☐ [HIT] 상소의 이익은 재판의 주문을 표준으로 당사자의 신청보다 불리한 경우에 인정 (원칙적 형식적 불복설)
- ☐ 소각하판결 : 원·피고 모두 상소이익 有
- ☐ [HIT] 전부승소한 자의 상소이익은 원칙적으로 없으나 예외적으로 인정되는 경우
  - ☐ 일부청구에 의한 전부승소시 잔부청구를 위한 항소의 이익 有

- □ 재산상 손해에 대하여 전부승소하였지만 위자료에 대하여는 일부패소한 경우 ⇨ 재산상 손해에 관한 청구를 확장하기 위한 상소의 이익 有
- □ 항소심 계속중 부대항소로서 청구취지를 확장을 위한 항소시 예외적 인정
- □ 가분채권의 일부만 청구한다는 취지를 명시하지 아니하고 그 일부 청구에 관하여 전부 승소한 채권자 ⇨ 나머지 부분에 관하여 청구를 확장하기 위한 항소의 이익 有
- □ 일부인용판결 : 원·피고 모두에게 항소의 이익 有
  ⇨ 단순이행청구에 상환이행판결을 받은 당사자는 항소의 이익 有
- □ 출혈적 항변인 상계항변이 받아들여져 승소한 자동채권 주장자 : 항소의 이익 有
- □ 원고의 소구채권 그 자체를 부정하여 원고의 청구를 기각한 판결에 대해 상소제기한 피고의 상소이익 ⇨ 상계항변으로 주장한 자동 채권의 심판을 받기 위하여 상소할 이익 有 (∵ 당해 소송에서 수동채권의 존재 등 상계에 관한 법원의 실질적 판단이 이루어지는 경우에 비로소 실체법상 상계의 효과 발생 ○)
- □ 매매를 원인으로 한 소유권이전등기를 청구하였으나 양도담보약정을 원인으로 한 소유권이전등기를 명한 경우 ⇨ 원고의 상소의 이익 有 (∵ 청구원인사실이 달라 동일한 청구 ×, 원고가 주장한 매매를 원인으로 한 소유권이전등기청구에 관하여는 심판을 한 것으로 볼 수 없어 결국 원고의 청구는 실질적으로 인용한 것이 아니어서 판결의 결과가 불이익 有)
- □ 일방만 항소(다른 당사자의 부대항소 제기×)
  - □ 원고만 항소 후 항소기각 ⇨ 피고는 상고의 이익 ×
  - □ 피고만 항소 후 항소 일부인용 ⇨ 원고 상고는 부적법(∵항소심 심판대상 × ⇨ 상고의 대상 ×)
- □ 항소취하 합의가 있는데도 항소취하서가 제출되지 않는 경우 ⇨ 상대방은 이를 항변으로 주장 可, 이 경우 항소 각하 ○
- □ 피고의 상계항변에 의한 원고의 청구가 기각된 경우 ⇨ 피고도 상소의 이익 ○

Excalibur 부대항소

- □ 부대항소의 성질은 비항소설 ⇨ 항소의 이익 등 항소 요건구비 不要
- □ [HIT] 시기
  ⇨ 항소심 변론종결시까지 (부대항소는 항소제기기간 내에 제기 不要)
  ⇨ 항소기간 이내에 한 부대항소는 독립된 항소로 취급 ○
- □ 범위 : 항소인의 불복 제기한 범위에 제한 ×
  ⇨ 원고가 재산적 손해 전부 승소, 정신적 손해 일부패소한 후 패소 부분에 대하여 항소시 항소심에서 재산상 손해에 대한 확장 可 (∵ 손해3분설)
- □ 방법 : 원칙적으로 부대항소장을 제출하여야 ○ 단, 판례는 완화하는 태도
  ⇨ 제1심에서 원고가 전부 승소해도 항소심에서 청구취지 확장·변경 가능하며, 이는 피고에게 불리하게 하는 한도내에서 부대항소를 한 취지로 볼 수 ○

- ⇨ 청구취지변경신청서 등에 부대항소의 취지를 명시하지 않더라도 그 기재내용으로 보아 부대항소를 제기한 것으로 봄이 상당 ○
- □ 청구의 변경·반소를 위한 부대항소 제기 可
- □ [HIT] 항소가 취하되거나 부적법 각하된 경우 ⇨ 부대항소는 효력 상실 (§404,부대항소의 종속성)
  - □ 항소기간 내에 부대항소(독립부대항소) 제기 후 법원이 항소 각하한 경우 ⇨ 부대항소 실효 ×
- □ 통상공동소송에서 일부만이 항소를 제기한 경우 ⇨ 피항소인은 항소인인 공동소송인 이외의 다른 공동소송인을 상대로 부대항소 제기 不可
- □ 부대항소 취하 시 : 상대방 동의 不要

Excalibur 불이익변경금지 원칙

- □ 판결이 상소인에게 불이익한 것인지 판단기준 : 원칙적으로 판결의 주문을 표준으로 하여 판단하여야 ○
- □ 소송요건 등에 대한 직권조사사항에 대하여는 불이익변경금지원칙 적용 배제됨
- □ 항소하지 않은 원고에 대하여 제1심 판결보다 더 많은 위자료 지급을 명한 경우 ⇨ 위법 ○
- □ 수 개의 청구 중 패소 부분 청구에 대하여 원고만이 항소한 경우 ⇨ 항소심이 불복하지 않은 청구에 대한 확인의 이익의 유무를 조사하여 청구를 각하한 것은 정당 ○
- □ 원고 전부승소 판결에 대하여 피고가 지연손해금 부분만 항소하고 원고가 부대항소로서 청구취지를 확장 변경한 경우 ⇨ 항소심이 제1심판결의 인용 금액을 초과하여 원고의 청구를 인용하는 것이 불이익변경금지의 원칙에 위배 ×
- □ 항소심의 심판범위
  - ⇨ 당사자의 불복신청 범위 내에서 제1심 판결의 당부를 판단 可, 상대방이 항소 또는 부대항소를 제기하지 않았다면 제1심 판결이 부당하더라도 그 판결을 불복당사자의 불이익으로 변경하는 것 不可
- □ 소를 각하한 제1심판결에 대하여 원고만이 불복상소하였으나 심리한 결과 원고의 청구가 이유가 없다고 인정되는 경우 ⇨ 항소심은 항소기각 판결 하여야 ○
- □ 예비적청구만을 인용한 판결에 대해 피고만이 항소·상고·환송된 경우
  - ⇨ 예비적청구만 심판대상 ○
- □ 판결이유 중 판단이지만, 예외적으로 불이익변경금지원칙 적용여부가 문제되는 경우
  - □ [HIT] 상계항변을 받아들여 청구기각한 제1심판결에 대하여 원고만이 항소 : 항소심 심리 결과 소구채권이 부존재한 경우 법원의 판단
    ① 항소를 인용하여 원판결을 취소하고 청구기각의 자판 ×
    (※ 원고가 청구한 채권의 발생을 인정한 후 피고가 한 상계항변을 받아들여 원고의 청구를 기각한 제1심 판결에 대하여 원고만이 항소한 경우, 항소심이 원고가 청구한

채권의 발생이 인정되지 않는다는 이유로 원고의 청구를 기각하는 것 ⇨ 불이익변경금지의 원칙 위반 ○)
② 소구채권의 부존재를 이유로 항소기각 ×
③ 제1심판결과 똑같은 이유로 항소기각의 판결 ○
□ 상계의 항변을 받아들여 청구를 기각한 제1심판결에 피고만이 항소
 항소심 심리결과 반대채권이 부존재한다고 판단(소구채권은 존재)하는 경우
① 제1심판결을 취소하여 청구인용판결 ×
② 반대채권의 부존재를 이유로 항소기각 ×
③ 제1심판결과 똑같은 이유로 항소기각판결 ○ ⇨ 즉 상계에 의한 청구기각의 원판결을 유지
□ 항소심에서 상계항변을 하여 1심 판결보다 불리한 판단을 하는 것 可 ⇨ 불변금 적용배제 ○
□ [HIT] 동시이행판결(상환이행판결)의 경우 불이익금지원칙의 판단기준
① 불변금 판단기준의 원칙 : 기판력의 범위를 기준
② 동시이행판결의 경우 : 비록 피고의 반대급부이행청구에 관하여 기판력이 생기지 아니하더라도 반대급부의 내용이 원고에게 불리하게 변경된 경우에는 불이익변경금지 원칙에 反 (∵ 원고가 그 반대급부를 제공하지 아니하고는 판결에 따른 집행 不可)
③ 동시이행주장에 의한 상환이행판결에 원고만 항소 ⇨ 항소심이 반대채권의 액수를 더 크게 변경하는 것은 불이익변경금지원칙 위배 ○

Excalibur 항소심에서의 주문 기재례

□ 항소심에서 청구취지의 감축(일부취하)의 경우 ⇨ 1심판결이 정당하면 항소기각의 주문
□ 1심에서 청구기각판결 후 항소심에서 새로운 청구가 추가되고 이를 모두 배척하는 경우
 ⇨ 단순한 항소기각 ×, 그와 함께 추가된 청구부분에 대한 청구기각의 주문이 있어야 ○
 ⇨ 기존의 청구에 대하여 항소기각, 새로운 청구에 대하여 청구기각
□ [HIT] 1심의 인용판결에 대한 항소 또는 항소심에서 비로소 선택적 병합된 경우
 ⇨ 병합된 청구 중 1심에서 심판되지 아니한 청구를 임의로 심판 可
 ⇨ 심리결과 그 청구가 이유 있다고 인정되고 그 결론이 1심판결의 주문과 동일한 경우 항소심의 판결 ⇨ 1심판결 취소 후 청구인용하여야 ○ (항소기각 ×)
□ 변론기일 통지서를 피고에게 송달하지 않은 채 피고의 불출석하에 변론종결된 뒤에 판결선고기일 통지서는 아예 송달을 하지 않고 제1심판결이 선고된 경우 ⇨ 제1심 판결의 절차가 법률에 어긋날 때 해당 ○, 제1심 판결 전부를 취소하고 모든 변론절차를 새로 진행 要 (필수적 환송에 해당 ×)

제3장 상 고

Excalibur 상고 일반

- □ 판결이 상고인에게 불이익한 것인지 판단기준 ⇨ 원칙적으로 판결의 주문을 표준으로 하여 판단하여야 ○
- □ 상고의 대상이 부정되어 상고제기가 불가능한 경우
  - ⇨ 원고패소부분에 원고가 항소하지 아니하여 항소심이 판단하지 아니한 부분
  - ⇨ 민사소송법 제268조 제4항에서 정한 항소취하 간주가 되는 경우
- □ 소액사건의 경우 상고가 가능한 경우
  - ⇨ 대법원의 판례에 상반되는 판단을 한 때 ○
  - ⇨ 대법원판례가 아직 없는 소액사건에서 같은 법령의 해석이 쟁점으로 되어 있는 다수의 소액사건들이 하급심에 계속되어 있고 재판부에 따라 엇갈리는 판단을 하는 사례가 나타나고 있는 경우 ○ (∵ 대법원의 법령해석의 통일적 기능 수행을 위하여)
- □ 상고이유서
  - ⇨ 상고이유를 특정하여 원심판결의 어떤 점이 법령에 어떻게 위반되었는지에 관하여 구체적, 명시적 이유의 설시 要
  - ⇨ if. 그 설시가 없는 때는 상고이유서를 제출하지 않은 것으로 취급 ○
- □ 상고이유서 제출기간이 지난 후에 제출된 상고이유보충서에 기재된 새로운 상고이유
  - □ 원칙 : 대법원 심리 불가능
  - □ 예외 : 기간 내에 제출된 상고이유서에서 이미 개진된 상고이유를 보충한 것 or 직권조사사항인 경우 대법원 심리 가능
- □ 피상고인이 상고이유서 제출기간 내에 부대상고장을 제출하였으나 부대상고장에 부대상고이유의 기재가 없고 부대상고이유서는 상고이유서 제출기간 경과 후에 제출한 경우 ⇨ 부대상고는 기각
- □ 피항소인이 항소심 판결정본 등을 공시송달의 방법에 의하여 송달받아 항소심 절차가 진행된 사실을 몰랐던 경우 ⇨ 민사소송법 제424조 제1항 제4호의 규정을 유추적용 可
- □ 환송판결은 종국판결이므로 상소 제기 可

Excalibur 파기환송판결

- □ [HIT] 상고법원이 상고를 이유 있다고 인정하는 경우 ○
  - ⇨ 원심판결을 파기하여 사건을 원심법원에 환송하는 것이 원칙
- □ [HIT] 환송판결의 기속력
  - □ 환송 또는 이송받은 법원은 다시 변론을 거쳐 재판하여야 함. 파기이유로 삼은 사실상 및 법률상 판단에 구속 ○ / But, 환송 또는 이송받은 법원은 새로운 증거조사를 거쳐 사실관계를 달리 인정하고 그에 따라 새로운 법률상의 판단 可

- 환송 받은 법원이 기속되는 '법률상 판단'에는 상고법원이 명시적으로 설시한 법률상 판단 뿐 아니라 논리·필연적 관계가 있어 상고법원이 파기이유의 전제로서 당연히 판단하였다고 볼 수 있는 법률상 판단도 포함 ○
- 환송 전 원심결이나 환송판결에서 판단되지 아니한 청구인의 주장을 받아들여 환송 전의 원심결과 동일한 결론을 내린 경우도 환송판결의 기속력에 반하는 것은 ×
- 환송법원에서 재상고된 경우 ⇨ 상고법원도 기속 ○ / But, 대법원전원합의체는 구속 ×
- 대법원판례를 변경하는 내용의 파기환송판결이 전원합의체가 아닌 소부에서 행해진 경우
  ⇨ 파기이유로 한 법률상의 판단은 하급심 및 상고심을 모두 기속 ○
- 원심판결에 관여한 판사(§436③) ⇨ 환송 후의 절차에 관여 불가
- 환송 후의 원심 ⇨ 불이익변경의 금지 적용 ×
- [HIT] 환송 후 항소심 소송절차는 항소심의 속행
  ⇨ 새로운 사실과 증거조사 및 소의 변경, 부대항소의 제기, 청구의 확장 등 可
- [HIT] 필수적 공동소송이나 독립당사자참가의 경우 합일확정의 필요성 有
  ⇨ 일부 판결 위법한 경우 전부파기 ○
- 환송받은 항소심 ⇨ 환송 전의 항소심 소송대리인의 소송대리권 부활 ○
- 상고심에서 항소심으로 파기환송 된 사건이 다시 상고되었을 경우
  ⇨ 항소심에서의 소송대리인은 그 소송대리권을 상실 (심급대리의 원칙)
  ⇨ 환송 전의 상고심에서의 소송대리인의 대리권이 그 사건이 다시 상고심에 계속되면서 부활 ×
- 원고의 본소청구 및 피고의 반소청구가 각 일부 인용된 환송 전 원심판결에 대하여 피고만이 상고하고 상고심에서 본소 및 반소에 관한 각 피고 패소 부분을 파기환송한 경우
  ⇨ 본소의 원고 패소 부분과 반소의 피고 승소 부분에 대하여 환송 후 원심이 심리 不可

제4장 항 고

Excalibur 항고제도

- 형식에 어긋나는 결정·명령 ⇨ 항고제기 가능 ○ (§440)
- 항고제기의 방식(§445) : 항고장을 원심법원에 제출
- [HIT] 결정의 원본이 법원사무관에게만 교부되고, 당사자에게 아직 미고지된 경우 항고제기의 가부 ⇨ 이미 성립한 결정에 대하여는 결정이 고지되어 효력을 발생하기 전에도 결정에 불복하여 항고 可
- [HIT] 즉시항고(§444)
  - 즉시항고의 허용요건
    ⇨ 법률에 '즉시 항고할 수 있다'는 명문의 규정이 있는 경우에 예외적으로 허용

- □ 즉시항고 제기기간 ⇨ 재판이 고지된 날부터 1주 이내, 불변기간(§444)
  - cf. 보통항고의 경우 항고기간의 제한 無 ⇨ 즉, 불변기간 아니므로 소송행위의 추후보완 인정 ×
- □ 집행정지 효력(§447) : 즉시항고에만 有
  - cf. 민사집행법상 즉시항고는 원칙적으로 집행정지 효력 부정(민사집행법 §15)

□ **재항고**(§442)
- □ 대상 : 항고법원, 고등법원 또는 항소법원의 결정 및 명령(§442)
- □ 방식 : 원심법원에 제출(§445) ⇨ 재항고장이 원심법원이 아닌 대법원에 제출되었다가 다시 원심법원에 송부된 경우, 재항고 기간의 준수여부는 원심법원에 접수된 때
- □ 재항고의 소송절차 : 상고절차 규정 준용 ○(§443②)

□ **특별항고**(§449)
- □ 의의 : 불복할수 없는 결정이나 명령에 ① 재판에 영향을 미친 헌법위반 또는 ② 재판의 전제가 된 명령·규칙·처분의 헌법 또는 법률의 위반여부에 대한 판단이 부당한 경우에만 ③ 대법원에 특별항고 可
- □ 재판확정 후의 비상불복방법 ○, 통상의 불복방법으로서의 상소 ×
  - ⇨ 불복할 수 없는 결정이나 명령에 대해서도 可
- □ 특별항고가 제기된 경우 ⇨ (判)특별항고 인정 취지상 재도의 고안 不可
  - 민사소송에 상고심절차에 관한 특례법상의 심리불속행제도가 준용되는 경우
    - ⇨ 재항고 및 특별항고 사건에만 적용 ○

제7편 재심절차

- ## 제1장 총 설
- ## 제2장 적법요건

> **Excalibur 재심의 전속관할 및 기간 등**
> - **[HIT]** 재심의 전속관할(§453①) ⇨ 재심을 제기할 판결을 한 법원 ○
> - **[HIT]** 재심의 소 제기기간
>   - 원칙(§456) : 재심사유를 안 날로부터 30일, 판결확정시로부터 5년, 단, 재심사유가 판결확정 후에 발생한 때에는 사유발생한 때부터 기산
>   - 예외(§457) : 대리권 흠의 경우 제소기간 규정 적용 ×
>   ⇨ 다만 대리인이 특별수권을 받지 않은 경우에는 재심기간 적용을 받음
>   - 추완상소기간이 도과한 경우 ⇨ 재심기간 내라면 재심의 소 제기 可
>   - 재심사유를 안 날로부터 진행하는 제소기간이 경과한 경우 ⇨ 확정일로부터 진행하는 제척기간 경과 여부 불문 재심의 소 제기 不可
> - 재심의 소 ⇨ 채권자 대위권의 목적 ×
> - **[HIT]** 재심의 대상 : 확정된 종국판결이어야 ○
>   - 소제기 당시 이미 사망한 사람을 당사자로 한 판결 × (∵ 무효의 판결)
>   - 대법원의 파기환송판결 × (∵ "실질적"으로 확정된 종국판결 아님)
>   - 확정된 이행권고결정 ×, 확정된 가집행선고부 지급명령 ×
>   - 재심판결에 재심사유가 있을 때 확정된 재심판결에 대하여 재심의 소 제기 可
> - **[HIT]** 항소심에서 본안판결을 한 경우(§451③)
>   ⇨ 제1심 판결에 대하여 재심의 소 제기 不可
> - 재심의 소와 일반 민사청구 : 병합 허용 ×

- ## 제3장 재심사유
- ## 제4장 재심절차

> **Excalibur 재심사유 및 절차**
> - 재심의 소송물 : 각 재심사유마다 별개 ○
> - 여러 개의 유죄판결이 재심대상판결의 기초가 되었는데 이후 각 유죄판결이 재심을 통하여 효력을 잃고 무죄판결이 확정된 경우, 어느 한 유죄판결이 효력을 잃고 무죄판결이 확정되었다는 사정 ⇨ 특별한 사정이 없는 한 별개의 독립된 재심사유 ○
> - 민사소송법 제451조 각호의 재심사유 : 한정적 열거 규정 ○ (예시적 규정 ×)

- 대법원의 파기환송판결은 재심대상 × (∵ 실질적으로 확정된 종국판결 ×)
- 판결확정 전에 제기한 재심의 소가 부적법하다는 이유로 각하되지 않고 있는 동안에 판결이 확정된 경우 ⇨ 재심의 소가 다시 적법하게 되는 것 ×
- [HIT] 민사소송법 제451조 제1항 제3호 '대리권의 흠'의 의미 ⇨ 무권대리인이 실질적인 소송행위를 한 경우 or 본인이나 그의 소송대리인이 실질적인 소송행위를 할 수 없었던 경우
  - 대표권 없는 자를 대표자로 표시하여 소송을 수행하고 판결이 선고된 경우 ⇨ 대리권 흠결로 인한 재심사유 해당 ○
- 비법인사단의 대표자가 총회의 결의없이 채무부존재의 소를 제기
  - ⇨ 민사소송법 제451조 제1항 제3호의 재심사유에 해당 ○
- 재심의 소가 적법한지 여부와 재심사유가 있는지 여부에 관한 심리 및 재판(§454①)
  - ⇨ 본안에 관한 심리 및 재판과 분리하여 먼저 시행 可
- [HIT] 재심대상 소송사건 이외 사건에서 한 허위진술의 증인신문조서가 재심대상이 된 사건에서 서증으로 채택된 경우 ⇨ 증인의 허위진술이 판결의 증거로 된 때 ×(§451①7호)
- 소송계속 중 당사자의 사망에 의한 소송절차 중단 간과 확정판결 ⇨ 재심사유 ○
- 보조참가인의 재심청구 당시 피참가인인 재심청구인이 이미 사망시 ⇨ 재심사유 ×
- 제451조 1항 6호의 재심사유 ⇨ 사실인정의 자료가 된 서증 등의 위조·변조에 관한 것으로 증거조사와 사실인정의 권한이 없는 상고심판결에 대한 재심사유 ×
- [HIT] 직권조사사항에 대한 판단누락의 재심사유에 해당 여부 ⇨ 당사자가 이를 주장하거나 직권조사를 촉구한 경우에 한하여 재심사유 ○
- 당사자가 주장한 사항에 대한 구체적·직접적인 판단이 표시되지 않았으나 판단누락의 위법이 있다고 할 수 없는 경우
  - ⇨ 판결 이유의 전반적인 취지에 비추어 주장의 인용 여부를 알 수 있는 경우
  - ⇨ 실제로 판단을 하지 않았지만 판결 결과에 영향이 없는 경우
- [HIT] 재심절차에서 중간확인의 소가 제기된 경우, 재심사유가 인정되지 않아서 재심청구를 기각하는 경우 ⇨ 중간확인의 소는 각하하고 이를 판결 주문에 기재 ○
- 재심대상 판결의 승소당사자가 선정당사자인 경우 ⇨ 선정자가 재심피고 可
- 본안의 변론과 재판은 원판결에 대한 불복신청의 범위 안에서 행하여야 ○
  - ⇨ 재심피고에 의하여 부대재심이 제기되지 아니하는 한 재심 원고에 대하여 원판결보다 불이익한 판결 不可 (∵ 불이익변경금지원칙 적용)
  - ⇨ But, 재심의 이유는 변경 可(§459)
- 부동산을 매도하여 이전등기까지 마친 매도인이 매매가 아니라 양도담보였다는 허위 주장으로 정산금청구 소송을 제기하여 승소판결을 받아 강제집행을 한 경우
  - ⇨ 재심사유가 존재하는 경우 재심의 소에 의하여 그 취소를 구하는 것이 원칙
- 재심 사유가 있더라도 재심대상 판결이 정당한 경우(§460) ⇨ 재심청구 기각 ○
- 당사자가 재심사유 있음을 알고도 상소를 제기하여 주장하지 아니한 경우
  - ⇨ 재심의 소 제기 不可

제5장 준재심

> **Excalibur 준재심**
>
> □ 확정된 화해권고결정 : 준재심 제기 可
> □ 확정된 지급 명령 ⇨ 준재심의 소 제기 不可 (∵ 기판력 발생 ×)
> □ [HIT] 확정된 이행권고결정 (기판력 발생 ×)
>   1. 이행권고결정에 대하여 이의신청하지 않거나 이의신청 각하결정 확정 또는 이의신청 취하시 확정판결과 동일한 효력 ○
>   2. 기판력을 가지지 않아 준재심(§461)의 소를 제기할 수는 없고, 청구이의의 소를 제기하거나 부당이득반환청구의 소 등을 제기 可
> □ [HIT] 포기, 인낙 조서 확정 후에 이에 대한 불복방법(§461, §220)
>   ⇨ 준재심의 소를 제기하여야 ○
> □ 실체법상 강행법규에 위반한 화해조서
>   ⇨ 준재심에 의해 취소되지 않는 한 집행권원 ○

제8편 간이소송절차

- 제1장 소액사건심판절차
- 제2장 독촉절차
- 제3장 공시최고절차

제9편 민사집행관련 문제

Excalibur 채권양도 및 채권가압류

- [HIT] 채권의 가압류가 있더라도 채무자는 제3채무자 상대로 이행의 소 제기 可
  (∵ 채권가압류는 제3채무자가 채무자에 지급하는 것 금지, 채무자체 면하는 것 ×)
- [HIT] 채권가압류결정의 채권자가 본안소송에서 승소하는 등으로 채무명의를 취득하는 경우
  ⇨ 그 가압류에 의하여 권리가 제한된 상태의 채권을 양수받은 양수인에 대한 채권양도는 무효
- 채권가압류결정이 있은 후 채권의 양도 可
  ⇨ 가압류에 의하여 권리가 제한된 상태의 채권을 양수받는 것
  ⇨ 양수인은 제3채무자를 상대로 이행의 소 제기 可
- 양도금지 특약이 붙은 채권이 양도된 경우
  ⇨ 채무자가 채권자 불확지를 원인으로 변제공탁 可
- 채권가압류명령과 채권양도통지서가 동시에 제3채무자에게 송달된 경우
  ⇨ 제3채무자가 변제공탁이나 집행공탁 또는 혼합공탁을 선택 ○
- 가압류채권자 : 채무자에 대한 확정판결을 받아 압류한 금전채권을 이전받기 위한 전부 및 추심명령을 신청 可
- 금전지급청구에 대한 보전처분 : 가압류 / 특정물인도채무 : 다툼의 대상에 관한 가처분

Excalibur 채권압류 및 추심명령, 전부명령, 채권양도

- 채권에 대한 압류 및 추심명령이 있는 경우
  - 제3채무자에 대한 이행의 소 ⇨ 추심채권자만이 제기 可, 채무자는 피압류채권에 대한 이행소송을 제기할 당사자적격 상실
  - 채무자의 이행소송 계속 중에 추심채권자가 압류 및 추심명령 신청의 취하
    ⇨ 채권자는 추심권능 상실, 채무자는 당사자적격 회복

⇨ 이러한 사정은 직권조사사항 ○
⇨ 상고심은 직권 참작 要
□ 사실심 변론종결 이후에 당사자적격 등 소송요건이 흠결되거나 그 흠결이 치유된 경우 상고심에서도 이를 참작의무 有
□ 집행채권에 대한 압류 ⇨ 집행채권자가 채무자를 상대로 한 채권압류명령의 집행장애사유에 해당 ×
□ 압류 및 추심명령이 있는 경우 ⇨ 추심채무자의 제3채무자에 대한 동시이행항변권 소멸 ×
□ 추심소송 중 제3채무자는 다른 집행력 있는 채권자를 원고 쪽으로 공동소송참가할 것을 신청 可 ⇨ 첫 변론기일까지 신청 可 (민집법 §249③,④)
□ 압류할 채권이 특정되지 않아 압류명령에 따른 압류의 효력이 발생하지 않는 경우
  ⇨ 추심명령의 효력 無, 이때 제3채무자가 추심금 소송에서 추심명령의 무효를 주장하여 다툴 수 있음
□ 금전채권에 대한 압류·추심명령 有 ⇨ 추심권능 자체는 압류의 대상 ×
□ 집행력이 있는 판결 정본에 기하여 압류·추심명령이 발령된 경우 ⇨ 채무자가 강제집행정지결정의 정본을 집행기관에 제출하면 이로써 집행정지의 효력 발생 ○, 그 집행정지가 효력을 잃기 전까지 압류채권자에 의한 채권의 추심은 금지
□ 채권압류가 경합된 상태에서 제3채무자가 정당한 추심권자에 대한 변제, 집행공탁, 상계 기타의 사유로 압류채권을 소멸시킨 경우 ⇨ 변제의 효력은 압류경합 관계에 있는 모든 채권자에게 미침
□ 압류무효인 경우 그에 따른 추심명령 ⇨ 무효 ○
□ 압류 및 추심명령에서 추심권 포기가 있어도 압류는 유지되므로 소멸시효 중단효는 유지됨
□ 채권압류 및 추심명령 당시 피압류채권이 이미 제3자에 대한 대항요건을 갖추어 양도되어 그 명령이 효력이 없는 것이 된 경우 ⇨ 그 후의 사해행위취소소송에서 위 채권양도계약이 취소되어 채권이 원채권자에게 복귀하였다고 하더라도 이미 무효로 된 채권압류 및 추심명령이 다시 유효로 되는 것 ×
□ 채권자대위소송이 제기되고 대위채권자가 채무자에게 대위권 행사사실을 통지하거나 채무자가 이를 알게 된 이후 피대위채권에 대한 전부명령이 있는 경우 ⇨ 우선권 있는 채권에 기초한 것이라는 등의 특별한 사정이 없는 한, 전부명령 무효
□ 채권자가 변제를 받기 전까지 압류명령 신청취하
  ⇨ 채무자에게 추심권능과 소송수행권 복귀 ○
□ 소유권이전등기청구권을 가압류한 후 어떠한 경로로 제3채무자로부터 채무자 명의로 소유권이전등기가 경료된 경우 ⇨ 등기의 말소 필요 ×
□ 채권에 대한 압류 후에 피압류채권이 제3자에게 양도된 경우
  ⇨ 그 채권양도는 압류 채무자의 다른 채권자 등에 대한 관계에서는 유효 ○

- ⇨ 제3채무자나 채무자로부터 소유권이전등기를 넘겨받은 제3자에 대하여 원인무효를 주장하여 등기의 말소를 청구할 수 없음 (∵ 압류나 가압류는 대세적 효력 ×)
- □ 소유권이전등기청구권이 가압류된 상황에서 제3채무자가 적극적으로 응소하지 아니하여 채무자에게 소유권이전등기가 경료되고 다시 제3자에게 처분된 결과 채권자가 손해를 입은 경우 ⇨ 제3채무자는 채권자에 대한 불법행위에 기한 손해배상채무 부담 ○
- □ 집행력 있는 집행권원에 기하여 채권압류 및 전부명령이 적법하게 이루어진 경우
  - ⇨ 피압류채권은 집행채권의 범위 내에서 집행채권자에게 이전
- □ 공동임차인 중 1인에 대한 채권자가 임대차보증금반환채권 일부에 대하여 압류 및 전부명령을 받은 경우 ⇨ 그 압류 및 전부명령의 효력은 나머지 공동임차인들에게 미치지 ×
- □ [HIT] 채권에 대한 압류 및 추심명령 후 제3채무자에 대한 이행의 소의 당사자적격
  - ⇨ 추심채권자 ○ (채무자 ×)
- □ [HIT] 채무자의 제3채무자를 상대로 한 이행의 소 중 압류채권자의 제3채무자에 대한 추심의 소 : 중복제소 위반 ×
- □ [HIT] 제3채무자가 압류채권자에게 지체책임을 지는 시기
  - ⇨ 추심명령 송달시 ×, 추심명령 발령 후 추심금 청구를 받은 다음날부터 ○
- □ 전부명령 확정의 효력 ⇨ 피압류채권은 집행채권의 범위 안에서 전부채권자에게 이전하고 집행채권은 소멸
- □ 양도금지의 특약 있는 채권에 대한 전부명령 ⇨ 집행채권권자 선악 불문 유효 ○
- □ 전부금 청구사건 ⇨ 집행채권의 소멸 또는 소멸가능성 심리 판단 필요 ×
- □ 상속채무의 이행을 구하는 소송에서 '상속재산의 범위 내에서만' 금전채무를 이행할 것을 명한 이후 상속인의 고유재산에 대해 집행권원에 기한 압류 및 전부명령이 발령된 경우 불복방법 ⇨ 제3자이의의 소 제기 ○ or 채권압류 및 전부명령 자체에 대한 즉시항고 ○ (청구에 관한 이의의 소에 의한 불복 제기 불가)
- □ 수익자가 취소채권자에게 대항 여부
  - □ 수익자가 취소채권자에 대한 별개의 채권으로, 취소채권자의 수익자에 대한 가액배상채권을 압류·전부 ○
  - □ 수익자가 채무자에 대한 채권으로 상계·공제 주장 ×
- □ 무권대리인의 촉탁에 의해 작성된 공정증서에 기한 채권압류 및 전부명령이 확정되었더라도 그 채권압류 및 전부명령은 무효, 제3채무자는 전부금청구에 대해 그 무효로 항변 可
- □ 불가분채권자들 중 1인을 집행채무자로 한 채권압류 및 전부명령이 확정되었더라도 다른 불가분채권자는 제3채무자에게 채권 전부의 이행청구 可, 제3채무자는 그 불가분채권자에게 전부를 이행 可
- □ 당해 전부명령이 채권압류 경합으로서 무효인 지 여부
  - ⇨ 동일한 채권에 두 개 이상의 채권압류 및 전부명령이 발령, 제3채무자에게 동시에 송달된 경우: 그 각 채권압류명령의 압류액을 합한 금액이 피압류채권액을 초과하는지 기준으로 판단 ○

⇨ 동일한 채권에 관하여 확정일자 있는 채권양도통지와 두 개 이상의 채권압류 및 전부명령정본이 동시에 송달된 경우: 압류액에 채권양도의 대상이 된 금액을 합산하여 피압류채권액과 비교 × / 피압류채권액에서 채권양도의 대상이 된 금액을 공제하고 나머지 부분만을 압류액의 합계와 비교 ×(∵ 채권의 양도는 채권에 대한 압류명령과 그 성질이 다르므로)

Excalibur 압류채권자의 추심의 소

- [HIT] 채무자가 제3채무자를 상대로 이행의 소를 제기한 경우
    - ⇨ 압류채권자는 원칙적으로 민사소송법 제81조(승계인의 소송참가), 제79조(독립 당사자참가)에 따라 참가 可
    - ⇨ But 채무자의 이행의 소가 상고심에 계속 중인 경우 ⇨ 압류채권자의 소송참가 不可 (∵ 상고심에서 승계인의 소송참가 不可)
- 채권압류 및 추심명령에 기한 추심의 소에서 피압류채권의 존재 ⇨ 채권자가 증명하여야 ○
- [HIT] 집행채권의 부존재·소멸은 집행채무자가 청구이의의 소에서 주장할 사유에 해당 ○
    - ⇨ 추심의 소에서 제3채무자인 피고가 이를 항변으로 주장하여 채무의 변제 거절 不可
- 판결 결과에 따라 제3채무자가 채무자에게 지급해야 하는 금액을 피압류채권으로 표시한 경우 ⇨ 채권압류 및 추심명령의 대상은 해당 소송의 소송물인 실체법상의 채권 ○ (소송결과에 따라 제3채무자가 실제로 지급하여야 할 판결금 채권 ×)

Excalibur 처분금지가처분 신청의 대위, 채권자대위소송

- 금전채권을 피보전권리로 하여 채권인 부동산소유권이전등기청구권을 가압류 可
- 채권자는 채권자대위권을 행사하여 채무자의 처분금지가처분의 신청을 대위행사 可
- [HIT] 채권자는 확정된 지급명령을 집행권원으로 하여 채무자의 금전채권에 대하여 직접 강제집행을 함으로써 채권의 만족을 실현 可
    - ⇨ 강제집행 방법 : 압류 및 추심명령 또는 압류 및 전부명령
- 처분금지가처분 ⇨ 집행권원을 얻기 전까지 신청 可

Excalibur 집행권원

- 의의 : 강제집행으로 청구권을 실현할 수 있는 집행력을 인정한 공정증서
- [HIT] 종류 : 확정된 종국판결, 공정증서 등 집행증서, 조정조서, 인낙조서, 화해권고결정조서 등 有 ⇨ 위 집행권원 중 집행증서는 소송을 거치지 않고 집행권원을 확보한다는 점에서 성질이 다름 ○
- 확정판결의 집행이 권리남용이 되는 경우 ⇨ 청구이의의 소 가능

- 지부·분회·지회 등 어떤 법인의 하부조직을 상대로 일정한 의무의 이행을 구하는 소를 제기하여 승소 확정판결을 받은 경우 ⇨ 법인의 재산에 대한 강제집행을 위해서는 법인 자체에 대한 별도의 집행권원 要

Excalibur 청구이의의 소

- 개인채무자가 면책결정이 확정되었는데도 파산채권자가 제기한 소송의 사실심 변론종결 시까지 면책 사실을 주장하지 아니하여 면책된 채무 이행을 명하는 판결이 선고되어 확정된 경우 ⇨ 그 후 면책된 사실을 내세워 청구이의의 소 제기 可
- 피고가 확정판결의 변론종결 전 원고에 대해 상계적상에 있는 채권을 가지고 있었던 경우 ⇨ 판결 확정 이후에 상계의 의사표시를 하면 적법한 청구이의 사유 ○
- 지급명령에 있어서 지급명령 발령 전에 생긴 청구권의 불성립이나 무효 등의 사유를 그 지급명령에 관한 이의의 소에서 주장 可 (적법한 청구이의 사유 ○)

2026년도 변호사시험 대비

EXCALIBUR
엑스칼리버
민사법 II

상법

제1편 총 칙

제1장 상법 서론
제2장 상인과 설비

Excalibur 상 인

- 당연상인(§4) : 자기명의로 상행위를 하는 자
  - 자기명의 : 실질에 따라 판단, 사업자등록명의자 ×, 실제 영업상의 주체자 ○
  - 상행위 : §46 각 호
  - 사과나무 과수원을 경영하는 농민이 대도시에 사과를 위탁 판매하는 행위
    ⇨ (判)매매에는 해당하나 영업성 부정되어 상인 ×
- 의제상인(§5) : 설비상인(동조 ①), 민사회사(동조 ②)
  - 변호사 ⇨ 의제상인 × ⇨ 변호사가 수임료 등 보수를 받고 수행하는 법률사무에는 상법 적용 ×
  - 과수원을 운영하며 수확한 사과를 점포에서 판매하는 자 ⇨ 의제상인 ○
- 소상인(§9) ⇨ 지배인, 상호, 상업장부와 상업등기에 관한 규정은 적용 ×
- 상인자격 취득 시기 : 영업의사 객관적 인식 가능설
  - 개업준비행위
    ⇨ (判) 점포구입·영업양수·상업사용인의 고용 등 준비행위의 성질상 영업의사를 상대방이 객관적으로 인식할 수 있으면 당해 준비행위는 보조적 상행위로서 상법의 규정이 적용 ○
    ⇨ 영업을 위한 준비행위라는 점을 상대방이 인식하지 못했을 경우 상행위 ×, ∴ 상사시효 등 상법규정 적용 ×
  - 영업자금차입
    ⇨ 행위자체의 성질로는 상행위의 준비행위가 아니나 행위자의 주관적 의도가 영업준비였고 상대방도 영업준비행위임을 인식한 때 : 상사시효 적용 ○
    ⇨ 다른 상인의 영업을 위한 준비행위는 보조적 상행위 × (∵보조적 상행위는 행위하는 자 스스로 상인자격 취득하는 것 전제)
- 상인은 회계장부 및 대차대조표 작성 要(§29①)

Excalibur **지배인**

- □ 의의 : 영업주에 갈음하여 그 영업에 관하여 재판상 또는 재판외의 모든 행위를 할 수 있는 대리권을 가진 상업사용인(§11①)
- □ 지배인의 선임과 종임
  - □ 영업주 또는 그의 대리인만 지배인 선임 可(§10) / 상인이 아닌 자(ex. 세무사)의 업무를 보조하는 자는 상법상 지배인이 아님
  - □ 지배인은 지배인 아닌 점원 기타 사용인을 선임·해임 可 / But 다른 지배인 선임·해임 不可(§11②)
  - □ 주식회사는 지배인 선임 시 이사회의 결의를 거쳐야 ○(§393①)
  - □ 영업주의 사망 시에도 지배권은 소멸 ×(§50)
  - □ 지배인 선임 및 종임의 등기(§13)는 대항요건에 불과
- □ 지배권
  - □ 포괄성(영업에 관한 모든 행위) / 정형성(범위가 법률규정에 의해 定) / 획일성(∵지배권 제한 시 공시 不可 ⇨ 선의의 제3자에게 대항 ×)
  - □ 대상 : 영업주의 영업에 관한 행위에 한정 ○
    - ⇨ 영업에 관한 행위인지 여부는 행위의 객관적 성질에 의하여 추상적으로 판단
    - ⇨ 지배권은 하나의 상호의 개별화된 특정한 영업에만 미침
    - ⇨ 어음행위 등 보조적 상행위, 소송행위도 포함
    - ⇨ 지배인에게 영업폐지권은 없음
- □ 지배권의 제한 : 선의, 무중과실의 제3자에게는 대항 不可(§11③, 획일성)
  - ⇨ 보호 받는 제3자의 범위 : 지배인으로부터 직접 어음을 취득한 상대방뿐만 아니라 그로부터 어음을 다시 배서양도받은 자도 포함 ○
  - ⇨ 개인적 목적을 위하여 영업주 명의로 한 어음행위 ⇨ 객관적 영업에 관한 행위로서 배인의 대리권 범위 ○ ⇨ 영업주에게 효력 미침 ○
  - ⇨ 입증책임 : 제3자의 악의, 중과실은 영업주가 입증하여야 ○
- □ 지배권의 남용 : 지배인의 행위가 대리권한 범위 내의 행위라고 하더라도 영업주 본인의 이익이나 의사에 반하여 자기 또는 제3자의 이익을 도모할 목적으로 권한을 행사
  - ⇨ 상대방이 진의를 알았거나 알 수 있는 경우 영업주 책임 無(민법 §107① 단서 유추적용)
- □ 공동지배인(§12)

Excalibur 표현지배인(제14조)의 성립요건

- 외관의 존재 : 지배인 아닌 자가 본점 또는 지점의 본부장, 지점장, 기타 지배인으로 인정될 만한 명칭 사용
  - (判)지점장 대리·지점차장은 포함 ✕
  - 본점 또는 지점 : 영업소의 실질을 가져야 ○ / 기계적·종속적 사무만을 처리 ✕
  - 지배권의 범위내의 행위(영업주의 영업에 관한 행위)일 것
    ⇨ 객관적 성질에 따라 추상적으로 판단, 표현지배인이 개인적 목적을 위하여 어음행위를 한 경우도 그 행위의 효력은 영업주에게 미침 ○
- 외관의 부여 : 영업주의 귀책사유 要
  - 영업주의 명시적, 묵시적 허락
  - 알고도 방치 + 중과실로 방치 ⇨ 묵시적 허락 ○
- 외관의 신뢰 : 선의, 무중과실 要 (cf. 민법상 표현대리 : 선의, 무과실 要)

Excalibur 부분적 포괄대리권을 가진 상업사용인(제15조)

- 의의(§15①) : 영업의 특정한 종류 또는 특정한 사항에 관하여 재판 외의 모든 행위가 가능한 대리권자(재판상 행위 ✕)
- 선임 및 종임
  - 영업주 및 지배인에 의해 선임 및 해임 可(§11②)
  - 선임과 종임에 관한 사항은 등기사항 ✕
- 권한의 범위
  - 부분적 포괄대리권을 가진 사용인 ⇨ 사용인의 업무 내용에 영업주를 대리하여 법률행위를 하는 것이 당연히 포함되어 있어야 ○
  - 부분적 포괄대리권을 가진 상업사용인 ⇨ 개개의 행위에 대하여 영업주로부터 별도의 수권 不要
  - 주식회사의 기관인 상무이사 ⇨ 부분적 포괄대리권을 가지는 회사의 사용인 겸임 可
  - 특정 건설현장에서 공사의 시공에 관련한 업무만을 담당건설회사 현장소장 ⇨ 부분적 포괄대리권 有, 회사의 부담으로 될 채무보증 또는 채무인수 등과 같은 행위를 할 권한 無
  - 전산개발장비 구매와 관련 실무를 총괄하는 부분적 포괄대리권을 가진 상업사용인
    ⇨ 지급보증행위를 하는 권한 無
- 대리권의 제한으로 제3자에 대항 不可 (동조②, 불가제한성)
- 부분적 포괄대리권을 가진 상업사용인이 권한남용
  ⇨ 원칙 영업주 본인의 행위로서 유효 / 단, 민법 제107조 제1항 단서에 해당하는 경우 무효
- [HIT] 부분적 포괄대리권을 가진 상업사용인은 표현지배인규정(§14) 유추적용 ✕
  ⇨ 상대방 보호는 민법상 표현대리 ○ 또는 사용자책임 ○

- 부분적 포괄대리권을 가진 상업사용인이 권한 없이 상인의 영업과 관계없는 일에 관하여 상인의 행위를 대행
  - ⇨ (특별한 수권이 있다고 믿을 만한 사정이 없는 한) 상업사용인이라는 이유만으로 그 대리권이 있는 것으로 믿을 만한 정당한 이유 ×
  - ⇨ 영업주가 책임을 지기 위해선 민법상의 표현대리의 법리에 의하여 그 상업사용인과 거래한 상대방이 그 상업사용인에게 그 권한이 있다고 믿을 만한 정당한 이유가 있어야 ○

Excalibur 부분적 포괄대리권을 가진 사용인에 해당하지 않는 사용인

- 의의 : 사용인의 업무 내용에 영업주를 대리하여 법률행위를 하는 것이 포함되지 않은 사용인
- 부분적 포괄대리권을 가진 사용인에 해당하지 않는 사용인이 그러한 사용인과 유사한 명칭을 사용해 법률행위를 한 경우 상대방 보호 방안
  - 표현지배인(상법 §14) 규정의 유추적용 ×
  - 표현대리(민법 §125) or 사용자책임(민법 §756)의 의하여 보호 可

Excalibur 물건판매점포의 사용인(제16조)

- 물건판매점포의 사용인 ⇨ (판매 대리권을 별도로 수여받지 않았더라도) 그 판매에 관한 모든 권한이 있는 것으로 의제(§16②, §14②)
- 영업주와 물건판매점포사용인 간 고용계약이 없는 경우 ⇨ 제16조 적용 可
- 상사회사(백화점) 지점의 외무사원인 경우
  - 제16조 물건판매점포의 사용인 ×
  - 회사를 대리하여 물품 판매 또는 대금 선금을 받을 권한 ×
  - 점포 밖에서 그 사무집행에 관한 물품거래행위로 인하여 타인에게 손해를 입힌 경우 ⇨ 회사는 사용자배상책임 ○

Excalibur 상업사용인의 의무(제17조)

- 상업사용인의 경업금지의무 ⇨ 거래금지 + 겸직금지 (§17①)
- 거래금지의무
  - 영업주의 허락 없이 자기 또는 제3자의 계산으로 영업주의 영업부류에 속하는 거래금지
  - 영업주의 허락 ⇨ 명시적·묵시적, 사전적·사후적 불문
  - 영업부류에 속하는 거래에는 사실상 영리활동도 포함 (영리성 없는 행위는 ×)
  - 위반의 효과 : 손해배상, 계약해지, 개입권
- 개입권
  - 의의 : 상업사용인이 경업을 통해 얻은 경제적 이익을 영업주에게 귀속시킴

- ⇨ 자신의 계산으로 한 것이면 영업주의 계산으로 한 것으로 볼 수 있고, 제3자의 계산으로 한 것이면 이득의 양도 청구 可(§17②)
- ☐ 성질 : 행사의 효과는 채권적(상업사용인이 경제적 이익을 영업주에게 귀속시킬 의무를 부담함에 불과)
- ☐ 행사방법
  - ⇨ 영업주의 개입권 행사시 상업사용인의 동의 不要
  - ⇨ 손해배상청구나 해지권은 개입권과 별도 행사可(§17③)
  - ⇨ 제척기간 : 거래를 안 날로부터 2주 내, 거래가 있은 날로부터 1년 내(§17④)
- ☐ 효과 : 경제적 효과가 영업주에 귀속될 뿐 영업주가 직접 법률행위의 당사자가 되는 것은 × (실질적 개입권)

☐ 겸직금지의무
- ☐ 영업주의 허락 없이 사용인이 될 수 없는 '다른 회사 또는 다른 상인의 의미'
  - ⇨ 무제한설(多) : 영업주와 동종영업을 하는 회사 또는 상인에 한정 ×
- ☐ 위반의 효과 : 손해배상, 계약해지 (개입권 행사는 不可)

Excalibur 상 호

☐ 상호자유주의와 제한
- ☐ 상호선정의 자유(§18)
- ☐ 회사가 아니면 회사의 영업을 양수한 경우에도 상호에 회사 표시 문자 사용 不可(§20)
- ☐ 상호단일의 원칙(§21)
  - ⇨ 동일한 영업에는 하나의 상호만을 사용하여야 ○ (동일 영업에 복수상호 사용 시 전부 상호로서 보호 不可)
  - ⇨ 수개의 영업을 영위하면서 하나의 상호를 공통적으로 사용하는 것은 허용
  - ⇨ 회사는 수 개의 독립된 영업을 하는 경우에도 법률적으로 단일한 영업으로 취급되므로 1개의 상호만을 사용하여야 ○

☐ 상호의 등기
- ☐ 자연인 상인은 상호등기 강제 × ↔ 회사는 상호등기 강제 ○
- ☐ 개인상호도 일단 등기되면 변경, 소멸 시에는 반드시 등기하여야 ○
- ☐ [HIT] 개인상인은 상호 중에 회사임을 표시하는 문자 사용 不可, 회사의 영업을 양수한 경우도 마찬가지(§20)
- ☐ 상법 제22조 선등기자의 말소청구권 ⇨ 동일상호 ○, 유사상호 ×
- ☐ **상호의 가등기**(§22의2, 개인상인, 자연인에게는 인정 ×, 회사만 신청 可)
  - ☐ 유한책임회사, 주식회사, 유한회사 설립 시 본점의 소재지를 관할하는 등기소에 상호의 가등기 신청 可
  - ☐ (모든 종류의) 회사가 상호나 목적의 변경 시

- ☐ (모든 종류의) 회사가 본점의 이전 시
- ☐ 효과 : 등기배척청구권(§22) 발생, 동일한 특별시·광역시·시·군에서 동종영업의 상호로 등기하지 못함
☐ 상호의 양도(§25)
  ⇨ 영업과 함께 또는 영업폐지시 상호만 양도 可
  ⇨ 등기하지 아니하면 제3자에게 대항 不可 (제3자 선·악불문)
☐ 2년간 상호를 사용하지 아니하는 때(§26) ⇨ 등기상호의 폐지간주
☐ 상호의 역혼동에 의한 후사용자의 선사용자에 대한 손해배상책임도 可

Excalibur 상호권

☐ 의의 : 상인이 적법하게 선정한 자신의 상호에 대하여 갖는 권리 (상호사용권 + 상호전용권)
☐ 성질 : 인격권적 성질을 가진 무체재산권 (겸병설)
☐ 상호전용권(§23)
  ☐ 타인이 자신의 상호를 부정하게 사용할 경우 이를 배척할 수 있는 권리
  ☐ 등기 여부와 관계없이 상호 선정 및 사용만으로 상호전용권 발생 (상호의 등기는 상호전용권을 강화시킬 뿐)
☐ 상호전용권의 내용 : ① 상호폐지청구권 ② 손해배상청구권 ③ 등기배척청구권
☐ 상호폐지청구권의 요건(§23①)
  ☐ 부정한 목적 : 어느 명칭을 자기의 상호로 사용함으로써 일반인으로 하여금 자기의 영업을 타인의 영업으로 오인하게 하여 부당한 이익을 얻으려 하거나 타인에게 손해를 가하려고 하는 부정한 의도, 상호권자가 증명함이 원칙, 단 동일한 특별시·광역시·시·군에서 동종영업으로 타인의 등기된 상호 사용 시 부정한 목적 추정(§23 ④) ⇨ 타인이 등기한 상호는 동일한 특별시·광역시·시·군에서 동종영업의 상호로 등기 不可
  ☐ 오인가능성 : 동종영업에 한정 × (동일 또는 유사) / 최소한 두 기업의 영업주체가 서로 밀접하게 관련되어 있을 것으로 일반인들이 판단할 정도 (원고와 피고의 거래상대방인 자회사 ×)
  ☐ 타인의 영업으로 오인할 수 있으면 동종영업상호가 아니어도 무방
  ☐ 손해의 염려 : 상호권자가 입증해야 ○ / 단 등기된 상호는 증명 不要
☐ 상호폐지청구권의 효과(§23②)
  ☐ 등기말소청구권이 포함 ○
  ☐ 상호 가등기 효력을 근거로 사용폐지청구권 인정 ×
☐ 손해배상청구권 : 상호 사용에 있어 이른바 역혼동에 의해 회사 신용이 훼손된 경우
  ☐ (判) 동일·유사한 상호의 선사용자보다 후사용자의 영업규모가 훨씬 크고 전국적으로 주지성을 획득하여 선사용자의 이득이 크다 해도 선사용자가 후사용자의 상호를 사용하여 이익을 얻으려 한다는 오해로 인해 신용이 훼손된 경우 可

- □ **선등기자의 등기배척청구권(§22)** ⇨ 등기상호권자는 제22조의 요건이 구비된 경우 후등기자의 등기말소 청구 可(실체법상 권리설) / 상호전용권자만 행사 可
- □ **상호양도의 제한(§25)**
  - □ 원칙적으로 영업과 함께 양도할 수 있을 뿐 But 영업폐지(사실상 폐업한 경우 포함) 시에는 상호만 독립적으로 양도 可(①)
  - □ 상호의 양도는 당사자 간 의사표시만으로 효력발생
  - □ 상호양도의 등기는 대항요건, 등기하지 아니하면 제3자에게 대항 不可(②) But §37 상업등기의 효력규정 적용 ×

Excalibur 명의대여자의 책임(제24조)

- □ **명의대여자의 책임의 요건**
  - □ 외관의 존재 (대여명칭의 사용)
    - ⇨ [HIT] 명의차용자는 상인이어야 하나 명의대여자의 상인성은 不要(지방자치단체, 행정관청, 공공기업체의 명의에 대해서도 명의대여 성립 可) / 명의차용자의 영업이 상행위 不要
    - ⇨ 영업의 동일성 필요, 단 완화해석 (호텔 경영과 나이트클럽경영, 보험인수업과 보험알선업 동일성 인정)
    - ⇨ 명의의 동일성 필요, 명의대여자의 상호에 지점, 영업소, 출장소 등의 명칭을 부가한 경우에도 명의의 동일성은 인정○, But, 대리관계가 분명히 드러나는 대리점이라는 명칭을 부가한 경우에는 명의대여 성립 ×
  - □ 외관의 부여 (명의사용의 허락)
    - ⇨ 명시적, 묵시적 허락 포함, But 알면서 방치만으로는 묵시적 허락 ×, 자기의 사무실을 사용하도록 허락했다거나 수입의 일부를 받기로 했다는 등 명의대여자에게 상호의 사용을 관리해야 할 적극적인 의무가 인정된다고 볼 수 있는 상황이 인정되어야 ○
    - ⇨ [HIT] 묵시적 허락 인정 : 영업을 임대한 자가 임차인이 자신의 상호를 그 영업에 사용하고 있는 것을 알면서 묵인한 경우 인정 ○
      But 자기의 상점, 전화, 창고 등을 사용하게 한 사실은 있으나 영업주의 상호를 사용한 사실이 없는 경우 묵시적 허락 ×
    - ⇨ [HIT] 명의대여가 위법한 경우(강행법규 위반으로 무효인 경우도 마찬가지)에도 명의대여자 책임 ○ : (判) 농약판매업 등록명의 대여금지규정 위반한 등록명의자도 명의대여자로서 농약거래로 인하여 생긴 채무를 변제할 책임 有
  - □ 외관의 신뢰(제3자의 오인)
    - ⇨ 법률행위 시 선의 무중과실 要 / 입증책임 : 명의대여자가 상대방의 악의 중과실을 입증해야 ○ / 상대방의 오인여부 판단 기준시기 : 법률행위시 ○
- □ [HIT] **효과** : 명의대여자와 명의차용자의 부진정연대채무

⇨ 채권의 만족을 주는 사유 외에는 모두 상대효(명의차용자에 대한 소멸시효 중단사유나 시효이익의 포기 : 명의대여자에 대한 채권에 영향 ×) / 명의대여자의 3년 단기소멸시효완성 주장 배척사유 ×

⇨ 변제 대물변제 공탁 상계 등 채권을 만족시키는 사유는 절대적 효력 ⇨ 명의대여자가 이를 원용 하면 명의대여자에게도 효력 有

▫ **적용범위** : 명의차용자의 영업상 행위로 인한 채무
▫ **적용 인정 ○**

▫ 건설업 면허를 대여 받은 자가 면허대여자 명의로 하도급거래를 한 경우는 물론, 그 자를 대리 또는 대행한 자가 면허대여자 명의로 하도급거래를 한 경우에도 명의대여자 책임 긍정 ○ (피용자에게 대리권이 부여되거나 표현대리 성립 시에는 명의대여자 책임 인정)

▫ 명의대여자는 명의차용자의 어음수표행위에 대해서도 책임 有
▫ 명의대여자가 상인이 아니거나 명의차용자의 영업이 상행위가 아니어도 책임 有
▫ 명의대여자는 명의차용자의 어음수표행위에 대해서도 책임 有
▫ 명의대여자가 상인이 아니거나 명의차용자의 영업이 상행위가 아니어도 책임 有

▫ 동업계약을 체결하고 공동 명의로 사업자등록을 한 후 타인의 명의를 빌려 영업하던 중 한 명이 동업관계에서 탈퇴하고 사업자등록을 단독 명의로 변경하였다 하더라도, 이를 거래 상대방에게 알리는 등의 조치를 취하지 아니하여 거래 상대방도 명의자를 여전히 위 사업의 공동사업주로 오인하여 거래를 하여온 경우 ⇨ 명의자는 탈퇴 이후 타인과 거래상대방 사이에 이루어진 거래에 대하여도 명의대여자로서의 책임 有

▫ **적용 인정 ×**

▫ 명의차용자의 불법행위에는 명의대여자의 책임 적용 ×
▫ 명의대여자 책임을 지기 위하여 제3자의 오인과 피해의 발생 사이에 인과관계 없는 경우
▫ **HIT** 명의차용자의 피용자의 행위에는 적용 × (명의차용자의 피용자의 행위를 명의차용자의 행위로 볼 수 ×)
▫ 영업범위 외의 채무에 적용 × (허락한 영업범위 내의 채무이어야 ○) ⇨ 명의대여자의 영업은 정미소 영업인데 명의차용자는 정미소 부속건물을 임대한 사안에서 책임 無

Excalibur 상업등기의 효력

- **상업등기의 효력** : ⅰ) 일반적 효력, ⅱ) 특수한 효력, ⅲ) 부실등기의 효력
- **ⅰ) 일반적 효력**
  - 창설적 효력의 등기에는 적용 ×, 상호양도의 등기에도 적용 ×
  - (등기 전) 등기의 소극적 효력(§37) : 등기할 사항 (절대적 상대적 등기사항 모두 포함) 을 등기 × (등기하지 않은 이유에 등기의무자의 귀책 不要, 외관법리 ×)
    - ⇨ 선의 (무중과실 포함) 제3자에 대항 不可 (공법관계에서의 적용은 부정 : 선의의 제3 자는 대등한 지위의 보통 거래관계 상대방 ○ But 조세 부과처분을 하는 국가는 포함 ×)
    - ⇨ 지점의 소재지에서 등기할 사항을 등기하지 아니한 때 ⇨ 지점의 거래에 한하여 선의 제3자에게 대항 不可
  - (등기 후) 등기의 적극적 효력 (§37조 반대해석) : 등기할 사항을 등기한 경우에는 선의 의 제3자에게도 대항 可 / 단, 제3자가 정당한 사유로 인하여 이를 알지 못한 때에는 대 항 不可
    - ⇨ 정당한 사유에는 천재지변, 등기부 멸실 등 객관적인 사유만 포함
    - ⇨ 진정한 대표이사를 등기하였다 하더라도 표현대표이사의 행위에 대하여 회사는 선의 의 제3자에게 제395조의 책임 有 (상업등기의 적극적 효력은 공시자 보호, 표현대표 이사 규정은 외관신뢰자 보호, 이차원설)
- **ⅱ) 특수한 효력** : 창설적 효력, 보완적 효력, 추정력
  - 상업등기의 추정력 : 상업등기부에 기재된 사항은 진실하다는 추정을 받음 ⇨ 법인등기 부에 등재되면 정당한 절차에 의하여 선임된 적법한 이사 또는 감사로 추정
- **ⅲ) 부실등기의 효력(§39)** : 고의·과실로, 사실과 상위한 등기를 한 경우, 선의 제3자에게 대항 不可
- **상법 제39조 부실등기 책임의 요건**
  - 외관의 존재 : 사실과 상위한 등기의 존재
    - ⇨ 이사 선임의 주총결의에 대한 취소판결이 확정된 경우 선임된 대표이사가 마친 선임 등기는 부실등기에 해당, 취소되는 대표이사와 거래한 상대방은 보호
    - ⇨ 사정변경 등으로 등기가 사실과 달라지는 경우 등기의무자의 적극적인 작위를 전제로 하는 제39조가 아니라 부작위를 전제로 하는 제37조만 적용 ○
  - 외관의 부여 : 등기신청권자의 귀책사유 (고의·과실 및 고의 또는 과실로 불실등기를 한 것과 동일시 할 수 있는 특별한 사정)
    - ⇨ 신청권자가 법인인 경우 귀책사유 판단 (합명회사 / 주식회사 : 대표사원 기준)
    - **[HIT]** 등기신청권이 없는 제3자가 부실등기를 한 경우
    - ⇨ 등기신청권자가 이를 알면서 방치한 경우에만 제39조의 적용이 可 (중과실이든 경과 실이든 과실로 방치한 경우는 제외)
    - ⇨ 회사(등기신청권자)의 고의·과실로 부실등기를 한 것과 동일시 할 수 있는 특별한 사정이 있는 경우 적용 可

(判) 등기신청권자 아닌 자가 주주총회 의사록 및 이사회의사록 등을 허위로 작성 후 대표이사 선임등기를 마친 사안에서, 달리 적법한 대표이사가 부실등기에 협조·묵인 하는 등 관여하였거나 회사가 그 부실등기를 알고 있음에도 방치한 경우와 같은 특별한 사정이 없는 한 회사에 제39조의 책임 無

- □ 외관의 신뢰 : 제3자의 선의, 무(중)과실
- □ 효과 : 부실등기를 한 자는 거래상 책임을 이행하여야 ○ / 부실등기를 신뢰한 부동산 매수인이 손해를 입었다면 회사는 민법 제750조에 의한 손해배상책임 부담 有

Excalibur 영업양도의 기본개념

- □ **영업양도의 의의** : 유기적으로 결합되어 지속적으로 수익활동을 할 수 있도록 조직화된 영업재산 일체를 영업의 동일성을 유지하면서 포괄적으로 이전하는 것을 목적으로 하는 채권계약
  - ⇨ 적극재산, 채무 등 소극재산, 물적 조직, 고용관계 등 인적 조직, 유무형 재산 모두 영업재산에 포함 ○
  - ⇨ 당사자 사이 명시적 또는 묵시적 계약 要
  - ⇨ 특정승계에 불과하므로 각 재산에 대한 개별적인 이전절차(등기, 등록 등 물권행위)를 거쳐야 재산권 변동 발생 (개별성의 원칙)
- □ **영업양도와 합병의 비교**
  - □ 영업양도 ⇨ 영업양도등기 不要 / 합병 ⇨ 합병등기 要 (효력발생요건)
  - □ 영업양도 ⇨ 불요식계약 / 합병 ⇨ 요식계약
  - □ 영업양도 ⇨ 묵시적 계약에 의하여도 可
- □ **당사자**
  - □ 양도인은 영업재산에 대해 처분권을 가진 상인이어야 하나, 양수인은 상인일 필요가 없으며 영업의 양수로써 상인자격 취득
  - □ 영업의 임차인이나 경영의 위임을 받은 자 ⇨ 영업양도 不可 (∵처분권×)
- □ **양도절차**
  - □ 자연인인 상인이 영업을 양도할 경우 : 본인의 의사결정 이외에 상법상 별다른 절차 ×
  - □ 주식회사 : 주총특별결의 ⇨ 발행주식총수 3분의 1 이상 + 출석 주주 의결권 3분의 2 이상 찬성(§374 제1호), 반대주주에게 주식매수청구권 인정
  - □ 유한회사 : 사원총회특별결의 ⇨ 총사원의 반수 이상 + 총사원 의결권의 4분의 3 이상 동의(§576)
  - □ 합명회사, 합자회사, 유한책임회사 : 총사원의 동의 要 (정관변경 要)
- □ **양수절차**
  - □ 주식회사, 유한회사 : 회사의 영업에 중대한 영향을 미치는 다른 회사의 영업 전부 또는 일부의 양수 시 주주총회(사원총회) 특별결의가 요구 ○(§374 제3호, §576) / 반대주주의 주식매수청구권도 인정

- 합명회사, 합자회사, 유한책임회사 : 정관변경이 생기는 경우에만 총사원의 동의 要
□ 영업의 동일성 여부의 판단 : 종래의 영업조직이 유지되는지 여부
  ⇨ [HIT] 영업재산의 일부를 유보한 채 영업시설을 양도했어도 그 양도한 부분만으로도 종래의 조직이 유지되어 있다고 사회관념상 인정되면 영업의 양도 ○
  ⇨ 영업재산의 전부를 양도했어도 그 조직을 해체하여 양도하였다면 영업양도 ×
  ⇨ 운수업자가 운수업 폐지자로부터 운수업 면허 및 물적 시설만을 양수하면서 그 종업원들 중 일부만을 신규채용 형식으로 고용한 경우는 영업양도 ×
□ 영업 '양도인'의 책임의 존속기간(§45) : 영업양도 또는 광고 후 2년
□ 영업양도시 근로관계 승계
  □ 근로자 원칙적으로 동의 없이도 반대의 특약이 없는 한 양도인과 근로자 사이의 근로관계는 원칙적으로 양수인에게 포괄적 승계 ○
    ⇨ 근로자가 일단 양수기업에 취업 희망의사를 표시하였더라도 승계취업 확정전 이라면 의사표시 철회 可
  □ 영업양도 시 승계되는 근로관계는 계약체결일 현재 실제 근무 근로자와의 근로관계만 의미 ○
  □ 계약체결일 이전에 해고된 근로자로서 해고의 효력을 다투는 근로자와의 근로관계는 승계 ×
□ 주식회사의 영업의 전부·중요한 일부를 양도한 경우
  □ 주주총회의 특별결의를 거쳐야 ○ (흠결시 절대적 무효) / 채권자이의절차(§232) 준용 ×
  □ 양도한 후 주주총회의 특별결의가 없었다는 이유로 스스로 약정의 무효 주장하는 경우
    ⇨ 원칙 : 신의성실의 원칙에 반하지 ×
    ⇨ 예외 : 주주 전원이 그와 같은 약정에 동의한 것으로 볼 수 있는 등 특별한 사정이 있으면 신의칙에 반할 수 ○
  □ 주주는 영업양도 계약의 무효를 직접 구할 수 ×

Excalibur 영업양도의 효과

□ 대내적 효과
  □ 영업양도인의 경업금지의무(§41)
    ⇨ 영업양수인 보호 위해 일정한 지역적·시간적 제한 하에 양도인의 영업을 금지하는 부작위의무
    ⇨ 경업금지 지역적 범위 : 동일지역(특별시·광역시·시·군)과 인접지역(특별시·광역시·시·군)에서 금지, 영업양도인의 통상적인 영업활동이 이루어지던 지역이 기준
    ⇨ 약정이 없으면 10년 / 약정 있으면 20년 내에서 약정기간 동안 동종영업 금지

- ⇨ 의무부담자는 양도인, 본 의무는 양도인과 양수인 간 관계에만 적용 ○ / 영업양도 후 동일지역에 새로운 제3자가 나타나 동종 영업 시에는 적용 ×
- ⇨ 양도인 본인에 대한 동종 영업 금지, 제3자를 내세워 동종 영업을 하거나 제3자에 대한 영업 임대·양도·기타 처분 금지 등 (가처분) 可
- ⇨ 영업양수인의 영업양도인의 경업금지위반영업을 양수한 자에 대한 경업금지청구는 부정
- ⇨ 전전 양수인이 최초 영업양도인을 상대로 경업금지청구 可
- ⇨ 의무 위반의 효과 : 상법상 인정되는 양수인의 구제수단은 없음, 민법 §389 강제이행으로 위반 결과 제거, 장래에 대한 적당한 처분을 법원에 청구, 손해 발생 시 계약해제하거나 손해배상청구도 可, 개입권 행사는 不可

□ **대외적 효과**
  □ 영업상 채권자 보호(§42)
    - ⇨ 적용범위 : 거래상 채권 ○, 불법행위·부당이득 채권 ○, 어음·수표 채권 ○
    - ⇨ [HIT] 양수인에 의하여 속용되는 명칭이 상호 자체가 아닌 옥호 또는 영업표지인 때에도 양수인은 특별한 사정이 없는 한 상법 제42조 제1항의 유추적용 그 채무에 대해 부진정연대책임 부담 ○
  □ 영업양수인이 양도인의 상호를 속용하지 아니하는 경우 양도인의 영업채무의 인수를 광고한 경우(§44) ⇨ 양수인도 변제책임 有 (부진정연대책임 관계 ○, 면책적 채무인수 ×)
  □ 영업상 채무자 보호(§43) ⇨ 양도인의 영업으로 인한 채권에 대하여 채무자가 선의이며 중대한 과실 없이 양수인에게 변제한 때 변제의 효력 有
□ 회사가 영업양도로 채무초과상태에 이른 경우 ⇨ 채권자취소권 행사의 대상 ○

Excalibur 상호속용영업양수인의 책임(제42조)

□ **요 건(§42①)**
  □ 영업양도의 존재 (영업이 그 동일성을 유지하면서 유기적 일체로서 이전)
  □ 양도인의 영업으로 인한 제3자의 채권의 존재 : 영업상 활동에 관하여 발생한 모든 채권, 거래상의 채권·채무불이행으로 인한 손해배상청구권뿐만 아니라 불법행위 손해배상청구권·부당이득반환청구권 포함 ○
    - ⇨ 양도인의 제3자에 대한 채무는 영업양도 전에 발생한 것이면 족하고 영업양도 당시의 상호를 사용하는 동안 발생한 채무에 한정 ×
    - ⇨ 영업양도 당시로 보아 가까운 장래에 발생될 것이 확실한 채권은 양수인 책임 ×
  □ 양수인의 채무인수 사실 부존재
  □ 양수인의 양도인 상호속용 또는 채무인수 광고
  □ [HIT] 채권자의 선의 (영업양수인에게 증명책임 존재)
    - ⇨ 영업양도의 사실을 알지 못한 것 + 영업양도의 사실은 알았지만 양수인이 채무를 인수하지 않았다는 사실을 알지 못한 것도 포함 ○

⇨ 만약 채무인수사실이 없다는 것을 알고 있었다면 양수인에게 변제청구 ✕
⇨ 채권자의 선악의 증명책임 소재 : 양수인 ○

□ 효 과
- 양도인과 양수인은 부진정연대채무 관계 ○
- 영업양도에 포함된 채무가 영업재산을 초과하더라도 양수인은 그 전부에 대해 무한책임 부담 ○ (양수한 재산을 한도로 책임 제한 ✕)
- 양수인은 양도인이 채권자에 대해 가지는 항변으로 대항 可

□ 상호를 속용하는 영업양수인의 면책(②) : 면책의 등기 또는 면책의 통지
  ⇨ 면책의 등기 : 영업양도 후 양수인이 지체 없이 양도인의 채무에 대하여 책임 없음을 단독으로 등기 (면책등기는 모든 채권자에게 효력 ○)
  ⇨ 면책의 통지 : 양도인과 양수인이 지체 없이 제3자에 대하여 양수인이 책임 없음을 통지 (면책통지는 통지받은 채권자에 대하여만 효력 ○)

□ 양수인에 의하여 속용되는 명칭이 상호 자체가 아닌 영업표지인 때에도 그것이 영업주체를 나타내는 것으로 사용되는 경우
  ⇨ 상법 제42조 제1항의 유추적용 ○ (양수인 변제책임 有)

□ 사해출자에 유추적용 인정
- 영업출자(현물출자)로 설립된 신설회사가 출자자의 상호를 속용하는 경우
- 회사는 출자자의 채무를 변제할 책임 有

□ 영업임대차에 유추적용 부정
- 영업임대차의 경우 영업재산의 소유권이 대부분 임대인에게 유보되어 있고 임차인은 사용·수익권을 가질 뿐
- 임차인에게 임대인의 채무에 대한 변제책임을 부담시키면서까지 임대인의 채권자를 보호 不要

□ 확정판결 변론종결 후 확정판결상의 채무자로부터 영업을 양수하여 양도인의 상호를 계속 사용하는 영업양수인
- 변론종결 후 승계인 ✕ (확정판결 상의 채무를 면책적으로 인수하는 등 특별한 사정이 없는 한)
- 채권자가 양수인의 재산에 대하여 강제집행을 하려면 양도인과 양수인 양자를 공동피고로 제소하여 각자에 대한 집행권원을 취득하여야 ○

제2편 상행위

제1장 상행위 총설

Excalibur 다수 당사자의 채권·채무관계

- 상법 제57조 제1항의 적용 여부
  - 수인이 그 1인 또는 전원에게 상행위가 되는 행위로 인하여 채무를 부담한 때 ○
  - 조합채무가 특히 조합원 전원을 위하여 상행위가 되는 행위로 인하여 부담하게 된 경우 ○
  - 채권자에게만 상행위가 되는 경우 ×
- 상법 제57조의 제2항의 적용 여부
  - 보증인이 있는 경우에 그 보증이 상행위이거나 주채무가 상행위로 인한 것인 때 ○
  - 보증인 또는 주채무자에게만 상행위가 되는 경우 ○
  - (判) 채권자에게만 상행위가 되는 경우 ○
- 부진정연대책임
  - ⇨ 임대인의 이행보조자가 임차인으로 하여금 임차목적물을 사용·수익하지 못하게 함으로써 임대인은 채무불이행에 의한 책임을 지고 그 이행보조자는 불법행위책임을 지는 경우

Excalibur 일반상사유치권의 요건(제58조)

- 당사자
  - 쌍방 모두 상인이어야 ○ ⇨ 성립 후 상인자격 상실하더라도 유치권 존속 ○
  - cf) 유질약정 ⇨ 일방적 상행위로 생긴 채권을 담보하기 위한 질권에 대해서도 적용 ○
- 피담보채권 : 상행위로 인한 채권으로서 변제기에 있을 것
- 목적물 : 부동산도 포함. 채무자소유의 목적물 要
  - cf) 위탁매매인의 특별상사유치권(§111), 육상운송인의 특별상사유치권(§147), 민사유치권 ⇨ 채무자 소유 不要
  - cf) 대리상의 상사유치권(§91) ⇨ 목적물의 소유관계 불문
- 개별적 관련성 不要 (일반적 관련성으로 충분)
  - cf) 민사유치권 ⇨ 要
  - cf) 운송주선인·육상운송인·해상운송인의 특별상사유치권 ⇨ 要
  - cf) 대리상·위탁매매인의 특별상사유치권 ⇨ 不要
- 반대특약이 없을 것(§58 단서) : 반대특약은 묵시적으로도 可
- 상사유치권 성립당시에 이미 목적물에 대하여 제3자가 권리자인 제한물권이 설정 ⇨ 그와 같이 제한된 채무자의 소유권에 기초하여 성립 ○

- ☐ [HIT] 선행저당권 설정 후 상사유치권 성립
  ⇨ (判)선행저당권자에게 상사유치권으로 대항 不可 cf) 민사유치권의 경우는 대항 可
- ☐ 상사유치권의 행사 ⇨ 채권의 소멸시효 진행에 영향 ×

Excalibur 유치권과의 비교

	민사유치권	일반상사유치권	대리상 / 위탁매매인의 특별상사유치권
당사자	제한 ×	양자 모두 상인	양자 모두 상인 / 위탁자는 상인 비상인 불문
피담보채권	목적물에 관하여 생긴 채권 / 변제기 도래	쌍방적 상행위로 인한 채권 / 변제기 도래	거래의 대리 또는 중개로 인한 채권 / 위탁매매로 인한 채권 / 변제기 도래
목적물과 점유	타인 소유 물건, 유가증권 / 적법한 점유	채무자 소유 물건, 유가증권 / 적법한 점유 / 채권자 입장에서 상행위로 점유할 것	타인소유 물건, 유가증권 (채무자 소유 不要) / 적법한 점유
피담보채권과 목적물의 관련성	개별적 관련성 要	개별적 관련성 不要	개별적 관련성 不要
반대약정 없을 것	要	要	要

Excalibur 상사소멸시효(제64조)

- ☐ 상사시효(5년) 적용 인정
  - ⇨ [HIT] 일방적 상행위, 보조적 상행위
    (단, 다른 법령에 5년보다 단기시효 있는 경우는 적용 ×)
  - ⇨ 대부업을 영위하는 자의 대여금채권
  - ⇨ 상사채무불이행으로 인한 지연손해금
  - ⇨ 상행위인 계약의 해제로 인한 원상회복청구권의 소멸시효기간
  - ⇨ 위탁자의 위탁상품 공급으로 인한 위탁매매인에 대한 이득상환청구권이나 이행담보책임 이행청구권
  - ⇨ 주식회사가 지방자치단체와 체결된 기부채납 약정에 근거한 채권
  - ⇨ 보험계약자가 다수의 계약을 통하여 보험금을 부정 취득할 목적으로 보험계약을 체결하여 그것이 민법 제103조에 따라 선량한 풍속 기타 사회질서에 반하여 무효인 경우 보험자의 보험금에 대한 부당이득반환청구권
  - ⇨ 은행으로부터 자금을 차용한 차용금반환채무
  - ⇨ 단체협약에 기한 근로자의 유족들의 회사에 대한 위로금채권

- ⇨ 상행위에 해당하는 계약에 기초한 급부의 부당이득반환청구권의 경우 신속한 해결의 필요성이 있는 경우(신속한 해결 필요성 유무에 따라 적용여부 판단)
- ⇨ 상행위에 해당하는 보증보험계약이 무효인 경우, 보증보험계약에 기초한 급부에 따른 부당이득반환청구권
- ⇨ 은행의 대출금에 대한 지연손해금채권
- ⇨ 건설공사에 관한 도급계약이 상행위에 해당하는 경우 그 도급계약에 기한 수급인의 하자담보책임
- ⇨ [HIT] 상행위인 계약의 해제로 인한 원상회복청구권
- ⇨ 주주의 배당금 지급청구권의 소멸시효기간(제464조의2) : 5년
- ⇨ 투자계약시 약정에 의하여 부여된 주식매수청구권 : 5년 (법적성질은 형성권)

□ **상사시효 적용 부정**
- ⇨ 상인의 불법행위로 인한 손해배상채권
- ⇨ 물상보증인의 채무자에 대한 구상권 : 민법에 의해 인정된 별개의 권리, 10년
- ⇨ 보험자대위에 의한 구상권 : 10년
- ⇨ (判) 이사 또는 감사의 임무해태로 인한 회사에 대한 손해배상책임의 소멸시효 : 위임관계로 인한 채무불이행책임이므로 10년
- ⇨ 어떠한 자가 다른 상인의 영업을 위한 준비행위를 하는 것에 불과하다면 보조적 상행위가 아님 (대표이사 개인이 회사 자금으로 사용하기 위해서 차용한 채무는 상사채무 ×, 상사시효 적용 ×)
- ⇨ 농업협동조합이 그 사업의 일환으로 조합원의 생산물자에 대한 판매사업을 하는 경우에 농업협동조합의 생산물자 판매대금채권
- ⇨ 주식회사의 의료법인에 대한 부동산매매계약 부당이득반환청구권 : 10년

□ [HIT] 보증채무는 주채무와 별개의 독립한 채무로서 주채무와 독립적으로 소멸시효에 걸림, 만약 주채무가 민사채무, 보증채무는 상행위로 발생한 경우
- ⇨ 전자는 10년 소멸시효(민법 §162 ①) / 후자는 5년의 소멸시효(§64)

□ 회사의 내부적 법률관계가 개입된 경우의 소멸시효의 기산점
- ⇨ 단체법상의 소의 확정시점 등 객관적으로 청구권의 존재를 알게 된 시점

Excalibur 상법상 계약의 성립 및 해제

□ 상인이 상시 거래관계에 있는 자로부터 그 영업부류에 속한 계약의 청약을 받은 때(§53)
- ⇨ 지체 없이 낙부의 통지를 발송하여야 함. 이를 해태한 때에는 승낙한 것으로 간주 ○
- ⇨ 승낙기간을 정하지 않은 격지자간의 계약에만 적용 ○

□ [HIT] 상법상 격지자간의 청약의 효력발생시기 : 민법상 도달주의 적용

□ 승낙의 기간 정하지 × 계약의 청약 ⇨ 청약자가 상당한 기간 내에 승낙 통지 받지 못한 때에는 그 효력 상실

- □ 상인이 그 영업부류에 속한 계약의 청약을 받은 경우 견품 등의 물건을 받은 때(§60)
  - ⇨ 청약을 거절한 때에도 청약자의 비용으로 보관하여야 ○ (보관된 장소의 사용이익 상당의 손해의 배상에 관한 규정은 ×)
- □ 상인간의 매매에 있어서 매수인이 목적물의 수령을 거부하는 경우(§67①)
  - ⇨ 매도인은 상당한 기간을 정하여 최고한 후 경매할 수 있고 지체 없이 매수인에 대하여 그 통지를 발송하여야 ○
- □ 확정기매매의 해제(§68) ⇨ 매매의 성질 또는 당사자의 의사표시에 의하여 일정한 일시 또는 일정한 기간 내에 이행하지 아니하면 계약의 목적을 달성할 수 없는 경우 당사자 일방의 이행기를 경과한 때에는 상대방이 즉시 그 이행을 청구하지 아니하면 계약 해제 간주 ○ (해제의 의사표시는 不要)
- □ 쌍방이 상인이 아닌 경우
  - □ 상법 제67조 매도인의 목적물의 공탁, 경매권 규정 적용 ×
  - □ 상법 제68조 확정기매매의 해제 규정 적용 ×

Excalibur 상사대리

- □ [HIT] 제48조 : 비현명주의 (현명하지 않아도 본인에 효력 有)
  - □ cf. 어음행위의 경우 절대적 현명주의
- □ 비현명시 효과 (상행위의 대리인이 본인을 위한 것을 표시하지 않은 경우)
  - □ 민사대리 : 원칙 ⇨ 대리인 자신의 행위로 간주 / 예외 ⇨ 상대방이 본인을 위한 대리행위임을 알았거나 알 수 있었다면 대리행위로서 본인에게 효력 有
  - □ 상사대리 : 원칙 ⇨ 대리행위로서 본인에게 효력 有 / 예외 ⇨ 상대방이 본인을 위한 대리행위임을 몰랐다면 본인과 대리인에게 모두 이행청구 可
- □ 본인 사망 시 대리권소멸 ×(§50)
  - ⇨ 상인이 그 영업에 관하여 수여한 대리권은 본인의 사망으로 소멸 ×
- □ 무능력자 또는 법정대리인이 영업을 하는 경우 : 상업등기부에 등기 要
- □ 대리권을 증명하는 서면 : 원본 要

Excalibur 기타 상행위 특칙

- □ 상거래 위임 ⇨ 수임인은 명시적으로 위임받은 범위 내에서만 선관주의의무 有
- □ 채무자가 수인인 경우 : 상법상 연대채무, 보증인이 있는 경우 그 보증이 상행위이거나 주채무가 상행위로 인한 것인 때에는 주채무자와 보증인은 연대책임(§57) vs 민법상 분할채무 (민법 §408)
- □ 상사법정이율(§54)
  - □ 상사법정이율은 6%

- 상사이율의 적용범위 : 상행위로 인한 채무나 이와 동일성을 가진 채무에 적용
  - ⇨ 불법행위 손해배상 채무에는 적용 × (민사이율 적용)
- [HIT] 상인이 그 영업에 관하여 금전을 대여한 경우 (상사소비대차)
  - ⇨ 이자약정이 없더라도 법정이자 청구 可(§55)
- 상사유질계약 허용(상법 §59) vs 민사유질계약 금지(민법 §339)
- 상인간의 매매에 있어 매매의 성질에 의하여 일정한 일시 또는 일정한 기간 내에 이행하지 아니하면 계약의 목적을 달성할 수 없는 경우(§68) ⇨ 이행시기를 경과한 때 상대방이 즉시 이행을 청구하지 않으면 계약 해제 간주 ○
- 선의의 제3자의 범위
  - 민법상 표현대리 ⇨ 직접 상대방에 한정
  - 상법상 표현규정 (표현지배인·표현대표이사) ⇨ 제3취득자도 포함

제2장 상사매매

Excalibur 상사매매와 매수인의 검사·통지의무

- 제69조 매수인의 하자검사통지의무
  - 요건 : 당사자 쌍방이 상인일 것, 쌍방에게 상행위가 되는 매매일 것, 반대특약 없을 것
  - 내용 : 매수인이 목적물 수령 시 지체 없이 검사하여야 하며, 하자 또는 수량 부족 시 즉시 통지를 발송하여야 ○
    - ⇨ [HIT] (判) 상인에게 통상 요구되는 객관적인 주의의무를 다하여도 즉시 발견할 수 없는 하자가 있는 경우에도 매수인이 6월내에 그 하자를 발견하여 즉시 통지 하지 않으면 과실유무를 불문하고 하자담보책임 無
    - ⇨ 불완전이행으로 한 손해배상 청구 시 적용 ×
  - 위반의 효과 : 담보책임 無(계약해제, 대금감액 또는 손해배상 청구 不可)
- 매수인의 검사·통지의무규정(§69)은 임의 규정 : 당사자 합의로 배제 可
- 제작물 공급계약의 법적성질 : 대체물은 매매 / 부대체물은 도급
  - 따라서 목적물이 대체물이면 매도인의 담보책임 적용, 상사매매라면 검사·통지 의무 적용 ○
  - 부대체물 공급계약의 경우 상법 제69조 적용 ×
  - 상인간의 매매에 있어 매매의 성질에 의하여 일정한 일시 또는 일정한 기간 내에 이행하지 아니하면 계약의 목적을 달성할 수 없는 경우(§68) ⇨ 이행시기를 경과한 때 상대방이 즉시 이행을 청구하지 않으면 계약 해제 간주

제3장 상호계산

> **Excalibur 상호계산**
>
> - □ 상호계산의 의의(§72) : 상인간 또는 상인과 비상인간에 상시거래관계에 있는 경우 일정한 기간 내에 거래로 인한 채권채무의 총액에 관하여 상계하고 그 잔액을 지급할 것을 약정하는 상법상의 특수계약
>   - □ [HIT] 적어도 당사자의 일방은 상인이어야 ○
>   - □ 상호계산기간은 다른 약정이 없으면 6월(§74)
>   - □ 상호계산은 거래관계에서 발생한 금전채권·채무에 한정 (불법행위로 생긴 채권 ×)
> - □ 어음 기타 상업증권 채권채무를 상호계산에 개입(§73) ⇨ 증권채무자가 변제하지 않은 경우 항목 제거 可
> - □ 상호계산의 당사자가 각 항목을 기재한 계산서를 승인한 때 : 이의제기 不可 / 착오나 탈루가 있는 때(§75) : 이의제기 可
> - □ 상호계산 당사자는 언제든지 상호계산 해지 可(§77)
>   - ⇨ 이 경우 즉시 계산을 폐쇄하고 잔액 지급청구 可

제4장 익명조합

> **Excalibur 익명조합**
>
> - □ 익명조합의 의의
>   - □ 무한책임을 지는 영업자와 유한책임을 지는 익명조합원으로 구성되는 조합
>   - □ 익명조합원이 영업자의 영업을 위하여 출자하고 영업자는 그 영업으로 인한 이익을 분배할 것을 약정하는 계약
>   - □ 익명조합원 : 반드시 상인일 것을 요하지 않음, 신용이나 노무는 출자할 수 없음
>   - □ 영업자 : 상인임을 요함 (§84 제2호: 영업자 사망은 익명조합계약의 종료사유)
> - □ 익명조합의 내부관계
>   - □ 이익배당은 익명조합의 본질적 요소, 약정 없으면 출자가액 비례배당
>   - ⇨ [HIT] (判) 당사자의 일방이 상대방의 영업을 위하여 출자를 하는 경우라도 이익 여부에 상관없이 상대방이 정기적으로 일정금액을 지급하기로 약정은 이익이라는 명칭을 사용하였다 하더라도 익명조합약정 ×
>   - □ 손실부담은 본질적 요소 × 이익배당 비율에 따라 ○ (단 제82조의 특칙 有 : 손실을 보전하기 전에는 이익배당 청구 不可 / 손실액이 출자액을 초과하는 경우에도 추가출자의무 無 / 이미 받은 이익도 반환 不要)
> - □ 익명조합의 외부관계(§80)
>   - □ 영업자의 단독기업, 익명조합원과 제3자는 전혀 법률관계 無
>   - □ 익명조합원이 출자한 재산은 영업자의 재산으로 간주(§79)

- ☐ 익명조합의 영업자가 이익금을 자기 용도에 소비한 경우 ⇨ 영업자의 재산이므로 횡령죄 성립 ×
- ☐ 당사자간 손실을 분담하지 않기로 하는 약정
  - ☐ 있는 경우 ⇨ 익명조합원은 손실 분담 ×
  - ☐ 없는 경우 ⇨ 익명조합원이 손실 분담하는 것으로 추정 ○
- ☐ 익명조합원이 자기의 성명을 영업자의 상호 중에 사용하게 하거나 자기의 상호를 영업자의 상호로 사용할 것을 허락한 경우
  - ⇨ 선의·무중과실의 제3자에 대하여 영업자와 연대하여 변제할 책임 有
- ☐ 영업자가 정당한 사유 없이 익명조합원의 승낙 없이 임의로 영업을 하지 않는 경우
  - ☐ ⇨ 익명조합원은 계약 해지 可, 채무불이행을 이유로 손해배상 청구 可

제5장 합자조합

합자조합

- ☐ 합자조합의 의의: 무한책임을 지는 조합원과 유한책임을 지는 조합원이 상호출자하여 공동사업할 것을 약정
- ☐ 업무집행조합원은 다른 조합원의 동의 없이 경업 금지
- ☐ 합자조합에서 둘 이상의 업무집행조합원이 있는 경우에 조합계약에 다른 정함이 없으면 그 각 업무집행조합원의 업무집행에 관한 행위에 대하여 다른 업무집행조합원의 이의가 있는 경우(§86의5) ⇨ 업무집행조합원 과반수의 결의에 따라야
- ☐ 유한책임조합원의 조합채무 변제책임 한도(§86의6)
  - ⇨ 출자가액에서 이미 이행한 부분을 뺀 가액
  - ⇨ 이 경우 이익이 없음에도 불구 배당을 받은 금액은 변제책임을 정할 때에 변제책임의 한도액에 더함

제6장 각 칙

대리상

☐ 대리상, 위탁매매인 가맹상 비교

	대리상	위탁매매인	가맹상
명의	본인	자기	자기
계산	본인	타인	자기
영업비밀준수의무	의무 ○	×	의무 ○
경업금지의무	의무 ○	×	의무 ○
개입권	○	×	×
기타	보상청구권	위탁물 귀속	

□ 대리상, 중개인, 위탁매매인 비교

	대리상	중개인	위탁매매인
의의	일정한 상인을 위하여 상업사용인이 아니면서 상시 그 영업부류에 속하는 거래의 대리 또는 중개를 영업으로 하는 자	(불특정) 타인간의 상행위를 중개하는 것을 영업으로 하는 자	자기의 명의로써 타인의 계산으로 물건 또는 유가증권을 매매하는 것을 영업으로 하는 자
상인성	본인 대리상 모두 상인	타인 중 적어도 일방은 상인 / 중개인은 상인	위탁매매인은 상인 / 위탁자는 상인성 불요
특별상사유치권	○(제91조)	×	○(제111조에서 대리상의 유치권 준용)
경업금지의무	○	×	×
본인의 개입권	실질적 개입권 ○ (제89조②)	×	전면적 개입권 (제107조)
기타	보상청구권		위탁물의 귀속

□ 물건의 판매나 그 중개의 위탁을 받은 대리상은 매매의 목적물의 하자 또는 수량부족 기타 매매의 이행에 관한 통지 받을 권한 有
□ 제조자나 공급자로부터 제품을 구매하여 그 제품을 자기의 이름과 계산으로 판매하는 영업을 하는 자에게도 대리상의 보상청구권에 관한 상법 제92조의2 유추적용 ○

Excalibur 중개업

□ 중개상에서 피중개인의 상인성 여부 ⇨ 적어도 일방은 상인 要
□ 상사중개인은 타인간의 상행위를 영업으로 중개하는 자(§93)
　⇨ 혼인중개인은 상사중개인 × (상인에는 해당 ○)
□ 중개인(§94) : 당사자를 위한 급여수령권 無 / 다른 약정이나 관습이 있으면 그 중개한 행위에 관하여 당사자를 위하여 지급 기타의 이행을 받을 수 있음
□ 중개인의 개입의무(§99)
　⇨ 당사자 일방의 성명 또는 상호를 상대방에게 표시하지 아니한 경우의 이행책임 有
□ 중개인의 보수청구권(§100)
　□ 결약서의 교부절차가 종료되어야 청구 可(①)
　□ [HIT] 약정 없으면 당사자 쌍방이 균분 ○(②)

Excalibur 위탁매매업

- 위탁매매인(§101) : 자기의 명의로써 타인의 계산으로 물건 또는 유가증권을 매매하는 것을 영업으로 하는 자
  - ⇨ 어떠한 계약이 일반 매매계약인지 위탁매매계약인지의 판단기준 : 실질을 중시하여 판단해야 ○ (계약의 명칭 또는 형식적인 문언을 고려 ×)
  - ⇨ 권리의무의 귀속주체는 위탁매매인이므로 의사표시 하자유무, 선악도 위탁매매인 기준 ○
  - cf) 준위탁매매인 : 자기명의로써 타인의 계산으로 매매 아닌 행위를 영업으로 하는 자
- 위탁매매의 법률적 효과는 행위자에게, 경제적 효과는 타인에게 귀속
  - 위탁매매인의 거래형태(§101) ⇨ 자기명의, 위탁자의 계산
  - 위탁매매인은 위탁매매로 인하여 상대방에 대하여 직접 권리취득, 의무부담(§102)
  - [HIT] 위탁매매로 취득한 물건 또는 채권의 귀속(§103) ⇨ 위탁자와 위탁매매인 또는 위탁매매인의 채권자간의 관계에선 위탁자의 소유 ○
    - ⇨ 위탁매매인의 사용·소비시 횡령죄 구성
    - ⇨ 위탁매매인이 그가 제3자에 대하여 부담하는 채무를 담보하기 위하여 그 채권자에게 위탁매매로 취득한 채권을 양도한 경우 위탁자에 속하는 채권을 무권리자로서 양도한 것으로서 특별한 사정이 없는 한 위탁자에 대하여 효력 ×
- 위탁매매인의 이행담보책임(§105)
  - ⇨ 상대방이 채무불이행하는 경우 위탁자에게 이를 이행 要
  - ⇨ 위탁자의 위탁상품 공급으로 인한 위탁매매인에 대한 이득상환청구권이나 이행담보책임 이행청구권 : 상법 제64조 소정의 5년의 상사소멸시효의 대상 ○
- 위탁매매인이 염가로 매도한 경우(§106①) ⇨ 위탁매매인이 그 차액을 부담하면 매매는 위탁자에게 효력 有
- [HIT] 위탁매매인이 위탁 지정가액보다 고가로 매도하거나 염가로 매수한 경우(§106②)
  - ⇨ 그 차액은 위탁자의 이익 ○ (위탁매매인의 이익 ×)
- 위탁매매인이 개입권 행사한 경우에도(§107②)
  - ⇨ 위탁자에게 보수청구 可
  - ⇨ 거래소의 시세가 있는 물건 또는 유가증권의 매매를 위탁받은 경우 직접 그 매도인이나 매수인이 될 수 ○
- 위탁매매인이 위탁매매의 목적물을 인도받은 후에 그 물건의 훼손, 하자를 발견하거나 그 물건이 부패할 염려가 있는 때, 가격저락의 상황을 안 때에는 지체 없이 위탁자에게 통지를 발송해야 ○
  - ⇨ 위탁자로부터 지시를 받을 수 없는 경우 적당한 처분 可(§108①,②)
- 상인인 위탁자가 그 영업에 관하여 물건의 매수를 위탁한 경우(§110)
  - ⇨ 매수인의 검사·통지의무규정 준용

Excalibur 운송업

- 육상물건운송계약의 법적 성질 : 도급
- 운송계약에 따른 권리·의무를 부담하는 운송인 ⇨ 운송의뢰인에 대한 관계에서 운송을 인수한 자가 누구인지에 따라 확정
- 운송계약은 낙성·불요식계약 ⇨ 화물명세서나 화물상환증 등 서명 작성 不要
- 위탁자가 운송계약상의 권리를 운송인에게 주장할 수 있기 위하여 ⇨ 민법 제450조 내지 제452조에 따른 채권양도의 통지 필요
- 상법 제134조(채무자위험부담주의)의 성격 : 임의규정 ○
- '지입제'에 있어서의 법률관계
  - ⇨ 지입차주가 지입차량을 직접 운행·관리하면서 그 명의로 화물운송계약을 체결한 경우, 대외적인 법률효과는 지입회사에 귀속
  - ⇨ 지입차량의 운전자가 과실로 타인에게 손해를 가한 경우 지입회사는 사용자책임 성립

Excalibur 운송인의 책임

- 화물상환증이 발행된 경우 (화물상환증의 효력)
  - 운송인과 송하인 사이에 화물상환증에 적힌 대로 계약이 체결되고 운송물을 수령한 것으로 추정 ○, 간주 ×(§131①)
  - 화물상환증을 선의로 취득한 소지인에 대하여 운송인은 화물상환증에 적힌 바에 따라 운송인으로서 책임 有(§131②)
  - 운송물의 인도청구권은 이 증권에 표창되고 이 증권의 소지인이 송하인과 수하인의 지위 ○ → 운송인은 증권의 소지인에게 운송물을 인도하여야 ○ (화물상환증을 상환하지 아니하면 운송물의 인도청구 不可)
  - 화물상환증교부의 물권적 효력(§133) : 운송물 인도효력 有
  - 화물상환증 발행 시 운송물의 처분권(§139①) : 소지인 ○, 송하인 ×
- 운송인의 책임 및 제한 : 고도의 위험을 수반하는 운송인 보호의 취지
  - 손해배상책임(§135)
    - ⇨ 운송물의 멸실, 훼손, 연착 : 예시규정 / 과실책임주의 : 운송인 본인 및 이행보조자의 과실을 추정 ○
  - 정액배상주의(§137) : 고의나 중과실 - 모든 손해를 배상
    - ⇨ 운송물 일부멸실 또는 훼손은 도착한 날 도착지의 가격에 따른 배상
    - ⇨ 운송물의 전부멸실, 훼손 또는 연착된 경우는 인도할 날의 도착지의 가격에 따른 배상
  - 고가물에 대한 특칙(§136)
    - ⇨ 송하인이 그 종류와 가액을 명시한 때에 한하여 운송인이 손해배상 책임 有
    - ⇨ 고가물 고지 의무이행의 상대방 ⇨ 운송인 ○ (운송인의 하수급인 ×, 이행보조자 ×)

- ⇨ 고가물의 의미 : 부피나 무게에 비추어 다른 물건에 비하여 현저히 가격이 비싼 물건 (객관적 가치 ○, 주관적 가치 ×)
- □ 고가물 불고지에 따른 면책규정(§136 반대해석)
  - ⇨ 운송계약상 채무불이행 책임에만 적용 ○ / 불법행위 책임에는 적용 ×
- □ 순차운송의 경우 각 운송인은 손해에 대해 연대책임§(138①), But 그 손해가 자기의 운송구간 내에서 발생하지 않았음을 증명한 때에는 손해분담의 책임 無(동조③ 단서)
- □ 과실로 인한 운송물의 멸실, 훼손의 경우 운송인의 책임
  - □ [HIT] 채무불이행책임과 불법행위책임 성립(양 책임의 관계 : 청구권경합설 (判))
  - □ 운송인이 고의로 화물상환증 미소지자에게 인도한 경우 불법행위 성립 (소지인이 소유권을 상실하지 않더라도 운송물에 대한 권리행사가 어렵게 되기만 하면 足)
  - □ 채무불이행으로 인한 손해배상청구권의 소멸시효 : 합의로 연장·단축 可
    - ⅰ) 전부멸실의 경우(§121②, §147) : 운송물을 인도할 날로부터 1년
    - ⅱ) 일부멸실의 경우(§121①, §147) : 수하인이 운송물을 수령한 날로부터 1년
  - □ 책임의 소멸(§146)
    - ⇨ 특별소멸사유 : 운송인의 책임은 수하인 또는 화물상환증 소지인이 유보 없이 운송물을 수령하고 운임 기타의 비용을 지급한 때에는 소멸 (운송인 또는 사용인이 악의인 경우이거나 즉시 발견할 수 없는 하자에 대하여 수하인인이 2주간내에 통지를 발송한 경우에는 적용 ×)
  - □ [HIT] 운송계약상의 면책약관의 효력
    - ⇨ 원칙 : 불법행위에 적용 × / 단 선하증권의 경우 불법행위에도 적용 ○ (묵시적 합의 인정)
- □ 송하인과 운송인 쌍방의 책임 없는 사유로 운송물 멸실된 경우
  - ⇨ 원칙 : 운임청구 不可(민법 §537 위험부담) / 예외 : 특약으로 변경 可
- □ 화물상환증 미발행시 수하인의 단계적 지위
  - ⇨ 운송물 도착 전(§139①) : 송하인만 처분·지시권 ○
  - ⇨ 운송물 도착 후(§140①) : 송하인과 수하인의 권리 병존
  - ⇨ 수하인의 인도청구 후(§140②) : 수하인의 권리가 우선
  - ⇨ 수령 후(§141) : 수하인과 송하인의 운임지급의무 병존(부진정연대채무)

Excalibur 운송주선업

- **운송주선인의 의의(§114)** : 자기명의로 물건운송의 주선을 영업으로 하는 자
  - ⇨ 운송주선인은 자기 명의로 타인 계산으로 운송인과 운송계약을 체결 : 위탁자가 운송인에게 운송계약상의 권리를 행사하기 위해서는 운송주선인으로부터 지명채권의 양도를 받거나 화물상환증을 양도받아야 ○
- **운송주선인의 권리** : 개입권(§116), 보수청구권(§119), 유치권(§120), 비용상환청구권(§123, §112)
  - **[HIT]** 개입권(§116①) : 운송주선인은 다른 약정이 없으면 직접 운송 可 ⇨ 이 경우 운송인과 동일한 권리의무 有
  - 위탁자의 청구에 의한 화물상환증의 작성, 확정운임 운송주선계약의 체결(§116②)
    - ⇨ 운송인으로서의 지위 취득
  - 운송인의 대리인으로서 운송계약 체결 ⇨ 제116조 및 제119조 제2항에 따라 운송인으로의 지위를 취득하지 않는 한 운송의뢰인에 대해서는 여전히 운송주선인의 지위
  - 운송주선인의 보수청구권
    - ⇨ 상인이므로 당연히 보수청구권 有
    - ⇨ 청구가능시기(§119①) : 운송물을 운송인에게 인도한 때
    - ⇨ 확정운임운송계약(§119②) : 운임 중에 보수가 포함되어 있으므로 다른 약정이 없으면 보수를 청구 不可
  - 운송주선인의 위탁자 또는 수하인에 대한 채권의 시효기간(§122) : 1년
- **운송주선인의 손해배상책임** : 운송인과 동일 **(정액배상주의만 적용 ×)**
  - 운송인이 자기나 그 사용인이 운송물의 수령, 인도, 보관, 운송인이나 다른 운송주선인의 선택 기타 운송에 관하여 주의를 게을리하지 않았음을 증명한다면 운송물의 멸실, 훼손 또는 연착으로 인한 손해배상 책임 無(과실책임주의, §115)
  - 운송주선인의 책임의 단기시효(§121①) : 수하인이 운송물을 수령한 날로부터 1년
  - 고가물 특칙(§124, §136 준용) / 불법행위책임과의 관계 (운송인과 동일)
- **순차운송주선**(중간운송주선)**의 효과(§117)**
  - 운송주선인의 대위의무 : 후자는 전자에 갈음하여 그 권리를 행사할 의무 부담
  - 운송주선인의 대위권 : 후자는 전자에게 변제할 때 전자의 권리 취득
  - 운송인의 권리의 취득 : 운송주선인이 자기 이전 구간의 운송인에게 변제한 때는 운송인의 권리 취득

> **Excalibur** 운송인과 운송주선인의 구별

- ☐ 운송계약상 운송인의 확정 기준 : 운송의뢰인과의 관계에서 운송을 인수하였는지 여부로 판단
- ☐ 운송주선업자가 운송의뢰인으로부터 운송을 의뢰받은 것인지 운송주선만을 의뢰받은 것인지 여부가 불명확한 경우의 판단 기준
  - ⇨ 화물상환증의 발행자 명의, 운임의 지급형태 등 제반사정 종합고려 운송주선업자가 운송의뢰인으로부터 운송을 인수하였다고 볼 수 있는지 여부 확정. 운송 주선인이 위탁자 청구로 화물상환증 작성하거나 운송주선계약에서 운임의 액을 정한 경우 운송인이 됨
- ☐ 운송주선인인지의 판단 기준
  - ⇨ 자기의 이름으로 주선행위를 하는 것이 원칙이지만, 실제로 주선행위를 하였다면 하주나 운송인의 대리인, 위탁자의 이름으로 운송계약을 체결하는 경우에도 운송주선인 ○

> **Excalibur** 공중접객업

- ☐ 공중접객업자와 고객 사이의 임치 성립요건
  - ☐ 명시적 또는 묵시적 합의 要
  - ☐ 여관 부설주차장의 출입을 통제하거나 주차 사실을 확인하지 않고 단지 주차의 장소만을 제공하는 경우라도 주차장에 주차한 뒤 여관에 차량 열쇠를 맡겨 차량의 보관을 위탁하면 임치의 합의 인정 可
- ☐ 공중접객업자의 책임
  - ☐ **HIT** 임치받은 물건에 대한 책임(§152①) : 과실추정주의
    - ⇨ 공중접객업자가 임치를 받은 물건의 멸실 또는 훼손으로 인한 손해배상책임을 면하기 위한 요건 : 임치받은 물건의 보관에 관하여 주의를 게을리하지 아니하였음을 증명 要
  - ☐ **HIT** 임치받지 않은 물건에 대한 책임(§152②) : 고객이 공중접객업자 또는 그 사용인의 과실을 입증하면 손배책임 有
  - ☐ 고객의 휴대물에 대한 책임이 없음을 알린 경우에도 면책 ×(§152③)
  - ☐ 화폐, 유가증권, 그 밖의 고가물(§153) : 고객이 그 종류와 가액을 명시하여 임치하지 아니하면 물건의 멸실 또는 훼손으로 인한 손해를 배상할 책임 없음
  - ☐ 공중접객업인 숙박업을 경영하는 자가 투숙객과 체결하는 숙박계약은 일종의 일시 사용을 위한 임대차계약 ○
  - ☐ 숙박업자가 투숙객에 대한 보호의무 위반 시 불완전이행으로 인한 채무불이행 책임 有
  - ☐ 숙박업자가 숙박계약상의 고객 보호의무 위반하여 투숙객이 사망한 경우 ⇨ 숙박계약의 당사자가 아닌 그 투숙객의 근친자가 그 사고로 인해 정신적 고통을 받았다 하더라도 숙박업자의 그 망인에 대한 숙박계약상의 채무불이행을 이유로 위자료 청구 不可

- ☐ 공중접객업자가 임치물을 반환하거나 고객이 휴대물을 가져간 후 6월 경과 시 제152조, 제153조책임의 시효완성(§154①)
- ☐ cf) 기타 상법상 임치의 경우
- ☐ 창고업자의 보관의무 : 보관기간 약정 있는 경우 부득이한 사유가 없는 한 기간 내에 임의로 임치물 반환 ×(§164 반대해석)
- ☐ 여객운송인의 물건에 대한 책임
  - ⇨ 탁송수하물(§149①) : 운임을 받지 않은 경우에도 물건운송인과 동일한 책임
  - ⇨ 휴대수하물(§150) : 자기 또는 사용인의 과실이 없으면 손해배상책임 ×

Excalibur 창고업

- ☐ 창고업자의 창고증권 발행(§156①) ⇨ 임치인의 청구에 의하여 창고증권을 교부
- ☐ 창고증권소지인(§158①) ⇨ 창고업자에 대하여 그 증권을 반환하고 임치물을 분할하여 각 부분에 대한 창고증권의 교부를 청구 可
- ☐ 창고업자는 상사유치권 규정이 없고 임치인이 상인이 아니라면 민사유치권 요건이 충족되어야 민사유치권 행사 可
- ☐ 창고증권을 교부한 때에는 운송물 위에 행사하는 권리의 취득에 관하여 운송물을 인도한 것과 동일한 효력 有
- ☐ 창고증권으로 임치물을 입질할 경우 임치인이 채권의 변제기 전에 임치물의 일부반환을 청구하기 위한 요건(§159 본문) ⇨ 질권자의 승낙 要
- ☐ 보관기간 경과 후(§162① 단서)
  - ⇨ 출고 전이라도 창고업자는 보관료 기타의 비용과 체당금의 지급을 청구 可
- ☐ 임치물이 전부 멸실한 경우 창고업자의 책임의 소멸시효 기산점(§166②) ⇨ 임치인과 알고 있는 창고증권소지인에게 그 멸실의 통지를 '발송한 날'로부터 기산

Excalibur 리스계약

- ☐ 금융리스업
- ☐ 금융리스물건을 수령한 경우 금융리스이용자는 선관주의 의무 有(§168의3④)
- ☐ 금융리스업자는 약정시기에 적합한 금융리스물건을 수령할 수 있도록 협력할 의무 부담, 이와 별도로 독자적인 금융리스물건 인도의무 또는 검사·확인의무 부담 ×
- ☐ 금융리스물건의 공급자는 약정 시기에 물건을 금융리스 이용자에게 인도할 의무 有(§168의4①)
- ☐ 물건이 약정시기와 내용에 따라 공급되지 않은 경우(§168의4②)
  - ⇨ 공급자에게 직접 손해배상 청구 可

- ☐ 금융리스이용자의 책임 있는 사유로 금융리스계약을 해지하는 경우 잔존 금융리스료 상당액의 일시 지급 또는 금융리스물건의 반환을 청구할 수 있는 자(§168의5①)
  ⇨ 금융리스업자 ○
- ☐ 중대한 사정변경으로 물건을 계속 사용할 수 없는 경우(§168의5③) ⇨ 3개월 전에 예고하고 계약 해지 可 / 단 금융리스업자에게 계약 해지로 인한 손해는 배상하여야 ○
- ☐ 시설대여(리스)계약
- ☐ 시설대여회사가 대여시설이용자가 선정한 특정 물건을 새로 취득하거나 대여 받아 그 물건에 대한 직접적인 유지·관리책임을 지지 아니하면서 대여시설이용자에게 일정기간 사용하게 하고 기간종료 후 물건 처분에 관해 약정으로 정하는 계약
- ☐ 비전형계약(무명계약), 형식에서 임대차계약과 유사, 실질은 물적 금융 ⇨ 민법 임대차 규정이 바로 적용 ×
- ☐ 시설대여 회사의 하자담보책임제한약정은 유효 ○(약관의 규제에 관한 법률 §7 제2호, 제3호에 해당 ×)
- ☐ 리스이용자 : 리스물건의 멸실·훼손에 대한 위험을 부담 ○

Excalibur 가맹업(Franchise)

- ☐ 가맹업자의 의무(§168의7) ⇨ 지원의무(①), 경업금지의무(②)
- ☐ 가맹상의 의무(§168의8) ⇨ 계약 종료 후에도 가맹업자의 영업상 비밀 준수의무 有(②)
- ☐ 가맹상의 영업양도(§168의9) ⇨ 가맹업자는 특별한 사유가 없으면 동의하여야 ○(②)
- ☐ 부득이한 사정 有(§168조10) ⇨ 존속기간 약정 유무와 관계없이 상당한 기간을 정하여 예고한 후 가맹계약을 해지 可
- ☐ 가맹상은 가맹업자의 상호 등 영업표지 사용하므로 가맹업자는 상법 제24조 명의대여자 책임 부담 可 ⇨ 상대방이 중대한 과실이 없는 경우 책임 ○
- ☐ 가맹계약 종료 후 가맹상의 보상청구권 행사 可(§92조의2 대리상의 보상청구권 유추 적용 可)

제7장 해 상

제3편 회사

제1장 회사법 통칙

Excalibur 1인회사

- □ 1인회사 : 주식회사에 있어서 총 주식을 한 사람이 소유한 회사
  - □ 예) 주식의 포괄적 교환을 통해 자회사가 되는 회사(§360의2)
  - □ 주식회사, 유한회사, 유한책임회사는 可 / But 합명회사, 합자회사는 不可
- □ 1인회사에서 주주총회 소집절차 위법 ⇨ 주주가 참석하여 총회개최에 동의하고 이의 없이 결의하면 결의 위법 ×
  - □ 1인주주가 참석한 경우 ⇨ 총회소집절차상의 하자 치유, 영업양도와 같이 주주총회의 특별결의를 요하는 때에도 따로 주총특별결의 不要(1인주주의 동의만으로 유효 ○)
- □ 1인회사에서 총회를 개최한 사실이 없었다 하더라도 그 1인주주에 의하여 주주총회의사록이 작성되었다면 ⇨ 결의가 있었던 것으로 볼 수 ○
  - ⇨ But 주식의 소유가 실질적으로 분산되어 있는 경우에는, 1인이 총 주식의 대다수를 가지고 있고 그 지배주주에 의하여 의결이 있었던 것으로 주주총회 의사록이 작성되었더라도 주주총회 결의 부존재 사유 ○
- □ 주주총회를 개최한 사실이 없고 의사록이 작성되지 않은 경우
  - ⇨ 증거에 의한 주총결의 인정 可
- □ 1인회사에서의 이사의 자기거래 ⇨ 이사회의 승인 不要
- □ 퇴직금이 사실상 1인회사의 실질적 1인 주주의 결재·승인을 거쳐 관행적으로 지급된 경우
  - ⇨ 임원퇴직금 규정에 대한 주주총회의 결의가 있었던 것으로 ○
- □ 1인회사의 주주가 회사 자금을 보관 중 임의로 처분 ⇨ 횡령죄 성립 ○
- □ 1인회사의 1인주주 ⇨ 회사에 대한 배임죄 성립 可
- □ 1인회사에서 1인주주가 당해 임원의 의사에 기하지 않은 채 임의로 사임서의 작성이나 이에 기한 등기부의 기재를 한 경우 ⇨ 사문서위조죄 및 공정증서원본불실기재죄 성립
- □ 주주와 이사회가 대신하는 회사 자체의 이해가 일치한다고 할 수 없으므로 1인 회사에서도 이사는 선임되어야 ○

Excalibur 회사의 권리능력

- □ 법률과 회사의 정관상의 목적에 의해 제한
- □ [HIT] 정관상의 목적범위내의 행위
  - ⇨ 정관에 명시된 목적 자체에 국한 × / 목적을 수행하는데 있어 직접, 간접으로 필요한 행위 모두 포함, 목적수행에 필요한지의 여부는 행위의 객관적 성질에 따라 판단

- ⇨ 어음의 배서는 단기 금융업을 영위하는 회사의 목적범위내의 행위 ○
- □ **정관상의 목적** : 법인 내부에서 이사, 이사회 기타 기관의 권한의 대강과 추진할 사업의 방향을 결정
- □ **주식회사 계약책임 성립 ○**
  - □ 정관으로 정한 이사회 승인을 결여한 대표이사의 차용행위
  - □ 회사가 공동으로만 회사를 대표할 수 있는 공동대표이사에게 대표이사라는 명칭의 사용을 용인 내지 방임한 경우
- □ **주식회사 계약책임 성립 ×**
  - □ 주주총회 특별결의를 거치지 않고 한 영업의 중요한 일부 양도 계약
  - □ 회사의 명칭 사용 승인 없이 임의로 명칭을 참칭한 자의 행위에 대해 제지하지 못한 점에 있어 과실이 있는 회사의 책임
  - □ 해직보상금에 관하여도 정관에서 그 액을 정하지 않고 주주총회 결의가 없음에도 이사가 그 의사에 반하여 이사직에서 해임될 경우 회사의 해직보상금 지급약정에 의한 책임
- □ **주식회사의 법인격 형해화 여부** ⇨ 원칙적으로 문제가 되고 있는 법률행위나 사실행위를 한 시점을 기준으로 판단 ○

[Excalibur] 회사의 설립

- □ 회사의 설립무효(§328)의 사유 ⇨ 설립절차의 객관적 하자 ○ / 사원 개인의 주관적 하자인 의사표시의 하자 ×
- □ 합명회사 설립무효·취소의 소(§184①)
  - □ 제소권자 : 사원 (설립무효의 소), 취소권 있는 자 (설립취소의 소)
  - □ [HIT] 제소기간 : 회사성립의 날로부터 2년 내 (소로써만 주장가능)
  - □ 사원이 그 채권자를 해할 것을 알고 회사를 설립한 때 ⇨ 채권자는 그 사원과 회사에 대한 소로 회사의 설립 취소 청구(§185)
  - □ 판결확정의 효력(§190)
    - ⇨ 판결은 제3자에 대해서도 효력 有, But 판결 확정 전에 생긴 회사와 사원 및 제3자간의 권리의무에 영향 ×
    - ⇨ 해산의 경우에 준하여 청산하여야 하고 법원은 사원 기타의 이해관계인의 청구에 의하여 청산인을 선임할 수 ○(§193)
    - ⇨ 설립무효 판결 또는 설립취소의 판결이 확정된 경우 그 무효나 취소의 원인이 특정한 사원에 한한 것인 때 ⇨ 다른 사원 전원의 동의로써 회사를 계속할 수 ○ (§194①)
    - ⇨ 취소의 원인이 있는 사원은 퇴사한 것으로 봄(§194②)
- □ 유한책임회사 설립무효·취소의 소(§287조의6)
  - □ 제소권자 : 사원 및 업무집행자 (설립무효의 소)

- □ 유한회사 설립무효·취소의 소(§552①)
  - □ 제소권자 : 사원, 이사, 감사 (설립무효의 소), 취소권 있는 자 (설립취소의 소)
  - □ [HIT] 제소기간 : 회사설립의 날로부터 2년 내 (소로써만 주장가능)
- □ 합자회사의 유한책임사원인 A가 미성년자인 하자가 있는 경우 다른 유한책임사원B는 회사 설립 취소의 소 제기 불가 ⇨ 설립의 취소는 그 취소권자에 한하여 주장 可(§269, §184①)
- □ 각 사원의 무한책임 또는 유한책임인 것(§271①)
  - ⇨ 합자회사 설립등기 시 필요적 등기사항
- □ 유한회사가 정관으로 이사를 정하지 아니한 경우(§547①)
  - ⇨ 회사성립 전에 사원총회를 열어 이를 선임하여야 ○
- □ [HIT] 유한책임회사의 사원(§287의4①) : 신용이나 노무는 출자 불가

Excalibur 합병의 자유

- □ 회사 합병은 원칙적 자유 (종류가 다른 회사 간에도 합병 가능, 단 제한 有)
  - □ 일방 또는 쌍방이 주식회사, 유한회사, 유한책임회사인 경우
    - ⇨ 존속회사 또는 신설회사는 주식회사, 유한회사 또는 유한책임회사
  - □ 주식회사와 유한회사의 합병
    - ⇨ 존속회사 또는 신설회사가 주식회사가 되는 경우 법원의 인가 要 / 존속회사 또는 신설회사가 유한회사가 되는 경우 주식회사의 사채상환 완료 要

Excalibur 합병의 종류

- □ 흡수합병과 신설합병
- □ 간이합병(§527의2)과 소규모합병(§527의3)
  - □ [HIT] 간이합병
    A가 B를 흡수합병 시 B의 주주전원의 동의가 있거나 이미 A가 B의 주식을 90% 이상 갖고 있는 경우 소멸할 B의 주총결의는 이사회결의로 대체 可, 흡수합병의 경우에만 인정 ○ (신설합병 ×)
  - □ [HIT] 소규모합병
    ⇨ A가 B를 다음 요건을 충족하여 흡수 합병하는 경우
    ㉠ A가 합병으로 인하여 발행하는 신주 및 이전하는 자기주식의 총수가 발행주식총수의 10/100을 초과하지 않고
    ㉡ 교부금합병의 경우는 금액이 A의 최종 대차대조표상으로 현존하는 순자산액의 5/100를 초과하지 않으며
    ㉢ 합병 후 존속회사의 발행주식 총수의 20/100 이상에 해당 주주가 소규모합병에 의사를 통지하지 않을 때

⇨ 존속하는 A의 주총결의는 이사회결의로 대체 可 (존속하는 회사는 합병계약서에 주주총회의 승인을 얻지 아니하고 합병을 한다는 뜻을 기재하여야 ○)
⇨ 합병반대주주의 주식매수청구권 無(제527조의3 ⑤)

Excalibur 합병의 절차

☐ 합병의 절차 : 합병계약, 대차대조표 공시, 합병결의, 회사채권자보호, 보고총회와 창립총회, 합병등기(창설적 효력)

- [HIT] 합병반대주주(의결권이 없거나 제한되는 주주 포함)의 주식매수청구권(§522의3) : 주주총회 전에 회사에 서면으로 합병반대의사 통지 要, 총회 결의일부터 20일 내 주식 종류와 수를 기재한 서면으로 회사에 대하여 자기가 소유하고 있는 주식매수청구 可
- [HIT] 회사채권자보호(§527의5) : 주주총회의 승인결의가 있은 날부터 2주내에 채권자에 대하여 합병에 이의가 있으면 1월 이상의 기간 내에 이를 제출할 것을 공고, 알고 있는 채권자에 대하여는 따로따로 이를 최고하여야 ○, 위반 시 합병무효사유

☐ 합병대가의 제공 : 주식회사에서 소멸하는 회사의 주주는 원칙적으로 존속회사의 신주나 신설회사의 주식을 배정 / But [HIT] 흡수합병 시 존속회사가 소멸회사의 주주에게 합병의 대가로서 존속회사의 주식 대신에 현금, 사채, 모회사주식 등 교부하는 것(교부금합병 §523 4호, §524 4호)도 可

∴ ① 자기주식 지급 可 ② 모회사 주식 취득 및 지급 可 ③ 전부 현금에 의한 교부금합병 可

☐ 삼각합병 : 존속회사의 모회사 주식을 합병대가로 하는 합병
- 모회사의 주주총회의 결의가 필요한지에 대한 명문의 규정이 없으므로 모회사의 주주총회의 결의 不要
- 삼각합병계약에서 합병대가로 직접 모회사가 그 주식을 대상회사 주주에게 발행 不可

☐ 합병대가가 모회사주식인 경우의 특칙(§523의2)
- 존속회사는 모회사주식을 취득 ○
- 합병효력 발생일로부터 6개월 이내에 처분하여야 ○

☐ 흡수합병
- 존속회사가 자기 주식으로 합병의 대가를 모두 지급할 수 있다면 신주발행이 필요하지 않으므로 무증자 합병도 가능 / 이 경우 존속회사의 자본금은 증가 ×
- 흡수합병의 경우 존속회사의 이사와 감사는 잔여임기에도 불구하고 원칙적으로 합병 후 최초로 도래하는 결산기의 정기총회가 종료하는 때에 퇴임(§527의4)
- 소멸회사가 보유하던 존속회사 주식은 존속회사가 합병에 의해서 승계되므로 존속회사가 이를 계속 보유 可
- 흡수합병으로 소멸회사로부터 존속회사가 취득한 자기주식에 대한 합병신주 배정 可

☐ 합병계약서 등의 공시 : 주주 및 회사채권자는 열람 청구, 등·초본 교부 청구 可
☐ 합병에 반대하는 주주 : 주주총회 전에 회사에 반대의사 통지 후 보유주식 매수 청구 可

- □ 채권자보호절차 : 존속회사와 소멸회사 모두 받아야 ○
- □ 합병으로 인한 주식병합 시(§440~§443, §329의2, §530②,③)
  ⇨ 자본금 감소시의 주식병합 절차 준용

Excalibur 합병의 효과, 무효

- □ 소멸회사의 권리·의무는 사법상의 관계나 공법상의 관계를 불문 그의 성질상 이전을 허용하지 않는 것을 제외하고는 모두 합병으로 인하여 존속한 회사에 승계 ○
- □ 흡수합병의 경우 존속회사의 증가할 자본액
  ⇨ (判) 반드시 소멸회사의 순자산가액의 범위 내로 제한되는 것 ×
- □ 해산후의 회사(§174) ⇨ 존립중의 회사를 존속회사로 하는 경우에 한하여 합병 可
- □ 합명회사에서의 지분환급청구권 : 퇴사 시 인정 규정 ○(§222) / 합병 시 인정규정 ×
  ⇨ 합병의 경우 원칙적으로 사원의 지위가 승계되기 때문
- □ 합병무효의 소(§529)
  - □ 각 회사의 주주·이사·감사·청산인·파산관재인 또는 합병을 승인하지 아니한 채권자에 한하여 소만으로 이를 주장 ○
  - □ [HIT] 합병등기에 의하여 합병의 효력이 발생한 후에는 합병무효의 소를 제기 하여야 (합병비율의 현저한 불공정도 합병무효의 소의 원인 ○)
  - □ 합병무효의 소를 제기하는 외에 합병결의무효확인 청구만을 독립된 소로 청구 不可
  - □ 합병무효의 소에서 청구인낙 不可
  - □ 합병무효 판결의 불소급효 : 판결확정 전에 생긴 회사와 사원 및 제3자간의 권리의무에 영향 ×

Excalibur 회사의 분할·분할합병(제530조의2)

- □ 회사의 분할 : 주식회사에 한해서만 인정
- □ 회사분할의 종류 - 단순분할과 분할합병, 인적분할과 물적분할
  - □ 단순분할 : 분할된 영업이 독립하여 신설회사로 남는 것
  - □ 분할합병 : 분할된 영업이 독립성을 잃고 다른 회사에 흡수되는 것
  - □ 물적분할 : 신설회사 또는 승계회사가 분할신주를 분할회사에게 교부
  - □ 인적분할 : 신설회사 또는 승계회사가 분할신주를 분할회사의 주주에게 교부
- □ 분할의 내용이나 절차의 하자(§530의11) : 분할무효의 소로써만 다툼 可
  - □ 제소기간 : 분할등기일로부터 6개월 (합병무효의 소 규정을 준용)
  - □ 피고적격 : 분할된 회사를 공동피고로
- □ 주주가 회사를 상대로 제기한 분할합병무효의 소에서 증명책임
  - □ 주주총회결의의 존재 : 회사
  - □ 결의에 중대한 하자가 있다는 점 : 주주

- ☐ 분할합병무효의 소의 원고적격
  - ⇨ 주주·이사·감사·청산인·파산관재인 또는 합병을 승인하지 아니한 채권자
- ☐ 분할합병무효의 소의 원인이 된 하자가 추후 보완될 수 없는 성질의 것인 경우
  - ⇨ 그 하자가 보완되지 아니하더라도 법원이 제반 사정을 참작하여 분할합병무효의 소를 재량기각 可
- ☐ 분할 또는 분할합병을 위한 모회사 주식취득 허용 ○

Excalibur 분할회사의 채무에 대한 연대책임(제530조의9)

- ☐ 회사분할의 효력발생시기 : 분할등기 시
- ☐ 분할과 채권자보호
  - ☐ 원칙 : 연대책임(§530의9①)
    - ⇨ 분할회사·신설회사·승계회사는 분할 전 분할회사의 채무에 대하여
  - ☐ 예외 : [HIT] 분할회사의 주총특별결의 + 채권자보호절차 ⇨ 연대책임 배제(§530의9②,③,④)
- ☐ 회사의 분할 또는 분할합병으로 인하여 설립되는 회사와 존속하는 회사가 회사 채권자에게 연대하여 변제할 책임이 있는 분할 또는 분할합병 전의 회사 채무
  - ☐ 성질 : (부진정)연대채무, 소멸시효 중단 또는 연장의 상대효
  - ☐ 소멸시효 기간과 기산점: 분할 또는 분할합병 전의 회사가 채권자에게 부담하는 채무와 동일
  - ☐ 채무범위 : 분할 또는 분할합병의 효력발생 전에 발생하였으나 분할 또는 분할합병 당시에는 아직 그 변제기가 도래하지 아니한 채무도 포함 ○
- ☐ 단순분할회사가 주주총회 특별결의로 분할에 의하여 회사를 설립하는 경우 ⇨ 단순분할신설회사는 분할회사의 채무 중에서 분할계획서에 승계하기로 정한 채무에 대한 책임만을 부담 可
- ☐ 단순분할신설회사는 분할회사의 권리와 의무를 분할계획에서 정하는 바에 따라 승계
- ☐ 분할계획서상 소송으로 인한 권리·의무를 단순분할신설회사가 승계하기로 한 경우
  - ⇨ 소송수계 可

Excalibur 분할절차

- ☐ 분할계획서·분할합병계약서를 작성하여 주주총회의 승인을 얻어야 ○(§530의3①)
- ☐ 간이분할합병(§530의11②, §527의2)
  - ⇨ 승계회사가 분할회사의 발행주식총수의 100분의 90 이상을 소유한 경우
  - ⇨ 분할회사의 주주총회의 승인은 이를 이사회의 승인으로 갈음 可
- ☐ 주총특별결의(§530의3③) ⇨ 분할계획서·분할합병계약서의 승인을 위한 주주총회에서는 의결권이 배제되는 종류주식을 보유한 주주도 의결권 有

- 회사의 분할합병으로 인해 각 회사의 주주의 부담이 가중 되는 경우 주주보호절차
  - 주주총회 승인 + 종류주주총회의 특별결의 + 그 주주 전원의 동의 要(상법 §530의3⑥)
  - vs. 채권자보호절차(§530의9④, §527의5)는 근거 조문이 다름
- 반대주주의 주식매수청구권 ⇨ 분할합병 경우에는 인정 ○, 단순분할 경우에는 인정 ×
- 단순분할의 경우 ⇨ 반대주주의 주식매수청구권 인정 ×
  - ⇨ [HIT] 반대주주의 주식매수청구권 : 단순분할 無, 분할합병 有
- 분할합병의 경우 연대책임의 배제와 상관없이 항상 채권자보호절차를 거쳐야 ○
- 분할합병에서의 채권자 보호 ⇨ (단순분할과 달리) 분할승계·분할합병신설회사의 분할회사 채무에 대한 제한 여부와 상관없이 채권자의 이의권 인정
- 분할을 위해서는 원칙적으로 대표이사 개인이 알고 있는 채권자에 대하여 개별적으로 최고하여야 ○
- 단독분할설립이며 분할회사의 주주에게 소유하는 주식 수에 비례하여 신설회사의 주식을 발행하는 경우 ⇨ 법원이 선임하는 검사인의 조사절차 不要(§530의4 단서)

Excalibur 주식의 포괄적 교환과 이전

- 주식의 포괄적 교환(§360의2)
  - B회사 주주가 소유하는 B회사 주식을 전부 A회사에 이전 ⇨ A회사는 B회사의 완전모회사 ○
  - A회사가 B회사의 주주에게 신주를 발행하거나 자기주식을 교부 ⇨ B회사 주주는 A회사 주주 ○
- 주식의 포괄적 이전(§360의15)
  - B회사가 A회사를 설립
  - B회사 주주가 소유하는 B회사 주식을 전부 A회사에 이전 ⇨ A회사는 B회사의 완전모회사 ○
  - A회사가 B회사의 주주에게 신주를 발행하거나 자기주식을 교부 ⇨ B회사 주주는 A회사 주주 ○
- 주식의 포괄적 교환·이전 ⇨ 완전모자관계 창설 및 소수주주 축출 제도의 일환
- 주식의 포괄적 교환과 이전의 공통점
  - [HIT] 채권자보호절차 不要
  - 회사의 주주에게 부담이 가중되는 경우 ⇨ 그 주주 전원의 동의 要
  - 완전자회사가 되는 회사의 주식의 등록질권자 ⇨ 완전모회사에 대해 포괄적 이전으로 발행하는 주식에 대한 주권의 교부 청구 可
  - 주식교환무효의 소와 주식이전무효의 소의 효력 : 대세효 + 불소급효(장래효)
- 주식의 포괄적 교환

- 절차 : 주식교환계획서의 작성 + 인수회사, 대상회사, 이전회사 등 관련된 모든 회사에서 주주총회 특별결의에 의한 승인 要
- 신주발행 없이 기존보유 자기주식으로 교환 可
- 완전자회사가 되는 회사의 주주에게 제공하는 재산이 완전모회사가 되는 회사의 모회사 주식을 포함하는 경우 ⇨ 완전모회사가 되는 회사는 그 지급을 위하여 그 모회사의 주식 취득 可
- 회사 쌍방은 주주총회의 특별결의에 의한 승인 필요, 단 간이주식교환과 소규모주식교환의 경우에는 이사회 결의로 승인 可
  - ⇨ 간이주식교환(§360의9) : 완전자회사가 되는 회사의 발생주식총수의 90% 이상을 완전모회사가 되는 회사가 소유한 경우 완전자회사의 주총승인을 이사회의 승인으로 갈음 ○
  - ⇨ 소규모주식교환(§360의10) : 완전모회사가 되는 회사가 발행하는 신주 및 이전하는 자기주식의 총수가 10%를 초과하지 않는 경우 이사회승인으로 완전모회사의 주총 갈음 ○
- 완전자회사가 되는 회사의 주주는 완전모회사가 되는 회사가 주식교환을 위하여 발행하는 신주의 배정을 받거나 그 회사 자기주식의 이전을 받음으로써 그 회사의 주주 ○(§360의2②)
- 반대주주의 주식매수청구권 : 포괄적 교환 ○ / 소규모주식교환 ×
- 효력발생시기 : 주식교환을 한 날
- 주식교환 전에 취임한 완전모회사의 이사, 감사 : 주식교환 후 최초로 도래하는 결산기에 관한 주주총회 종료 시 퇴임(§360의13)
- 자회사의 모회사 주식취득은 원칙적으로 금지, 단 완전자회사의 주주에게 완전모회사의 모회사 주식 제공하려는 경우 완전모회사는 그 모회사의 주식 취득이 허용
- **주식교환무효의 소**(§360의14) ⇨ 주주·이사·감사·감사위원회의 위원 또는 청산인에 한하여 주식교환의 날부터 6월내 소만으로 주장 可, 대세효 有
- 각 회사의 주주는 주식이전의 날부터 6월내에 소만으로 포괄적 주식이전의 무효 주장 가능
- 주식의 포괄적 이전의 효력 발생 시기 : 완전모회사가 본점소재지에 설립등기 한 날 ○
- 주식의 포괄적 이전의 경우 완전모회사의 자본금 한도액
  - ⇨ 완전자회사에 현존하는 순자산액에서 주주에게 제공할 금전 및 재산의 가액을 뺀 액
- **완전자회사의 주주가 완전자회사를 상대로 이사선임에 관한 주주총회결의취소의 소를 제기한 후 소송계속 중에 주식교환이 완료된 경우** ⇨ 그 소를 제기한 자는 원고적격 상실

Excalibur 주주구성 변동없는 타회사의 영업지배수단

- 일방 회사를 완전모회사로 하는 주식의 포괄적 교환 : 해당 × (주주구성변동 ○)
- 영업 전부의 양수 후 현물 출자하여 자회사 설립 : 해당 ○ (주주구성변동 ×)
- 흡수합병을 하면서 주식배정 대신 합병대가를 금전으로 지급 : 해당 ○ (주주구성변동 ×)
- 지배주주의 매도청구권을 이용하여 다른 회사의 주식 100%를 보유 : 해당 ○ (주주구성변동 ×)

Excalibur 회사의 조직변경

- 주식회사에서 유한회사로 조직변경(§604) : 사채의 상환을 완료하여야 ○
- 합명회사에서 합자회사로 조직변경(§242) : 채권자 보호규정 有 (등기 후 2년 내 무한책임사원)
- 합자회사에서 합명회사로 조직변경(§286) : 채권자 보호규정 無
- 주식회사에서 유한책임회사로 조직변경(§287의43) : 총회에서 총주주의 동의에 의한 결의 要
- 유한책임회사에서 주식회사로 조직변경(§287의44) : 총사원의 동의 要
- 유한회사에서 주식회사로 조직변경(§607) : 법원의 인가없으면 효력 無, 종전의 지분에 대한 질권은 새로이 발행되는 주식에 대하여 물상대위의 효력 有

Excalibur 회사의 해산

- 정관에서 정한 해산사유 발생시 합명회사의 계속 요건(§229①)
  ⇨ 사원의 전부 또는 일부의 동의
- 정관에서 정한 해산사유 발생시 주식회사의 계속 요건 ⇨ 주주총회 특별결의(§519,§434)
- 합명회사의 사원이 1인이 된 경우(§229②,④)
  ⇨ 새로 사원을 가입시켜 회사를 계속 可
  ⇨ 새로 가입한 사원은 가입 전에 생긴 회사채무에 대하여 무한책임사원과 동일한 책임 有
- 합자회사의 사원이 1인이 된 경우에도(§269)
  ⇨ 새로 사원을 가입시켜 회사를 계속하는 것이 허용 ○

Excalibur 채권자보호절차(제232조)

- 채권자보호절차가 필요한 경우
  - 합병(합명회사, 유한책임회사 / 주식회사(§527의5)) / 자본감소(유한책임회사, 주식회사) / 유한책임회사 지분환급 / 조직변경(유한책임회사, 유한회사) / 임의청산

- □ 주식의 포괄적 교환·이전 ⇨ 합병과는 달리 어느 회사도 채권자보호절차 不要
- □ 분할합병의 경우 ⇨ 채권자보호절차 필요 / But 단순분할의 경우 연대책임을 배제하는 경우에만 채권자보호절차를 要 ○

제2장 주식회사의 설립

Excalibur 주식회사의 설립

- □ 설립방법
  - □ 발기설립(§293) : 설립 시에 발행하는 주식의 총수를 발기인만이 인수
  - □ 모집설립(§301) : 설립 시에 발행하는 주식 중 일부는 발기인이 우선인수하고 나머지는 주주를 모집하여 인수
- □ 회사설립시에 발행하는 주식의 총수가 인수된 때
  - ⇨ 발기인은 지체 없이 주식인수인에 대해 인수가액의 전액을 납입시켜야 ○
- □ 정관의 상대적 기재사항 : 발기인이 받을 특별이익
- □ 정관의 절대적 기재사항(§289①) : 회사가 발행할 주식의 총수
- □ 정관의 효력발생시기(§292) : 공증인의 인증을 받은 때 (단 자본금 10억 미만인 경우는 각 발기인이 정관에 기명날인 또는 서명한 때)
- □ 주주를 제명하고 회사가 그 주주에게 출자금 등을 환급하도록 하는 내용을 규정한 정관 규정 ⇨ 무효
- □ 발기설립시 설립경과조사(§298)
  - ⇨ [HIT] 이사와 감사가 취임 후 지체 없이 회사의 설립에 관한 모든 사항이 법령 또는 정관에 위반되는지 여부를 조사하여 발기인(모집설립은 창립총회)에게 보고
- □ 발기설립시 납입과 현물출자의 이행이 완료된 때(§296)
  - ⇨ 발기인은 지체없이 의결권의 과반수로 이사와 감사를 선임해야 ○
- □ 현물출자 검사 : 현물출자 가액을 기준으로 면제 可 / 자본금 기준 ×

Excalibur 모집설립

- □ 모집설립에서 주식인수의 법적 성질 ⇨ 설립중의 회사의 입사 계약
- □ 주식인수의 청약
  - □ 청약의 방식(§302) : 주식청약서 2통에 인수할 주식의 종류 및 수와 주소 기재하여 기명날인 또는 서명
  - □ 청약인 측에 무능력·착오·사기·강박·허위표시·무권대리 등의 사유(비진의 의사표시 ×)가 있는 경우 ⇨ 인수행위의 무효·취소 주장 可
  - □ 회사성립 후 또는 주식인수인이 창립총회에 출석하여 권리를 행사한 경우(§320)
    - ⇨ 인수의 무효주장이나 사기, 강박 또는 착오를 이유로 한 취소 不可

- □ 주금의 납입
  - □ 납입은행과 납입장소 : 주식청약서의 필수적 기재사항(§302② 제9호)
  - □ 주금액의 납입방법
    - ⇨ 현실로 전액 납부해야 ○ (면제 ×)
    - ⇨ 당좌수표로 납입한 경우 : 현실적으로 결제된 경우에 납입 인정
- □ 의결권배제 종류주식을 인수한 주주 ⇨ 창립총회에서 의결권 행사 可

Excalibur 발기설립과 모집설립의 비교

	발기설립	모집설립
주식인수 방법	발기인이 서면으로 주식총액 전부인수	발기인 일부인수 + 주식인수 청약서로 주주모집
납입불이행시 조치	실권절차 × / 강제이행	실권절차 ○ / 다시 주주모집
납입이행완료 후 기관구성 (이사와 감사의 선임)	발기인 의결권 과반수로 이사와 감사 선임	창립총회 소집하여 이사 감사 선임
설립경과조사	이사와 감사가 발기인에 보고	이사와 감사가 창립총회에 보고
변태설립사항 있을 때 검사인 선임청구	이사가 법원에 청구	발기인이 법원에 청구
검사인의 조사 보고의무	법원에 보고	창립총회에 보고
부당한 변태설립사항의 변경	법원이 변경조치	창립총회가 변경조치

Excalibur 소규모주식회사의 설립

- □ 최저자본금제도(구 규정상 5천만원 이상) : 2009년 개정으로 폐지
- □ 자본금 10억 미만 소규모 주식회사의 특례
  - □ 발기설립시 정관, 의사록 공증의무 면제 (모집설립시 면제 ×)
    - ⇨ 발기인의 기명날인 또는 서명만으로 효력발생
  - □ [HIT] 감사선임의무 면제
  - □ [HIT] 주총 소집절차 간소화 : 총주주 동의로 소집절차 생략 可, 총주주의 서면동의로 주총결의 갈음 可
  - □ [HIT] 이사선임기준 간소화(2인 이하 可) / 이사회구성의무 면제
  - □ 발기설립시 주금납입보관증명서를 일반 잔고증명서로 대체 可

Excalibur 변태설립사항(제290조)

- 변태설립사항 : 정관에 기재해야 효력 ○, 상대적 기재사항
- 종류 : ① 특별이익 ② 현물출자 ③ 재산인수 ④ 설립비용 ⑤ 발기인의 보수
- 변태설립사항에 대해 검사인의 조사 또는 감정인의 평가를 받지 아니한 경우
  ⇨ 강행법규 위반으로 무효
- 정관에 기재되지 않은 설립비용을 회사가 지급한 경우 ⇨ 발기인에 구상 可

Excalibur 현물출자(제290조 제2호)

- 변태설립사항으로 정관에 기재, 납입기일에 지체 없이 등기 서류 교부해야 ○
- 현물출자를 하는 자의 성명과 그 목적인 재산의 종류, 수량, 가격과 이에 대하여 부여할 주식의 종류와 수를 정관에 기재함으로써 효력 발생
- 영업상의 비결 : 현물출자 可
- 모집설립시 설립경과조사
  - 이사와 감사가 설립경과를 조사하여 창립총회(발기설립은 발기인)에게 보고
  - 현물출자가 과대평가되어 회사에 손해발생 시 배상책임 有

Excalibur 재산인수(제290조 제3호)

- 재산인수의 의의 : 발기인이 회사성립을 조건으로 일정한 재산을 매매의 형식으로 양수할 것을 약정하는 계약
- 정관에 기재하지 아니하면 무효(∵변태설립사항)
- 설립 중 회사의 발기인이 공장부지 매수(재산인수에 해당) 후 정관에 기재하고 검사인의 조사절차 거친 경우 ⇨ 회사의 소유권이전등기청구권 행사 可
- [HIT] 정관에 기재되지 않아 무효인 재산인수
  ⇨ 상법 제375조 사후설립에 해당하면 주총특별결의로 추인 可
- 甲이 발기인 乙과 장래 설립·운영할 A 주식회사에 토지를 현물 출자하거나 매도 약정하고, A 회사 설립 후 소유권이전등기 마쳐 준 다음, 회장으로 장기간 A 회사 경영에 관여, 설립된 때부터 약 15년 지난 후에 토지 양도 무효를 주장하고 소유권이전등기말소를 구한 사안
  - 위 약정은 상법 제290조 제3호에서 정한 재산인수로서 정관에 기재가 없어 무효
  - 甲의 토지 양도 무효 주장은 신의성실의 원칙에 반하여 허용 ×
  - 동시에 상법 제375조 사후설립에 해당하여 주주총회 특별결의 추인이 있었다면 유효하게 토지의 소유권을 취득
  - 신의성실의 원칙 위반 또는 권리남용은 강행규정으로 법원이 직권 판단 可

Excalibur 가장납입

- □ **가장납입의 의의** : 주금의 현실적 납입이 이루어지지 않으면서 단지 외관상으로만 납입이 있는 것처럼 가장하여 회사를 설립하는 경우
- □ **가장납입의 효력**
  - □ (判) 주금납입절차는 일단 완료되어 주금납입 유효하나 회사가 일시 차입금을 가지고 주금을 체당 납입한 것과 같이 볼 수 있으므로 주주는 회사에 체당납입주금반환의무 ○, 발기인들은 공동불법행위로 인한 손해배상책임 ○
  - □ cf) 대한종금사건 : 회사가 제3자에게 주식인수대금을 대여하고 제3자가 그 대여금으로 주식인수대금을 납입한 경우 / 제341조 자기주식취득 위반이 되므로 이 경우의 가장납입은 무효
- □ 주금납입이 유효하므로 회사설립의 무효가 문제되지 않음, 주주의 의결권행사 可
- □ 발기인의 책임 : 자본충실책임(§321) × / 손해배상책임(§322) ○, 민법상 불법행위 책임 ○
- □ **HIT** 발기인의 형사책임 : 납입가장죄와 공정증서원본부실기재죄 및 동행사죄 ○ / 업무상 횡령죄 ×

Excalibur 설립중의 회사

- □ 주식회사의 설립과정에서 발기인이 회사의 설립을 위하여 필요한 행위로 인하여 취득하게 된 권리의무가 회사의 설립과 동시에 그 설립된 회사에 귀속되는 관계를 설명하기 위한 강학상의 개념 / 설립중 회사의 법적 성격 : 법인 아닌 사단 ○, 권리능력 없는 사단 ○
- □ 설립 중 회사의 성립시기
  - ⇨ 정관이 작성되고 발기인이 적어도 1주 이상의 주식을 인수하였을 때
- □ **HIT** 설립 중의 회사로서의 실체가 갖추어지기 이전에 발기인이 취득한 권리의무를 설립 후의 회사에 귀속시키기 위해서는 양수나 채무인수 등의 특별한 이전행위가 있어야 ○
  - □ 설립중의 회사 성립 전 취득한 권리의무는 발기인 개인 또는 발기인 조합에 귀속
  - □ 발기인조합 명의로 행한 거래가 발기인의 권한범위 내에 속하더라도 거래효과가 바로 설립중의 회사로 귀속 ×
- □ 설립 중 회사의 능력
  - □ 범위: 회사설립을 위해 필요한 행위 + 개업준비행위
  - □ 민사소송법상 당사자능력 ○ / 부동산등기법상 등기능력 ○
  - □ 어음행위능력 ○ / 불법행위능력 ○
- □ 설립비용 : 발기인이 회사의 설립을 위하여 지출한 비용
  - □ 내부적 부담관계 : 정관기재액수는 회사 / 초과부분은 발기인
  - □ 외부적 부담관계 : 견해가 대립하나 판례는 회사전액부담설
- □ 발기인대표가 설립 후 회사를 위해 생산 설비 구입 : 개업준비행위
  - ⇨ 회사가 채무 부담 ○
- □ 설립등기 ⇨ 설립중의 회사는 소멸

Excalibur 설립 중 회사의 거래 행위

□ 발기인(A)이 설립 중 회사의 대표로 한 거래 행위에서 정관에 근거가 없는 경우 비용 청구

	발기인의 권한범위 및 변태설립사항에 대한 처리	甲회사에 대한 청구	발기인대표 A에 대한 청구
설립사무실 임차료	설립행위이며 설립비용임 변태설립사항 ○ 정관에 정함이 없는 경우 ⇨	학설대립있으나, 판례는 회사전액부담설 ⇨ ∴ 회사에 청구 ○	정관에 근거 없는 행위이므로, 무권대표행위로 민법 제135조에 의한 청구 ○
영업장용도 건물 매매대금	개업준비행위이지만 재산인수임 변태설립사항 ○ 정관에 정함이 없는 경우 무효	×	정관에 근거 없는 무권대표행위로 민법 제135조에 의한 청구 ○
공장 창고 임차료	설립비용 기타 변태설립사항 ×, 개업준비행위는 발기인 권한범위내	회사에 자동승계 ○	×

Excalibur 회사성립의 경우 발기인의 책임(제321조, 제322조)

□ 발기인과 유사발기인의 인수·납입담보책임(§321) : 회사성립 후 인수되지 아니한 주식, 주식인수청약이 취소 (cf. 착오원인 취소 不可)된 주식을 공동으로 인수한 것으로 보며, 납입이 완료되지 않은 주식은 연대하여 납입할 의무 有 ⇨ 무과실책임
  cf) 신주발행 시 이사의 자본충실 책임
    ⇨ 인수담보책임 ○ / 납입담보책임 ×(§428①)
□ 발기인이 납입담보책임을 이행한 경우 ⇨ 주식인수인이 주주 ○ (발기인 ×)
□ 회사 성립 후 설립 무효판결 확정시 ⇨ 발기인과 유사발기인의 인수담보책임 소멸 ×
□ 제322조 발기인의 손해배상책임 ⇨ 과실책임, 주주 전원의 동의로 면제 可 (§324, §400)
□ 발기인의 악의 또는 중과실로 인한 임무해태
    ⇨ 제3자에 대해서도 연대하여 손해를 배상할 책임 有

Excalibur 회사불성립의 경우 발기인의 책임(제326조)

□ 회사 불성립 시 ⇨ 발기인은 설립에 관한 행위에 대하여 연대하여 책임을 지고 회사설립에 관하여 지급한 비용을 부담

Excalibur 유사발기인, 이사 등의 책임

□ 유사발기인(§327) : 주식청약서 기타 주식모집에 관한 서면에 성명을 기재하고 회사의 설립에 찬조하는 뜻을 기재할 것을 승낙한 자

⇨ 발기인과 동일한 책임 ○
⇨ But 발기인은 아니기 때문에 임무해태가 있을 수 없어 상법 제322조에 따른 손해배상책임이 없고 법정무과실책임인 자본충실책임은 부담

제3장 주식과 주주

Excalibur 액면주식·무액면주식과 자본금의 관계

- 자본금 = 발행주식수 × 액면가
- [HIT] 무액면주식 발행 시 ⇨ 액면주식 발행 不可
  - 회사의 자본금은 액면주식을 무액면주식으로 전환하거나 무액면주식을 액면주식으로 전환함으로써 변경 不可(§451③)
- [HIT] 액면주식과 무액면주식의 상호 전환 : 정관변경으로 可 / 주식병합의 절차 준용 / 자본금 변경 × / 채권자보호절차 不要
- 액면주식의 발행
  - 액면금액 : 정관의 절대적 기재사항
  - 자본금 : 등기사항
- 주식의 액면미달발행의 요건(§417) : 회사 성립 후 2년 경과 + 주주총회특별결의 + 법원의 인가
- 액면주식의 금액 : 균일할 것 / 1주의 금액은 100원 이상일 것
- 정관으로 정한 경우 ⇨ 무액면주식 발행 可
- 무액면주식을 발행하는 경우 회사의 자본금(§451②)
  - ⇨ 발행가액 1/2 이상 금액으로 이사회에서 자본금 계상하기로 한 금액의 총액
- 회사설립 시 무액면주식을 발행하는 경우 주식의 발행가액과 주식의 발행가액 중 자본금으로 계상하는 금액 ⇨ 정관으로 달리 정하지 않으면 발기인 전원의 동의로 定
- 주주 간의 투하자금회수의 가능성을 전면적으로 부정하는 약정 ⇨ 당사자간 채권적 효력 무효 ⇨ 이에 위반하여도 채무불이행책임 없음

Excalibur 주주권

- 주주권 : 주주가 회사에 대하여 가지는 포괄적이고 추상적인 권리, 자익권과 공익권으로 구성
  - 주주권에 주식회사 소유의 재산을 직접 이용·지배·처분할 수 있는 권한 포함 ×
  - 직접 제3자와의 거래관계에 개입하여 회사가 체결한 계약의 무효 주장 不可
- 주주권 행사요건
  - 법령·정관의 위반 또는 현저하게 불공정한 방법에 의한 주식의 발행 시
    ⇨ 주주의 신주발행유지청구 ○

- ▢ 주주의 열람청구권
  - ⇨ 영업시간 내 재무제표 ○
  - ⇨ 이사회의사록 ○(열람청구 거절시 ⇨ 민사소송 ×, 법원의 허가 ○)
- ▢ 집중투표제(§382의2) ⇨ 3% 이상 주주가 청구(대규모상장회사의 경우 1%)
- ▢ 상장회사는 소수주주권(§542의6)의 요건보다 단기의 주식보유기간 또는 낮은 주식보유비율 정할 수 ○
▢ 주식회사에 있어서 모든 대주주가 참석하여 당해사업년도 잉여이익중 자기들이 배당 받을 몫의 일부를 스스로 떼내어 소액주주들에게 고루 나눠주기로 한 주주총회 결의 ⇨ 유효
▢ 주주평등의 원칙(§369)에 위배되어 무효가 되는 경우
  - ▢ 특정 대주주에 대해서만 1주당 100개의 의결권 부여한 정관변경(주주전원 동의해도 무효)
  - ▢ 상법 규정에 의한 배당 외에 다른 주주들에게는 지급되지 않는 별도의 수익 지급 약정
  - ▢ 주주간의 분쟁의 해결을 위해 출자금을 환급하여 주기로 하는 정관 및 내부규정
  - ▢ 회사가 특정 주주와 협의하여 그 주주의 주식만 취득
  - ▢ 회생개시결정시의 주주동의권 부여약정이 회사의 귀책사유 유무를 불문한다면 주주평등원칙위반 무효 ⇨ 다른 주주 전원이 차등취급에 동의한다 하더라도 무효
  - ▢ 경영권자의 우호세력에 대하여만 신주발행
▢ 주요한 경영사항에 대한 주주 사전동의권 부여 약정 ⇨ 차등취급을 인정할 필요가 있는 특별한 사정이 있는 경우에는 주주평등원칙 위반 ×, 이사회 권한 침해 ×
▢ 주주와 다른 주주 내지 이사 개인사이의 법률관계, 약정에 의한 부분 ⇨ 주주평등원칙이 직접 적용 ×
▢ 당사자 간의 특약이나 주식 포기 의사표시 ⇨ 주식소멸 × / 주주지위상실 ×
▢ 주식회사가 다른 회사의 주식을 취득하는 것 可
▢ [HIT] 소수주주권

1%	3%	10%
유지청구권(제402조) 대표소송제기권(제403조)	주주제안권(제363조의2) 주주총회 소집청구권(제366조) 집중투표청구권(제382조의2) 이사·감사 해임청구권 (제385조 제2항, 제415조) 회계장부열람권(제466조) 업무검사권(제467조)	해산판결청구권(제520조)

Excalibur 주식의 발행, 주식분할

- ▢ 우리 상법 : 수권자본제도
- ▢ 회사 성립 후의 주식의 발행 : 원칙 이사회 / 단, 정관에 규정 있으면 주주총회에서 결정 可

- ☐ 발행예정주식총수 : 정관의 절대적 기재사항 ⇨ 변경 시 주총특별결의 要
- ☐ 현행 상법은 기명주식으로 일원화되어 무기명주식 발행 ×
- ☐ 주식분할
  - ☐ 주총 특별결의로 가능, 1주의 액면가는 100원 이상이고 균일하여야 ○
  - ☐ 효력발생시기 : 주권제출기간 만료 시

Excalibur 주식의 병합·분할·소각

- ☐ 주식의 병합이 있는 때 ⇨ 이로 인하여 종전의 주주가 받을 금전이나 주식에 대해 종전 주식을 목적으로 한 질권 행사 可
- ☐ 주식병합의 절차
  - ☐ 자본금감소절차에 따름 ⇨ 주주총회특별결의와 채권자이의절차를 거쳐야 ○
  - ☐ 회사는 1월 이상의 기간을 정하여 그 뜻과 그 기간 내에 주권을 회사에 제출할 것을 공고, 주주명부에 기재된 주주와 질권자에 대하여는 각별로 그 통지 要
- ☐ 주식병합시 효력발생 시기 ⇨ 주권제출기간이 만료한 때 효력 발생. But, 채권자이의절차가 종료하지 않은 때는 종료한 때 효력 발생
- ☐ 주식매매계약 이후 주식 병합되어 새로운 주권으로 교환된 경우 ⇨ 교환된 주권은 매도인과 매수인 사이에 매매된 주식을 표창하며 동일성 유지
- ☐ 주식병합 실체가 없음에도 주식병합의 등기가 되어 있는 외관이 존재하는 경우 주식병합의 절차적 실체적 하자가 극히 중대하여 주식병합이 존재하지 않는다고 볼 수 있는 경우
  - ⇨ 출소기간 제한에 구애됨이 없이 주식병합부존재확인의 소 제기 可
- ☐ 주식병합 전 주식을 양수하였다가 병합 후 6개월이 경과할 때까지 신주권이 발행되지 않은 경우 ⇨ 양수인은 자신의 양수 사실을 증명하여 회사에 대하여 명의개서 청구 可
- ☐ 주식의 분할
  - ☐ 구주권을 회사에 제출할 수 없는 자 有 ⇨ 그 자의 청구에 의하여 3월 이상의 기간 정하고 이해관계인에 대하여 그 주권에 대한 이의가 있으면 그 기간 내에 제출할 뜻을 공고, 그 기간이 경과한 후에 신주권을 청구자에게 교부
  - ☐ 액면분할을 의미 ○
  - ☐ 자본금 변동 없으므로 채권자보호절차 不要
  - ☐ 100원 미달 분할은 不可
- ☐ 주식소각
  - ☐ 효력 발생 시기 ⇨ 임의소각 : 자본금감소절차 + 주식실효절차까지 마친 때
    - ⇨ 강제소각 : 자본금감소절차 + 주권제출기간의 만료시
  - ☐ 이사회의 결의에 의하여 회사가 보유하는 자기주식을 소각하는 경우 ⇨ 자본금 감소에 관한 규정에 따를 필요 ×

Excalibur 종류주식(제344조) 일반

- 정관에 각 종류주식의 내용과 수를 정하여야 발행 可
- 정관 변경으로 종류주식의 주주에게 손해를 미치는 경우(§435①)
  - ⇨ 종류주주총회의 결의 추가적으로 要
- 정관변경에 있어 종류주주총회의 결의
  - ⇨ 정관변경이라는 법률효과가 발생하기 위한 하나의 특별요건 ○
- 종류주주총회의 결의는 출석주주의 의결권의 3분의2 이상의 수와 그 종류의 발행주식 총수의 3분의1 이상의 수로 하여야 ○ ⇨ 이 요건은 감경·가중 不可
- 상법 제435조 제1항의 '어느 종류의 주주에게 손해를 미치게 될 때'에 해당여부
  - 정관변경 시 종류주주의 손해 여부의 판단 ⇨ 실질적으로 불이익한 결과를 가져오는 경우도 포함 ○, 어느 종류주주의 지위가 정관의 변경에 따라 유리한 면과 불이익한 면을 함께 수반하는 경우도 포함 ○
- 주식교환, 주식이전 및 회사의 합병으로 어느 종류주주에게 손해를 미치게 될 경우
  - ⇨ 종류주주총회의 결의 要
- 종류주주총회 흠결의 효과
  - 추가로 요구되는 종류주주총회의 결의는 정관변경이라는 법률효과가 발생하기 위한 하나의 특별요건
  - 정관변경의 효력 발생 × / 정관변경을 결의한 주주총회결의 자체의 효력에 하자 ×
- 종류주주총회 결의에 하자가 있는 경우 ⇨ 정관변경무효 확인의 소 제기 可
- 정관 변경결의의 내용이 어느 종류의 주주에게 손해를 미치게 될 때에 해당하지 않는다는 이유로 회사가 종류주주총회의 개최를 명시적으로 거부하고 있는 경우
  - ⇨ (判) 정관변경무효 확인의 소 ○ (정관변경 불발효상태 확인의 소 ×)
- 주식의 종류에 따라 발행가액 달리 정할 수 ○
- 종류주식을 발행한 경우의 주식배당 ⇨ 같은 종류의 주식으로 배당 可
- 주주 사전동의권 부여 약정으로 상법상 특별한 종류주식이 발행된 것 ×

Excalibur 이익배당 또는 잔여재산분배에 관한 종류주식(제344조의2)

- 이익배당 우선주에 대한 배당 ⇨ 배당가능이익한도 내에서만 可
- 정관 규정에 따라 이익배당 우선주에 의결권 부여 可

의결권의 배제·제한에 관한 종류주식(제344조의3)

- 의결권 없는 주식의 내용 : 정관에 규정이 있으면 특별한 제한 ×, 발행주식총수에 불산입
- 의결권 없는 1% 우선주 발행 可, 보통주에 대해서도 무의결권 주식 발행 可
- 특정사안에 대한 의결권 제한 종류주식도 발행 可
- 1주 1의결권원칙은 강행규정(§369①)
  ⇨ 의결권의 수에 관하여 내용이 다른 종류주식의 발행 不可 (복수의결권 제도 ×)
- 의결권의 부활조건 : 정관으로 정할 수 ○
- [HIT] 발행주식총수의 4분의 1을 초과하여 발행 不可 (§344의3②전단)
- 회사의 분할·분할합병 시
  ⇨ 주주총회의 특별결의를 얻어야 하고 이 경우 무의결권 주주도 의결권 인정 ○
- 창립총회의 경우 ⇨ 무의결권 주식의 인수인도 의결권 인정 ○

상환종류주식(제345조)

- 종류 : 회사에게 상환청구권이 있는 상환주식, 주주에게 상환청구권이 있는 상환주식
- 상환주식으로 할 수 있는 주식 : 상환주식과 전환주식을 제외한 종류주식 (보통주식 ×)
- 상환권 행사의 효과
  1. 원칙 : 주주가 상환권을 행사하더라도 상환대금지급받기 전까지 주주지위 유지
  2. 예외 : 정관이나 상환주식인수계약에서 달리 정할 수 있음
- 상환방법 : 현금 외에 유가증권(다른 종류주식 제외)이나 그 밖의 자산 교부 可
- 상환주식의 상환의 대가 ⇨ 배당가능이익의 범위 내에서 현금 외에 유가증권(다른 종류주식은 제외)이나 그 밖의 자산 교부 可
- 상환주식을 발행한 경우 ⇨ 상환의 대가를 현금 이외의 유가증권이나 그 밖의 자산으로 교부하는 경우 자산가액은 배당가능이익을 초과 ×
- 상환주식을 상환하는 경우 ⇨ 채권자보호절차 不要(∵ 회사의 자본금 감소 ×)

전환종류주식(제346조)

- 전환으로 인한 신주식 발행 ⇨ 신주식의 발행가액은 전환전의 주식의 발행가액
- 다른 종류의 주식으로 전환 可 / 사채로의 전환 不可
- 전환주식을 발행한 회사도 정관의 규정에 따라 상환주식 발행 가능
- 전환주식의 전환
  ⇨ 액면가는 균일하여야 ○
  ⇨ 전환조건에 따라 자본금의 증감 有

- □ 주식전환의 효력발생시기
  - ⇨ 주주가 전환을 청구한 경우에는 그 청구한 때(HIT 형성권, 행사시에 효력발생)
  - ⇨ 회사가 전환을 한 경우에는 상법 제346조 제3항 제2호의 기간이 끝난 때(주권을 회사에 제출하도록 통지한 주권제출기간이 끝난 때)

Excalibur 주 권

- □ 주권발행 가능시기(§355) : 회사 성립 후 또는 신주 납입기일 후 ⇨ 위반시 무효
- □ 주권의 효력발생시기 : 회사가 주권작성 후 주주에게 교부한 때 (교부시설)
  - □ 주주에게 교부하기 전 ⇨ 선의취득·압류·제권판결 不可
- □ 주권의 점유자 ⇨ 적법한 소지인으로 추정 ○
- □ 주권불소지의 신고(§358의2)
  - □ 신고시기 : 주권발행 전후 불문
  - □ 회사는 지체 없이 주권을 발행하지 아니한다는 사실을 주주에게 통지하여야 ○
    - ⇨ 회사는 주권발행 不可
  - □ 신고 시에 이미 발행된 주권이 있는 경우
    - ⇨ 회사에 제출하여야 하고, 회사는 제출된 주권을 무효로 하거나 명의개서 대리인에게 임치하여야 ○
  - □ 정관상 주권불소지신고 금지규정이 없는 경우 ⇨ 주권불소지신고 可
- □ 주권상실한 경우 공시최고 신청권자 ⇨ 주주명부상 주주 또는 최종 양수인인 주주
- □ 주권포기각서 제출 ⇨ 주주지위상실 ×
- □ 대표이사가 주주 명의와 발행연월일을 누락한 채 단독으로 주권을 발행
  - ⇨ 주권의 무효 사유 ×(∵주식의 본질에 관한 사항 ×)
- □ 권리주 양도의 제한 : 회사설립 시와 신주발행 시 불문하고 회사에 대해 효력 × / 회사가 임의인정 不可
- □ HIT 주권발행 후 주식양도
  - □ 원칙 : 주권의 교부만으로 하여야 ○
  - □ 주권의 점유를 이전하는 방법에는 현실인도, 간이인도, 반환청구권의 양도 可
  - □ 점유매개관계가 중첩적으로 이루어진 경우 최상위 간접점유자는 상대방에게 자신의 점유매개자인 제3자에 대한 반환청구권을 양도하고 대항요건으로서 제3자의 승낙 또는 제3자에 대한 통지를 갖추면 충분하며, 직접점유자인 타인의 승낙이나 통지는 不要
  - □ 주식의 양도로 회사에 대항하기 위해서는 별도로 주주명부에의 명의개서 要
  - □ 주권발행 후 주식양도방법 : 주권불소지 신고의 경우라도 주권 교부 要
- □ 회사가 주권 분실한 경우 ⇨ 주권 재발행을 위해서는 제권판결 要

> **Excalibur** 주권의 선의취득의 요건(제359조)

- 주권이 유효할 것 ⇨ 회사가 주주권을 표창하는 문서를 작성하여 이를 주주가 아닌 제3자에게 주었다 할지라도 아직 회사의 주권으로서의 효력 無 (교부시설) → 선의취득 ×
- 주권이 교부될 것 ⇨ 간이인도·반환청구권의 양도에 의한 주권의 선의취득 → 지명채권양도의 대항요건을 갖추어야 ○
- [HIT] 양도인이 무권리자인 경우뿐만 아니라 무권대리인인 경우에도 인정
- 양수인이 악의, 중과실이 아닐 것
  - ⇨ 악의 : 교부계약에 하자가 있다는 것을 알고 있었던 경우 (종전 소지인이 무권리자 또는 무능력자라거나 대리권에 흠결이 있는 등의 사정을 알고 취득한 것)
  - ⇨ 중대한 과실 : 거래에서 필요로 하는 주의의무를 현저히 결여한 것

> **Excalibur** 타인명의에 의한 주식 인수

- 가설인 명의 또는 타인의 승낙없이 주식 인수 약정 ⇨ (주식인수계약 상대방의 의사에 명백히 반한다는 등의 사정없는 한) 실제 출자자가 납입책임(○), 주주의 지위 취득(○)
- 타인명의를 승낙사용한 경우
  1. 주식인수인 : 원칙적 명의자 ○, 예외적 상대방 회사가 알고 승낙 시 실제 출자자 ○
     ⇨ 주주권 행사를 위하여서는 명의개서 要
  2. 납입책임 : 연대책임 (§332②)

> **Excalibur** 주주명부와 명의개서(제337조)

- 주주명부 ⇨ 본점에 비치
- 명의개서의 청구권자·방법
  - 주권이 발행되어 있는 주식을 유효하게 양도한 경우
    ⇨ 양수자 ○(양도인 ×)는 주권을 제시하여 양수사실을 증명함으로써 회사에 대해 단독으로 명의개서청구 可 (∴주주가 자신이 주주명부상 주식의 소유자인데 위조된 주식매매계약서에 의해 타인 앞으로 명의개서가 되었다고 주장하면서 회사에 대해 주주권 확인을 구하는 것은 확인의 이익 無)
  - 주권미발행주식의 양수인 ⇨ 지명채권양도의 대항요건을 갖추거나 다른 방법으로 증명을 한다면 명의개서청구 可
  - 무효인 매매계약에 따라 매수인에게 명의개서절차가 이행된 경우
    ⇨ 매도인은 매수인의 협력을 받을 필요 없이 단독으로 그 매매계약이 무효임을 증명함으로써 회사에 대해 명의개서 청구 可
- [HIT] 주주와 회사채권자 : 영업시간 내에 언제든지 주주명부의 열람 또는 등사를 청구 可

cf. 이사회의 의사록열람·등사 청구(§391조의3)의 주체 : 주주 ○ (회사채권자 ×)
- □ 주주명부 등의 열람등사청구를 한 경우 회사는 청구에 정당한 목적이 없는 등 특별한 사정이 없는 한 거절할 수 없고 이에 관한 증명책임 소재 ⇨ 회사 ○
- □ [HIT] 大判 2017.3.23.선고 2015다248342 전합
  - □ 주주명부제도 취지 : 단체법적 법률관계의 획일적, 효율적 처리
  - □ 타인명의를 빌려서 주식을 인수하거나 양수하고 타인명의로 주주명부에의 기재까지 마친 경우 ⇨ 회사에 대한 관계에서 주주명부상 주주만이 주주권 행사 可
  - □ 주식을 양수한 양수인 ⇨ 주주명부에 명의개서를 하지 아니하면 회사에 대하여 주주권 행사 不可
  - □ 회사도 주주명부의 기재에 구속 ⇨ 회사가 주주명부상 주주 외에 실제 주식을 인수하거나 양수하고자 하였던 자가 따로 존재한다는 사실을 알았든 몰랐든 간에, 특별한 사정 (극히 예외로서, 주주명부에의 기재가 부당하게 지연되거나 명의개서가 부당하게 거절된 경우) 이 없는 한, 주주명부에 기재된 자의 주주권 행사를 부인하거나 주주명부에 기재되지 않은 자의 주주권 행사 인정 不可
- □ 주주명부폐쇄 제도와 기준일 제도 : 병용 可
- □ 명의개서
  - □ 기준일 설정 시에는 可 / 폐쇄기간 설정 시에는 不可
  - □ 주권발행 전 주식 양수자는 특별한 사정이 없는 한 양도인의 협력을 받을 필요 없이 단독으로 자신이 주식 양수한 사실을 증명, 회사에 대하여 그 명의개서 청구 可
  - □ 주식의 명의신탁자가 명의수탁자를 상대로 막바로 명의개서절차이행의 소 제기 不可
- □ 주식의 취득자가 명의개서 한 경우 ⇨ 자격수여적 효력 ○(창설적 효력 ×)
- □ 명의개서가 부당하게 거절된 주주 ⇨ 명의개서 없이 회사에 대하여 주주권 행사 可
- □ 신주의 귀속자를 일정시점에 주주명부에 기재된 주주로 한정한 경우
  ⇨ 신주인수권은 주주명부에 기재된 주주에게 귀속 ○

Excalibur 권리주의 양도제한(제319조, 제425조)

- □ 권리주의 양도 ⇨ 회사설립시와 신주발행시 불문하고 회사에 대해 효력 無
  - □ 권리주란 주식인수인의 지위
  - □ 회사의 임의인정 不可

Excalibur 주식양도

- □ 투하자본 회수의 가능성을 전면부정 아닌 한 주주간 주식양도제한합의 可 ⇨ 단, 회사에 대한 효력은 없음
- □ 양수인도 이사회에 양도승인청구 可

Excalibur 주권발행 전 주식양도(제335조 제3항)

- □ [HIT] 6월이 경과하기 전 주권발행 전의 주식양도의 효력
  - □ 양도의 당사자 간 채권적 효력 有 ⇨ 양수인은 양도인의 회사에 대한 주권 발행 및 교부 청구권을 대위 행사 可
  - □ 회사에 대하여 효력 無 (회사에 대해 주식양도 사실을 통지하거나 회사의 승낙이 있어도)
    - ⇨ 양수인은 직접 주권 발행 청구 不可, 회사도 양도 효력 인정 不可
    - ⇨ 회사에 대해서는 주식양도 사실을 통지하거나 회사의 승낙이 있어도 회사에 대한 관계에서는 효력 無
- □ [HIT] 회사성립 후 또는 신주납입기일 후 6월 경과하고 그 때까지 회사가 주권을 발행하지 않은 경우에는 하자치유 ⇨ 회사에 대하여 효력 有
  - □ 주권발행 전 주식양도 적법, 양수인은 주권발행 및 교부 청구 可, 주식양수인이 단독으로 양수사실을 증명하여 명의개서 청구 可
- □ 6월이 경과한 후 주권발행 전 주식양도의 방법
  - □ 지명채권양도에 관한 방식으로 양도 可 (합의만으로 양도가능)
- □ 6월이 경과한 후 주권발행 전 주식양도의 대항요건(민법 §450)
  - □ 회사에 대하여는 양도통지 또는 회사의 승낙
  - □ 주권발행 전 주식의 양도시 양도인 ⇨ 양수인으로 하여금 제3자에 대한 대항요건을 갖출 수 있도록 해 줄 의무 부담 ○
  - □ 제3자에 대하여는 확정일자 있는 증서에 의한 양도통지 또는 회사의 승낙
  - □ 주식의 양도통지가 확정일자 없는 증서에 의하여 이루어진 후 증서에 확정일자를 얻은 경우 대항력 취득의 효력이 당초 주식 양도통지일로 소급 발생 ×
  - □ 이미 자신에 속하지 아니하게 된 주식을 다시 제3자에게 양도하고 제2양수인이 주주명부상 명의개서를 받는 등으로 제1양수인이 회사에 대한 관계에서 주주로서의 권리 제대로 행사할 수 없게 한 주식 양도인 ⇨ 제1양수인에 대해 그로 인한 불법행위책임 부담 ○
- □ 주식병합에 있어 주식병합 후 6월이 경과할 때까지 회사가 신주권을 발행하지 않은 경우
  - ⇨ 주권의 교부가 없더라도 주식병합 전의 당사자의 의사표시만으로 주식양도의 효력 有
  - ⇨ 주권제출기간 만료시 기준으로 6월이내에는 회사에 효력 無

Excalibur 주식의 이중양도

- □ [HIT] 이중양수인 간의 우열관계 ⇨ 확정일자 있는 통지의 도달 일시 또는 승낙 일시 선후로 결정(지명채권양도 일반원칙) / (명의개서순서 ×)
- □ 명의개서는 주주권행사를 위한 대항요건에 불과
  - ⇨ 이중양도의 경우 명의개서미필 양수인도 주식양수를 증명하여 명의개서 청구 可
- □ 이중양도에 제2양수인이 적극 가담한 경우 ⇨ 민법 제103조 위반으로 무효
- □ 이중양도에서 제2양수인이 주주명부상 명의개서를 받는 등으로 제1양수인이 회사에 대한 관계에서 주주로서의 권리를 제대로 행사할 수 없게 된 경우
  - ⇨ 양도인은 제1양수인에 대하여 불법행위책임 有

Excalibur 자기주식 취득

- **배당가능이익내의 자기주식취득(§341)**
  - 원칙적 허용
  - 해당연도 결산기에 결손발생우려가 있는 경우에는 금지
    - ⇨ 자기주식 취득가액의 총액이 배당가능이익을 초과하여서는 안 된다는 것을 의미 ○
    - ⇨ 은행으로부터 대출을 받아 그 차입금으로 자기주식을 취득하는 것은 가능
  - 배당가능이익이 있어야 가능 또한 배당가능이익이 있는 경우에도 그 금액을 한도로 해서만 상환
  - 미리 주주총회에서 주식의 종류, 수, 취득가액 총액, 기간 등 결정 / 단, 이사회의 결의로 배당을 할 수 있다고 정관에서 정하고 있는 경우에는 이사회의 결의로써 주주총회결의 갈음 (②)
  - 방법 : 거래소에서 취득 또는 각 주주의 주식 수에 따라 균등조건 취득
  - 제462조 제1항 위반 자기주식 취득 ⇨ 회사에 대해 이사의 연대책임(④)
- **특정목적에 의한 자기주식취득(§341조의2) : 한정적 열거**
  - (⇨ HIT 배당가능이익과 무관하게 자기주식취득 가능)
  - 회사가 자기의 권리를 실행하기 위하여 자기주식 취득한 경우 상당한 시기에 제3자에게 처분할 의무는 없음
  - 회사의 합병 또는 다른 회사의 영업 전부를 양수하는 때
  - 회사의 권리를 실행함에 있어 그 목적달성을 위하여 필요한 때
    - ⇨ 강제집행, 담보권의 실행 등에 당하여 채무자에게 회사의 주식 이외에 재산이 없는 경우 회사가 자기 주식을 경락 또는 대물변제 등으로 취득 可
  - 단주의 처리를 위하여 필요한 경우
  - 주주가 주식매수청구권 행사하는 때 ⇨ 주식회사가 특정 주주와 사이에 특정한 금액으로 주식을 매수하기로 약정함으로써 사실상 매수청구를 할 수 있는 권리를 부여하여 주주가 그 권리를 행사하는 경우는 ×
- **적법한 자기주식취득**
  - 적법취득한 자기주식의 지위 : 의결권 ×(§369②) / 의결권 외의 공익권도 × / 자익권도 × / 준비금의 자본전입으로 인한 무상주의 교부도 인정 ×
- **HIT 자기주식의 처분**
  - 자기주식의 처분기한을 없앰으로써 정관의 규정이 없으면 이사회의 결의로 회사가 적절한 시기에 처분 可(채권자보호절차 不要)
  - 주주들에게 신주를 발행하지 않고 자기주식을 교부하는 방식 선택 不可(∵ 주주의 신주인수권)
- 자기주식으로 주식배당은 不可 (주식배당은 신주로만 可) / 단, 현물배당은 可
- 자기주식 : 주식매수선택권 행사의 대상 ○, 존속회사가 합병에 의해 승계한 자기 주식으로서 의결권 없음

□ 삼각주식교환 및 자기주식취득금지의 예외
  □ 주식의 포괄적 교환 시 완전모회사가 자신의 모회사 주식 지급 可 ⇨ 완전모회사가 되는 회사는 그 지급을 위하여 그 모회사의 주식 취득 可
  □ 자회사의 모회사 주식 취득금지 But 주식의 포괄적 교환시엔 취득 可 (단 6월 이내 처분하여야 ○)
  □ 완전모회사가 되는 회사 ⇨ 주식교환을 위해 취득한 자기주식을 이전 可
  □ 자기주식의 취득금지규정에 위반하여 회사가 자기주식을 취득하는 것은 당연 무효
    ⇨ 회사로부터 당연무효인 자기주식을 취득한 선의의 자도 주식 취득 不可

Excalibur 자회사의 모회사주식 취득제한(제342조의2)

□ 자회사에 의한 모회사주식의 취득제한 : 회사가 다른 회사의 발행주식총수의 50/100 초과 보유시
  ⇨ 주식을 보유한 회사 (모회사), 상대방 회사 (자회사)
  ⇨ [HIT] 자회사는 원칙적으로 모회사의 주식을 취득 ×(§342의2①) / 제3자 명의로 회사계산으로 취득도 금지
  ⇨ 사채에 대해서는 금지규정×, 전환사채나 신주인수권부사채 취득은 가능 But 그 전환이나 신주인수권 행사를 통하여 신주를 취득하는 것은 금지
  ⇨ 회사의 합병 시 취득 가능, 단 6월 이내 처분하여야 ○(동조 ①,②)
□ 제한의 적용범위 : 합동지배, 간접지배에도 적용(§342의2③)
  □ 합동지배 : 모자관계인 A회사 및 B회사가 다른 C회사 주식의 50%를 초과하여 소유하는 경우
  □ 간접지배 : A회사의 자회사인 B회사가 다른 C회사의 50%를 초과하는 주식을 소유하고 있는 경우 ⇨ 이때 C회사는 A회사의 자회사로 간주 (A회사 주식취득금지)
□ 제한의 예외 : 특정목적에 의한 모회사 주식취득(§342의2① 1호,2호) ⇨ 한정적 열거
  □ 주식의 포괄적 교환, 주식의 포괄적 이전, 회사의 합병 또는 다른 회사의 영업 전부를 양수하는 때
  □ 회사의 권리를 실행함에 있어 그 목적달성을 위하여 필요한 때
□ 예외적으로 적법하게 취득한 모회사주식(§369③): 의결권 無

Excalibur 정관규정에 의한 주식양도의 제한

□ 내용
  □ 주식양도를 정관으로 이사회의 승인을 얻도록 제한(§335①) / (判)주식양도금지는 不可
  □ 주주의 전원의 동의 요구하는 양도제한약정: 무효 ⇨ 명의개서청구 거부 不可
  □ 회사와 경쟁관계에 있거나 분쟁 중에 있어 그 회사의 경영에 간섭할 목적을 가지고 있는

자에게 주식을 양도 ⇨ 반사회질서 법률행위 ×
- □ 설립 후 5년간 일체 주식양도금지를 내용으로 하는 정관규정 ⇨ 무효, 약정도 무효
- □ 공시 : 등기 / 주권 / 주식청약서에 공시 要
- □ 이사회승인을 얻지 않은 양도의 효력 : 회사에 대한 효력 無(§335②) But 당사자 간 채권적 효력 有
- □ 양도절차
  - □ 승인청구 : 양도인 또는 양수인 모두 可
  - □ 회사의 통지 : 1월 내 통지 없으면 ⇨ 승인 간주
- □ 승인거부의 효과
  ⇨ 이사회 승인 거부 시 주주는 회사에 대해 주식양도 상대방 지정청구 or 주식매수청구권 행사
- □ 양도상대방 지정청구 → 이사회가 지정통지 → 지정상대방의 매도청구 → 매매가격 결정 (당사자 협의 / 협의 안되면 법원에 청구)
- □ 주식매수청구 → 회사의 주식매수 → 매매가격 결정 (당사자 협의 / 협의 안되면 법원에 청구)

Excalibur 지배주주의 매도청구권(제360조의24)

- □ 지배주주의 소수주주 축출 수단
- □ 요건
  - □ 지배주주 (발행주식총수 95%이상 보유주주 / 모회사와 자회사가 보유한 주식을 합산) + 경영상 목적달성의 필요성
- □ 절차 : 주총 사전승인(이사회승인으로 갈음 不可) → 매도청구의 공고 및 통지 → 주식매도와 가격결정
- □ 매매가액은 소수주주와 지배주주 간 협의
- □ 효과
  ⇨ 지배주주가 매매가액을 소수주주에게 지급한 때에 주식 이전
  ⇨ 지배주주가 매도청구권을 행사할 때 반드시 소수주주가 보유하고 있는 주식 전부에 대하여 권리행사 要
  ⇨ 지배주주로부터 매도청구를 받은 소수주주는 매도청구를 받은 날부터 2개월 내에 지배주주에게 그 주식을 매도 要

Excalibur 소수주주의 주식매수청구권(제360조의25)

- □ 주식매수청구의 행사요건
  - □ 소수주주는 언제든지 지배주주(발행주식총수 95% 이상 보유주주)에게 그 보유주식의 매수 청구 可

- 자회사의 소수주주가 모회사에게 주식매수청구를 한 경우 모회사가 지배주주에 해당하는지는 자회사가 보유한 자기주식을 발행주식총수 및 모회사의 보유주식에 각각 합산하여 판단하여야 ○
- 주식매수청구의 행사효과
  - 매수청구를 받은 지배주주는 매수를 청구한 날을 기준으로 2개월 내에 매수를 청구한 주주로부터 그 주식을 매수 要
  - 주식을 취득하는 지배주주가 매매가액을 소수주주에게 지급한 때에 주식이 지배주주에게 이전

Excalibur 주식매수선택권(제340조의2)

- 의의 : 회사가 정관에 정하는 바에 따라 주주총회특별결의로 회사의 설립·경영과 기술혁신 등에 기여하거나 기여할 수 있는 회사의 임·직원에게 미리 정한 가액으로 신주를 인수하거나 회사의 주식을 매수할 수 있는 권리
- 선택권 부여의 요건
  - 정관기재사항
  - 부여총량 : 발행주식총수의 100분의 10 초과 不可
  - 부여금지대상
    - ⇨ ⅰ) 의결권이 없는 주식을 제외한 발행주식총수의 100분의 10 이상의 주식을 가진 주주
    - ⇨ ⅱ) 이사·감사의 선임과 해임 등 회사의 주요 경영사항에 대하여 사실상 영향력을 행사하는 자
    - ⇨ ⅲ) 위 ⅰ), ⅱ)의 배우자와 직계 존·비속
  - 행사가액의 제한(§340의2④ 제1호 내지 제2호)
    - ⇨ 신주 발행 : 부여일 기준 주식의 실질가액과 주식의 액면가액 중 높은 금액 / 자기 주식 양도 : 부여일 기준 주식의 실질가액 이상이어야 ○
- 부여절차 : 주주총회의 특별결의 + 계약체결(특정인에 대한 주식매수선택권의 구체적 내용)
- 주식매수선택권 행사요건 : 주주총회 결의일부터 2년 이상 재임·재직
  - ⇨ HIT (判) 비상장회사인 경우 본인의 귀책사유가 아닌 사유로 퇴임·퇴직하는 경우에도 갖추어야 ○
- 구체적 내용은 회사가 체결하는 계약을 통해서 定 ⇨ 계약을 체결하면서 주식매수선택권의 행사기간 등을 일부 변경하거나 조정한 것은 원칙적 유효

Excalibur 주식의 담보

- 약식질 : 질권설정 합의하고 주권을 교부함으로써 성립하고 효력 발생
  - 주권의 교부는 효력요건 / 질권자의 주권점유는 제3자에 대한 대항요건(§338②)
  - HIT 주권의 교부 : 현실인도 + 간이인도, 반환청구권의 양도도 허용
  - 주권에 관하여 중첩적 점유매개관계가 이루어지고 최우선 간접 점유자인 질권설정자가 주권을 반환청구권의 양도로 교부하는 경우, 대항요건으로 직접 점유자인 타인의 승낙이나 그에 대한 질권설정자 또는 제3자의 통지 不要

- 등록질 (§340): 약식질의 성립요건(합의 + 주권교부) + 질권자의 성명과 주소를 주주명부에 기재해야 효력 발생 ⇨ 주주명부기재는 회사에 대한 대항요건 / 질권자의 주권 점유는 제3자에 대한 대항요건(§338②)
- 질권의 효력
  - 일반적인 민법상의 질권의 효력 : 유치적 효력, 우선변제권, 전질권, 물상대위
  - 등록질과 약식질에 공통된 효력
    - ⇨ [HIT] 물상대위(§339) : 주식의 소각, 병합, 분할, 전환으로 종전의 주주가 받아야 할 금전상에 미침
    - ⇨ 준비금의 자본금 전입에 의한 무상주 / 잔여재산분배청구권 / 주식매수청구권 행사에 따른 매수대금에 미침
  - 등록질의 효력 : 이익배당청구권 / 잔여재산분배청구권 / 주식배당에 미침
  - cf. 약식질은 이익배당청구권 ×, 주식배당 × / 잔여재산분배청구권 ○
  - 물상대위권을 행사하는 방법
    - ⇨ 등록질권자 : 주주명부에 권리가 공시. 바로 회사에 대하여 물상대위권 행사 可
    - ⇨ 약식질권자 : 금전의 지급 또는 주권의 교부 전에 이를 압류
- 주식에 질권 설정된 경우 의결권을 행사할 수 있는 자 ⇨ 원칙적 설정자인 주주 ○
- 상행위로 인하여 생긴 채권 ⇨ 유질계약 허용(§59), 일방적 상행위로 인한 채권도 ○
- 유질계약 ⇨ 질권설정자가 상인 不要
- 상사질권설정계약에 있어서 유질계약의 성립을 인정하기 위하여 별도의 약정 要
- 점유개정에 의한 질권설정 ×(민법 §332)
- 주권발행 전의 주식 ⇨ 민법 제346조에 규정한 권리의 양도방법에 의해 질권 설정 可
- 주권발행 전의 주식의 경우 담보설정방법 ⇨ 지명채권의 양도 방식
  - 회사에 양도를 대항하기 위한 요건 : 회사에 대한 통지 또는 승낙 要
  - 제3자에게 대항하기 위한 요건 : 확정일자 있는 증서에 의한 통지나 승낙 要
- [HIT] 자기주식 질취의 제한 : 발행주식총수의 20분의 1을 초과 不可 (예외 有)
- 종전주식에 대한 질권 : 준비금의 자본금전입으로 발행되는 신주에도 미침
- 전환주식의 전환시 종전 주식 질권자는 종전 주주가 받을 주식에 대하여도 질권 행사 가능
- 주식의 양도담보 : 소유권을 취득하는 형태의 양도담보 허용 ○
  - 주식 양도담보의 대외적 효력 : 대외적으로 양도담보권자가 주식의 소유자
    - ⇨ 양도담보권자 역시 명의개서를 하면 주주권 행사 可
- 채권담보 목적 주식양도시 주권 미발행 ⇨ 회사성립 후 6월 경과 ⇨ 주식양도담보 효력 ○

제4장 주식회사의 기관

Excalibur 주주총회의 소집절차

- □ 대표이사 아닌 이사에 의해 소집된 주주총회 : 취소사유 ○ / 무효·부존재 사유 ×
- □ 전원출석총회
    - ⇨ 주주 전원 출석 / 만장일치
    - ⇨ 의결권 위임 받은 수임인과 다른 주주 전원 출석 / 만장일치
    - ⇨ 주주 전원의 위임 / 주주총회 의사록 작성
- □ 주주총회 소집통지
    - □ [HIT] 주주총회일 2주 전에 서면통지 또는 주주의 동의를 받아 전자문서로 통지(§363①)
    - □ 임시주총소집청구시 '전자문서'의 범위 ⇨ 전자우편, 휴대전화 문자메시지, 모바일 메시지 모두 포함 ○
    - □ 자본금 총액이 10억원 미만인 소규모 회사 ⇨ 주주총회일 10일 전에 서면통지 또는 주주의 동의로 전자문서 통지 可(§363③)
    - □ 주주명부상 주소에 계속 3년간 도달하지 않은 때에는 소집통지 하지 않을 수 ○
    - □ 소집통지된 시각에 참석을 기대하기 어려워 주주의 참석권을 침해 ⇨ 주주총회 소집절차가 현저히 불공정한 경우 ○
- □ 주주총회의 연기와 속행(§372①) ⇨ 총회에서 결의 可
- □ 주주총회소집의 철회·연기 ⇨ 소집에서와 같은 방법으로 통지하여야 ○
- □ 이사회결의 후 서면에 의한 소집철회통지를 한 경우 : 임시주주총회 소집 적법하게 철회 ○
- □ 주주총회 소집 통지가 생략되는 경우
    - □ 의결권 없는 주주
        - ⇨ 자기주식을 보유한 주주
        - ⇨ 자회사가 가진 모회사의 주식
        - ⇨ 무의결권 종류주식
    - □ 3년간 통지가 도달하지 않은 주주
- □ 특별이해관계 있는 주주에게 ⇨ 주주총회 소집 통지 생략 ×
- □ (判) 주주총회 소집통지는 주주명부상의 주주에게만 ○ (회사의 知·不知 불문)
- □ 주주총회 결의가 소집통지서에 기재된 목적사항에 제약되는지 여부
    - □ 원칙 : 결의할 사항의 범위를 제약 ○
    - □ 정관에서 주주총회 결의사항으로 규정하지 않은 대표이사의 선임 및 해임을 회의목적사항으로 삼아 상법 제366조에서 정한 주주총회소집허가 신청 불가능
    - □ 예외 : 출석주주 전원(재적주주 전원 의미 ○ / 92% 의미 ×)의 동의 ⇨ 통지된 목적사항 외의 사항 결의 可

- ☐ 무의결권 주주도 주식매수청구권 행사가능
  - ⇨ 합병 안건에 대한 주주총회 개최 시 소집통지 要
- ☐ 분할합병을 위한 주주총회소집통지서(§530의11②, §374②)
  - ⇨ 주식매수청구권의 내용 및 행사방법을 명시하여야 ○
- ☐ 법원의 주주총회 소집허가(§530②) ⇨ 법원의 허가결정일로부터 상당한 기간이 경과한 경우
  - ⇨ 소집허가결정에 따른 소집권한은 특별한 사정이 없는 한 소멸
- ☐ 이사회 결의 및 소집 절차없이 이루어진 하자 존재시 ⇨ 전원주주총회에 의하여 치유 可
- ☐ 주주총회 소집지 ⇨ 정관에 기재된 곳 없으면 본점소재지 또는 그 인접지

Excalibur 주주총회 소집권자

- ☐ 소집권자 : 이사회, 소수주주, 감사·감사위원회, 법원
- ☐ 주총소집권한없는 자가 이사회결의도 없이 소집한 주주총회 ⇨ 사실상 존재하더라도 중대한 하자, 법률상 부존재로 보아야
- ☐ 법원이 총회 소집기간을 정하지 않고 소수주주에게 총회소집을 허가한 경우
  - ⇨ 총회소집허가결정일로부터 상당한 기간이 경과하도록 총회가 소집되지 않았다면 소집허가결정에 따른 소집권한은 특별한 사정이 없는 한 소멸

Excalibur 주주제안권(제363조의2)

- ☐ 의결권 없는 주식을 제외한 발행주식총수의 100분의 3 이상에 해당하는 주식을 가진 주주가 일정한 사항을 주주총회의 목적사항으로 할 것을 제안하는 것
- ☐ 주체 : 의결권 없는 주식을 제외한 발행주식총수의 100분의 3 이상에 해당하는 주식을 가진 주주(§363의2)
- ☐ 행사 : 이사에게 주주총회일 6주 전에 서면 또는 전자문서로
  - ☐ 의제 제안 (찬성 부결이 불가능) : ex. 정관변경의 건, 이사선임의 건, 이사해임의 건
  - ☐ 의안 제안 (찬성 부결이 가능한 구체적 결의안) : ex. 갑을 이사로 선임한다.
    - ⇨ 주주총회 소집의 통지와 공고에 기재할 것을 청구
    - ⇨ 총회에서 설명할 기회 청구
- ☐ 효과 (회사의 조치 및 주주제안의 거부 가능성)
  - ☐ 이사가 이사회에 보고 / 이사회는 거부사유 없으면 주주총회의 목적사항으로 하여야 ○
  - ☐ 거부사유 : 주주제안의 내용이 법령 또는 정관을 위반하는 경우와 그밖에 대통령령으로 정하는 경우
    - ⇨ 상법 시행령 제12조 : 상장회사 임기 중 이사 해임제안은 거부 可
- ☐ 주주제안을 무시한 경우의 권리구제 방법

- 의제 제안이 무시된 경우 : **HIT** 주총결의 취소원인 × (주주제안에 대응하는 결의 자체가 존재 × – 서울중앙지법 2014가합529247 判) / 이사의 손해배상책임 有
- 의안 제안을 무시한 경우 : 주총결의 취소소송 제기 可 (제안주주 외의 주주도 제기 可)
- 상장회사의 경우 임기 중의 이사의 해임에 관한 사항은 주주제안 거부사유 ○
  - cf) 비상장회사의 경우에는 임기 중의 이사의 해임에 관한 사항이 거부사유 해당 ×

Excalibur 주주총회 의결권의 제한

의결권의 일반적 제한	의결권의 개별적 제한
① 의결권의 배제·제한에 관한 주식 (제344조의 3) ② 예외적으로 허용되는 경우의 자기주식 (제369조 제2항) ③ 母子회사 관계가 없는 경우의 상호주 (제369조 제3항)	① 특별이해관계인의 의결권 제한 (제368조 제3항) ② 감사·감사위원회위원의 선임·해임시 의결권 제한(제409조 제2항, 제3항, 제542조의12 제3항) ③ 상장회사의 집중투표 배제결의시 의결권 제한 (제542조의7 제3항)

Excalibur 상호보유주식(상호주)(제369조 제3항)

- **상호주의 의결권 제한** : 회사(A), 모회사(갑) 및 자회사(을) 또는 자회사(을)가 다른 회사(병)의 발행주식의 총수의 10분의 1을 초과하는 주식을 가지고 있는 경우 그 다른 회사(병)가 가지고 있는 회사(A) 또는 모회사(갑)의 주식 취득 ○, 이익배당청구권 ○, 의결권 ×
- 모자회사 관계가 없는 회사 사이의 주식의 상호소유를 규제하는 상법 제369조 제3항의 목적
  ⇨ 상호주를 통해 출자 없는 자가 의결권 행사하여 총회결의와 회사지배구조를 왜곡시키는 것을 방지
- 효과
  - 병이 소유한 갑(갑과 을 포함) 주식의 의결권이 박탈되는 결과 갑은 병에게 주주총회의 소집통지 不要
  - 병의 소유주식은 갑의 정족수 계산에서도 제외
  - 의결권이 제한될 뿐 자익권과 공익권의 제한 ×
  - 병이 갑에 대한 결의권을 행사한 경우 결의취소사유 ○
  - **HIT** 주식취득의 통지의무
    ⇨ 주식취득의 통지의무 : 어느 회사가 다른 회사의 주식을 그 발행주식총수의 10분의 1을 초과하여 취득한 때에는 지체 없이 그 다른 회사에 통지하여야 ○(§342의3)
    ⇨ 주식취득의 통지의무 준수하는 경우 : 회사가 다른 회사의 발행주식의 총수의 10분의 1을 초과하는 주식을 가지고 있는 경우 다른 회사가 가지고 있는 회사 주식은 의결권 있는 주식으로서 발행주식총수에 산입 ○

⇨ 통지의무 위반에 대한 효과 : 상법 규정 無
□ 상호보유주식 의결권의 유무를 판단하는 기준시점
⇨ 주주명부 명의개서 마친 시점 ✕
⇨ '총회 회일'기준으로 실제로 소유하고 있는 주식 수 기준으로 판단 ○

Excalibur 의결권의 행사

□ 의결권의 불통일행사(§368의2)
  □ 의의 : 2개 이상의 의결권을 가진 주주가 이를 통일하지 않고 행사하는 것
  □ 절차 : 주주총회일 3일 전까지 회사에 대하여 불통일행사의 뜻과 이유를 통지(도달해야)
    ⇨ HIT (判) 3일의 기간은 회사의 이익을 위해 부여된 기간이므로 그 시한보다 늦게 도착하였다고 하더라도 회사가 스스로 총회운영에 지장이 없다고 판단하여 이를 받아들이기로 하고 이에 따른 주주의 의결권 불통일 행사는 위법 ✕
  □ 효과 : 불통일행사된 의결권은 모두 유효한 것으로 계산 (상계 ✕)
□ 의결권행사금지가처분결정 받은 주식도 제368조 제1항의 발행주식총수에 산입
□ 법원의 의결권행사금지가처분 결정에 위반하여 회사가 주주총회에서 해당 주식의 의결권행사를 허용 추후 본안소송에서 의결권 행사가 적법하다는 판결이 확정시 ⇨ 해당 주식에 관한 의결권 행사는 유효
□ 의사진행의 적법 여부
  ⇨ 의장이 아닌 자가 회의를 진행하면 주주총회결의의 취소사유
  ⇨ 의장이 부당하게 퇴장하여 주주들이 임시의장을 선출해 진행한 경우 결의 적법
□ 서면투표(제368조의3)
  □ 정관에 규정이 있어야 可(368조의3①)
  □ 서면결의(§363⑤)와는 달리 주주총회 소집을 전제 ○
  □ 서면투표는 총회를 열기 전에 투표결과가 확정
□ 정관의 규정에 의한 임원선임에 관한 사전투표 : 서면투표에 해당 ○
  □ 정관이 사전투표에 의한 의결권 행사를 인정 ⇨ 유효
  □ 상법에서 정관변경이 주주총회의 권한임을 명시하고 있으므로 이사회의 사전투표기간 연장 결의는 효력 無
  □ 사전투표에 참여하거나 주주총회에서 직접 투표권을 행사한 주주들에게 무상으로 예약권과 상품권을 제공하는 것은 주주의 권리행사와 관련하여 공여한 것으로 추정
□ 전자적 방법에 따라 의결권을 행사
  □ 정관규정 없어도 이사회결의로 可(§368조의4①)
  □ 전자적 방법으로 의결권을 행사한 경우 그 주주는 해당주식에 대하여 그 의결권 행사를 변경 또는 철회 可

- □ 소규모주식회사(자본금 총액 10억 원 미만)의 주총결의 특례
  - ⇨ 주주 전원의 동의로 소집절차 생략 ○(§363④)
  - ⇨ 서면에 의한 결의로 주총결의 갈음 ○(§363⑤)
- □ 특별이해관계 있는 주주(§368③)
  - □ 특별이해관계의 의미 : 주주의 지위를 떠나 개인적으로 갖는 경제적 이해관계 (개인법설) ⇨ 의결권 ×
  - □ 특별이해관계인 ○ : 재무제표 승인 후 2년 내 이사와 감사의 책임을 추궁하는 결의를 하는 경우 당해 이사와 감사인 주주
  - □ 특별이해관계인 × : 이사·감사 선임 주총결의에 있어 이사·감사 후보자인 주주, 이사·감사의 선임·해임에서 그 당사자인 주주
- □ 특별이해관계로 의결권행사 불가한 자의 의결권 수(§371②)
  - ⇨ 출석의결권에는 산입 × / 발행주식총수에는 산입 ○
- □ 주주가 일정기간 주주권 포기, 타인에게 의결권 행사권한 위임하기로 약정한 사정만으로
  - ⇨ 그 주주가 의결권을 직접 행사할 수 없게 되었다고 볼 수 ×
- □ 정관에 의하여 주주총회 의사정족수를 규정하는 것은 可

Excalibur 의결권의 대리행사와 위임장 권유

- □ [HIT] 의결권의 대리행사 그 자체는 정관으로도 금지 × : 자유의 원칙
  But 의결권의 대리행사로 말미암아 주주총회의 개최가 부당하게 저해되거나 혹은 회사의 이익이 부당하게 침해될 염려가 있는 경우 ⇨ 대리행사 거부 可
- □ [HIT] 대리인의 자격을 주주로 한정하는 취지의 주식회사 정관규정 ⇨ 유효
  - □ 그러나 주주인 국가, 지방공공단체 또는 주식회사 등이 그 소속 공무원, 직원 또는 피용자 등에게 의결권을 대리행사 허용
- □ 정관상 대리인의 자격제한 : 합리적 이유 있는 경우 유효 ⇨ 주총 교란 방지목적 제한 可 / 단, 이때도 주주의 피용자 가족 등의 경우는 대리행사가 허용
- □ 총회의 결의에 관하여 특별이해관계 있는 주주의 대리인 ⇨ 의결권 대리행사 不可
- □ 대리행사의 방법(§368②) : 대리권을 증명하는 서면을 총회에 제출
  - □ 대리권을 증명하는 서면 : 원본 ○, 사본 ×
  - □ 위임 사실이 증명된 경우 사본제시 이유로 행사 거부 不可
  - □ 위임장 제출 외에 정관이나 합의로 요건 가중(신분증 사본 요구 등) 不可
  - □ [HIT] 다른 방법으로 주주본인 확인할 수 있는 경우 회사는 의결권 행사를 거부 不可
- □ 주주권 행사는 포괄적으로 위임 가능. 수임자는 위임의 취지에 반하여 위임자에게 불리한 사항에 관하여도 의결권 행사 가능(유효) ⇨ 총회결의효력에 영향 ×
- □ 의결권의 재위임 : 의결권 행사를 위임받은 대리인의 재위임은 특별한 사정이 없는 한 가

능하나, 1) 법률행위 성질상 대리인 자신에 의한 처리가 필요한 경우 or 2) 본인이 복대리금지 의사를 명시한 경우는 재위임 불가능
- □ 의결권행사 위임했다 하더라도 ⇨ 언제든지 철회하고 주주가 의결권 직접행사 可

Excalibur **주주총회결의**

- □ **주주총회(§361)** : 본법 또는 정관에 정하는 사항에 한하여 결의 可
- □ **주주총회 성립에 관한 의사정족수를 규정한 정관규정 : 유효**
- □ **주주총회 보통결의와 특별결의 사항**
  - □ 보통결의 : 특별결의사항이나 특수결의사항을 제외한 모든 것
    (주식회사의 청산사무 종결시 청산인은 결산보고서 작성 및 주주총회 보통결의에 의한 승인 要 ↔ 특별결의 ×)
  - □ 특별결의 : ① 회사의 기초에 구조적 변경 or ② 주주의 이해관계에 중요한 영향
    (영업용 중요 재산의 양도시 영업폐지와 같은 효과가 발생 ⇨ 특별결의 要)
- □ **주주총회의 의결권과 정족수**
  - □ 의결권 없는 주식 : 발행주식총수에 산입 ×(§371①)
    ⇨ 자기주식을 보유한 주주
    ⇨ 자회사가 가진 모회사의 주식
    ⇨ 무의결권 종류주식

Excalibur **주주총회 특별결의(제434조) 기본**

- □ **출석주주 의결권의 3분의 2 이상 + 발행주식총수 3분의 1 이상**
  ① 정관변경 ② 회사의 합병, 분할, 분할합병, 해산, 청산 ③ 영업의 전부 또는 중요한 일부의 양도 등 제374조의 사항 ④ 자본의 감소(실질감자), 주식의 할인발행 ⑤ 이사·감사의 해임 ⑥ 주식매수선택권의 부여 등
- □ **주주총회의 특별결의에 의하여 정관변경이 이루어진 경우**
  ⇨ 정관변경의 등기 내지 공증인의 인증 여부와 관계없이 정관변경의 효력 발생 ○

Excalibur **개별사안에서 주주총회 승인결의 필요 여부**

- □ **주식회사 존속의 기초가 되는 중요한 재산의 양도**
  - □ [HIT] 영업재산 양도로 회사의 영업의 전부 또는 중요한 일부를 양도·폐지 결과 ⇨ 주주총회 특별결의 要
  - □ [HIT] 영업용 중요재산의 처분당시 이미 영업폐지·중단인 경우
    ⇨ 주주총회 특별결의 不要

- ☐ 회사 주식을 대부분 소유하고 있는 대표이사가 주주총회 특별결의 없이 중요한 영업재산 양도 + 영업전부 또는 중요한 일부를 양도하거나 폐지한 결과 ⇨ 대표이사가 특별결의에 필요한 의결권 有 / 사실상 회사를 지배/ 양도승인 주주총회결의의 외관을 현출한 경우 ⇨ 회사 내부의 의사결정을 거친 것으로 유효하게 신뢰한 거래상대방에 대해서 회사의 책임 有
- ☐ 주식회사가 영업의 전부 또는 중요한 일부를 양도한 후 주주총회의 특별결의가 없었다(강행규정 위반)는 이유를 들어 스스로 그 약정의 무효를 주장하는 것은 신의칙 위반 ×
- ☐ **신주발행에 대해 주주총회 특별결의에서 결정하도록 하는 정관 있는 경우**
  - ⇨ 전환사채발행도 주주총회 특별결의 要 (전환사채발행 ≒ 신주발행)
- ☐ 이사·감사 선임권 ⇨ 주주총회결의사항

Excalibur 이사회의 승인으로 갈음할 수 있는 경우

- ☐ **간이영업양도(§374의3)** : 양도회사의 총주주의 동의 또는 양도회사 발행주식총수 90% 이상을 양수회사가 소유하는 경우
  - ☐ 주주총회 특별결의는 이사회승인으로 갈음 可
  - ☐ 반대주주의 주식매수청구권 有
- ☐ **소규모주식교환(§360의10)** : 완전모회사가 되는 회사가 주식교환을 위하여 발행하는 신주 및 이전하는 자기주식의 총수가 그 회사의 발행주식총수의 100분의 10을 초과하지 아니하는 경우 ⇨ 주주총회의 승인은 이사회의 승인으로 갈음 可

Excalibur 결의반대주주의 주식매수청구권(제374조의2)

- ☐ **의의** : 주식회사의 합병 등에 반대하는 주주가 회사에 대해 자신의 주식을 매수하도록 요구할 수 있는 권리
- ☐ **요건** : 주매청이 인정되는 경우일 것 + 사전에 서면으로 반대통지를 할 것(주총 출석은 불요) + 총회의 결의일로부터 20일 이내에 서면으로 회사에 대하여 매수청구

인정되는 경우	인정되지 않는 경우
① 영업양도 등 특별결의(374의2)	① 회사의 단순분할
② 분할합병승인 특별결의 / 간이합병	② 소규모합병
③ 주식의 포괄적 교환승인 특별결의	③ 정관변경 특별결의
④ 주식의 포괄적 이전승인 특별결의	④ 자본금감소
⑤ 정관상 주식양도제한 양도승인거부통지 받은 때	⑤ 해산

- ☐ **행사** : 매수청구 ⇨ 매매계약성립 ⇨ 가격결정 ⇨ 매수주식에 대한 조치
- ☐ **행사자격** : 소수주주 不要
- ☐ [HIT] **반대주주의 주식매수청구권 행사로 매매계약 성립(§374의2②, 형성권)** : 회사는 매수청구기간 종료한 날로부터 2월내 주식매수의무 有

⇨ 주식매수가액이 확정되지 않았더라도 2개월이 경과한 후에는 회사가 이행지체 책임 有
- □ 주식매수청구권 행사 시 주식의 매수액 결정
  - □ 원칙 : 주주와 회사 간 협의 ⇨ 협의가 이루어지지 않는 경우 회사 또는 주주가 법원에 매수가액 결정을 청구
  - □ 법원은 정상적인 거래의 사례가 있으면 그 거래가격을 시가로 보아 주식의 매수가액을 결정
- □ 합병에 반대하는 주주의 주식매수청구권 행사
  - □ 합병 주주총회일 전 합병반대의사를 서면의 방식으로 통지하여야 ○
  - □ 합병을 승인하는 주주총회결의가 있는 경우 ⇨ 주주총회결의일로부터 20일 이내 서면으로 청구
- □ 매수청구주주 ⇨ 회사의 대금지급 시까지 주주의 지위를 유지하므로 주식매수청구권 행사여부에 관계없이 주주총회결의 취소의 소제기 可

Excalibur 주주총회결의의 하자에 관한 소송 일반

- □ 당사자적격
  - □ 총회결의효력 다투는 소송의 피고적격자는 회사
  - □ 이사직무 집행정지 가처분신청은 당해 이사가 피신청인
- □ 관할 : 회사의 본점소재지의 지방법원의 전속관할
- □ 같은 회사의 동일 사안에 관해 수개의 주총결의 무효확인의 소가 제기된 경우
  - □ 병합심리(제188조)
  - □ 유사필수적 공동소송관계
- □ 회사의 소송에서 회사를 대표하는 자
  - □ 이사와 회사 간의 소송 ⇨ 감사(§394①)
  - □ (判) 퇴임이사 상대 소송 ⇨ 대표이사(§394① 배제)
- □ 주주총회결의의 하자에 관한 각 소의 사유
  - □ 결의취소 : i) '총회의 소집절차 또는 결의방법'이 '법령 또는 정관에 위반'하거나 '현저하게 불공정' ii) '결의의 내용'이 '정관에 위반'
  - □ 결의무효 : i) '총회의 결의의 내용'이 '법령에 위반' (ex.주주의 유한책임과 모순되는 결의)
  - □ 부존재확인 : i) '총회의 소집절차 또는 결의방법'에 '총회결의가 존재한다고 볼 수 없을 정도의 중대한 하자'
  - □ 부당결의 취소·변경 : i) '특별이해관계로 의결권 행사할 수 없었던 주주'가 '결의가 현저하게 부당하고', '그 주주가 의결권을 행사하였더라면 이를 저지할 수 있었을 때'
- □ 주주총회결의의 하자에 대한 소의 소송물
  - □ 판례는 구소송물이론을 취하지만 회사소송에서는 다소 유연한 입장

⇨ 무효확인의 소와 부존재확인의 소의 소송물을 동일하다고 보는 것으로 짐작
⇨ 취소사유만 있는 결의에 대하여 결의부존재확인의 소 제기한 경우 기각판결
⇨ 부존재사유가 있는 결의에 대하여 취소의 소를 제기한 경우 부적법 각하
- 주총결의 무효확인 또는 부존재확인 ↔ 주총결의 취소 : 청구변경(민사소송법 §262)
  - **HIT** 결의 취소소송 제기기간 내에 그 결의에 관하여 부존재확인(또는 무효확인)의 소를 제기하였다가 취소소송 제기기간 경과 후 동일한 하자를 원인으로 한 취소소송으로 소를 변경하거나 추가한 경우 ⇨ 제소기간 준수 ○
  - 주총결의 부존재확인소송 2개월 내 제기된 경우 ⇨ 항소심에서 취소소송 변경·추가하여도 제소기간 준수 ○
  - 주주총회에서 이루어진 정관변경결의에 대하여 그 결의의 날로부터 2개월이 지난 후 주주총회결의 무효확인의 소를 제기, 그 소송계속 중 취소의 소로 변경 ⇨ 그 취소의소는 부적법
- 결의무효확인이나 부존재 확인의 소의 소의 이익
  - ⇨ 임원선임 임시주총결의 및 이사회 결의 무효확인이나 부존재 확인의 소에서 해당 임원이 모두 사임하고 새로운 임원이 선임된 경우 : 소의 이익 無
- 주주총회결의의 효력이 회사 아닌 제3자 사이 소송에서 선결문제로 된 경우
  - ⇨ 당사자는 당해 소송에서 주주총회결의의 무효 또는 부존재를 주장하면서 다툼 可
- 신주발행무효소송의 계속 중 원고의 주식이 양도된 경우
  - ⇨ 양수인의 참가승계(민사소송법 제81조) 可
  - ⇨ 승계참가 시 제소기간의 준수 여부 판단시점 : 원래의 소 제기시 ○ (승계참가시 ×)
- 합병·신주발행·감자무효의 소와 주총결의 하자에 관한 소와의 관계 (흡수설)
  - ⇨ 주총 결의에 하자가 있었다고 하더라도 합병 등기 등에 의하여 합병 등의 효력이 발생한 후에는 합병·신주발행·감자무효의 소만 제기할 수 있는 것이 원칙
- 가처분에 의해 직무집행이 정지된 당해 이사를 선임한 주주총회결의의 취소 등의 본안소송에서 가처분채권자가 승소하여 판결이 확정된 경우 ⇨ 가처분은 당연히 효력을 상실

Excalibur 주주총회 결의취소의 소(제376조)

- 원고적격 : 주주, 이사, 감사로 한정
  - 제소당시의 주주이면 결의 당시 주주가 아니어도 可
  - 주주는 모두 이해관계를 가지므로 개별적 불이익 불문
  - **HIT** 주주총회 소집절차의 하자가 일부 주주에게만 있는 경우
    - ⇨ 다른 주주에 대한 소집절차 하자를 이유로 주총결의 취소소송 제기 可
    - ⇨ 결의에 가담하였어도 신의칙 위반 ×

- ㅁ 이사가 주주총회결의 취소의 소를 제기하였다가 소송 계속 중에 사망한 경우
  - ⇨ 소송은 그대로 종료 ○ (∵의사결정기관 구성원으로서의 지위는 일신전속적)
- ㅁ 주주총회결의취소 및 결의무효확인 원고 승소판결은 대세적 효력 有 ⇨ 피고는 회사
- ㅁ 소 취하 : 법원의 허가 不要
- ㅁ 주주총회결의의 하자를 다투는 소 : 청구인낙 또는 화해·조정 不可 (∵대세효)
  - ⇨ 법원허가 얻어 할 수 있는 것 ×
  - cf. 주주대표소송 or 회사가 주주의 제소청구에 따라 이사의 책임을 추궁하는 소송에서의 재판상 화해 ⇨ 법원허가 얻어서 可
- ㅁ 주주총회결의 취소의 소가 제기된 경우 ⇨ 회사는 지체 없이 공고
- ㅁ 주주가 결의취소의 소를 제기한 때 ⇨ 법원은 회사의 청구에 의하여 상당한 담보 제공할 것을 명할 수 ○ / But 주주가 이사 또는 감사인 때 담보제공의무 ×
- ㅁ 주주가 공동으로 주총결의 취소소송 제기 시 공동소송의 유형 ⇨ 유사필수적 공동소송
- ㅁ 주주가 다른 주주의 결의취소소송에 참가하는 경우 참가형태
  - ㅁ 원칙 ⇨ 공동소송참가(신소제기의 실질○) / 제소기간 도과 시 ⇨ 공동소송적 보조참가
- ㅁ [HIT] 이사 선임의 주주총회결의에 대한 취소판결 확정의 효과 ⇨ 대세효 / 소급효
  - ㅁ 위 결의로 선임된 이사들에 의해 선정된 대표이사의 자격 ⇨ 소급 상실
  - ㅁ 그 취소판결이 확정되기 전에 대표이사가 한 행위의 효력 ⇨ 무효
  - ㅁ 선임 결의가 취소되는 대표이사와 거래한 상대방 ⇨ 제39조(부실등기의 효력)에 의하여 보호 ○ *제395조(표현대표이사)로도 보호 ○
- ㅁ 주주총회결의 취소의 소
  - ⇨ 승소시 : 대세효 有 / 패소시 : 대세효 無
- ㅁ 주주총회결의 취소 원인
  - ㅁ 정관에 위반한 사전투표기간의 연장 ○
  - ㅁ 사회통념상 허용되는 범위를 넘어서는 위법한 이익의 제공 ○
  - ㅁ 서면에 의한 소집통지 흠결, 법정소집기간 불준수, 극히 일부의 주주에 대해 소집통지를 빠뜨린 주주총회의 결의 하자가 있으나 정당한 소집권자에 의하여 소집된 주주총회 의결의 경우 ○
  - ㅁ 회사가 주식양도사실을 알고 주주명부상 주주에게 소집통지, 의결권 행사하게 한 경우 ×
    (∵ [HIT] 주주권의 행사 (회사에 대한 관계) : 주주명부상의 주주 (형식설))

Excalibur 제소기간 - 주총결의취소

- 제소기간 : 결의의 날로부터 2월 내
  - [HIT] 여러 개의 안건이 상정되어 각각 결의가 있는 경우 제소기간 준수 여부
    ⇨ 각 안건에 대한 결의마다 별도로 판단
- 결의 2월내에 주주총회 부존재확인소송 제기한 경우
  ⇨ 제소기간 경과 후 항소심에서 취소소송으로 변경해도 제소기간 준수한 것 ○

Excalibur 재량기각(제379조)

- 주총결의취소의 소에서만 인정 ○
  vs. 제380조(결의무효, 부존재확인) or 제381조(부당결의취소·변경)의 소에서는 인정 ×
- [HIT] 주총결의 취소소송에서의 재량기각 ⇨ 당사자 주장 없어도 직권으로 可
- 법원의 재량기각 판결 시 ⇨ 대세적 효력 ×, 원고의 손해배상책임 ×
- (判) 결의취소의 소를 재량기각 할 수 있는 경우
  ⇨ 결의를 취소하더라도 회사·주주에게 무익한 경우
  ⇨ 이미 결의가 집행된 경우
  ⇨ 회사에 손해를 끼치거나 일반거래의 안전을 해치는 경우
- 분할합병무효의 소 재량기각 - 원칙적으로 하자가 보완될 것 / 예외적으로 하자의 성질상 보완될 수 없는 경우에도 재량기각 가능

Excalibur 주주총회 결의취소의 소와 신주발행무효의 소

	주주총회 결의취소의 소(상법 제376조)	신주발행무효의 소(상법 제429조)
원고적격	주주·이사·감사	
소급효	○	×
법적 성질	형성의 소	
재량기각	가능	
제소기간	결의의 날로부터 2월	신주를 발행한 날로부터 6월

Excalibur 주주총회결의 무효확인의 소(제380조)

- [HIT] 소의 법적성질 : (判)확인소송
  ⇨ 訴 외에서 무효 주장 可 / 다른 소송에서 선결문제일 때 주장 可
  ⇨ 편면적 대세효를 가진 공동소송 (判)유사필수적 공동소송

- □ [HIT] 제소기간 無
- □ 부존재하는 총회결의에 대한 결의무효확인청구도 可 ⇨ 사원총회가 적법한 소집권자에 의해 소집되지 않고 정당한 사원 아닌 자들이 모여서 개최한 집회로서 법률상 부존재 사유인 총회결의에 대해 결의무효 확인을 청구한 경우 ⇨ 부존재확인의 의미로 무효확인을 청구하는 취지로서 부적법 각하 ×
- □ 주주가 다른 주주의 무효확인소송에 참가하는 경우 참가형태
    ⇨ 공동소송참가 ○, 판결의 효력 ○
- □ 이사선임 주주총회결의 무효확인의 소에서 당해 이사 ⇨ 공동소송참가 不可
- □ 원고승소판결의 효력 ⇨ 대세효 ○ / 소급효 ○
- □ 대표이사가 무효확인청구의 대상인 결의에 의해 선임된 경우 ⇨ 당해 소송에서 회사 대표 可
- □ 제권판결 이전에 주식을 선의취득한 자 ⇨ 주주총회결의 무효확인을 소구할 이익 無
    (∵ 제권판결이 취소되지 않는 한 적법한 주주로서의 권한을 행사 不可)
- □ 같은 회사의 동일 사안에 관해 수 개의 무효확인의 소가 제기된 경우 ⇨ 필수적 공동소송관계 / 병합심리 要(§188) / 소송 모두 회사의 본점 소재지의 지방법원의 전속관할

[Excalibur] 주주총회결의 부존재확인의 소(제380조)

- □ 원고적격 ⇨ 확인의 이익이 있는 자
  - □ 주주 : 경영에 이해관계 있을 경우 有 / 단순한 재산관계가 있을 경우 無
  - □ 회사채권자 : 구체적 직접적 이해관계 有
- □ 피고적격 ⇨ 회사 ○, 대표이사가 무효확인청구의 대상이 된 결의에 의하여 선임된 경우 회사를 대표할 자는 그 대표이사 ○
- □ 소의 법적성질
  - □ (判)확인소송 ⇨ 당사자가 언제든지 당해 소송에서 선결문제로 다툼 可
  - □ (判)유사필수적 공동소송 ⇨ 어느 1인이 항소하면 전부 이심·전부 심판 대상 ○
- □ 제소기간 제한 無
- □ A임원 선임 주총결의 부존재확인소송에 A가 참가하는 경우 참가형태
    ⇨ 공동소송적 보조참가 (∵ 본인이라 당사자적격 無)
- □ 수개의 결의부존재(또는 무효)확인의 소가 제기된 경우
    ⇨ 법원은 병합심리 하여야 ○(§380, §188) / 중복제소 ×
    ⇨ 민사소송법 제67조가 적용되는 필수적 공동소송에 해당하여 공동소송인 가운데 한 사람의 소송행위는 모두의 이익을 위하여서만 효력 가짐
- □ 청구의 인낙 또는 결의의 부존재·무효를 확인하는 내용의 화해, 조정 할 수 ×
    ⇨ 만약 이루어지더라도 효력 無
- □ 승소한 경우 확정판결의 효력 ⇨ 대세효 ○ / 소급효 ○
    cf. 패소한 경우 확정판결의 효력 ⇨ 대세효 ×

- □ 주주총회 특별결의에 따라 대표이사에게 주식매수선택권을 부여한 계약의 체결 이후 다른 주주에 의한 주주총회결의 부존재확인의 소가 승소확정판결을 받은 경우
  - ⇨ 주식매수선택권 부여계약은 무효
- □ ⅰ) 주주총회결의에 의하여 임기만료 전에 이사직에서 해임당하고, ⅱ) 그 후임이사의 선임결의에 부존재의 사유가 있으며 ⅲ) 이사의 결원이 있는 경우
  - ⇨ 이사개임결의의 부존재확인을 구할 이익 有
- □ 임원개임의 주주총회결의가 있은 후 적법한 절차에 의하여 후임이사가 다시 선임된 경우
  - ⇨ 당초의 임원개임결의의 부존재확인을 구할 법률상 이익 無

Excalibur 부당결의 취소·변경의 소(제381조)

- □ 원고적격 : 주주 ○

Excalibur 회사관련 소송에서의 당사자적격·소의 법률상 이익

- □ 주주의 당사자적격 유무
  - □ 인정
    - ⇨ 대표소송 제소시 발행주식의 총수의 100분의 1 이상 주식을 보유하였으나 제소 이후 발행주식총수의 100분의 1 미만으로 감소한 주주
    - ⇨ 다른 주주에 대한 소집절차의 하자를 이유로 주주총회결의 취소의 소를 제기한 주주
    - ⇨ 주주확인의 소송계속 중 주식매수 청구권 행사한 주주 ⇨ 회사로부터 주식의 매매대금을 지급받기 전까지 원고적격 유지
    - ⇨ 주주가 상환권을 행사한 경우 회사로부터 상환금을 지급받을 때까지는 주주지위 유지
  - □ 부정
    - ⇨ 대표소송 제소시 발행주식의 총수의 100분의 1 이상 주식을 보유하였으나 제소 이후 발행주식 보유하지 않게 된 주주
    - ⇨ 회계의 장부와 서류의 열람 또는 등사 청구 소송 제기 시 발행주식의 총수의 100분의 3 이상 주식을 보유하였으나 제기 이후 발행주식총수의 100분의 3 미만으로 감소한 주주 또는 명의개서를 마치지 않은 자
    - ⇨ 주주총회결의 취소소송의 계속 중 자신의 의사에 반하여 주주의 지위를 상실한 주주
    - ⇨ 주식회사가 제3자와 체결한 계약
- □ 확인의 이익 유무
  - □ 인정
    - ⇨ 주권발행 전 주식에 관하여 주주명의를 신탁하였는데 주주명부에 등재된 형식상 주주 명의인이 실질적 주주의 주주권을 다투는 경우, 실질적인 주주가 주주명부상 주주명의인인 수탁자를 상대로 명의신탁계약을 해지하면서 제기하는 주주권 확인의 소를 제기

- ⇨ 주주총회결의에 의하여 해임당한 이사가 제기한 당해 해임결의의 부존재 또는 무효확인의 소
- ⇨ 퇴임하였지만 직무수행권이 인정되는 퇴임한 이사가 제기한 주주총회결의부존재확인의 소
- ⇨ 주주총회에서 감사로 선임된 자의 회사가 감사임용계약의 체결을 거부하는 경우 제기한 감사지위 확인의 소
- ⇨ 감사지위확인소송 계속 중 자신의 임기가 만료되어 후임 감사가 선임된 경우 (예외적으로) 과거의 법률관계에 대한 확인의 이익 有 (석명의무 존재)
□ 부정
  - ⇨ 회사 주주명부에 乙에서 丙으로 명의개서가 되었는데, 乙이 丙으로의 명의개서가 위조된 서류에 의한 것이라고 주장하면서 회사를 상대로 주주권확인의 소 제기
  - ⇨ 주주가 회사와 제3자간 계약이 회사에 손해가 된다고 주장하면서 회사를 상대로 주총결의부존재확인의 소제기(∵주주는 회사의 재산관계에 대하여 구체적 또는 법률상의 이해관계 無)
  - ⇨ 회사가 영업의 전부 또는 중요한 일부를 양도하는 계약 체결한 경우에도 계약의 무효확인을 구할 이익 無
  - ⇨ 주주총회에서 선임된 이사가 사임 후 새로운 이사가 선임된 경우 그 주주총회 무효확인의 소
  - ⇨ 이사가 무효인 주총결의에 의하여 해임되고 그 후 개최된 유효한 주총결의에 의해 후임 이사가 선임되어 그 등기까지 마친 경우 당초 이사해임 결의에 대한 무효확인을 구하는 것
  - ⇨ 임원개임의 주주총회결의에 의하여 임기만료 전에 이사직에서 해임 당한 이사가 그의 후임이사의 선임된 이후에 제기한 이사해임결의 부존재 확인의 소
□ 이사지위의 확인을 구하는 소를 제기하였으나 심리 도중 시간적 경과로 이사지위가 소멸되어 확인의 이익이 과거의 법률관계가 되는 경우 ⇨ 법원은 과거의 기간에 대한 이사 지위 확인을 통하여 그러한 분쟁들이 유효·적절하게 해결될 수 있는지 구체적으로 심리하거나 청구취지 변경 여부 등에 관하여 석명하여 확인의 이익이 있는지를 판단 要

Excalibur 이사의 선임

- □ **HIT** 주식회사의 이사·감사의 지위취득요건 : 주주총회의 선임결의 + 선임된 사람의 동의가 있으면 취득 (피선임자와 대표이사 간 별도의 임용계약 체결 不要)
- □ 적법한 선임절차를 거치지 않고 선임된 이사 : 상법상 이사의 직무권한 행사 ×
- □ 이사의 수 ⇨ 3명 이상, 정관으로 최대 수 제한 可
  - □ 자본금 총액 10억 미만 회사는 2인 이하로 둘 수 ○(§383①)
    - ⇨ 이 경우 자기거래에 관한 승인은 주주총회의 결의사항(§383④, §398)
    - ⇨ 대규모 재산의 차입은 대표이사를 정한 경우에는 대표이사의 단독결정사항

- □ 이사의 임기 : 3년 초과 × (정관으로 각 이사의 임기를 다르게 정할 수는 ○)
  - □ ⇨ [HIT] 임기 중(임기 만료 후 ×) 도래하는 최종결산기에 관한 정기주주총회 종결시까지 연장 可
  - □ 임기를 정하지 않은 이사의 임기 : 3년으로 간주되는 것 × (규정 無)
- □ 상장회사 이사의 선임
  - □ 이사 4분의 1 이상을 사외이사로 선임 (대규모상장 제외)
  - □ [HIT] 주주총회 소집통지·공고한 후보자 중에서 이사 선임
  - □ 통지·공고한 후보자 사망·사퇴 시 ⇨ 다른 후보 선임 不可
  - □ 이사 선임 목적 총회 소집 통지 시 ⇨ 후보자에 관한 사항 통지·공고. 사내이사, 사외이사, 기타 비상무이사로 구별하여 통지
  - □ [HIT] 상장회사 사외이사 결격 사유 ⇨ 의결권 있는 발행주식 총수 10%(명의 불문, 자기계산) 이상의 주식 소유
  - □ 대규모상장회사 (자산총액이 2조 원 이상) : 사외이사가 3명 이상이어야 / 사외이사후보추천위원회 필수 ⇨ 사외이사가 총 위원의 과반수 要

Excalibur 이사의 해임(제385조)

- □ 이사의 해임
  - □ 언제든지 주주총회의 특별결의로 可(①)
  - □ 퇴임이사는 해임대상으로 정하고 있는 '이사'에 불포함
  - □ 이사회가 대표이사를 해임한 경우는 유추 적용 ×
- □ 납입 또는 현물출자의 이행을 가장하는 행위 ⇨ 상법상 이사해임사유에 해당 ○
- □ 이사 결원시 권리·의무 계속 : 임기만료·사임의 경우 ○(해임된 경우 ×)
- □ 이사의 임기만료 전 해임과 손해배상청구(① 단서)
  - □ 정당한 사유 없음의 입증책임 소재 : 이사 ○
  - □ 경업금지위반 사유가 있으면 주주총회에서 논의대상이 되지 않았더라도 임기만료 전 당해이사를 해임한 것에 손해배상의무 無
  - □ 정관·주주총회결의로 임기를 정하지 않은 경우 ⇨ 손해배상청구 不可
    (cf. 상법규정과 동일하게 정관에 규정을 둔 것은 임기 정한 것 ×)
  - □ 주주와 이사의 이익을 조화시키려는 규정 ⇨ 대표이사의 경우에 유추적용 ×
  - □ 신주발행대금 납입을 가장하여 주총에서 해임된 이사 : 해임으로 인한 손배청구 × (정당한 이유 ○)
- □ 대표이사는 이사가 그 임기 전에 정당한 이유 없이 해임당한 경우 회사에 대하여 손해배상을 청구 不可 (∵이사회가 대표이사를 해임한 경우에는 §385① 유추 적용 ×)
- □ 이사해임의 정당한 이유 : 객관적 상황 발생 ○(주관적 신뢰관계 상실 ×)
- □ 이사해임의 소

- ☐ 이사가 그 직무에 관하여 부정행위 또는 법령이나 정관에 위반한 중대한 사실이 있음에도 불구하고 주주총회에서 그 해임을 부결한 때, 회사의 손해발생 不要
- ☐ 발행주식 총수 100분의 3이상 주주(이사선임에 관해 의결권이 없는 종류주식을 가진 주주도 포함)
- ☐ 총회의 결의가 있은 날부터 1월 內(②)

Excalibur 집중투표제(제382조의2)

- ☐ 의의 : 동일한 주주총회에서 복수의 이사를 선임하는 경우 주주가 1주마다 선임할 이사의 수와 동일한 의결권을 가지고 이를 모두 1인 또는 수인의 이사 후보자에게 누적적으로 투표할 수 있는 제도
- ☐ 절차적 요건 : ① 정관에 집중투표 배제 규정 없고 ② 의결권 없는 주식을 제외한 발행주식총수의 100분의 3 이상에 해당하는 주식을 가진 주주(단, 자산총액 2조원 이상 상장회사의 경우 1%)가 ③ 주주총회일의 7일 전까지 ④ 서면 또는 전자문서로 청구
- ☐ 이사의 선임을 집중투표의 방법으로 하는 경우 정관에 규정한 의사정족수는 충족되어야 함
- ☐ 집중투표의 청구가 있는 경우 ▷ 주주총회에서 집중투표 배제 결의 不可
- ☐ 집중투표 시 각 주주의 의결권의 수 ▷ 1주마다 선임할 이사의 수와 동일
- ☐ 집중투표방법으로 이사선임 ▷ 정관에 규정한 의사정족수 충족 要, 투표의 최다수를 얻은 자부터 순차적으로 ○
- ☐ 집중투표제 배제 않은 회사
  ▷ 이사선임 주총소집 통지와 공고에 반드시 선임 이사 인원수 기재하여야 ○
- ☐ 상장회사의 특례 : 주총 6주 전까지 청구 / cf. 비상장회사 : 7일 전까지 청구
  - ☐ 상장회사 집중투표에 의한 이사 선임 ▷ 정기총회일의 6주 전 서면 또는 전자문서로 회사에 청구 / 1% 이상 주주 주주제안 可 (집중투표와 별도로 회사에 제출)
  - ☐ 상장회사 소수주주 주식보유기간 : 집중투표의 경우에는 적용 ×
- ☐ 집중투표청구(대규모 상장회사) 요건 ▷ 소수주주의 청구(의결권 없는 주식을 제외한 발행주식총수의 100분의 1, 총회일 6주 전에 청구) + 정관의 배제규정 × + 공시
- ☐ 자산총액 2조원 이상 상장회사가 주주총회의 목적사항으로 집중투표 배제에 관한 정관 변경에 관한 의안 상정시 ▷ 그 밖의 정관변경에 관한 의안과 별도로 상정, 의결 要

Excalibur 퇴임이사, 일시이사(제386조)

- ☐ 퇴임이사의 이사 직무 대행 시 퇴임이사에게 해임사유 존재하는 경우
  ▷ 일시 이사의 선임 청구 可 / 퇴임이사의 직무집행정지가처분신청 不可
- ☐ 퇴임이사의 이사 직무 대행인 경우 ▷ 상무에 제한 × (민법 §63 임시이사도 제한 ×)
  ▷ cf. 직무대행자선임가처분에 의한 직무대행자는 원칙적으로 통상의 사무로 제한 ○

- □ 이사의 원수(員數)가 충족됨에도 불구하고 퇴임이사가 권한을 행사하는 경우
  - ⇨ 권리의무의 부존재확인청구권을 피보전권리로 한 직무집행정지가처분신청 可
- □ 법원에 의한 일시 이사의 선임
  - □ 대표이사를 포함한 이사가 임기의 만료나 사임에 의하여 퇴임함으로 말미암아 법률 또는 정관에 정한 대표이사나 이사의 원수(최저인원수 또는 특정한 인원수)를 채우지 못하게 되는 결과가 일어나는 경우 선임
  - □ 그 퇴임한 이사는 새로 선임된 이사가 취임할 때까지 이사로서의 권리의무 ○ (취임시 주총 해임결의없이 이사로서 권리의무 상실)
  - □ 이사의 임기만료·사임으로 법률·정관상 이사의 원수를 결한 경우에 한정 ×
  - □ 장기간 부재 등 퇴임이사가 직무를 대행하는 것이 불가능하거나 부적당한 경우에도 선임 可

[Excalibur] 이사의 보수(제388조)

- □ 정관이나 총회결의로 전체 이사의 보수총액 定
  - ⇨ 이사들 사이의 구체적 배분은 이사회에서 결정하도록 위임 可
  - ⇨ 이사가 특별성과급을 지급받을 때 주주총회의 결의 없이 대주주의 의사결정만 있는 경우 특별성과금지급에 관한 주주총회 결의가 있었던 것과 마찬가지라고 볼 수 없음
  - ⇨ 정관에 이사의 보수에 관하여 주주총회의 결의로 정하도록 한 경우 주주총회결의 없이 이사가 회사로부터 특별성과급이라는 명칭으로 경영성과에 따라 금원을 지급받은 경우 부당이득에 해당 ○
- □ 정관 또는 주주총회의 결의로 이사의 보수를 정하도록 한 것 ⇨ 회사와 주주 및 회사채권자의 이익을 보호 ○
- □ 특별성과급을 지급받을 때 주주총회의 결의 없이 甲 회사의 대주주의 의사결정만 있었던 경우 ⇨ 유효 ×
- □ [HIT] 이사의 보수
  - ⇨ 명칭을 불문하고 이사의 직무수행에 대한 보상으로 지급되는 대가가 모두 포함 ○, 퇴직금 또는 퇴직위로금도 해당 ○, 이사에게 지급된 특별성과급 ○
  - ⇨ 이사회 결의만으로 퇴직위로금 지급 不可
- □ 정관에 퇴직금의 범위 구체적으로 定, 이사회에서 금액을 정할 수 있도록 규정
  - ⇨ 회사는 퇴직금액에 대해 이사회의 결의가 없음을 이유로 퇴직금의 지급거절 不可
- □ 유한회사가 정관 또는 사원총회 결의로 특정 이사의 보수액을 구체적으로 정한 경우
  - ⇨ 유한회사가 이사의 보수를 일방적으로 감액 ×, 박탈 ×
- □ 이사의 해직보상금 : 이사의 보수는 아니지만, 이사의 보수에 관한 제388조 유추적용 (과다책정의 염려가 있으므로) ⇨ 정관 또는 총회결의가 있어야 청구 可

- □ [HIT] 명목상 이사·감사라도 특별한 사정이 없는 한 회사에 보수청구권 有
  - ⇨ 회사 등에 대하여 이사·감사의 책임을 지는 것은 동일함
  - ⇨ 이사가 회사와 체결한 약정에 따라 업무를 다른 이사 등에게 포괄적으로 위임하여 이사로서의 실질적인 업무를 수행하지 않고 소극적인 직무만을 수행한 경우에도 이사로서의 자격 有 보수청구권의 효력 有 (단, ① 선임·보수를 정한 주주총회 결의 효력 무효 ② 배임적인 행위에 해당하는 등의 특별한 사정이 있는 경우 부정 可)
- □ 발행주식총수 전부를 취득하여 명의개서를 마친 후 특별성과급 규정에 대해 주주총회 결의가 있었던 것으로 주주총회의사록을 작성 ⇨ 실제 주주총회를 개최한 사실이 없었더라도 특별한 사정이 없는 한 그 규정에 대하여 주주총회 결의가 있었던 것으로 볼 수 있음
- □ 이사의 퇴직금을 허용하는 정관 규정이나 주주총회 결의가 없는 경우
  - ⇨ 이사의 퇴직금 중간정산 허용 ×
- □ 경영권 상실 등으로 퇴직을 앞둔 대표이사가 최대한 많은 퇴직금을 받기 위해 지나치게 과다하여 합리적 수준을 현저히 벗어나는 퇴직금 지급규정을 마련하고 지위를 이용한 영향력 행사로 소수주주의 반대에도 주주총회 결의를 성립되도록 한 경우 ⇨ 그 주주총회 결의는 유효 ×
- □ 주식회사의 주주총회에서 이사·감사로 선임된 사람이 주식회사와 계약을 맺고 이사·감사로 취임한 경우 ⇨ 정관 또는 주주총회 결의에서 정한 금액·지급시기·지급방법에 의해 보수 수령 可
- □ 이사에 지급된 특별성과금이 무효인 경우 ⇨ 지급된 특별성과급은 법률상 원인 없이 이루어진 부당이득에 해당 ○

Excalibur 이사의 직무집행정지 및 직무대행자선임 가처분(제407조)

- □ 직무집행정지 가처분

성격	요건		효력
임시지위를 정하는 가처분	당사자 신청	이사선임 결의 무효나 취소소송	당사자 뿐만 아니라 제3자에 대한 관계에서도 효력 있다
		이사해임소송	피보전권리 / 보전의 필요성	가처분에 반하는 직무집행 무효

- □ 직무집행정지 가처분신청의 피신청인 ⇨ 이사 ○ / 회사 × / 퇴임이사 ×
- □ [HIT] 이사선임결의 무효·취소의 소 또는 이사해임의 소가 제기된 경우
  - □ 이사의 직무집행정지·직무대행자선임 가처분 可 (본안소송의 제기 없이도 可)
  - □ 급박한 사정이 있는 경우(§407①) ⇨ 이사해임의 소를 제기하기 전에 직무집행정지 및 직무대행자선임 가처분 신청 可
- □ 직무집행정지 가처분이 신청된 후 이사가 사임하거나 사임한 동일인이 재선임 된 경우 또는 기타 사유로 퇴임한 경우 ⇨ 피보전권리 흠결로 가처분신청 각하
- □ 직무집행정지 가처분의 본안사건 진행 중 적법한 재선임 절차에 의해 해당 이사가 교체되거나 사임 : 소의 이익 흠결 ⇨ 가처분신청 각하

- ☐ 직무대행자의 권한
  - ☐ 원칙 : 회사의 '상무'에 한정
    예외 : 상무에 속하지 아니한 행위도 가능한 경우 ⇨ 직무대행자 선임 가처분명령에 다른 定 or 법원의 허가 有
  - ☐ 회사의 경영 및 지배에 영향을 미칠 수 있는 안건에 대한 정기총회의 소집
    ⇨ '상무'에 속하지 ×
- ☐ **주식회사의 대표이사 및 이사에 대한 직무집행을 정지하고 직무대행자를 선임하는 법원의 가처분결정**
  - ☐ 그 결정 이전에 직무집행이 정지된 대표이사의 퇴임등기와 직무집행이 정지된 이사가 대표이사로 취임하는 등기가 경료 되었다고 할지라도 가처분결정에 의하여 선임된 대표이사 및 이사직무대행자의 권한은 존속 ○
  - ☐ 가처분 결정 이전에 직무집행이 정지된 이사가 대표이사로 선임되고 등기된 경우
    ⇨ 선임결의의 적법 여부에 관계없이 대표이사로서의 권한 無
  - ☐ 이사의 직무집행 정지 가처분 효력 : 이사의 직무집행 정지 ○ 이사의 지위·자격 박탈 ×
  - ☐ 주식회사의 이사나 감사를 피신청인으로 하여 그 직무집행을 정지하고 직무대행자를 선임하는 가처분이 있는 경우 이사 등의 임기 진행에 영향 없으므로 가처분 정지 존속기간만큼 이사의 임기 정지 ×
- ☐ 가처분 결정 ⇨ 당사자뿐만 아니라 3자에게도 효력 有, 등기하지 않으면 선의의 3자에게 대항 不可
- ☐ 가처분에 위반한 직무집행 ⇨ 절대적 무효, 이후 가처분 신청 취하해도 무효
- ☐ 대표이사의 직무집행정지 및 직무대행자선임의 가처분 후 대표이사가 해임되고 새로운 대표이사가 선임된 경우
  - ☐ 직무대행자의 권한 ⇨ 유효하게 존속 ○
  - ☐ 새로운 대표이사의 권한 없음 ⇨ 선의의 거래상대방이라도 유효 주장 不可
- ☐ 주식회사의 청산인 직무집행정지 및 직무대행자선임 가처분결정 후 주주총회에서 회사 계속의 결의 및 새로운 이사 선임 결의가 있은 경우 ⇨ 청산인 직무대행자의 권한 소멸 ×
- ☐ 청산인 직무집행정지 및 직무대행자선임 가처분결정 후 회사계속의 결의 및 새로운 이사선임의 결의 ⇨ 가처분의 피신청인인 청산인도 사정변경을 이유로 가처분취소신청 可
- ☐ 상법 제386조 제1항에 따라 이사의 권리의무를 행사하고 있는 퇴임이사로 하여금 이사로서의 권리의무를 가지게 하는 것이 불가능 or 부적당한 경우 등 필요한 경우 ⇨ 동조 제2항에 정한 일시 이사의 직무를 행할 자의 선임을 법원에 청구 可 (∴ 해임사유의 존재나 임기만료·사임 등을 이유로 그 직무집행의 정지를 구하는 가처분신청은 허용 ×)
- ☐ 퇴임할 당시에 법률 또는 정관에 정한 이사의 원수가 충족되어 있는 경우 ⇨ 퇴임하는 이사는 임기의 만료 또는 사임과 동시에 이사로서의 권리의무를 상실 (∴ 여전히 이사로서의 권리의무를 실제로 행사하고 있는 경우 직무집행정지를 구하는 가처분신청 可)
- ☐ 가처분에 의해 직무집행이 정지된 당해 이사 등 상대 본안소송에서 가처분채권자가 승소
  ⇨ 가처분 당연실효

- ☐ [HIT] 직무집행정지 및 직무대행자선임가처분을 등기하지 않은 경우 ⇨ 선의의 제3자에게 대항 不可 / 악의의 제3자에게는 대항 可
- ☐ 주주총회결의의 효력에 관해 다툼이 있는 주주총회에 의하여 선임된 이사가 이사직을 사임하고 다시 주주총회에서 이사로 선임된 경우 ⇨ 먼저 있었던 주주총회결의가 무효라는 이유로 하는 그 이사에 대한 직무집행정지 가처분 신청은 허용 ×

Excalibur 직무대행자의 권한(제408조)

- ☐ '회사의 상무에 속하지 아니하는 행위를 하지 못한다.'고 권한이 제한되는 자
  ⇨ 직무대행자 ○ (대표이사 ×)
- ☐ 직무대행자의 정기주주총회를 소집
  - ☐ 그 안건에 이사회의 구성 자체를 변경하는 행위나 상법 제374조의 특별결의사항에 해당하는 행위 등 회사의 경영 및 지배에 영향을 미칠 수 있는 것이 포함된 경우 ⇨ 그 안건의 범위에서 정기총회의 소집이 상무에 속하지 않는 것 ○
  - ☐ 직무대행자가 정기주주총회를 소집하는 행위가 상무에 속하지 아니함에도 법원의 허가 없이 이를 소집하여 결의한 경우 ⇨ 소집절차상의 하자로 결의취소사유 해당 ○
  - ☐ 영업의 전부 또는 중요한 일부의 양도 결의시 법원의 허가 필요

Excalibur 이사회와 주주총회의 비교

	이사회	주주총회
의결권의 대리행사	×	○
소집통지	1주전, 구두통지 ○	2주전, 구두통지 × (서면 또는 전자문서)
회의의 목적사항기재	불요	필요
의결권의 서면행사	×	○
정족수	과반수출석, 과반수찬성	출석한 주주의 의결권의 과반수와 발행주식총수의 4분의 1 이상

Excalibur 이사회의 소집(제390조), 구성

- ☐ 이사회 소집통지의 방법
  - ☐ 이사회는 각 이사가 소집(이사회의 결의로 이사 정한 때에는 그 이사에게 소집권한有)
  - ☐ 회일을 정하고 그 1주간전에 각 이사 및 감사에 대하여 통지 발송 要(정관으로 기간 단축 可)
    ⇨ [HIT] 목적사항 함께 통지 不要(단 정관에서 정하고 있거나 이사회 심의·의결에 현저한 지장을 초래하는 경우는 함께 통지 要) / 구두통지도 무방(반드시 서면·전자문서 방식 不要)

- □ 일부 이사에게 소집통지를 하지 않은 이사회 ⇨ 통지 받지 못한 이사가 출석하여 반대 표결 하였을 경우 그 결과에 영향이 없었을 것이라도 무효
- □ 이사 및 감사 전원의 동의 有 ⇨ 소집절차 생략하고 바로 이사회 개최 可
- □ 이사회의 개최 ⇨ 3월에 1회 이상 / 이사는 대표이사로 하여금 다른 이사의 업무에 관하여 이사회에 보고하도록 요구 可
- □ 감사가 이사회 소집청구를 하였는데도 이사가 소집하지 않는 경우
  ⇨ 감사가 직접 소집 可
- □ 소집권자인 이사가 정당한 이유 없이 이사회 소집을 거절하는 경우
  ⇨ 다른 이사가 이사회 소집 可
- □ 이사가 3명인 회사에서 회사 경영에 관한 모든 사항을 다른 이사에게 위임하고 필요시 이사회 회의록에 날인만 하여주는 이사에게 소집통지 흠결한 경우에도 이사회 결의 효력○
- □ 자본금 10억 원 미만 소규모 주식회사 ⇨ 이사회구성의무 면제
- □ 이사회 내의 위원회 ⇨ 2인 이상의 이사로 구성 / 반드시 사외이사일 필요 ×

Excalibur 이사회의 결의, 운영

- □ 상법상 이사회 결의사항(§393①)
  ⇨ 중요한 자산의 처분 및 양도, 대규모 재산의 차입, 지배인의 선임 또는 해임과 지점의 설치·이전 또는 폐지 등
  ⇨ 이사회가 일반적·구체적으로 대표이사에게 위임하지 않은 업무로서 일상 업무에 속하지 아니한 중요한 업무 (ex :주식회사의 회생절차개시신청, 파산신청) : 이사회에 의사결정권한 有
  ⇨ 소규모주식회사로서 이사가 1명 또는 2명인 경우: 파산신청과 같은 중요한 업무에 관하여 대표이사가 결정 可 (주주총회결의×)
- □ 이사회의 위원회 위임불가사항(§393조의2 ②)
  ⇨ 주주총회의 승인을 요하는 사항의 제안, 대표이사의 선임 및 해임, 위원회의 설치와 그 위원의 선임 및 해임, 정관에서 정하는 사항
- □ 주식회사의 중요한 자산의 처분·양도에 해당하는데 이사회 부의사항으로 정해지지 않은 경우
  ⇨ 중요자산에 해당하는 한 반드시 이사회의 결의를 거쳐야 ○ (대표이사에게 그 처분에 관한 사항을 일임 不可)
- □ 이사회의 감독권 ⇨ 위법부당한 행위 견제에 관한 소극적 시정목적 + 경영정책 목적에서도 행사 可
- □ 이사회 정족수
  - □ [HIT] 과반수출석(=의사정족수, 회의의 전 과정에서 유지되어야), 과반수찬성(=의결정족수)
    ⇨ 정관으로 비율 상향 可

- 이사회 결의요건 충족 여부의 판단시점 ⇨ 이사회 결의 시 ○ (결의의 대상인 행위가 실제로 이루어진 날 ×)
- 이사회 의장의 가부동수 시 결정권을 인정한 정관규정은 무효
- 정관으로 이사가 가질 주식의 수를 정한 경우 ⇨ 다른 규정이 없는 때에는 이사는 그 수의 주권을 감사에게 공탁 要
- 특별이해관계의 의미 : 이사의 지위를 떠나 개인적으로 갖는 경제적 이해관계 (개인법설)
  ⇨ 영업양도·보수·책임면제 ○, 이사·감사의 선임·해임 ×
  ⇨ 대표이사는 자신의 대표이사 해임결의에 있어서 특별이해관계인 ×
  ⇨ 의사정족수에는 산입 But 결의성립에 필요한 출석이사에는 산입 ×
- 이사회의 결의 방법
  ⇨ 전화회의 可
  ⇨ 대리행사 不可 (출석 및 의결권 위임 不可), 이에 위배된 이사회 결의는 무효
- [HIT] 정관에서 달리 정하지 않는 한 원격통신수단에 의한 이사회 결의참가 허용
- 의결권 위임에 의한 이사회 결의의 효력 : 무효
- 이사회의사록의 열람 또는 등사 청구
  ⇨ 주주는 영업시간에 한하여 인정(§391의3③) / 채권자에게 인정 ×
- 주주의 이사회의사록 열람청구가 회사로부터 거절당한 경우
  ⇨ 법원의 허가 얻어 열람 可(§391의3④)
- 이사회결의효력을 다투는 회사법상의 소는 無 (민법상 일반원칙에 따라 다툼)
  - 이사회 결의 하자를 다투는 이사회 결의무효확인의 소 ⇨ 이해관계인은 시기, 방법 제한 없이 무효주장 可
  - 피고 : 회사 ○ (이사 개인×)
  - [HIT] 이사회결의 무효확인소송의 판결의 효력 : 대세효 × (vs. 주주총회결의무효 혹은 부존재확인소송의 원고승소판결 : 대세효 ○)
- 법인의 이사회결의가 부존재 함에 따라 발생하는 제3자의 부당이득반환청구권의 소멸시효 기산점 ⇨ 객관적으로 청구권의 발생을 알 수 있게 된 때(ex.이사회결의부존재확인판결의 확정시)부터 시효 진행
- 이사회나 주주총회 결의무효 또는 부존재 확인소송 원고적격
  ⇨ 퇴임한 이사는 다툴 이익 無
    But 결원의 경우 새로 선임된 이사가 취임할 때까지 이익 有
- 이사회 내의 위원회(§392의2)
  - 위원회의 결의는 이사회의 결의와 동등한 효력. 단, 이사회는 위원회의 결의를 번복 可
  - cf) [HIT] 감사위원회가 결의한 사항 → 이사회가 다시 결의하여 번복 不可

대표이사

- **대표** : 법률행위, 사실행위, 불법행위 모두 적용
  - cf) 대리 : 법률행위에만 적용
- **대표이사의 선임**
  - ⇨ 이사회 또는 주주총회의 결의에 의하지 않는 다른 방법으로 불가
  - ⇨ 회사의 정관에 대표이사의 선임이 주주총회 결의사항으로 정해져 있지 않은 경우에 소수주주가 제출한 임시총회소집청구서에 회의의 목적사항이 대표이사 해임 및 후임대표이사 선임결의 건으로 기재하여 임시주총 소집 허가 신청한 경우 ⇨ 법원은 의미를 정확하게 밝히고 그에 따른 조치를 취할 기회를 갖도록 할 필요 있음
- **대표이사의 대표권** : 회사의 권리능력 범위와 일치 ○
- 대표이사가 임기로 인하여 퇴임한 경우 퇴임이사 또는 임시이사 규정은 대표이사에도 적용
- **수인의 대표이사** ⇨ 원칙 : 각자대표 / 예외 : 정관 또는 총사원의 동의로 공동대표 가
- **이사회의 결의를 요하는 대표이사의 업무행위** : 주식회사의 중요한 자산의 처분이나 대규모 재산의 차입행위 + 대표이사에게 위임하지 않은 업무로서 일상 업무에 속하지 아니한 중요한 업무 (ex. 주식회사의 회생절차개시신청)
- **이사회 결의 없이 대표이사가 집행할 권한 有** : 일상 업무에 속하는 사항
- 등기이사이던 사람이 이사직을 사임한 취지의 변경등기를 구하는 소를 제기한 경우
  - ⇨ 그 소에 관하여 회사를 대표할 자는 대표이사
- 이사와 회사 사이의 소송의 경우 회사대표(§394①) : 감사
  - ⇨ 퇴임이사 상대 소송의 경우 회사대표 : 대표이사(§394① 배제)
- **(判) 이사선임결의의 무효 또는 부존재확인의 소**
  - □ 일시대표이사가 선임된 회사에서 다른 이사를 상대로 이사 지위 부존재확인의 소 제기 시 일시대표이사가 회사대표 가(상법 §394① 배제)
  - □ 대표이사가 무효 또는 부존재확인청구의 대상이 된 결의에 의해 선임되었더라도 당해 소송에서 회사 대표 가
- **이사선임 주총결의에 대한 취소판결 확정된 경우**
  - □ 주총결의에 의해 이사로 선임된 이사들로 구성된 이사회에서 선임한 대표이사
    - ⇨ 소급하여 자격 상실
  - □ 취소판결 확정 전 대표이사가 한 행위 ⇨ 무효
- 수인의 대표이사는 각자 단독으로 대표(단독대표원칙), 단 공동대표이사는 공동으로만 가
- 대표이사의 업무집행으로 손해발생시 ⇨ 대표이사와 회사가 연대하여 배상
- 제385조(임기 정한 이사 정당이유 없이 해임 시 손해배상 규정)
  - ⇨ 대표이사 해임 시 유추적용 ×
- 이사 자격 상실 시 ⇨ 대표이사 자격 상실 ○
  - vs. 대표이사 자격 상실 시 ⇨ 이사 자격 상실 ×

- □ 대표이사가 업무집행 중 불법행위로 인하여 제3자에게 손해를 가한 때
  - □ 대표이사는 회사와 연대하여 배상책임 有
  - □ 고의는 물론 과실 있는 때에도 성립 ○

Excalibur 공동대표이사

- □ 의의 : 수인의 대표이사로 하여금 공동으로만 회사를 대표할 수 있도록 하고 단독의 대표행위를 무효로 하는 제도(§389②)
- □ 원칙 : 이사회결의 / 등기 要 (대항요건)
- □ 정관으로 주총결의에 의할 경우도 ⇨ 보통결의 ○ (주주총회 특별결의 사항 ×)
- □ 대표행위가 반드시 동시에 표시되어야 하는 것은 아니며 먼저 1인의 공동대표이사의 의사가 표시되고 난 후에 나머지 대표이사의 의사가 보충되어도 可
- □ 공동대표자 중 1인이 다른 공동대표이사에게 대표권 행사 위임 가부
  - ⇨ 특정사항에 관하여 개별적 可 / 일반적, 포괄적 위임 不可
- □ 공동대표제도의 적용범위
  - ⇨ 거래행위 ○ / 불법행위 × (∴ 공동대표이사 중 1인의 단독불법행위는 무효가 아니라 회사의 불법행위가 되어 회사는 연대책임)
  - ⇨ 능동대표 ○ / 수동대표 × / 소송행위 ○
- □ 제3자의 회사에 대한 의사표시 ⇨ 공동대표이사 수인 중 1인에게만 해도 유효
- □ 공동대표이사가 단독으로 회사를 대표하여 제3자와 한 법률행위를 추인하는 경우
  - ⇨ 추인의 의사표시는 단독으로 행위 한 공동대표이사 또는 상대방 어느 누구에게도 할 수 ○

Excalibur 전단적 대표행위

- □ 전단적 대표행위의 의의 : 법률이나 정관에 주주총회 또는 이사회의 결의를 거쳐야만 하는 사항임에도 불구하고 대표이사가 이를 거치지 않고 행한 대표행위
- □ 주주총회결의 흠결
  - □ 법률상 요건인 주총 특별결의 없이 영업의 중요한 일부를 양도한 경우
    - ⇨ 상대방의 선·악 불문 무효
  - □ 주주총회결의의 외관을 현출시킨 자가 결의에 필요한 주식을 보유하거나 사실상 회사의 운영을 지배하는 주주인 경우와 같이 주총결의의 외관현출(의사록을 작성하는 등 주주총회결의의 외관 현출)에 회사가 관련된 경우 ⇨ 회사의 책임 有
- □ HIT 이사회결의 흠결 (정관·이사회 규정 등에서 일정한 사항에 대하여 이사회 결의를 요하고 있는 경우)

- □ 정관·이사회 규정은 대표권의 내부적 제한에 해당 ○
- □ 정관에 의해 이사회 결의를 거치도록 대표이사의 대표권을 제한한 경우 보호받는 제3자 ⇨ 선의 이외에 무중과실 要. 제3자의 악의 또는 중과실 있음의 입증책임은 회사측 ○
- □ 회사 대표이사와 거래행위하는 제3자는 이사회 결의가 있었는지를 확인하는 등의 조치의무 ×
- □ 거래 상대방은 회사의 대표자가 거래에 필요한 회사의 내부절차는 마쳤을 것으로 신뢰하였다고 보는 것이 경험칙 ○
- □ 공동 대표이사 중 1인의 단독대표행위의 효과 : 원칙적 무효, But 표현대표이사의 요건 충족 시 회사의 책임 有

Excalibur 대표권의 남용

- □ 주식회사의 대표이사의 대표권의 남용 ⇨ 비진의표시 유추적용 ○
- □ 대표이사가 대표권을 남용하여 회사명의의 약속어음 발행행위를 한 경우
  - □ 회사의 행위로서 유효하고, 상대방이 대표이사의 진의를 알았거나 알 수 있었을 때는 회사에 대하여 무효
  - □ 따라서 회사는 어음발행의 상대방에게 어음채무 부담 ×

Excalibur 표현대표이사(제395조)

- □ 의의 : 외관법리에 기초하여 대표권 없는 자가 한 행위에 대해 회사에 책임을 인정
- □ 표현대표이사 성립 여부
  - □ 대표이사가 이사 선임의 주주총회결의에 대한 취소판결이 확정되기 전에 한 행위는 대표권이 없는 자가 한 행위임
  - □ 사장, 부사장, 전무, 상무 등의 명칭 ⇨ 직함의 예시로 표현대표이사의 명칭에 해당하는지는 사회 일반의 거래통념에 따라 결정
  - □ 제3자의 선의, 무중과실 要
  - □ 상법상 표현규정(표현지배인·표현대표이사)에서는 선의의 제3자에 제3취득자도 포함
- □ 표현대표이사책임이 인정되는 경우
  - □ 이사자격이 없는 자여도 회사가 표현대표이사 사용을 허용한 경우 : ○ (감자무효의 판결이 확정되었는지 불문)
  - □ 표현대표이사가 다른 대표이사 명칭 사용한 경우(대표권 대행) : ○
  - □ 대표권 대행(무권대행방식)의 경우 제3자의 선의나 중과실 판단의 대상 : 대표이사를 대행하여 법률행위를 할 권한(대행권한)의 유무 ○ (대표권의 존부 ×)
  - □ [HIT] 이사자격이 없는 사람이 임의로 표현대표이사의 명칭을 사용하고 있는 것을 회사가 알면서 방치하여 소극적 묵인한 경우 : ○

- ☐ 표현대표이사가 다른 대표이사의 명칭을 사용하여 행위를 한 경우에 회사가 알면서도 소극적으로 방치한 경우 : ○ (vs. §39 상업등기의 효력)
- ☐ [HIT] 회사가 공동대표이사 중 1인에게 대표이사라는 명칭의 사용을 용인 내지 방임한 경우 : ○
- ☐ 주주총회를 소집·개최함이 없이 의사록만을 작성한 주주총회결의로 대표자로 선임된 자의 행위 ⇨ 대표자격의 외관현출에 회사의 귀책사유 있는 경우 표현대표이사 성립 ○
- ☐ 선의의 제3자의 범위 ⇨ 직접상대방에 한하지 않음 → 어음행위의 경우 직접상대방으로부터 다시 취득한 자도 포함 ○
- ☐ **표현대표이사책임이 부정되는 경우**
- ☐ 3자가 회사의 대표이사가 아닌 이사가 그 거래행위를 함에 있어서 회사를 대표할 권한이 있다고 믿었음에 있어서 중대한 과실이 있는 경우
- ☐ 회사가 명칭사용을 알지 못한 경우 : ×
- ☐ 공동대표이사가 단독으로 회사를 대표하여 제3자와 한 법률행위를 회사가 추인한 경우 : × (이 경우 추인에 따른 책임을 지는 것일 뿐 제395조 책임 ×)
- ☐ [HIT] 제3자가 회사의 대표이사가 아닌 이사에게 그 거래행위를 함에 있어 회사를 대표할 권한이 있다고 믿은 데에 중대한 과실이 있는 경우 : ×
- ☐ [HIT] 회사의 명칭 사용 승인 없이 임의로 명칭을 참칭한 자의 행위에 대해 회사에게 과실이 있는 경우 : ×
- ☐ 표현대표이사의 행위로 인정되는 경우라도 그 행위에 이사회의 결의가 필요하고 상대방이 이사회 결의가 없었음을 알았거나 알 수 있었을 경우 : ×
- ☐ 제3자가 표현대표이사에게 회사를 대표할 권한이 있다고 믿은 데 중과실이 있는 경우 : ×
- ☐ 이사 선임 권한이 없는 사람이 허위의 주주총회결의 등의 외관을 만들어 이사를 선임한 경우 : ×

Excalibur 이사의 경업금지의무(제397조)

- ☐ 의의 : 이사회의 승인 없이 ㉠ 자기 또는 제3자의 계산으로 회사의 영업부류에 속하는 거래 할 수 없고(거래금지의무), ㉡ 그 회사와 동종영업회사의 무한책임사원이나 이사가 되지 못함(겸직금지의무) ⇨ 이사회 승인 있으면 可
- ☐ 이사회의 승인 ⇨ 일반정족수 (과반수의 출석과 출석이사의 과반수)
- ☐ (判) 아직 영업 개시를 못하고 영업의 준비 작업을 추진하고 있는 회사도 동종영업을 목적으로 하는 다른 회사에 포함
- ☐ [HIT] 이사가 경업 대상 회사의 지배주주가 되는 경우 ⇨ (判)이사회 승인 要
- ☐ 실질적으로 이사가 속한 회사의 지점 내지 영업부분으로 운영되는 회사의 지배주주가 되는 경우 ⇨ (判) 이사회 승인 不要

- □ 자기 회사의 상업사용인은 겸직 可
- □ 동종영업을 목적으로 하는 회사를 설립하고 영업준비작업을 하다가 영업을 개시하기 전에 대표이사를 사임한 경우 ⇨ 경업금지의무 위반 ○
- □ 위반의 효과
  - □ 거래행위 또는 겸직행위 자체는 사법상 효력 有
  - □ 손해배상청구권과 계약해지권 : 이사해임(§385), 손해배상청구(§399)
  - □ 개입권(§397②) : 행사하려면 이사회 결의 필요. 이사가 실질적 이득을 회사에 귀속시킬 의무를 부담할 뿐, 회사가 직접 법률행위 당사자가 되는 것 ×
  - □ 개입권은 거래행위가 있는 날로부터 1년 내에 행사(§397③)
  - □ 소수주주(3/100 이상)가 이사의 해임판결 청구 可
- □ 이사회 승인으로 겸직한 결과 회사에 손해가 발생한 경우
  - ⇨ 승인에 찬성한 이사도 연대책임

Excalibur 이사의 사업기회유용금지의무(제397조의2)

- □ 의의 : 이사회의 승인(이사 3분의 2 이상) 없이 현재 또는 장래에 회사의 이익이 될 수 있는 회사의 사업기회 이용 불가능
  - □ 유용이 금지되는 사업기회 : 직무를 수행하는 과정에서 알게 되거나 회사의 정보를 이용한 사업기회와 회사가 수행하고 있거나 수행할 사업과 밀접한 관계가 있는 사업기회
  - □ 거래 내용과 절차의 공정성 규정 : 이사의 자기거래 有 / 이사의 회사기회유용 無
- □ 위반의 효과
  - □ 의무 위반 이사 및 승인 이사는 연대책임, 이사 또는 제3자가 얻은 이익은 손해로 추정(§397의2②)
  - □ 개입권 인정 ×

Excalibur 이사의 자기거래금지의무(제398조)

- □ 의의 : 이사회 승인 없이 자기 또는 제3자의 계산으로 회사와 거래 불가능
  - □ 자기거래여부는 명의가 아니라 계산을 기준으로 ○
  - □ 미리 이사회에서 거래에 관한 중요사실 밝히고 이사회의 승인이 있으며 거래 내용·절차가 공정한 경우 허용
  - □ 승인기관 : 원칙 이사회(총 이사 2/3 이상 찬성) / (判)정관규정으로 주총결의로 가능 / 주주 전원동의로 可
  - □ 승인의 효과 : 거래행위가 사법적으로 유효 But 이사의 책임(§399)면제 ×, 승인찬성이사 연대책임 ○
- □ 자기거래 제한의 대상자로서 이사회의 승인이 필요한 경우(§398)

- 이사 또는 상장회사의 주요주주 (제1호)
- 이사 또는 상장회사의 주요주주의 배우자 및 직계존비속 (제2호)
- 이사 또는 상장회사의 주요주주의 배우자의 직계존비속 (제3호)
- **[HIT]** 1 ~ 3의 자가 단독 또는 공동으로 의결권 있는 발행주식 총수의 100분의 50 이상을 가진 회사 및 그 자회사 (제4호)
- 1 ~ 3의 자가 4의 회사와 합하여 의결권 있는 발행주식총수의 100분의 50 이상을 가진 회사 (제5호)
- 이사가 단독으로 발행주식 총수의 100%를 보유한 회사와의 거래 ⇨ 적용 ○
- 모회사의 이사와 자회사의 거래 ⇨ 모회사 이사회의 승인 不要(§398적용 ×)
- 거래주체의 범위 ⇨ 퇴임이사, 일시(임시)이사, 직무대행자, 청산인 포함
- 이사회승인 없는 자기거래의 효과
  - **[HIT]** 상대적 무효설 (이사와 회사 간 무효. 단, 제3자에 대하여는 악의·중과실 증명 못하는 한 유효)
  - 무효 주장은 회사만 가능 / 거래상대방이나 제3자는 주장 ×
- 이사의 자기거래 ⇨ 특별이해관계에 해당, 의결권 행사 不可
- 상장회사의 주요주주에 대한 특칙 ⇨ 신용공여 금지. 제542조의9 제2항의 예외에 해당하지 않는 한 금지. 이사회 승인으로도 허용 ×
- 3억 원 내에서의 의료비, 학자금 등 복리후생을 위한 금전대여는 可

Excalibur 자기거래의 범위

- 거래의 범위 : 실질적 이해충돌 거래
  - **[HIT]** 간접거래(ex. 회사가 이사의 채권자와 보증계약을 체결) 포함
  - A회사 대표이사가 B회사 대표이사도 겸하고 있는 경우 A회사가 B회사의 채무를 보증 ⇨ 제398조 적용 ○
  - 내용과 절차가 공정하지 못한 경우까지 포함
  - (判) 어음행위(약속어음 발행)도 포함
- 이사와 회사 간 이익충돌의 우려가 없는 거래는 제398조의 자기거래 × ⇨ 승인 不要
- 자기거래 문제 ⇨ 동일회사 내의 문제 ○ / 별개 두 회사인 모·자 회사 간에는 적용 ×
- 이사의 자기거래 해당여부
  - 대표이사의 개인채무에 대해 회사가 보증하는 경우 ○
  - 이사가 단독으로 발행주식 총수의 100%를 보유한 회사와의 거래 ○
  - 회사가 이사에게 어음을 발행한 행위 ○
  - 보험회사의 대표이사가 자신이 소유한 건물에 대해 화재보험약관에 따라 그 보험회사와 화재보험계약을 체결 × (거래의 성질상 회사에 불이익 염려 ×)

- 회사의 채무를 담보하기 위해 대표이사가 회사를 대표하여 자신에게 약속어음을 발행하고 즉시 회사의 채권자에게 배서한 경우 ×
- 회사의 채무를 이사가 개인적으로 보증 ×

Excalibur 이사회의 승인 - 자기거래

- 이사와 회사 사이의 이익상반거래에 대한 승인 : 이사회의 전결사항
- 예외 : 주주 전원의 동의, 정관에 주총 권한사항으로 규정
  - 이사회의 승인 없는 이익상반거래에 대하여 이사회 사후 승인 또는 주주총회 사후 추인
    ⇨ 유효 ×

Excalibur 주요주주 등 이해관계자와의 거래에 의해 금지된 신용공여

- 이사회의 사전 승인이나 사후 추인이 있어도 유효 ×
- 위반행위에 대해 형사처벌 조항은 상법에 규정되어 있음
- 3자가 그에 대해 알지 못하였고 알지 못한 데에 중대한 과실이 없는 경우에는 그 제3자에 대하여는 무효 주장 불가
- 회사가 감사의 채무에 대하여 이사회의 사전 승인을 거쳐 채권자와 신용공여는 사법상 무효이고 누구나 그 무효 주장 可

Excalibur 이사의 그 밖의 의무

- 비밀유지의무(§382의4) ⇨ 재임 중 + 퇴임 후 영업상 비밀누설금지
- 비상근 평이사(사외이사)의 감시의무
- 대표이사 및 업무담당이사의 전반적인 업무집행에 대한 감시의무
  - **[HIT]** 업무담당이사의 업무집행이 위법하다고 의심할 만한 사유가 있음에도 감시의무를 위반하여 방치한 경우 ⇨ 회사의 손해에 대하여 배상책임 ○
  - 감시의무의 정도 : 업무담당이사의 부정한 업무집행을 알 수 있었던 경우에만 책임 ○
- 정관으로 이사가 가질 주식의 수를 정한 경우(§387)
  - ⇨ 다른 규정이 없는 때에는 그 수의 주권을 감사에게 공탁 要

EXcalibur 준법통제기준 및 준법지원인(제542조의13)

- 준법통제기준 및 준법지원인(상법 §542의13, 상법시행령 §39)
  - ⇨ 일정규모 이상의(최근 사업연도 말 현재의 자산총액이 5천억 원 이상)인 상장회사는 준법통제기준을 마련하고, 이사회 결의를 거쳐 1인 이상의 준법지원인을 상근직으로 선임하여야 ○

- □ 준법지원인
  - □ 임직원의 준법통제기준 준수여부를 이사회에 보고
  - □ 재임 중뿐만 아니라 퇴임 후에도 영업상 비밀누설 금지의무 ○
- □ 준법지원인 임면 ⇨ 이사회 결의 要

[Excalibur] 이사의 회사에 대한 책임(제399조)

- □ 이사의 회사에 대한 손해배상책임
  - □ 발생원인 : 고의 또는 과실로 ① 법령 또는 정관 위반 ② 임무의 해태
    - ⇨ 여기의 법령에 행정지도적 성격의 지침은 포함 ×
  - □ 입증책임
    - ⇨ 법령 또는 정관 위반 : 이사 스스로 자신에게 과실이 없다는 점에 대해 증명
    - ⇨ 임무해태 : 이사의 책임을 주장하는 자가 증명
  - □ 경영판단의 원칙 적용 여부 : 법령 위반 ⇨ 적용 × / 임무 해태 ⇨ 적용 ○
  - □ 수인의 이사가 연대하여 배상책임을 지는 경우 자기의 부담부분 이상의 손해를 배상한 이사 ⇨ 다른 이사에게 부담부분의 비율에 따라 구상권 행사 可
  - □ 법원은 분담의 공평이라는 이념에 비추어 제반 사정을 참작하여 손해배상액을 제한 可
  - □ 사실심의 전권사항 (형평의 원칙에 비추어 현저히 불합리한 것이 아닌 한)
  - □ 이사가 회사의 업무를 집행하면서 회사의 자금으로서 뇌물을 공여 ⇨ 법령 위반
- □ 이사의 직무수행상 채무 ⇨ 회사의 이익을 위하여 선량한 관리자로서의 주의의무를 가지고 필요하고 적절한 조치를 다해야 할 채무 有(결과채무 ×)
- □ (判) 이사의 배상책임 긍정 사례
  - □ 이사가 주식소각 과정에서 법령위반 회사에 손해를 끼친 사실이 인정될 때
  - □ 주식소각 행위가 위법하다고 의심할 만한사유가 있음에도 과실로 인해 감시의무 위반하여 이를 방치한 사외이사
  - □ 이사의 사저(개인저택) 근무자의 급여를 회사자금으로 지급한 경우
  - □ 다른 업무집행이사의 업무집행이 위법하다 의심할 만한 사유 있음에도 방치한 경우
  - □ 비상근이사가 이사회 불참석, 사후적으로 이사회의 결의를 추인하는 등으로 실질적으로 이사의 임무를 전혀 수행하지 않은 경우
- □ 찬성이사의 책임(§399③) ⇨ 이의를 한 기재가 의사록에 없는 자는 그 결의에 찬성한 것으로 추정/이사가 이사회에 출석하여 결의에 기권하였다고 의사록에 기재된 경우에는 이사회 결의에 찬성한 것으로 추정 ×
- □ 주식회사의 이사 또는 감사의 회사에 대한 임무해태로 인한 손해배상책임 시효기간 : 10년
- □ 제450조의 손해배상책임의 해제 : 이사 등의 회사에 대한 책임에만 적용 ○ / 이사 등의 제3자에 대한 책임에는 적용 ×

- ☐ 감자절차상 하자를 초래한 이사에 대한 손해배상책임을 추궁하는 소
  - ⇨ 감자무효의 판결 확정여부와 무관하게 제기 可

Excalibur 이사의 책임감면(제400조)

- ☐ 제399조에 따른 책임 : (의결권 없는 주주 포함한) 주주 전원의 동의(묵시적 동의 포함)로 면제 可
- ☐ 고의·중과실로 발생한 이사의 회사에 대한 손해배상책임 : 정관으로 감경 × / 주주 전원 동의로 면제 ○
- ☐ 정관규정에 따라 이사가 그 행위를 한 날 이전 최근 1년간의 보수액의 6배(사외이사의 경우는 3배)를 초과하는 금액(상여금, 주식매수선택권의 행사로 인한 이익 포함)에 대해 면제 可
  - ⇨ But 경업금지의무(§397)위반, 회사의 기회 및 자산의 유용 금지(§397조의2),자기거래규정(§398)위반에는 적용 ×
- ☐ 제400조의 준용 : 감사·집행위원에는 ○ / 업무집행관여자에는 ×

Excalibur 이사의 제3자에 대한 손해배상책임(제401조)

- ☐ 이사가 고의 또는 중대한 과실로 임무 해태 : 제3자에 대하여 연대하여 손해배상책임
  - ☐ 이사의 직무상 충실 및 선관의무 위반의 행우로서 위법성이 있는 경우 ○
  - ☐ 대표이사가 타인에게 회사업무 일체 맡긴 채 무관심, 부정행위, 임무해태 간과한 경우 ○
- ☐ 법적 성질 : [HIT] 상법이 인정하는 특수한 책임 (법정책임설)
  - ⇨ 민법상 불법행위책임과 경합 ○ / 소멸시효는 10년(민법 §162①)
- ☐ 이사의 고의 또는 중과실 여부의 입증 책임 소재 ⇨ 피해자인 제3자 ○
- ☐ 제3자의 범위 : 회사 채권자 ○ / 직접손해 입은 주주 ○
- ☐ [HIT] 이사의 횡령에 의해 주주가 입은 간접적인 손해 ⇨ 주주에 대하여 상법 제401조 제1항에서 말하는 손해의 개념에 포함 ×(∵간접손해 입은 주주 ×)

Excalibur 업무집행관여자의 책임(제401조의2)

- ☐ 업무집행관여자의 유형
  - ☐ 업무집행지시자(1호) : 회사에 대한 자신의 영향력을 이용하여 이사에게 업무집행을 지시한 자 ⇨ 자연인 + 법인인 지배회사 포함 ○
  - ☐ 무권대행자(2호) : (영향력을 이용하여)이사의 이름으로 직접 업무를 집행한 자
  - ☐ 표현이사(3호) : 이사가 아니면서 명예회장·회장·사장·부사장·전무·상무·이사 기타 업무를 집행할 권한이 있는 것으로 인정될 만한 명칭을 사용하여 회사의 업무를 집행한 자
    - ⇨ 회사에 대한 영향력 不要

- □ 업무집행지시의 상대방
  - ⇨ 이사 (규정) + 지배인, 부장, 과장 등 기타 사용인 포함 ○
- □ 업무집행관여자의 효과 : 책임에 있어서 이사로 간주
  - ⇨ 이사의 회사에 대한 손해배상책임(§399), 이사의 제3자에 대한 손해배상책임(§401), 대표소송(§403), 다중대표소송 적용 ○
- □ 업무집행관여자 책임 (개인의 책임) vs 표현대표이사 책임 (회사의 책임)
- □ 법인격이 부인되더라도 회사의 법인격이 전면적으로 소멸 ×
  - ⇨ 회사의 책임 소멸 ×
- □ 업무집행지시자 등의 책임
  - ⇨ 불법행위 단기시효 적용 ×
  - ⇨ 이를 알고 방치한 이사도 연대배상책임 부담 ○ (경영판단의 법칙은 법령 또는 정관 위반에는 적용 ×)
  - ⇨ (대표이사에 대한) 위법한 지시라면 회사의 이익을 위한 것이어도 책임 부담 ○

Excalibur 위법행위유지청구권(제402조)

- □ 위법행위유지청구권(§402)과 신주발행유지청구권(§424)의 비교

	위법행위유지청구권(제402조)	신주발행유지청구권(제424조)
성질	소수주주권 (1%, 무의결권주식 포함)	단독주주권
주체	주주, 감사,감사위원회	주주
상대방	이사	회사
요건	법령, 정관 위반 + 회사의 회복불능한 손해발생 염려	법령, 정관 위반·현저한 불공정 발행 + 주주의 불이익 염려
절차	소송, 소 외의 방법	소송, 소 외의 방법

- □ [HIT] 주주가 직접 제3자와의 거래관계에 개입하여 회사가 체결한 계약의 무효 주장 不可
  - ⇨ 이사에 대해 위법행위유지청구권을 행사하거나 대표소송으로 책임을 추궁할 수 있을 뿐

Excalibur 주주의 대표소송(제403조)

- □ 의의 : 소수주주가 이사의 회사에 대한 책임을 추궁하기 위한 소송
- □ 대표소송의 목적
  - □ 이사의 책임 추궁
  - □ 주주 대표소송 제기 전 제소청구서에 책임추궁 대상 이사의 성명이 기재되지 않은 경우 회사 보유 자료 등을 종합하여 책임발생 원인사실을 구체적 특정할 수 있다면 적법 ○

- 법적성질 : 제3자 소송담당
- 원고
  - [HIT] 발행주식총수의 1% 이상 보유주주
    - ⇨ 충족여부는 소 제기 시 기준 : 제소 당시에만 충족하면 족하고, 대표소송제기 후 주식 보유비율이 발행주식총수의 1/100 미만으로 감소한 경우에도 원고적격 유지 ○
    - ⇨ But 대표소송을 제소한 주주가 발행주식을 전혀 보유하지 않게 된 경우 ⇨ 원고적격 상실로 부적법 각하
  - 수인의 주주지분을 합쳐서 충족해도 ○
    - ⇨ 다만 일부 주주가 주식을 전혀 보유하지 아니하게 되면 그 주주는 원고적격 상실(그 부분만 부적법 각하) / 대표소송을 제기한 다른 원고들은 원고적격 유지
  - 피고 : 이사,감사 ○ / 퇴직한 이사,감사 ○
- 회사를 대표하는 자
  - 현직 이사 상대로 대표소송 청구 ⇨ 감사 또는 감사위원회 ○
  - 퇴임이사를 상대로 대표소송 청구 ⇨ 대표이사 ○ (감사×, 상법 제394조 제1항 부적용)
- 대표소송 제기 절차
  - 회사가 30일내에 소를 제기하지 아니한 때에는 주주는 즉시 회사를 위한 소 제기 可
    - ⇨ 회사에 회복할 수 없는 손해가 생길 염려가 없음에도 불구하고 회사에 대하여 이사의 책임을 추궁할 소의 제기를 청구하지 아니한 채 발행주식 총수의 100분의 1이상에 해당하는 주식을 가진 주주가 즉시 회사를 위하여 소를 제기한 경우 : 부적법 각하
  - 소 제기한 주주는 지체 없이 회사에 대하여 그 소송 고지의무 有
  - [HIT] 주주는 적법하게 제기된 대표소송 계속 중에 제소청구서의 책임발생 원인사실을 기초로 하면서 법적 평가만을 달리한 청구를 추가 가능 ○
  - [HIT] 법원의 허가 없이 소의 취하·청구의 포기·인낙·화해 不可
- 승소확정판결시 주주는 확정판결을 집행권원으로 하여 강제집행신청 可
- 패소주주 ⇨ 대표소송에서 패소하더라도 악의인 경우 외에는 손해배상책임 無(과실제소 원고는 손해배상 책임 ×)
- 회사의 본점소재지를 관할하는 지방법원의 전속관할 ○ (변론관할 ×)
  - 회사에 대한 제소청구에 회사가 응하지 아니하여 주주가 이사를 상대로 제기한 경우
    - ⇨ 전속관할 적용 ○
  - 제소청구에 응하여 회사가 이사를 상대로 제기한 경우 ⇨ 전속관할 적용 ×
- 회사가 파산선고를 받은 후 주주가 파산관재인에 대하여 이사의 손해배상책임을 추궁할 것을 청구하였는데 파산관재인이 거부하는 경우
  - ⇨ 주주는 대표소송 제기 不可 (∵대표소송의 제도는 파산절차가 진행 중인 경우 적용 ×)
- 이사가 대표소송을 제기하는 주주의 악의를 소명하여 청구할 경우

⇨ 법원은 주주에게 상당한 담보를 제공할 것을 명할 수 ○
- **다중대표소송**(§406의2)
  - 모회사 발행주식총수의 100분의 1 이상에 해당하는 주식을 가진 주주는 자회사 이사의 책임 추궁 可(§406의2①)
  - 모회사 주주는 원칙적으로 자회사의 감사에 제소청구를 하여야 함
  - 이사의 책임 추궁할 소의 제기를 청구 받은 날부터 30일 내에 소를 제기하지 아니한 때 즉시 자회사를 위해 소 제기 가능(§406의2②)
  - 청구를 한 후 모회사가 보유한 자회사의 주식이 자회사 발행주식총수의 100분의 50 이하로 감소한 경우 제소 효력 있음(§406의2④)
  - 청구를 한 후 모회사가 보유한 자회사의 주식이 없는 경우 제소 효력 없음(§406의2④)
  - 자회사의 본점소재지를 관할하는 지방법원의 전속관할 ○(§406의2⑤)
  - 다중대표소송의 기판력 ⇨ 자회사에 미침
  - 다중대표소송 중 모회사 지위를 상실하여도 자회사 주식을 보유하고 있는 이상 소송은 유지됨

Excalibur 대표소송에 대한 회사의 참가

- [HIT] 공동소송참가(§404①) ⇨ 유사필수적 공동소송의 성격 / 항소심에서도 참가 可 / 중복소제기금지에 저촉 ×
- 법원의 의결권행사금지가처분 결정에 위반하여 회사가 주주총회에서 해당 주식의 의결권행사를 허용 추후 본안소송에서 의결권 행사가 적법하다는 판결이 확정시 ⇨ 해당 주식에 관한 의결권 행사는 유효
- [HIT] 주주가 소제기 후 주주자격상실로 피참가소가 각하된 경우
  ⇨ 회사의 참가가 부적법하게 되는 것 ×(공동소송참가는 유지됨)

Excalibur 대표소송의 판결의 효력

- [HIT] 승패불문 회사에 미침(민사소송법 §218③)
- 주주대표소송에서 승소한 주주
  - 어떠한 실체법상 권리취득 ×
  - 집행채권자가 될 수 ○
  - 회사에 대해 비용 상환 청구권 행사 可
- 주주대표소송에서 패소한 주주 ⇨ 악의 아니면 회사에 손해배상책임 ×
- 대표소송에서 원·피고가 공모하여 회사의 권리를 사해할 목적으로 판결을 하게 한 경우(§406) ⇨ 다른 주주나 회사는 재심청구 可

집행임원제도

- □ 집행임원의 선임·해임 권한(§408의2③) ⇨ 이사회 ○(주주총회 ×)
- □ 집행임원과 집행임원 설치회사의 소송
  ⇨ 집행임원 설치회사의 이사회에서 설치회사를 대표할 자의 선임
- □ 집행임원의 자격 ⇨ 이사가 집행임원도 겸임 可(cf. 감사와 이사는 겸임금지(§411))
- □ 집행임원의 권한 ⇨ 이사회 결의에 의해 위임받은 업무집행에 관한 의사결정 포함 ○
- □ 대표집행임원 : 회사영업에 관하여 재판상·재판 외 모든 권한 ○
  ⇨ 대표집행임원의 중과실 위법행위로 제3자에게 손해를 입힌 경우 회사도 손해 배상책임 ○
  (대표이사와 동일)
- □ 집행임원이 고의·중과실로 임무를 게을리 한 경우 ⇨ 제3자에게 책임 ○
- □ 집행임원의 이사회 소집 청구에도 불구하고 이사가 지체 없이 소집절차 밟지 않은 경우
  ⇨ 소집 청구한 집행임원이 법원의 허가를 받아 소집 청구 可
- □ 집행임원을 설치한 회사 ⇨ 이사회 의장을 두어야 ○
- □ 집행임원의 업무집행상황 보고의무 ⇨ 3개월에 1회 이상 이사회에 보고

감사의 의의

- □ 자본금의 총액이 10억 원 미만인 회사의 경우 : 감사는 임의기관 ○(§409④)
  - □ 감사선임하지 않은 소규모 주식회사와 이사 간의 소송시 ⇨ 회사, 이사 또는 이해관계인이 법원에 회사를 대표할 자를 선임신청하여야 함(§409⑤)
- □ 감사의 보수액을 정관에 정하지 아니한 경우 ⇨ 주주총회의 결의로 定
- □ 명목상 감사 ⇨ 회사의 자금을 개인에게 지급하기 위한 방편으로 선임한 것이라는 등의 특별한 사정이 없는 한 보수청구권 有
- □ 상장회사의 감사 또는 감사위원회 (§542의10, §542의11)
  - □ 자산총액 1천억 이상 2조 미만 ⇨ 1명 이상의 상근감사 또는 감사위원회 필수
  - □ 자산총액 2조 이상 ⇨ 감사위원회 설치(필수), 위원 중 1인은 회계재무전문가
  - □ 감사위원회위원을 선임하거나 해임하는 권한은 주주총회 ○
  - □ [HIT] 감사의 선임 또는 보수결정 의안과 이사의 선임 또는 보수결정 의안은 별도 상정하여야 ○
  - □ 회사가 전자적 방법으로 의결권을 행사할 수 있도록 한 경우 출석한 주주의 의결권의 과반수로써 감사위원회위원의 선임을 결의 可
  - □ 주주총회에서 이사 선임시 주총회 결의로 다른 이사들과 분리하여 감사위원회위원이 되는 이사로 선임 요함
  - □ 사외이사가 아닌 감사위원회 위원 선임·해임시 상장회사의 의결권 없는 주식을 제외한 발행주식총수의 100분의 3을 초과하는 수의 주식을 가진 주주는 그 초과하는 주식에 관하여 의결권 제한됨

▫ 사외이사인 감사위원회의 선임·해임 시 모든 주주는 의결권 없는 주식을 제외한 발행주식총수의 100분의 3를 초과하는 주식에 관하여 의결권을 행사 못함

Excalibur 감사의 선임·종임

□ 감사선임
  ▫ 주주총회 보통결의(출석한 주주의 의결권의 과반수라는 의결정족수를 충족 + 의결정족수가 발행주식총수의 4분의 1 이상의 수)
  ▫ 회사가 이사회의 결의로 주주가 총회에 출석하지 아니하고 전자적 방법으로 의결권을 행사할 수 있음을 정한 경우 ⇨ 출석한 주주의 의결권의 과반수
□ [HIT] 발행주식 총수의 3/100 초과 보유한 주주
  ⇨ 감사선임에 있어서 초과주식에 관하여 의결권 행사금지
  ⇨ 상장회사의 경우 최대주주에 한하여 특수관계인 등이 보유하는 주식을 모두 합산하여 3% 초과 여부 판단
  ⇨ 감사 해임 시에는 제한 ×
□ 의결권이 제한되는 주식의 의결권수 ⇨ 발행주식수에 산입 ×, 출석의결수에도 산입 ×
□ '최대주주가 아닌 주주와 그 특수관계인 등'에 대하여도 일정 비율을 초과하여 소유하는 주식에 관하여 감사의 선임 및 해임에 있어서 의결권을 제한하는 내용의 정관 규정이나 주총결의 ⇨ 무효
□ 감사의 자격 ⇨ 제한 ×(다만 정관에 의해 주주로 제한 可)
□ 상근감사의 결격사유
  ▫ 최근 2년 이내 회사의 상무에 종사한 적이 있었던 이사
  ▫ 미성년자
  ▫ 금고 이상의 형을 선고 받아 확정된 자
□ 감사의 임기 : 취임 후 3년 내의 최종의 결산기에 관한 정기주총 종결 시까지
□ [HIT] 주주총회에서 이사·감사 선임 결의가 있는 경우 ⇨ 대표이사와 별도의 임용계약 체결여부 관계없이 피선임자의 승낙만 있으면 지위취득 ○
□ 이사·감사 겸임금지 ⇨ 주주총회에서 회사의 이사를 감사로 선임한 경우 이사직에서 사임하는 것을 조건으로 하여 유효 / 감사 취임을 승낙한 때 이사직 사임한 것으로 ○
□ 임기 전 감사의 해임시 정당한 이유 필요(§415, §385①) ⇨ 주관적 신뢰관계가 아닌 직무수행 장해의 객관적 상황이 발생하여야 함
□ 정당한 이유 없이 임기만료 전 감사 해임시의 손해배상청구시 ⇨ 다른 회사로부터 보수 수령시 공제 可

감사의 권한

- 감사의 보고요구·조사권
  - 자회사에 대한 모회사 감사의 보고요구·조사권 : 직무 수행에 필요시 보고요구 可
    ⇨ 자회사가 지체 없이 보고 안하거나 보고내용 확인필요 시 ⇨ 직접 조사 可
  - 이사에 대한 보고요구·조사권 : 언제든지 可
- 신주발행무효의 소 제소권 ⇨ 신주발행일로부터 6월 내
- 감사 : 회사의 비용으로 전문가의 도움을 구할 수 ○

감사의 의무와 책임

- 비상근감사 : 선관주의의무 위반 책임 부담 ○
- 감사의 의무
  - 이사가 주주총회에 제출할 의안 및 서류를 조사하여 법령 또는 정관에 위반하거나 현저하게 부당한 사항이 있는지 여부에 관해 주주총회에 의견을 진술할 의무 ○
  - 감사의 겸임제한(§411) ○ (모회사의 겸직은 가능)
  - 부담 × (경업금지의무, 자기거래금지의무, 기회유용금지의무, 충실의무)
- 감사의 제3자가 입은 손해를 배상할 책임 有 ⇨ 감사가 직무수행 의사가 없으면서 명의만 빌려줌으로써 이사가 제3자에게 손해를 입히도록 묵인하거나 방치한 경우
- 주주의 대표소송에 관한 상법 제403조 ⇨ 감사의 손해배상책임에도 준용 ○
  - 감사의 임무해태 시 ⇨ 회사에 대하여 연대책임
  - 회사가 책임추궁 × ⇨ 주주대표소송 ○

감사위원회

- 감사위원회 구성 : [HIT] 3명 이상의 이사, 사외이사가 위원의 2/3 이상이어야 ○
- 감사위원회의 권한은 감사와 동일
- 감사위원회 소집통지 ⇨ 1주간 전 통지 발송, 감사위원 전원의 동의가 있으면 소집절차 생략하고 바로 개최 可
- 감사위원회 위원의 선임 및 해임
  - 원칙 : 이사회의 권한 (∵ 감사위원회도 이사회내의 위원회의 일종)
  - 자산총액 2조 원 이상인 상장회사 ⇨ 주주총회 권한 ○
- 감사위원회의 위원의 해임 결의(§415의2) ⇨ 이사 총수의 3분의 2 이상
- 감사위원회를 설치한 경우 ⇨ 감사를 둘 수 ×
- 감사위원회의 결의 ⇨ 이사회가 변경 不可
- 감사위원회의 위원이 소의 당사자인 경우(§394②)
  ⇨ 감사위원회 또는 이사는 법원에 회사를 대표할 자를 선임하여 줄 것을 신청하여야 ○

> **Excalibur** 상장회사특례

- 주식매수선택권(§340의2③, §542의3② 및 상법시행령 §30③) ⇨ 발행주식총수의 100분의 15의 범위까지 可
- 주총소집 통지를 신문이나 전자방식으로 갈음 가능한 경우(§542의4① 및 상법시행령 §31) ⇨ 의결권 있는 발행주식총수의 100분의 1 이하의 주식을 소유하는 주주
- 집중투표의 방법으로 이사를 선임할 것을 청구하는 경우(§382의2①, §542의7①) ⇨ 주주총회일의 6주 전까지 서면 또는 전자문서로 회사에 청구
- 최근 사업연도 말 현재의 자산총액이 1천억원 이상인 상장회사(§542의10① 및 상법시행령 §36) ⇨ 상근감사를 1명 이상 두어야 ○
- 최근 사업연도 말 현재의 자산총액이 5천억원 이상인 상장회사 ⇨ 준법지원인을 1명 이상 두어야 ○(§542의13②), 준법지원인 임면 시 이사회 결의를 거침(동조 ④)
- 최근 사업연도 말 현재의 자산총액이 2조원 이상인 상장회사
  - 감사위원회의 구성
    - ⇨ 3명 이상 이사로 구성 / 다만, 사외이사가 위원의 3분의 2 이상 要
    - ⇨ 분리선출 방식 뿐만 아니라 일괄선출방식으로 감사위원 선출
    - ⇨ 분리 선출방식에 의한 감사위원을 주주총회의의 결의로 해임하는 경우 이사와 감사위원회위원의 지위 모두 상실
  - 주주총회의 목적사항으로 집중투표 배제에 관한 정관 변경에 관한 의안을 상정하려는 경우 ⇨ 정관 변경에 관한 의안과 별도로 상정하여 의결 要
  - 2인 이상의 이사의 선임을 목적으로 한 집중투표에 관한 특례 ⇨ 정관으로 의사정족수 달리 정할 수 ○

제5장 주식회사의 그 밖의 제도

> **Excalibur** 추상적 신주인수권과 제3자배정

- 주주는 그가 가진 주식 수에 따라 신주의 배정을 받을 권리 有 ⇨ 신주인수권자의 청약에 대해 회사가 임의로 거절 不可
- 주주배정과 제3자 배정의 구별기준
  - **[HIT]** 주주들에게 신주 등을 우선적으로 인수할 기회를 부여했는지 여부 ○ (실제 배정받았는지 기준 ×)
  - 주주배정 후 실권된 주식 제3자에 배정 ⇨ 주주배정 방식
- 제3자 배정의 요건 : 정관 규정 + 신기술 도입 등 경영상 목적 要
  - 정관에 정한 사유 없이 경영권방어 목적 제3자 신주발행 : 무효, 주주의 신주인수권 침해 ○

Excalibur 실권주의 처분

- 실권주 : 신주인수권자인 주주가 청약이나 납입 해태로 실권된 주식
  - cf) 실기주 : 신주 발행 시 주식양수인의 명의개서 해태로 인해 주식 양도인에게 배정된 신주
- 실권주의 발생 : 청약이나 납입 해태 시
- 실권주의 처분 ⇨ 이사회의 결의로 임의로 제3자에게 배정 可 (정관규정 不要)
- 단주 : 시가와 발행가의 차액을 주주에게 돌려주어야 ○
- 주주 배정방식에 의한 신주 발행 시, 주주가 인수하지 아니하여 실권된 부분을 제3자에게 발행하는 경우 ⇨ 시가보다 현저히 낮게 발행하더라도 임무위배 ×(배임죄 ×)
  ⇨ 주주가 인수한 부분과 별도로 취급하여 발행조건 변경 불가능

Excalibur 구체적 신주인수권

- 구체적 신주인수권
  - 주주의 고유권에 속하는 것 × / 주주권의 이전에 수반되어 이전되지 ×
  - 구체적 신주인수권의 귀속주체 ⇨ 기준일 당시 주주명부에 기재된 주주 ○
- 신주인수권증서를 발행한 경우 신주의 청약 ⇨ 신주인수권증서로 ○
- 회사가 정관 또는 이사회결의로 신주인수권양도에 관한 사항을 정하지 않은 경우
  ⇨ 지명채권양도 방법으로 신주인수권 양도 可 (회사의 승낙이 있으면 양도는 유효)
- 회사 : 신주인수권증서를 발행하는 대신 정관으로 정하는 바에 따라 전자등록기관의 전자등록부에 신주인수권을 등록 可

Excalibur 신주발행(제416조)

- 이사회의 발행사항 결정 : 주주배정 원칙
  ⇨ 신주발행에서의 주주평등원칙의 예외 : 종류주식의 경우 신주인수에 관해 달리 정할 수 ○
  ⇨ 회사가 주주배정방식에 의하여 신주를 발행시 주주가 인수를 포기한 경우 : 정관에 근거규정 없이도 그 실권된 신주를 제3자에게 발행 可
  ⇨ 주식회사의 이사가 '제3자 배정의 방법'으로 시가보다 현저하게 낮은 가액에 신주 등을 발행한 경우 : 이사의 회사에 대한 손해배상 책임 ○
- 신주발행사항 결정: 이사회 ○ (단, 정관규정이 있는 경우에는 주주총회의 결정사항)
- 신주인수권의 내용 및 배정일의 지정·공고(§418④, §416): (제3자배정의 경우에도)이사회 또는 주주총회에서 결정한 신주의 종류와 수, 신주의 발행가액과 납입기일, 신주의 인수방법을 그 납입기일의 2주 전까지 주주에게 통지하거나 공고 要

- ☐ 신주발행의 절차
  - ☐ 신주발행을 위한 배정기준일의 결정·공고가 있으면 기준일 경과 당시의 주주명부의 주주에게 신주인수권 ○
  - ☐ 신주인수권증서를 상실한 경우에도 일단 주식청약서에 의해 청약 可
- ☐ 회사가 직원들을 유상증자에 참여시키면서 퇴직 시 출자 손실금을 전액 보전해 주기로 약정
  ⇨ 주주평등의 원칙에 위배되어 무효 (But 신주인수계약까지 무효 ×)
- ☐ 신주발행에 관한 이사회의 결의가 없거나 하자 有
  ⇨ 회사의 내부적 의사결정에 불과하므로 신주발행은 유효
- ☐ 신주인수인의 인수가액 납입의무 : 현실로 전액 납부해야 ○(면제 ×) [HIT] 단, 회사가 동의하면 회사의 채권과 상계는 可
- ☐ 회사가 대여금을 실질적으로 회수할 의사 없이 제3자에게 주식인수대금 상당을 대여하고 제3자는 그 대여금으로 주식인수대금을 납입한 경우 ⇨ 납입 무효(判)
- ☐ 신주인수인이 인수가액 미납한 경우 ⇨ 즉시 인수인 권리 상실 (실권절차 不要)
- ☐ 회사 설립 후 신주인수인이 주주가 되는 시기(§423①) ⇨ 납입기일의 다음 날 ○
- ☐ 신주인수의 청약 : 주식청약서 ○(구두 ×)
- ☐ 신주발행 시 현물출자 검사 면제(상법 §422, 상법시행령 §14①)
  ⇨ 현물출자의 목적인 재산의 가액이 자본금의 1/5미초과 and 5천만 미초과
- ☐ 신주발행시의 현물출자
  - ☐ 이사회의 결의만으로 可 (§416)(cf. 회사설립시 현물출자(§290) 정관규정 要)
  - ☐ 현물출자 검사 거치지 않아도 무효사유 ×
  - ☐ 현물 출자자에 대한 신주인수권 ⇨ 일반주주 효력 주장 ×

Excalibur 신주발행유지청구권(제424조)

- ☐ 신주발행유지청구권 ⇨ 법령·정관 위반 또는 현저히 불공정한 방법에 의한 주식발행으로 주주가 불이익을 받을 염려가 있는 경우 행사 可
- ☐ 청구권자 : 불이익을 입을 염려가 있는 주주 ○ (보유 주식 수와 관련 無)
- ☐ 청구시기 : [HIT] 신주발행의 효력이 발행하기 전(주금납입일)까지
- ☐ 방법 : ⇨ 소외의 방법으로 행사 可(제한 無)
- ☐ 유지청구의 효과 (유지청구를 무시한 신주발행의 효력)
  - ☐ 소에 의한 유지청구 위반 ⇨ 신주발행 무효
  - ☐ 재판 외 신주발행유지청구 위반 ⇨ 신주발행 유효, 이사의 손해배상책임 문제 (§401)
- ☐ 신주발행유지청구권 행사시 ⇨ 회사의 손해유무는 불문 (주주의 불이익 염려 ○)

신주발행무효의 소(제429조)

- 신주발행의 무효 주장 : 신주발행무효(§429)의 소로써만 주장 可
- 원고적격 : 주주·이사 또는 감사에 한정
- 재량기각 可
- 원고의 담보제공의무 ○
- 제소기간
  - 신주를 발행한 날(납입기일 다음날)로부터 6월 내
  - 6월의 제소기간은 무효사유의 주장기간도 제한 ⇨ 기간 경과 후 새로운 무효사유 추가하여 주장 不可
  - 제소기간이 경과되지 않은 이상 항소심에서도 신주발행의 무효원인 추가 可(신주발행 무효원인마다 별개 소송물임)
- 신주발행무효의 소와 주총결의 하자에 관한 소와의 관계 : 흡수설
  - 신주발행이 결의일로부터 2개월 내에 이루어졌다면 신주발행무효의 소만 제기할 수 있는 것이 원칙
  - 신주발행이 결의일로부터 2개월 후에 이루어졌다면 결의일로부터 2개월 내에 주총결의 취소의 소를 제기한 다음 신주발행 후에 신주발행 무효의 소로 소변경 要
- 회사설립무효·취소의 소 규정 준용 ⇨ 전속관할 / 공고 / 병합심리 / 재량기각
- 주식양수인의 참가승계
  - 신주발행무효의 소 계속 중 원고적격의 근거가 되는 주식이 양도된 경우
    ⇨ 주식 양수인이 소송에 승계참가 可 or 신소제기 可
  - [HIT] 주식양수인의 승계 참가 시 제소기간의 준수 여부 판단 시기
    ⇨ 소 제기 시 ○(승계참가시 ×)
  - 양수인이 명의개서미필주주라도 사실심 변론 종결 전 명의개서를 마친 경우
    ⇨ 종전 소송행위 하자치유 可
- 미성년자가 변호사를 소송대리인으로 선임하여 신주발행무효의 소를 제기
  ⇨ 부모 동의 얻어도 부적법
- 결의일로부터 2개월 경과 후
  ⇨ 제기된 신주발행무효의 소에서 결의방법상의 취소사유를 주장 不可
- 신주발행무효의 소와 가처분 : 가처분 신청에는 급박한 위험 要
  - 주주총회 개최일이 정해지지 않은 경우 ⇨ 주주총회개최금지가처분 不可 (급박한 위험 無)
  - 주주총회를 개최하는 경우 ⇨ 의결권행사금지가처분 可 (급박한 위험 有)
  - 신주발행유지청구권을 피보전권리로 하는 신주발행금지가처분을 위반한 신주발행의 효력
    ⇨ 가처분 위반 자체만으로 신주발행 무효 ×
- 신주발행의 무효원인 및 판단 기준 : 엄격한 해석
  - 법령이나 정관의 중대한 위반 또는 현저한 불공정 등으로 주식회사의 본질·회사법의 기본원칙에 반하거나 기존 주주들의 이익과 회사의 경영권 내지 지배권에 중대한 영향을

미치는 경우로서 거래의 안전, 이해관계인의 이익 등을 고려하더라도 도저히 묵과할 수 없는 정도라고 평가되는 경우 ⇨ 무효 ○
- [HIT] 이사회결의가 흠결 또는 하자있는 경우 ⇨ 무효 ×
□ 무효판결의 효력
  □ 원고승소 ⇨ 대세효 ○ / 소급효 × / 주금의 반환
  □ 원고패소 ⇨ 악의 중과실시 회사에 손해배상책임 ○
□ 신주발행무효판결 확정으로 신주의 주주가 회사로부터 반환받을 납입금액
  ⇨ 신주의 질권자가 물상대위 可
□ 주주들에 대한 통지나 주주들의 참석 없이 주주 아닌 자들이 모여서 개최한 임시주주총회에서 이사선임결의를 하고, 그 이사들이 모인 이사회에서 신주발행결의를 함 + 신주를 발행한 날로부터 6개월이 경과
  ⇨ 주주는 위 신주발행에 관한 이사회 결의에 대하여 부존재확인의 소를 제기 ○
□ 주주 아닌 자들이 개최한 주주총회에서 이사선임결의 + 그 이사들이 모인 이사회에서 대표이사선임 및 신주발행결의 ⇨ 이사회의 신주발행결의 부존재사유 ○, 신주발행부존재확인의 소 제기 可 (신주발행무효의 소 不可)
□ 신주발행부존재확인의 소 : 신주발행 내용 또는 절차상 하자가 극히 중대하여 신주발행이 존재하지 않는다고 볼 경우 可 ⇨ **제소기간 제한 ×**
□ 주식청약서 또는 신주인수권증서의 요건 흠결을 이유로 한 신주인수 무효 주장(§427)
  ⇨ 변경등기 한 날로부터 1년 경과한 후에는 주장 ×, 사기, 강박 또는 착오 이유로 취소 ×
  ⇨ 의사표시로 주장가능, 반드시 소 제기 ×, 신주발행무효의 소의 대상 ×

Excalibur 준비금의 자본금전입에 의한 신주발행(제461조)

□ **의의** : 회사의 이익잉여금 중 일부를 배당하지 않고 사내에 유보하여 준비금을 적립한 경우에 이를 자본금으로 편입하여 증자를 꾀하는 것, 무상증자의 일종
  □ 신주는 무상으로 교부되고 액면가로 발행되어야 ○
□ **준비금의 자본전입** : 배당가능이익의 감소 ×(∵법정준비금으로만 可)
□ **대상** : 법정준비금 ○ (임의준비금 ×)
□ **절차** : 이사회 결의 But 정관으로 정한 경우 주총 결의 ⇨ 신주배정일 공고(배정일 2주전) ⇨ 주식 발행(기존주주에게 주식 수에 비례하여 부여) ⇨ 변경등기
  □ 준비금을 자본금 전입하면 이에 관하여 변경등기를 하여야 ○ / 정관변경 不要
□ **신주의 효력 발생 시기**
  □ 이사회결의로 발행하는 경우 ⇨ 배정기준일
  □ 주총결의로 발행하는 경우 ⇨ 주총결의일

Excalibur 자본금 감소

- 자본금 감소의 절차
  - 원칙 : 주주총회 특별결의(§438) + 채권자 보호절차(§439) 要
  - 결손금 보전위한 감자(명목상 감자) ⇨ 주총 보통결의 ○ / 채권자보호절차 ×
- 자본금 감소 결의 시 ⇨ 감소의 방법을 결정하여야 ○
- 채권자 보호절차
  - 사채권자의 이의제기 시 사채권자 집회결의 필요, 법원은 이의제기기간 연장 가능
  - 주식병합의 경우 ⇨ ① 1월 이상 기간, ② 주식병합의 뜻과 기간 내 회사에 주권제출 할 것을 공고, ③ 주주명부의 주주와 질권자에 대해 각별로 통보
- 주식병합 및 자본금 감소가 이루어진 경우 단주의 처리 과정에서 주식병합 비율에 미치지 못하는 주식 수를 가진 소수주주가 자신의 의사와 무관하게 주주의 지위를 상실하는 것
  ⇨ 주주평등의 원칙 위반 ×
- 주식의 병합
  - **HIT** 주식병합에 의한 자본금 감소의 효력발생 : 주권제출기간 만료 시 발생, 채권자보호절차를 요하는 경우 그 절차까지 종료해야 발생(§441, §343②)
  - 주식병합 실체가 없음에도 주식병합의 등기가 되어 있는 외관이 존재하는 경우 주식병합의 절차적·실체적 하자가 극히 중대하여 주식병합이 존재하지 않는다고 볼 수 있는 경우 ⇨ 출소기간 제한에 상관없이 주식병합부존재확인의소 제기 可
  - 주식병합 전 주식을 양수하였다가 병합 후 6개월이 경과할 때까지 신주권이 발행되지 않은 경우 ⇨ 양수인은 자신의 주식 양수 사실을 증명하여 회사에 대하여 명의개서 청구 可

Excalibur 감자무효의 소(제445조)

- 당사자 : 주주·이사·감사·청산인·파산관재인, 자본금 감소를 승인하지 아니한 채권자
- 제소기간
  - 자본금 감소로 인한 변경등기가 된 날부터 6개월 내 (제척기간이자 출소기간)
  - **HIT** 출소기간이 경과한 후에는 새로운 무효사유를 추가하여 주장 不可
- 절차 : 회사설립무효·취소의 소 규정(전속관할, 공고, 병합심리, 재량기각) 준용(=신주발행무효의 소)
- 소만으로 주장 可
- 처분권주의 적용 배제 ⇨ 청구인낙·화해 不可 / 소취하 可
- 법원의 재량기각 可
- 감자무효판결에 따른 지급액의 회수가 불가능하게 되어 회사가 손해를 입은 경우
  ⇨ 이사(감자결의를 한 당시의 이사 ○ / 감자무효판결 당시의 이사 ×)가 회사채권자에 대하여 손해배상책임

- ☐ 감자무효의 소와 주주총회결의하자에 관한 소와의 관계 : 흡수설
  - ⇨ 주주총회의 감자결의에 하자가 있었다고 하더라고 자본금감소의 등기가 이루어져 자본감소의 효력이 발생한 후에는 감자무효의 소만 제기할 수 있는 것이 원칙
- ☐ 감자무효의 소 원고승소판결의 효력 ⇨ 대세효 ○, 소급효 ○

Excalibur 준비금

- ☐ 이익준비금 적립의무(§458)
  - ☐ 회사는 그 자본금의 2분의 1이 될 때까지 매 결산기 이익배당액의 10분의 1 이상을 이익준비금으로 적립 要 But 주식배당의 경우에는 해당 ×
  - ☐ 이익배당액 : 금전배당액뿐만 아니라 현물배당액도 포함
- ☐ [HIT] 법정준비금의 감액(§461의2) : 적립된 자본준비금과 이익준비금의 총액이 자본금의 1.5배를 초과하는 경우 ⇨ 주주총회 보통결의에 따라 그 초과한 금액의 범위에서 자본준비금과 이익준비금을 감액 可
- ☐ 이익준비금 및 자본준비금의 처분(§460)
  - ⇨ 자본금의 결손 보전에 충당하는 경우 외에는 처분 不可
- ☐ 회사는 정관으로 정함이 없는 경우에도 원칙적으로 이사회의 결의에 의해 준비금의 전부 또는 일부를 자본금에 전입 가능
- ☐ 흡수합병의 경우 소멸되는 회사의 이익준비금이나 그 밖의 법정준비금은 합병 후 존속되는 회사가 승계할 수 있음

Excalibur 주식회사의 배당

- ☐ 이익배당
  - ☐ 주주총회 결의로 定 / 재무제표를 이사회가 승인시 ⇨ 이사회 결의로 定(§462 ②)
  - ☐ 정관에서 회사에 배당의무를 부과, 배당금의 지급조건이나 배당금액을 산정하는 방식 등을 구체적으로 정하고 있어 그에 따라 개별 주주에게 배당할 금액이 일의적으로 산정되고 대표이사나 이사회가 경영판단에 따라 배당금 지급 여부나 시기 배당금액 등을 달리 정할 수 있도록 하는 규정 없는 경우 ⇨ 주주에게 배당금지급청구권 인정 ○
  - ☐ 정관상 특별한 규정이 없고 회사가 배당결의 × ⇨ 이익배당청구권행사 不可
  - ☐ 주주의 회사에 대한 이익배당금 지급청구권의 소멸시효기간 ⇨ 5년(§464의2 ②)
- ☐ **주식배당**(§462의2) : ① 배당가능이익 존재, ② 미발행 수권주식 존재, ③ 이익배당총액의 2분의 1 범위 내
  - ☐ 이익배당을 주식배당으로 하고자 할 경우 ⇨ 주총 결의 要(동조 ①)
  - ☐ 주식배당 시 배당은 주식의 권면액(액면금액) / 종류주식 발행 시 : 각각 같은 종류주식 可(동조 ②)

- □ 주식배당 시 신주의 주주가 되는 시점 ⇨ 주식배당에 관한 주주총회의 결의가 종결한 때 ○
- □ 일부 주주 주식 배당, 일부 주주 현금 배당 결의 ⇨ 주주평등 원칙 反 ⇨ 무효
□ 중간배당(§462의3) : ① 정관규정 ② 연 1회 결산기 정한 회사 ③ 영업연도 중 1회에 한하여 이사회 결의로 可
- □ 결정권한 : 이사회 ○ (주주총회 ×)
- □ 위법한 배당에 대한 이사의 책임 : 과실책임이나 무과실에 대한 입증책임을 이사가 부담
- □ 중간배당 후 당기 배당가능이익 없음 확정되어도 위법한 중간배당× →주주에 반환청구×
□ 현물배당(§462의4) : 정관규정 있으면 현금배당에 갈음하여 금전 외 재산으로 배당 可
- □ 정관규정에 의해 자회사 주식으로 현물 배당 ○
- □ 주주가 배당되는 금전 외의 재산 대신 금전의 지급을 회사에 청구 可
- □ 일정 수 미만의 주식을 보유한 주주에게 금전 외의 재산 대신 금전을 지급 可
□ 배당가능이익이 있음에도 주총 또는 이사회가 배당을 결의하지 않은 경우
    ⇨ 현행법상 소수주주가 직접 다툴 방법 無
□ [HIT] 위법배당 시(§462③)
- □ 위법배당에 따른 부당이득반환청구권 ⇨ 10년 (민법 제162조 제1항)
- □ 회사채권자는 배당한 이익을 회사(자신×)에게 반환할 것을 청구 可 or 채권자대위권 행사가능
- □ 주주총회결의나 이사회결의 없다는 것만으로 위법배당에 의한 배당이익반환청구권 인정 ×
□ 이익배당 지급시기를 위반한 경우(§635①제27호)
    ⇨ 상법상 벌칙조항에 따라 처벌 (500만원 이하의 과태료)

Excalibur 회계장부열람권(제466조)

- □ 주체
  - □ 3% 주주 (소수주주권, 회계장부의 열람·등사를 재판상 청구하는 경우에는 소송이 계속되는 동안 3% 주식 보유요건을 구비 要)
  - □ 주식매수청구권 행사하여 회사로부터 주식매수대금 지급받은 경우에는 주주의 지위에서 제기한 것 아니므로 회계장부열람·등사청구 不可
- □ 대상 : 자회사의 회계장부도 포함
  - □ [HIT] 모회사의 주주 ⇨ 모회사에 보관된 자회사의 회계장부 열람·등사 청구 ○
  - □ 주식매수청구권을 행사한 주주도 可 (회사로부터 주식의 매매대금을 지급받지 않고 있는 동안에는 여전히 주주로서의 지위 ○)
- □ 열람등사제공의무를 부담하는 회사의 출자 또는 투자로 성립한 자회사의 회계장부의 경우 ① 모회사에 보관되어 있고, ② 모회사의 회계상황을 파악하기 위한 근거자료로서 실질적으로 필요한 경우
    ⇨ 모회사의 회계서류로서 모회사 소수주주의 열람등사청구권의 대상 ○

- □ 방식 : 이유를 붙인 서면 ⇨ 회사가 열람·등사에 응할 의무의 존부를 판단하거나 열람·등사에 제공할 회계장부와 서류의 범위 등을 확인할 수 있을 정도로 열람·등사청구권 행사에 이르게 된 경위와 행사의 목적 등이 구체적으로 기재되면 충분 ○
- □ 대상 : 소수주주가 열람등사를 구하는 이유와 실질적으로 관련이 있는 회계장부와 그 근거자료가 되는 회계서류
- □ 회사의 조치 : 거부 시 회사가 청구의 허위사실, 부당한 목적을 증명하여야 ○
- □ 명의개서를 마치지 않는 한 주주권에 기초하여 회사의 회계장부 등에 대한 열람·등사 청구 ×
- □ 열람·등사에 시간이 소요되는 경우 ⇨ 그 기간 동안 열람·등사를 재판상 청구하는 경우에는 소송이 계속되는 동안 소수주주의 요건 구비 要
- □ 거부사유의 예
    - □ 회사업무의 운영 또는 주주 공동의 이익을 해하는 경우
    - □ 주주가 회사의 경쟁자로서 그 취득한 정보를 경업에 이용할 우려가 있는 경우
    - □ 회사에 지나치게 불리한 시기를 택하여 행사하는 경우
- □ 회계장부 및 서류의 열람등사청구권이 인정되는 경우
    - ⇨ 열람등사청구권은 그 권리행사에 필요한 범위 내에서 허용 (1회에 국한 ×)
- □ 적대적 인수합병을 시도하는 주주의 열람등사청구
    - ⇨ 회사의 경영을 감독하여 회사와 주주의 이익을 보호하기 위한 것이라면 허용
- □ [HIT] 주주의 회계장부열람등사청구권을 피보전권리로 하여 당해 장부 등의 열람등사를 명하는 가처분 허용
    - ⇨ 직접 열람·등사를 허용하라는 명령 또는 장부 등을 집행관에게 이전 보관시키는 방법으로 허용
    - ⇨ 회계장부 열람·등사의 허용 기간을 정하여 그 기간 동안 열람·등사 의무의 이행을 명하는 가처분의 경우: 그 결정에서 정한 의무이행기간이 경과하면 가처분의 효력 소멸, 더 이상 집행권원으로서 효력 無
- □ 회계장부 열람·등사 의무는 부대체적 작위의무 ⇨ 이행판결에서 간접강제회계장부 열람·등사 의무는 부대체적 작위의무이므로 ①그 이행을 명한 판결에 피고가 위반할 경우 간접강제를 명할 수 있고 ②판결절차에서 동시에 간접강제를 명할 수 ○

Excalibur 재무제표

- **HIT** 이사의 재무제표, 영업보고서 작성(§447의3, §447, §447의2)
  - ⇨ 정기주주총회 회일의 6주 전 감사에게 제출하여야 ○
  - ⇨ 매 결산기에 이사회 승인 要
- 감사보고서(§447의4①)
  - ⇨ 감사는 재무제표, 영업보고서 받은 날부터 4주 내 이사에게 제출
- 재무제표 등의 비치 공시
  - ⇨ 영업시간 내에 언제든지 열람 可, 청구자의 비용으로 등본·초본 교부청구 可
- 재무제표, 영업보고서, 감사보고서 비치·공시(§448①)
  - ⇨ 정기주주총회 회일의 1주전 본점에 5년간, 지점에 그 등본을 3년간 비치·공시
- 재무제표 등의 승인·공고(§449)
  - ⇨ 정기총회에 제출되어 승인 요구(①), 단 정관규정으로 이사회가 승인 可
  - ⇨ 영업보고서 ⇨ 정기총회에 제출하여 내용 보고(②)
- 재무제표 등의 승인에 대한 특칙(제449조의2) : 외부감사인 의견 + 감사 전원 동의
  - ⇨ 이사회 결의로 승인 可, 이사는 각 서류의 내용을 주주총회에 보고 하여야 ○
- 이사, 감사의 책임 해제
  - ⇨ 재무제표 등에 그 책임사유가 기재되어 정기총회에서 승인을 얻은 경우에 한정
- 회사의 당기순손실이 발생하고 배당가능이익이 없는데도 당기순이익이 발생하고 배당가능이익이 있는 것처럼 재무제표가 분식되어 이를 기초로 주주에 대한 이익배당금의 지급과 법인세의 납부가 이루어진 경우 ⇨ 회사는 그 분식회계로 말미암아 지출하지 않아도 될 주주에 대한 이익배당금과 법인세 납부액 상당을 지출하는 손해 발생

Excalibur 주식회사의 이익공여의 금지(제467조의2)

- 주주권 행사와 관련한 이익공여는 금지
- 이익공여금지규정에 위반한 주주총회결의 ⇨ **HIT** 결의취소의 소의 대상 ○
- 이익을 공여 받은 경우 회사에 반환하여야 ○
  - ⇨ 회사가 이익반환을 게을리 할 경우 발행주식총수 1% 이상 보유한 주주가 대표소송 제기 可
- 특정의 주주에게 무상으로 재산상 이익을 공여한 경우
  - ⇨ 주주의 권리행사와 관련하여 제공한 것으로 추정 ○

Excalibur 사채의 종류, 발행

- 이익참가부사채
  - 사채권자가 사채의 이율에 따른 이자를 받을 뿐만 아니라 회사의 이익배당에도 참가할 수 있는 사채, 단 상법은 사채의 이율에 따른 이자를 받는 것을 이익참가부사채의 발행요건으로 규정 ×
  - 정관에 규정이 없으면 법 제434조에 따른 주주총회의 특별결의로 정하여야
- 교환사채 : 사채권자가 회사소유주식 기타 유가증권으로 교환을 청구할 수 있는 권리를 갖는 사채
- 상환사채 : 회사가 사채권자에게 자기소유주식 기타 유가증권으로 상환할 수 있는 사채
- 전환사채 : 발행회사의 주식으로 전환할 수 있는 사채 / 전환권 행사시 회사 자본금 증가 ○, 자산은 변동 ×
- 신주인수권부사채 : 사채발행회사에 대한 신주인수권이 부여된 사채
- 사채발행
  - 원칙적 이사회의 권한사항, 단 정관으로 1년 한도로 발행권한을 대표이사에게 위임 可
  - 사채관리회사 지정 可 (임의 ○, 필수 ×)
  - 하자는 민사소송법상 무효확인의 소를 통해 다투어야 함

Excalibur 전환사채(제513조)

- 전환사채 발행의 방식(=신주발행) ⇨ 주주배정(원칙) / 제3자 배정
- 제3자 배정 전환사채의 발행요건(§513③)
  - 전환사채의 액, 전환조건, 전환으로 인해 발행할 주식의 내용과 전환청구기간
  - 정관에 규정이 없으면 주주총회의 특별결의
  - 정관에 일응 기준을 정한 후 실제로 발행할 전환사채의 구체적인 전환의 조건 등은 그 발행시마다 정관 범위에서 이사회에서 결정하도록 위임하는 방법을 취하는 것도 허용
  - 회사의 경영상 목적을 달성하기 위해 필요한 경우에 한정
- 大法 2009.05.29. 2007도4949 (전합)
  - 신주 등의 발행에서 주주 배정방식과 제3자 배정방식을 구별하는 기준 ⇨ 회사가 신주 등을 발행하는 때에 주주들에게 그들의 지분비율에 따라 신주 등을 우선적으로 인수할 기회를 부여하였는지 여부
  - 주주의 인수(청약)가 없어 실권된 부분에 대해 회사는 이사회의 결의에 의하여 자유로이 제3자에게 처분 可 ⇨ 주주의 경우와 같은 조건으로 발행하여야 ○
  - 기존 주주가 인수하지 아니한 전환사채의 제3자 배정으로 인하여 회사 지분비율에 변화가 생겨도 이사의 임무위배 ×
- 전환사채 발행의 결정(=신주발행) : ① 이사회, ② 정관으로 정한 경우 주총

- □ 회사의 정관에 신주발행 및 인수에 관한 사항은 주주총회에서 특별정족수로 의결하도록 규정되어 있는 경우 ⇨ 회사가 전환사채를 발행하기 위하여는 주주총회의 특별결의 要(∵ 전환사채발행은 사실상 신주발행으로서의 의미)
- □ 전환사채의 효력발생시기(=전환주식의 효력 발생시기, 주주취득시기)
  - ⇨ 전환청구한 때 ○ (주금납입의무 ×) / cf. 신주인수권부 사채 : 납입시
- □ 전환주식 발행가액(전환사채발행 준용 : § 516②, §348)
  - ⇨ 전환 전 주식발행가액과 동일하여야 ○
- □ 전환가액의 제한 : 전환사채발행 총액 = 전환으로 인한 신주발행가액 총액
- □ 전환사채 : 주주의 청구가 있는 때에만 신주인수권증서를 발행한다는 것과 그 청구기간 통지 규정 ×
- □ 전환사채의 인수권을 가진 주주에 대한 최고사항 : 청약기일까지 청약을 하지 않으면 인수권을 잃는다는 사실
- □ 불공정 전환사채발행 시의 조치
  - □ 전환사채발행 유지청구권 : 전환사채발행의 효력발생 전
  - □ 통모위법인수인의 책임(불공정 가액 인수자에 대한 차액지급 청구 可⇨대표소송 형태)
  - □ 전환사채의 인수 과정에서 가장납입한 경우 ⇨ 상법 제628조 제1항의 납입가장죄 불성립
  - □ 전환사채발행무효의소 : [HIT] 신주발행무효의소(상법 §429) 준용규정 없음 But 유추적용 긍정 ○ (判 : 사실상 신주를 발행하는 것과 유사)
  - □ 전환사채발행무효의 소는 제소기간 있음 ↔ 전환사채발행부존재확인의 소는 제소기간 없음
- □ 전환사채발행무효의 소송이 패소확정 또는 제소기간 경과 후 ⇨ 신주발행의 고유한 위법을 주장하며 신주발행무효소송 제기 可
- □ 신주발행의 고유한 위법 주장에 해당하는 지 여부

○	×
① 경영권 강화목적의 전환사채 발행 (단, 주주배정 이후 배정된 주주의 인수가 있었는지에 따라 본안승소여부는 달라짐)	① 전환권행사기간 경과 후 전환권 행사 ② 현저한 저가의 전환사채 발행

- □ 주주의 조치에 대해 법률상 이익(소의 이익) 부정한 판례
  - □ 전환사채발행 유지청구 : 전환사채발행의 효력이 생긴 이후(전환사채 납입기일 이후)행사 ×
  - □ 주식전환의 금지청구 : 전환청구이후에는 주식전환의 금지청구 ×
- □ 전환권 행사로 인한 신주발행에 대한 신주발행무효의 소 가능 ⇨ 제소기간은 전환사채 발행일이 아닌 신주발행시 기준

Excalibur 신주인수권부사채(제516조의2)

- □ 신주인수권 : 신주식의 인수인지위를 발생시키는 권리 (주주의 지위 발생 ×)
- □ 신주인수권은 형성권 ⇨ 일방적인 의사표시로 신주인수인 지위 발생
- □ 신주인수권의 법적 성질 ⇨ 형성권, 회사승낙 不要
- □ 정관에 정한 사유 없이 경영권방어 목적 제3자 신주인수권부사채 발행
    - ⇨ 주주의 신주인수권 침해
- □ 신주의 효력발생시기(=주주가 되는 시기) : 신주의 발행가액의 전액의 납입을 완료한 때
- □ 신주인수권부사채 발행 시 신주발행범위의 제한
    - ⇨ 신주 발행가액 총액 ≦ 신주인수권부사채 총액 (초과불가)
- □ 신주인수권부사채발행 시
    - ⇨ 신주발행무효의 소(상법 §429) 유추적용(주식회사의 물적 기초와 기존 주주들의 이해관계에 영향) 단, 신주인수권부사채 발행한 날 이전에는 신주인수권부사채 발행의 무효 주장 不可
    - ⇨ 신주인수권부사채발행무효의 소 제소기간 경과 시: 신주인수권부사채 발행의 무효 주장 不可, But 신주인수권 행사로 인한 신주발행에 고유한 무효 사유를 원인으로 신주발행무효의 소 제기는 可
- □ 신주발행유지청구의 소
    - ⇨ 신주발행의 효력이 발생하기 전(납입기일)까지 신주발행유지청구의 소 제기 可
    - ⇨ 신주인수권 행사나 그에 따른 신주 발행에 고유한 무효 사유만 주장을 하여 신주발행유지청구의 소 제기 可
    - ⇨ 신주인수권부사채 발행이 무효라거나 그를 전제로 한 주장을 하여 신주발행유지청구의소 제기 不可
- □ 신주인수권 분리형 신주인수권부사채를 발행한 경우
- □ 회사는 채권과 함께 신주인수권증권을 발행해야 ○
    - □ 신주인수권부사채에서 신주인수권증서를 상실시 주식청약서에 의하여 주식의 청약 가능
- □ 신주인수권 분리형 신주인수권부사채를 발행한 발행회사가 발행조건으로 주식의 시가하락시 신주인수권의 행사가액을 하향조정하는 조항을 둔 경우
    - □ 발행회사를 상대로 신주인수권 행사가액 조정절차의 이행을 구하는 소를 제기 可
    - □ 신주인수권 행사가액 조정절차의 이행을 구하는 소는 신주인수권의 행사 여부와 관계없이 허용 ○
- □ 대용납입
    - □ 대용납입 : 회사가 신주인수권부사채의 상환에 갈음하여 그 발행가액으로 신주의 납입이 있는 것으로 본다는 취지의 조건으로 신주인수권부사채를 발행하는 것
        - □ 회사는 정관으로 대용납입을 인정할지 여부를 정할 수 ○

- 주주의 취득시기
  - 전환사채 : 주주가 전환 청구 시
  - 신주인수권부 사채 : 납입시 ○, 납입 다음 날 ×
- 신주인수권부사채의 구체적 내용 중 정관에 규정이 없을 때 주주총회 특별결의를 거쳐야 하는 경우 ⇨ 제3자 배정 ○/ 주주배정 ×(§516조의2④)

제6장 그 밖의 회사

Excalibur 그 밖의 회사

- 회사의 권리능력
  - 다른 회사의 무한책임사원 ×
  - 합자조합의 무한책임조합원(업무집행조합원) ○
- 주식회사 - 물적회사
  - 탈퇴의 개념 ×
- 합자조합 : 이익을 조합원에게 분배하는 경우에도 회사 ×
- 상사회사와 민사회사 어느 경우든 영리의 목적 要
  - ⇨ 공법인은 이익을 분배하지 않으므로 회사 ×
- 주관적 하자를 원인으로 하는 설립취소의 소 인정 : 합명·합자·유한책임·유한회사
  (vs. 주식회사의 설립무효의 소의 원인 : 주관적 하자 無)
- 법인의 파산신청권자(채무자 회생 및 파산에 관한 법률 §295①)
  - ⇨ 주식회사 또는 유한회사: 이사는 대표권 유무 불구하고 단독으로 可
  - ⇨ 합명회사 또는 합자회사: 무한책임사원

Excalibur 합명회사

- **합명회사 사원** : 직접, 연대, 무한책임
- **합명회사의 사원** : 재산뿐만 아니라 노무·신용도 출자 可
  cf. 합자회사의 유한책임 사원, 유한책임회사의 사원 : 노무·신용 출자 不可
- 미성년자가 법정대리인의 허락을 받아 회사의 무한책임사원이 된 때
  - ⇨ 사원자격에서의 행위는 능력자로 ○
- **합명회사의 내부관계에 관한 상법 규정**
  - ⇨ 원칙적으로 임의규정, 정관에서 상법 규정과 달리 정하는 것 허용
- 합명회사의 부실등기를 한 사실이나 이를 방치한 사실에 대한 고의 또는 과실 유무
  - ⇨ 대표사원을 기준으로 결정

- ☐ 합명회사의 사원의 책임
  - ⇨ 합명회사에 있어서 부실등기에 대한 고의·과실의 유무는 그 대표사원을 기준으로 판정 ○
  - ⇨ 성립 후 가입사원도 가입 전 채무에 대하여 동일책임 ○
  - ⇨ 회사가 채무를 부담하면 법률의 규정에 기해 당연히 발생 ○
  - ⇨ But 회사채권자는 "회사의 재산으로 회사의 채무를 완제할 수 없는 때" 또는 "회사재산에 대한 강제집행이 주효하지 못한 때(회사 채권자가 회사 재산에 대해 강제집행을 하였음에도 채권의 만족을 얻지 못한 경우)"에만 보충적으로 사원에게 채무이행 청구 可
- ☐ 정관으로 수인의 사원을 공동업무집행사원으로 정한 경우(§202)
  - ☐ 업무집행에 관한 행위 ⇨ 전원의 동의 要(But 업무집행 지체 염려시 ⇨ 전원 동의 不要)
- ☐ 합명회사의 사원이 사망한 경우 ⇨ 지분은 원칙적으로 상속 ×, 사원은 퇴사
- ☐ 합명회사 업무집행사원의 대표권 제한 ⇨ 정관 ○, 법률상 규정 ×
- ☐ 합명회사 업무집행사원의 종임
  - ⇨ ① 사원 청구에 의한 권한상실선고 ② 다른 사원 일치에 의한 해임
- ☐ 합명회사의 청산인이 영업양도시 총사원 과반수의 결의 要 ↔ 총사원 동의 ×

Excalibur 합자회사

- ☐ 유한책임 사원 : 유한책임 (출자가액에서 이미 이행한 부분 공제한 가액의 한도), 회사 대표 금지
- ☐ 지분양도
  - ⇨ 무한책임사원 : 사원 전원의 동의 필요 / 유한책임사원 : 무한책임사원 전원의 동의 要
- ☐ 업무집행사원에 대한 권한상실선고
  - ⇨ 합자회사의 무한책임사원뿐만 아니라 유한책임사원도 可
  - ⇨ 합자회사에서 업무집행권한의 상실을 선고받은 무한책임사원이 다시 업무집행권이나 대표권을 갖기 위해서는 정관이나 총사원의 동의로 새로 그러한 권한 부여받아야 함
- ☐ 합자회사의 정관에서 규정하고 있는 요건을 갖추지 못한 유한책임사원이 한 지분양도
  - ⇨ 무효
- ☐ 합자회사의 무한책임사원의 회사 채권자에 대한 책임(§212)
  - ☐ 합명회사의 사원의 책임과 동일
  - ☐ 연대채무 발생시기 ⇨ 법률의 규정에 의하여 당연히 발생
  - ☐ 보충성 ⇨ 합자회사의 재산으로 회사의 채무를 완제할 수 없을 때 or 합자회사의 재산에 대한 강제집행이 주효하지 못한 때에 해당한다는 사실의 증명책임 소재 : 회사채권자 ○

Excalibur 유한책임회사

- □ 내부관계 : 합명회사에 관한 규정 준용
- □ 유한책임회사의 업무집행자 ⇨ 사원 아닌 자도 可
- □ 잉여금: 정관에 다른 규정 없으면 각 사원이 출자한 가액에 비례하여 분배(§287조의37④)
- □ 사원인 유한책임회사의 업무집행자가 타인에게 손해를 입힌 경우 ⇨ 손해를 배상한 회사가 그 업무집행자에게 구상권 행사 可(∵ 제287조의7의 출자금액의 한도와는 상관없이 회사는 그에게 구상권을 행사 가능)
- □ 법인이 업무집행자인 경우 ○ ⇨ 법인은 해당 업무집행자의 직무를 행할 자를 선임하고, 그 자의 성명과 주소를 다른 사원에게 통지하여야 ○
- □ 유한책임회사의 사원이 대표업무집행자의 책임을 추궁하는 대표소송을 제기
  - ⇨ 총 출자지분의 100분의 1이상 소유 不要
- □ 업무집행자가 자기 또는 제3자의 계산으로 당해 유한책임회사와 거래를 하기 위한 요건
  - ⇨ 다른 사원 과반수의 결의 要
- □ 업무집행자가 자기 또는 제3자의 계산으로 회사의 영업부류에 속한 거래를 할 수 있는 요건
  - ⇨ 사원 전원의 동의
- □ 업무집행자가 업무집행함에 현저하게 부적임하거나 중대한 의무위반 행위가 있는 때
  - ⇨ 법원은 사원의 청구에 의하여 업무집행권한 상실선고 可
- □ 업무집행자가 둘 이상인 경우
  - ⇨ 정관 또는 총사원의 동의로 유한책임회사를 대표할 업무집행자를 정할 수 ○
- □ 유한책임회사가 해산한 경우 ⇨ 청산의 목적 범위 내에서 존속
- □ 회사 ⇨ 다른 회사의 무한책임사원 不可
- □ 유한회사에서 정관 또는 사원총회 결의로 특정 이사의 보수액을 구체적으로 정한 경우
  - ⇨ 사원총회에서 그 보수액을 감액하는 결의해도 해당 이사의 보수는 그 결의에 따라 감액 ×
- □ 유한책임회사의 지분의 양도
  - ⇨ 업무집행사원은 사원 전원의 동의 要 / 비업무집행사원은 업무집행사원의 동의 要
  - ⇨ 업무집행사원이 없는 경우 사원 전원의 동의 要
  - ⇨ 정관으로 달리 정할 수 ○
- □ 유한책임회사는 그 지분의 전부 또는 일부를 양수 不可 ⇨ 유한책임회사가 지분을 취득하는 경우 그 지분은 취득한 때 소멸
- □ 유한책임회사의 조직변경 ⇨ 유한회사로의 조직변경 不可 / 주식회사로의 조직변경 可
- □ 유한책임회사와 사원간의 소 ⇨ 다른 사원 과반수결의로 대표할 사원 선정(§287조의21)

> **Excalibur** **유한회사**
>
> - ☐ [HIT] **유한회사의 사원** ⇨ 정관의 제한이 없는 한 지분의 전부 또는 일부를 양도 可, 질권의 목적 可
> - ☐ 지분에 관한 기명식 증권 : 발행 可 / 지시식·무기명식 증권 : 발행 不可
> - ☐ 사원이 출자 해태 시 ⇨ 회사에 대한 책임 ○ / 회사 채권자에 대한 직접 책임 ×
> - ☐ 유한회사 사원의 지분 ⇨ 정관으로 양도를 제한하지 않는 한 자유롭게 양도
> - ☐ 유한회사의 이익배당 ⇨ 정관에 다른 정함이 있는 경우 외에는 각 사원의 출자좌수에 따라 하여야 ○
> - ☐ 유한회사에서 회사와 이사 간의 소송에서의 회사의 소송 대표가 되는 자(§563)
>   ⇨ 사원총회에서 그 대표자를 선정
> - ☐ 유한회사는 광고 기타의 방법에 의하여 인수인을 공모 不可(§589②)

제4편 어 음

제1장 어음·수표 총론

Excalibur 어음 · 수표 행위 개관

- 기명 · 날인 : 어음행위자의 성명을 기재하고 인장을 찍는 일 (서명과 구별)
  - 기명 : 자필 불요, 상호, 예명 可 (진정한 성명 不要)
  - 날인 : 무인이나 지장으로 날인은 무효
  - 기명과 날인의 명의 동일성 不要 (기명과 날인이 서로 일치하지 않아도 유효)
  - 기명과 날인 둘 중 하나 누락 시 무효
- 대행 可
- 어음행위의 내용 : 기재에 의하여 객관적·구체적으로 결정
- 어음행위의 대리 또는 대행권한을 수여받은 자가 수권의 범위를 넘어 어음행위를 한 경우
  ⇨ 본인은 수권 범위 내에서는 대리 또는 대행자와 함께 어음상 채무 有
- 법인의 어음행위 : 엄격한 현명 요구 / 반드시 대표자의 날인이 있어야 ○
  - 법인 명칭, 대표자격, 대표자의 성명과 인장이 있어야 ○ (ex. A 주식회사 대표이사 甲 甲 印)
  - 대표자의 날인은 없고 회사인(=법인인)만 있는 것 ⇨ 날인 ×
- 서명 ⇨ 자필 + 진정한 성명 要 / 대행 不可 / 사인은 서명 ×
- 조합의 어음상의 권리능력 × ⇨ 조합 자체가 어음행위를 하거나 어음상의 권리취득 不可
- 조합의 어음행위의 방식
  - 조합원 전원이 기명날인 또는 서명 ○
  - 대표조합원이 조합의 명칭과 대표자격을 표시하고 조합원 전원을 대리하여 기명날인 또는 서명 ⇨ 전 조합원의 어음행위로서 유효 ○
- 원인채권의 지급을 확보하기 위하여 어음이 수수된 경우
  ⇨ 어음채권 행사(청구, 압류 등)하면 원인채권도 소멸시효 중단 ○
- 어음행위 대리권 소멸 사유 : 사망 × / 행위능력 상실 × (통상 대리권과 구별)
- 피담보 어음채무의 무효사유
  ⇨ 어음보증에 영향 × (단, 피담보어음채무의 방식의 하자는 영향 ○)
- [HIT] 어음행위의 취소권 행사의 상대방 ⇨ 직접 상대방 / 취득자
- 약속어음 공동발행인은 각자 어음금 전액 지급의무 (합동책임 ○, 연대책임 ×)
- 수표행위자의 명칭 : 본명 또는 거래상 본인을 가리키는 것으로 인식되는 칭호
- 은행이 대표이사의 개인적인 연대보증채무를 담보하기 위해 대표이사 본인 앞으로 발행된 회사 명의의 약속어음을 취득한 경우 ⇨ 중대한 과실 ○
- 어음 · 수표의 유가증권적 특성 ⇨ 요식증권성, 문언증권성, 상환증권성

- ☐ (判) 외관이론 도입 (어느 견해를 기초로 도입한 것인지는 불분명) ⇨ 발행인이 교부계약의 흠결을 주장하여 채무를 면하려면 발행인이 어음소지인의 악의 중과실을 입증하여야 ○

Excalibur 조건부 어음행위

- ☐ 조건부 발행 : 유해적 기재사항 ⇨ 전부 무효
- ☐ 조건부 배서 : 무익적 기재사항 ⇨ 조건만 무효
- ☐ [HIT] 조건부 인수 : (判) 유익적 기재사항, 유효
- ☐ [HIT] 조건부 보증 : (判) 유익적 기재사항, 유효

Excalibur 어음행위독립의 원칙(어음법 제7조, 수표법 제10조)

- ☐ 의의 : 수개의 어음행위가 연속하는 경우 선행어음행위가 형식적 흠결 이외의 사유로 무효가 되더라도 형식적으로 유효한 이상 후행어음행위는 이와는 무관하게 독립적으로 효력을 발생(어음행위자는 자신이 한 어음·수표행위의 내용에 따른 책임)
- ☐ 선행어음행위에 형식적 흠결 존재 시 ⇨ 동 원칙 적용 ×
- ☐ 배서 ⇨ 담보적 효력도 있으므로 동 원칙 적용 ○
  - ☐ 유통된 어음의 최후소지인은 최초 어음발행행위가 위조되었더라도 어음행위독립원칙상 그 뒤에 유효하게 배서한 배서인에 대해 소구권 행사 可
  - ☐ 어음행위독립의 원칙에 의하여 이전의 배서가 무효라 하더라도 자신의 배서가 유효한 어음채무자는 어음소지인에게 상환의무 부담 ○
- ☐ 위조어음에 기명날인 또는 서명한 자 ⇨ 어음행위독립원칙상 소지인에게 채무부담
- ☐ 의사무능력자가 발행한 환어음을 인수한 경우
  - ⇨ 어음행위독립원칙상 인수인은 어음채무 부담

Excalibur 민법규정의 어음행위에의 적용 여부

- ☐ 법정대리인이 미성년자의 어음행위를 제한능력을 이유로 취소한 경우
  - ☐ 물적 항변 ⇨ 어음소지인의 선의·악의를 불문하고 누구에게나 대항 可
  - ☐ 어음·수표행위의 취소권 행사의 상대방 ⇨ 직접 상대방뿐만 아니라 이후의 취득자에 대해서도 可
- ☐ 의사표시의 하자(비진의, 통정, 착오, 사기, 강박) : 어음행위적용 ○ / 인적항변 ○
  - ⇨ 따라서 소지인에게는 해의가 없는 한 인적항변으로 대항 不可
- ☐ 민법 제103조, 제104조 : 어음행위 적용 × / 인적항변 ○
- ☐ 의사·행위무능력, 무권대리, 강행법규 위반 : 어음행위적용 ○ / 물적 항변 ○

- ▫ ⇨ 강박의 정도가 극심하여 의사결정자유가 박탈되는 정도에 이른 어음행위 : 모든 어음소지인에게 대항 可
- ▫ 사기에 의한 어음행위의 하자 : 무효 ×, 취소 ○

Excalibur 어음·수표행위의 대리

- ▫ 형식적 요건
  - ▫ 현명주의
    - ⇨ 본인의 표시 / 표시가 없을 시 대리인만 책임부담 / 매우 엄격히 요구 (예외 無)
    - ⇨ 어음상에 대리인 자신을 위한 어음행위가 아니고 본인을 위하여 어음행위를 한다는 취지를 인식할 수 있을 정도의 표시 要
  - ▫ 대리인 자격의 표시 : 대표이사 아닌 일반이사의 자격을 표시한 어음행위는 대표행위로서는 부적법하나, 회사의 대리인에 의한 어음행위로서 유효
  - ▫ 대리인의 기명날인 또는 서명 : 본인의 기명날인만 존재 시 대행의 문제
- ▫ 실질적 요건
  - ▫ 대리권한의 존재
  - ▫ 대리권한 제한 可, 제한 위반 시 무권대리로 본인에게는 효력이 없으나 선의의 제3자에게는 대항 不可
- ▫ 표현대리 (후술)

Excalibur 어음·수표행위의 표현대리

- ▫ 요건 : 외관의 존재, 부여, 신뢰 (선의 무중과실)
- ▫ 본인은 전적인 책임 부담 ⇨ 과실상계 不可
- ▫ 표현책임과 관련한 제3자의 범위
  - ▫ 민법상 표현대리가 적용되는 경우 제3자의 범위 : (判) 직접상대방 한정설
    - ⇨ 약속어음의 배서행위의 직접 상대방 : 당해 배서의 피배서인 ○ / 그 피배서인으로부터 다시 어음을 취득한 자 ×
  - ▫ 상법상 표현대표이사가 적용된 사안에서 제3자의 범위 : (判) 제3취득자 포함설
    - ⇨ 표현대표이사가 다른 대표이사의 명칭을 사용하여 어음행위를 한 경우 회사가 책임을 지는 선의의 제3자의 범위에는 어음을 다시 배서양도받은 제3취득자도 포함 ○
- ▫ 어음행위의 직접 상대방에게 표현대리가 인정되는 경우 ⇨ 어음의 제3취득자는 이를 원용하여 피위조자에 대하여 자신의 어음상의 권리를 행사 可
- ▫ 표현대리에 의해 본인이 어음상 책임 부담 시 ⇨ 표현대리인도 어음법 제8조 책임 有
- ▫ 표현대리의 항변제출 시 ⇨ 무권대리인 및 표현대리에 해당하는 무권대리행위의 특정 要

- □ 어음의 보증행위의 위조에 관하여 민법상의 표현대리에 관한 규정의 적용을 주장할 수 있는 자
  ⇨ 어음의 발행인 ○

[Excalibur] 어음행위의 무권대리(제8조)

- □ 원칙 : 본인은 어음상 책임 ×(물적 항변)
- □ 예외 : 본인의 추인, 표현책임, 사용자책임(민법 §756)
- □ 무권대리인의 책임(어음법 제8조) : 수권의 부존재, 무권대리인의 기명날인 또는 서명, 상대방의 선의 무과실
  - □ 어음에 의하여 의무를 부담
  - □ 무권대리인이 어음금액을 지급한 경우 본인과 같은 권리 ○
- □ 상환의무를 이행한 무권대리인은 본인의 권리 취득 (단 본인에 대한 권리행사 不可)
- □ 어음의 선의취득으로 인해 치유되는 하자의 범위 ⇨ 무권대리의 하자도 치유

[Excalibur] 어음의 위조

- □ 개념 : ① 권한 없이, ② 타인의 기명날인(서명) 위작, ③ 타인이 어음행위를 한 것처럼 외관을 만드는 것 ⇨ 권한 없이 어음채무 성립 (무권대행)
- □ 약속어음의 배서가 위조된 경우 : 배서의 연속 흠결 ×
  ⇨ 피배서인은 적법한 소지인으로 추정 ○
- □ [HIT] 기명날인의 진정 여부(위조 여부)에 대한 입증책임 : 어음소지자 ○
- □ 피위조자의 책임 : 원칙적으로 어음상의 책임 × / 위조된 어음을 선의·무중과실로 취득한 어음소지인에 대해서도 위조로 대항 可 (= [HIT] 물적 항변)
  ⇨ [HIT] 예외 : 어음위조의 추인(묵시적 추인가능) / 표현책임 / 사용자책임
- □ 추인 시 추인의 의사표시를 추단할 사실 필요
  ⇨ 알고도 장기간 형사고소 안한 사실로 추인 인정 ×
- □ 대리문구를 어음상에 기재하지 않고 직접 본인명의로 기명날인을 하여 어음행위를 하는 이른바 기관 방식 또는 서명대리 방식의 어음행위
  - □ 무권대리 × / 어음의 위조 ○ ⇨ 민법상의 표현대리 규정 유추적용 可
  - □ 어음위조의 경우 민법상 표현대리 규정이 유추적용 되기 위한 요건 ⇨ 어음행위를 할 수 있는 권한이 있다고 믿을 만한 사유 + 본인에게 책임을 질 만한 사유가 있는 때
- □ 피위조자의 사용자책임 성립 시
  - □ 피해자의 상환청구권 보전절차 不要 (∵ 어음상 책임 × / 민법상 불법행위책임 ○)
  - □ [HIT] 사용자책임 성립 시 위조 어음 취득자의 손해배상 청구범위 : 취득 시 현실적으로 출연한 할인금 상당액 ○(어음액면금 전액 ×)

- □ 위조자의 책임 (피위조자 명의 모용, 자신의 기명날인 또는 서명은 없음)
  - □ 위조자가 민법·형법상의 책임 외에, 어음상의 책임을 지는지 여부에 대하여는 어음법에 명시적 규정 ×
  - □ 어음상 책임을 긍정하는 견해(어음법 제8조 유추적용) 有
  - □ 민법상 불법행위책임(민법 제750조) 추궁 可
- □ 위조자가 타인의 명칭을 자기를 표시하는 명칭으로 삼아 어음행위를 한 것으로 볼 경우
  - ⇨ 위조된 금액 전부에 대한 책임 (위조자 자신의 어음행위)
- □ 위조 후 유효하게 배서한 자 ⇨ 상환의무 ○ (어음행위 독립의 원칙)
- □ 위조된 어음의 발행인의 책임
  - ⇨ 어음의 배서를 위조한 경우 발행인에 대한 관계에서는 변조에 해당하므로 발행인은 원문언, 즉 기명날인 당시의 문언에 따라 책임 有
- □ 위조된 배서를 진정한 것으로 믿고 그 어음취득의 대가로 할인금을 지급, 어음을 취득한 자가 배서인에 대하여 손해배상을 청구 ⇨ 배서인에 대한 상환청구 행사의 요건을 갖추지 못하였어도 손해 有 (손해액 : 지급한 할인금액 상당액 ○, 어음의 액면금 상당액 ×)

Excalibur 어음의 변조

- □ 개념 : ① 어음의 내용을 변경 ② 동일성 범위 내에서 ③ 기명날인(서명)외의 사항 ④ 권한 없이 ⇨ 권한 없이 어음채무의 내용을 변경
- □ 변조 전에 기명날인·서명한 자
  - ⇨ 원래 문구에 따라 책임 (물적 항변, 어음법 제69조 후단)
- □ 변조 후에 기명날인·서명한 자
  - ⇨ 변조된 문구에 따라 책임 (어음행위 독립의 원칙, 어음법 제69조 전단)
- □ 변조자(기명날인·서명하지 않은 자) : 변조 후 문언에 따른 어음상 책임 인정(어음법 제8조 유추) + 민법상 불법행위책임(민법 제750조)
- □ 약속어음 발행 후 액면금액이 변조된 경우
  - □ 발행인 ⇨ 발행 당시의 액면금액의 범위 내에서만 어음채무를 부담 ○
  - □ 액면금액이 변조된 뒤에 위 어음을 취득한 자 ⇨ 발행인에 대하여 변조 전의 액면금액의 범위 내에서만 어음상의 권리를 취득, 이를 초과하는 부분에 관하여는 아무런 권리도 취득 ×
- □ 어음보증인의 동의를 얻지 않고 수취인 명의를 변경하는 것 ⇨ 변조 ○
- □ 어음발행 후에 발행인의 상호가 변경되어 구 상호를 지우고 신 상호를 기재
  - ⇨ 변조 × (∵동일성 유지)
- □ 어음변조의 항변은 물적항변으로서 누구에게나 주장 可
- □ 변조의 증명책임

- ㅁ 어음외관상 식별 가능한 경우 : 어음소지인 (통설)(cf. 판례는 불투명)
- ㅁ 어음외관상 식별 불가능한 경우 : (判) 어음채무자
- ㅁ 지시금지의 문구 위에 고의로 인지를 붙인 경우 ⇨ 변조 ○
- ㅁ 약속어음의 지급인인 은행이 과실로 액면금액의 변조사실을 알지 못하고 변조된 액면금 전액을 지급한 경우 ⇨ 발행인이 은행에 대하여 초과지급 부분에 대한 배상을 구하는 등의 방법이 있다 하더라도 발행인은 어음금 수령인에게 부당이득금의 반환 청구 可
- ㅁ 어음금 수령인이 변조자로부터 일부는 채무변제조로, 나머지 금액은 약속어음을 교부하고 유상으로 당해 어음을 배서양도 받은 경우
  - ⇨ 이는 배서인과 피배서인과의 관계에 지나지 아니하므로 소지인이 발행인에게 변조된 액면대로의 어음금의 지급을 청구할 권리 ×
  - ⇨ 어음금 수령인이 이 돈을 은행으로부터 교부받은 이상 발행인에 대한 관계에 있어서 은행에서 정당한 액면금액을 초과한 돈을 지급받은 범위 안에서는 이를 부당이득한 것으로 보아야 ○
- ㅁ 발행인이 어음상 권리의무자의 동의 없이 어음 기재내용 변경한 경우 : 변조 ○
  - ⇨ 배서인은 어음행위시의 문언에 따라 어음상 책임 부담 (변조된 문언에 따른 책임 ×)
- ㅁ 무익적 기재사항 (ex 조건)의 추가·말소·변경 : 변조 × (∵기재의 효력 無)
- ㅁ 이미 존재하는 발행인의 기명날인 또는 서명을 권한 없이 변경 : 발행인에 대해서는 변조, 새로 위작된 자에 대해서는 위조
- ㅁ 변조 전에 기명날인 또는 서명한 자 : 변조 전의 원문언에 따른 책임 有(변조에 동의하지 않은 이상 변조 후의 문언에 따른 책임 無)

Excalibur 어음상 권리의 이전과 취득

- ㅁ 어음법적 이전방식 : 배서 or 교부
  - ㅁ 배서 : 배서란에 기명날인 또는 서명, 배서문언, 피배서인의 기재
    - ⇨ 백지식 배서 : 피배서인의 기재가 생략된 배서
    - ⇨ 간략백지식배서 : 피배서인의 기재와 배서문언이 생략된 배서
    - ⇨ 양도배서의 방식 : 기명식, 백지식, 소지인 출급식, 지명소지인출급식
    - ⇨ 특수한 배서 : 추심위임배서, 담보배서, 입질배서, 환배서, 기한 후 배서 등
  - ㅁ 교부 : 어음(증권)의 점유이전
- ㅁ 배서의 연속 : 어음을 가지고 판단 ○(원인관계 고려 ×)
- ㅁ 어음에 있어 형식상 배서의 연속이 끊어진 경우 ⇨ 다른 방법에 의하여 중단된 부분에 관하여 실질적 관계가 있음을 증명한 소지인은 어음상 권리 행사 可
- ㅁ 지명채권양도방식 인정 ⇨ (判) 대항요건 구비 + 어음의 교부
- ㅁ 어음 양도시 단순 교부방식으로 한 경우 ⇨ 담보적 효력 無

- □ 배서 이외의 방법에 의하여 취득한 어음상의 권리 ⇨ 배서에 의하여 양도 可
- □ 기명식 어음 ⇨ 소지인이 배서 양도 可

Excalibur 어음의 선의취득

- □ 어음 선의취득시 무권리자의 범위 ⇨ (判)무권리자 ○, 무권대리 ○
- □ 취득방법 : 어음법적 방법
  ⇨ 지명채권양도방법 또는 전부명령으로는 ×
- □ 어음의 선의취득 이후 ⇨ 원칙적으로 인적항변 절단 ○, 해의가 있는 경우 절단 ×
- □ 제권판결과 선의취득 (제권판결 전 선의취득 했으나 공시최고절차에서 권리신고 안한 자와 그 후 제권판결 취득자의 관계) ⇨ 선의취득자는 제권판결이 불복으로 취소되지 않는 한 권리행사 × (제권판결 우선설로 평가)
- □ 어음 선의취득자 이후의 자는 악의라도 완전한 권리 취득 ⇨ 엄폐물 법칙
- □ 어음작성 후 교부 전 분실한 자 ⇨ 외관 신뢰하고 취득한 소지인에게 발행인으로 책임 有

Excalibur 어음항변

- □ 인적 항변 (원인관계가 부존재·무효·취소·해제되었다는 항변)
  - □ 당사자 사이 : 선악불문 대항 가능
  - □ [HIT] 어음소지인(제3자)과 사이 : 원칙 대항 不可(절단됨) / 단 소지인에게 해의가 있으면 대항 가능(절단 ×) (어음법 §17) ⇨ 소지인이 채무자를 해할 것을 알고 어음을 취득한 경우 대항 可
  - □ 해의의 의미 : 악의 + 손해의 인식
- □ 백지보충권의 부당보충 항변
  - □ 보충권의 범위를 신뢰하고 백지어음을 취득한 자도 포함
  - □ 제3자에게 대항 不可 / 단, 제3자가 악의·중과실 대항 可
  - □ 중과실 판단 ⇨ (判) 어음금액란이 백지인 백지어음이라면 기명날인자에게 직접 조회하지 않으면 중과실(보충전 조회의무 인정 ○)
- □ 미성년자 어음행위 항변 가능(어음행위도 법률행위) ⇨ 물적 항변 ○
- □ 백지보충권의 남용(부당보충) 항변 ⇨ 제3자가 악의·중과실 대항 可
- □ 기한 후 배서 ⇨ 인적항변 절단 × (지명채권 양도의 효력)
- □ 약속어음 발행인으로부터 인적항변의 대항을 받는 어음소지인 ⇨ 환배서에 의하여 이를 다시 취득하여 소지한 때에도 발행인으로부터 여전히 항변의 대항 받음
- □ 이중무권의 항변
  - □ 원칙 : 인적 항변의 당사자 아닌 어음소지인에 대해서 인적항변 절단 ○

- 예외 : 다만 어음소지인의 원인관계가 흠결되어 어음을 소지할 이유가 없고 어음금 지급을 구할 이익이 없는 경우 인적 항변이 절단 × (∵ 인적항변의 절단의 이익을 향유할 이익이 ×)

Excalibur 융통어음

- 융통어음 : 원인관계 없이 자금융통 목적을 위하여 발행되는 어음
- (判) 원인관계 없어도 유효
- 융통어음의 항변
  ⇨ 융통자는 피융통자에 주장 可
  ⇨ 제3자에게는 선악불문 융통어음항변 不可
  ⇨ 제3자가 기한 후 배서로 취득한 경우도 역시 대항 不可
  ⇨ 자금 융통의 목적을 달성한 다음 어음을 양수한 제3자로부터 어음을 회수하였으나 어음을, 발행인에게 반환하지 않고 자신의 배서를 말소한 다음 이를 다시 또 다른 제3자에게 사용한 경우 다른 제3자가 당해 어음이 융통어음이고 그것이 이미 사용되어 그 목적을 달성한 이후 다시 사용되는 것이라는 점에 관해 과실 없이 알지 못하였더라도 발행인은 융통어음 재도사용의 항변으로 다른 제3자에 대해 대항 不可
- 융통어음이라는 점에 대한 증명책임 소재 ⇨ 어음의 발행자 ○
- 융통어음의 재도(再度)사용의 경우 ⇨ 융통인은 제3자에 대해 항변 可
- 융통어음 발행사실만으로 ⇨ 어음보증 인정 × / 어음상 책임을 부담 ○
- 융통계약의 종료 ⇨ 피융통자가 어음의 만기 전에 변제하고 어음을 회수하여 융통자에게 반환 or 융통자에게 어음금액을 제공하면 목적달성으로 종료

Excalibur 어음의 실질관계

- 어음교부의 유형의 구별
 - 원칙 : 당사자 의사 기준 (자기앞수표의 교부 ⇨ 지급 갈음의사 추정)
 - 단명어음 ⇨ 담보를 위하여 교부 (추정)
 - 복명어음, 제3자방 지급어음, 일반수표 ⇨ 지급을 위하여 교부 (추정)
 - 어음상 주채무자와 원인관계상 채무자 : 동일 ⇨ 단명어음 / 다름 ⇨ 복명어음
- 기존 채무의 이행에 관하여 채무자가 채권자에게 어음을 교부할 때
  ⇨ 당사자 사이에 특별한 의사표시가 없으면 원인채무는 여전히 존속하고 그 '지급을 위하여' 또는 그 '담보를 위하여' 교부된 것으로 추정 ○
- 지급을 위하여 어음 교부의 법률관계
  - 기존의 원인채권과 어음채권이 병존하는 경우 채권자가 원인채권을 행사시 채무자는 원칙적으로 어음과 상환으로 지급하겠다고 동시이행 항변을 할 수 있으나 어음상 권리가

- 시효완성으로 소멸하여 다른 어음상 채무자에 대하여 권리를 행사할 수도 없는 경우에는 동시이행항변권 부인됨
- 채권자가 그 어음과 분리하여 기존채권만을 제3자에게 양도한 경우 채권자에게 어음금이 지급된 경우 채권 양수인에게 원인채무의 소멸 주장 可
- 채권자는 어음채권과 원인채권 중 어음채권을 먼저 행사하여야 ○
- 채권자가 채무자에 대하여 자기의 원인채권을 행사하기 위한 전제로서 지급기일에 어음을 적법하게 제시하여 소구권 보전절차를 취할 의무 有
- 원인채권에 대한 압류의 효력이 발생하기 전에 원인채권의 지급을 위하여 약속어음을 발행하거나 배서양도하고 그것이 다시 제3자에게 양도된 경우 어음의 소지인에 대한 어음금의 지급이 원인채권에 대한 압류의 효력이 발생한 후에 이루어졌다 하더라도 그 어음을 발행하거나 배서양도한 원인채무자는 그 어음금의 지급에 의하여 원인채권이 소멸하였다는 것을 압류채권자에게 대항 可
- 어음 채권자가 어음상 권리보전에 필요한 소멸시효 중단의 조치를 취하지 아니함으로써 어음상 권리에 관한 소멸시효가 완성된 경우 어음을 반환받은 채무자는 자신의 원인채권을 행사하여 자기 채권의 만족을 얻을 수 있다면 어음 채권자에게 손해배상청구 不可
- 어음 반환 없이 채권자가 원인채권을 행사하여 만족을 얻는 경우 ⇨ 어음채무 소멸 ×, 다만 인적항변 ○
- 상사채무인 원인채무가 5년의 시효기간이 지나서 소멸 ⇨ 그 발행인은 위 사유를 들어 약속어음 수취인에 대하여 약속어음금 지급 거절 可
- 지급 담보를 위한 어음 교부의 법률관계
  - 양 채권 병존
  - 원인채무이행과 어음반환 : 동시이행관계 ○
  - [HIT] 원인채권과 어음채권 선택적 행사 可
  - 원인관계의 채무불이행 성부 : 어음의 반환이나 어음채권의 행사 不要
  - 어음상의 권리가 소멸한 후에 원인관계에 있는 채권이 소멸되는 경우 : 이득상환청구권 발생 ×
- [HIT] 지급을 갈음하여 교부 ⇨ 원인채무 대물변제로 소멸
- 지급을 위하여 교부된 어음의 만기가 대금채무의 변제기 보다 후의 일자인 경우 ⇨ 특별한 사정이 없는 한 기존채무의 지급을 유예의사가 있었다고 봄
- 어음채권과 원인채권은 별개 ⇨ 분리양도 可
- 어음금 청구 ⇨ 원인채권 시효중단 ○ / 원인채권 청구 ⇨ 어음채권 시효중단 ×
- 원인관계의 소멸 ⇨ 어음관계 영향 × (어음행위 무인성)
  - 어음반환 없다면 원인채권에 의한 만족시에도 어음채권 소멸 ×
- 어음채무가 변제, 상계 등으로 소멸하면 원인채무도 소멸
- 타인 채무에 대해 담보를 위하여 어음발행 ⇨ 타인채무(원인채무)의 중첩적 인수

- □ 어음할인의 원인채권에 관하여 소를 제기 ⇨ 어음채권에 관한 소멸시효 중단사유인 재판상 청구에 해당 ×
- □ 어음소지인의 실질적 자격 : (判)추정 받지 못하면 입증 허용
  - ⇨ 입증 범위 : 배서의 연속이 중단된 부분만 ○

Excalibur 백지어음

- □ 백지어음 : 백지에 대한 보충권과 백지보충을 조건으로 한 어음상의 청구권을 표창하는 유가증권으로서 보충이 있기까지는 미완성어음
- □ 불완전 어음으로서 무효라는 점 ⇨ 발행인이 입증책임 ○
- □ 백지어음도 선의취득 대상 ○
- □ [HIT] 수취인이 백지인 어음 ⇨ 어음법적으로(배서, 교부) 유효하게 양도 ○
- □ 만기 공란 어음 ⇨ 만기가 백지인 어음 ○(일람출급어음 ×)
- □ 백지보충권 : 어음에 추수하여 전전하는 것이므로 어음을 정당하게 취득한 자는 그에 관한 보충권도 동시에 취득 ○
- □ 보충권 행사의 효과
  - □ 완전어음 성립 / 보충의 효력은 불소급
  - □ 보충권의 행사와 어음의 성립시기
    - ⇨ [HIT] 보충전의 배서행위시가 성립시기(법률행위 효력발생시기와 성립시기의 구별)
    - ⇨ 백지어음에 만기 전에 한 배서는 만기 후에 백지를 보충한 경우에도 기한 전 배서 ○ (기한 후 배서 ×)
    - ⇨ (判)기한 전에 백지식배서에 의해 백지어음을 취득한 자가 기한 후에 백지를 보충하더라도 기한후 배서로 볼 것 ×
  - □ 백지보충권 ⇨ 어음상청구권과 별개로 시효소멸 ×
- □ 소지인이 악의 또는 중과실로 부당보충된 어음을 취득한 경우
  - ⇨ 발행인은 보충권 수여범위 안에서 당연히 어음상의 책임 ○
- □ 어음요건이 백지인 약속어음의 소지인이 그 백지 부분을 보충하지 않은 상태에서 어음금을 청구시 ⇨ 어음상의 청구권에 대한 시효중단 ○
- □ 발행인의 약속어음 처분금지가처분의 효력 : 제3자에 이전을 금지할 뿐
  - ⇨ 백지보충과 지급제시 등 소구권 보전을 위한 조치는 금지되는 처분행위 ×
- □ 백지 미보충 어음금청구 ⇨ 어음금 지급하면 어음관계 소멸

Excalibur 보충 전 백지어음·수표의 지위

- 백지어음 : 어음 × / 백지어음 제시 : 적법한 어음제시 × / 백지어음 제시자에게 지급 : 재상환청구권 성립 ×
- 발행지가 백지인 국내어음은 유효한 어음 ⇨ 발행지 미보충 지급제시는 적법한 지급제시 ○
- 지급지 흠결의 경우 어음의 효력 ⇨ 지급지의 보충규정에 의하여 유효 ○
- 약속어음 발행일란을 보충하지 않고 지급제시 ⇨ 적법한 지급제시 ×
- 백지어음 배서의 효력 ⇨ 배서의 일반적 효력 ×
- [HIT] 백지 미보충상태에서의 지급제시 ⇨ 이행지체 책임 부담 ×
- 수취인이 백지인 채로 발행된 어음
  - 어음법적으로 유효하게 양도 可
  - 최종 소지인이 수취인으로서 자기를 보충하였다고 하더라도 발행인으로부터 인적 항변의 대항을 받지 아니함
  - 수취인 미보충 지급제시 부적법한 지급제시로 소구권 보전 ×
- [HIT] 만기만 기재되어 있는 백지어음의 소지인이 보충하지 않은 상태에서 어음금 재판상 청구 ⇨ 소멸시효 중단 ○
- 백지어음 소지인이 사실심 변론종결일까지 백지 부분을 보충하지 않아 패소판결이 확정 ⇨ 백보충권을 행사하여 전소의 피고를 상대로 다시 동일한 어음금 청구 × (∵실권효)
- 백지보충의 효력발생시기 ⇨ (判)불소급설(보충권을 행사함으로써 어음상 효력 발생)

Excalibur 백지보충권의 행사기간

- 백지의 보충시기는 백지어음 자체의 성립시기가 아님
- 만기백지 백지어음의 백지보충권의 소멸시효 기산점 / 기간 : 어음상의 권리를 행사하는 것이 법률적으로 가능하게 된 때 / 백지보충권을 행사할 수 있는 때(통상 발행일)로부터 3년
- [HIT] 만기가 기재된 백지어음에서 백지보충권의 행사기간 : 만기일부터 3년
  ⇨ 만기를 기준으로 ○ (백지보충권 행사 날 기준 ×)

Excalibur 백지보충권의 남용

- 보충권의 부당보충 ⇨ 선의취득자(선의·무중과실)가 우선
  - 미완성으로 발행한 환어음에 미리 합의한 사항과 다른 내용으로 보충한 경우에는 그 합의의 위반을 이유로 소지인에게 대항 ×(어음법 제10조)
- 백지어음 부당보충 항변의 범위 ⇨ 부여한 보충권의 초과 부분만큼
- 백지보충권의 부당보충 항변

- 이미 부당보충된 백지어음을 취득한 소지인뿐만 아니라 보충권의 범위를 신뢰하고 백지어음을 취득하여 부당보충한 자도 포함 (어음법 제10조 적용 ○)
- 소지인에게 대항 不可 ⇨ 발행인은 문구대로 어음채무 부담 / 단, 소지인이 악의·중과실인 경우 대항 可
- 중과실 인정(判)
  - ⇨ 어음금액란이 백지인 백지어음이라면 기명날인자에게 직접 조회하지 않은 경우
  - ⇨ 취득자가 보충권의 범위에 관해 발행인에게 직접 조회하지 않은 경우
- 소지인이 악의·중과실인 경우에도 보충권 범위 내에서는 책임 有
- 보충합의 위반하여 손해발생시 손해배상청구 可
- 부당보충 이전의 어음행위자(배서인)에게는 실제 보충액 상환청구 可

Excalibur 어음금 청구소송

- 어음·수표금 소송의 토지관할 ⇨ 지급지 관할법원(채권자의 주소지를 관할하는 법원 ×)
- 어음·수표금 소송의 사물관할 ⇨ 소가 불문 단독판사
- 어음금 지급청구와 법정이자 ⇨ 청구 병합 可
- 어음상의 수인의 채무자의 책임 : 합동책임
  - ⇨ 수인의 채무자에 대한 어음금청구소송의 성격 : 고필공 × / 통공 ○ (공동소송·합일확정 법률상 강제 ×)
- [HIT] 어음금 지급청구소송과 백지보충
  - ⇨ 소 제기시까지 보충 × / 변론종결시까지 ○ (변론종결시까지 보충하지 않아서 기각판결이 확정되면 보충권 행사에 실권효 미침)
- 어음금청구의 소가 제기된 경우 증서진부확인소제기 ⇨ 확인의 이익 無
- 배서인의 다른 배서인과 발행인에 대한 환어음상과 약속어음상의 청구권의 소멸시효는 그 자가 제소된 경우에는 전자에 대한 소송고지를 함으로 인하여 중단됨(어음법 제80조)

제2장 어음·수표 각론

Excalibur 어음 발행

- 환어음의 발행
  - 자기지시어음(어음법 §3①) : 발행인이 수취인이 되는 경우
  - 자기앞어음(어음법 §3②) : 발행인이 지급인이 되는 경우
  - 위탁어음(어음법 §3③) : 제3자의 계산으로 발행
  - 제3자방지급의 방식으로 발행 가능(어음법 §4)
- 일람출급 또는 일람 후 정기출급의 환어음 ⇨ 이자 약정 기재 可

- □ 어음상 특정한 날짜가 적혀 있지 아니한 경우 이자의 기산일 ⇨ 어음을 발행한 날부터
- □ 만기가 적혀 있지 아니한 경우 : 일람출급의 환어음으로 간주
- □ 어음상 금액란 : 글자, 숫자 가능 / 함께 기재 可
  - ⇨ 불일치하는 경우 글자 우선 / 금전 ○, 물건 ×
- □ 발행지가 적혀 있지 아니한 경우 : 발행인의 명칭에 부기한 지를 발행지로 간주
- □ 발행일의 기재가 2월 30일인 약속어음 ⇨ 같은 해 2월 말일을 발행일로 하는 약속어음으로서 유효
- □ 발행일 보다 이전의 날을 만기로 기재 ⇨ 어음 무효
- □ 지급지와 지급장소가 다른 경우 ⇨ 지급장소만 무효. 어음은 유효

Excalibur 환어음의 인수

- □ 인수제시의 자유(어음법 §21) : 환어음의 소지인 또는 단순한 점유자는 만기에 이르기까지 인수를 위하여 지급인에게 그 주소에서 어음을 제시 可
- □ 인수의 효력 ⇨ 지급인은 만기에 환어음을 지급할 의무 부담
- □ 부단순인수(不單純引受)
  - □ [HIT] 지급인은 어음금액의 일부 인수 可
    - ⇨ 인수한 부분은 상환청구 × / 나머지 부분은 상환청구 ○
  - □ 조건부인수, 변경인수는 인수거절 간주
- □ 인수의 방식 : 어음의 앞면에 지급인의 단순한 기명날인 또는 서명이 있으면 인수로 간주
- □ 인수제시명령(어음법 §22조 ①,④) : 발행인·배서인은 기간을 정하거나 정하지 아니하고 인수제시명령 可
  - □ 발행인이 인수제시 금지한 경우 ⇨ 배서인은 인수제시명령 불가
- □ 발행인의 지급무담보문언 ⇨ 무익적 기재사항
- □ 발행인의 인수무담보문언 ⇨ 유익적 기재사항
- □ 배서인의 인수제시금지문언 ⇨ 무익적 기재사항
- □ [HIT] 발행인은 인수제시의 금지·제한 可(어음법 §22②,③)
  cf. 배서인은 인수제시 금지 不可
- □ 환어음의 상환의무자
  - ⇨ 발행인·배서인 및 이들을 위한 보증인 ○ / 환어음의 지급인 ×
- □ 지급인(일부)인수거절 ⇨ 상환청구권 행사 可
- □ 지급인의 만기 변경 인수 ⇨ 지급거절 간주 ⇨ 상환청구권 행사 可
- □ 일람후정기출급환어음의 인수제시의무(어음법 §23①) : 만기의 확정 위해 발행일로부터 1년 내에 인수제시 필요 ⇨ 발행인은 기간의 연장·감축 모두 可(②) / 배서인은 감축만 可(③)

- □ 인수제시의무 불이행
  - ⇨ 인수거절로 인한 상환청구권, 지급거절로 인한 상환청구권 모두 상실
- □ 인수제시의 유예(어음법 §24①)
  - ⇨ 인수제시를 받은 지급인은 소지인에 대하여 다음날 한 번 더 제시할 것을 청구 可
- □ 일람 후 정기출급의 어음 또는 인수제시명령이 기재된 어음(어음법 §25②) : 만기를 확정하거나 일자 준수 여부를 결정하기 위해 인수일자 기재 要
- □ (判) 백지인수도 인수의 효력 有
- □ 인수는 어음에 지급인으로 기재된 자가 하여야 ○
- □ 인수 철회 : 어음 반환 전까지 可 (인수 기재 말소 가능)
- □ 인수인에 대한 환어음상 청구권의 소멸시효 기간(어음법 §70) : 만기일부터 3년 ○
- □ cf. 약속어음의 발행인에 대한 어음상의 청구권의 소멸시효 기간(어음법 §77① 제8호, §70①, §78①) : 만기일로부터 3년 ○

Excalibur 배 서

배서금지어음 : 발행인이 배서금지 또는 유사한 뜻의 문언을 기재한 어음
- □ 배서금지 문언을 기재한 약속어음
  - ⇨ 지명채권 양도방식에 따라 양도 ○ / 배서에 의한 양도 ×
  - ⇨ 주채무자인 발행인에 대하여 민법 제450조 제1항의 대항요건을 구비하는 외에 약속어음을 인도(교부)하여야 하고 지급을 위해서는 어음을 제시해야 ○
- □ 배서금지배서 : 배서인이 배서를 금지하는 문구를 기재한 배서
  - ⇨ 배서에 의한 양도 可(∵배서인이 담보책임을 면하는 것에 불과, 지명채권 양도방법으로만 양도가능한 배서금지어음과 달리 배서금지배서는 배서성을 박탈하는 것 ×)
- □ 일부배서
  - □ 어음금액 일부에 대한 배서 ⇨ 배서자체가 무효
  - □ 수표의 일부배서(수표법 §15②) ⇨ 무효 / 수표지급인에 대한 배서(동조 ⑤)
    - ⇨ 영수증의 효력만 ○
- □ 백지식배서
  - □ 방식(위치) : 환어음의 뒷면 또는 보충지에 하지 않으면 효력 無
  - □ 백지식배서에 의해 취득한 어음 ⇨ 어음의 교부만으로 양도 可
  - □ 백지식배서의 다음에 다른 배서가 있는 경우 ⇨ 배서를 한 자는 백지식배서에 의하여 어음을 취득한 것으로 ○
  - □ 백지식배서의 피배서인 ⇨ 정식배서, 백지식배서, 교부 可
- □ 배서가 연속된 약속어음을 지급거절증서 작성기간이 지난 후 백지식 배서 방식으로 교부받은 경우 ⇨ 여전히 약속어음의 적법한 소지인으로 추정되므로 발행인에게 약속어음금 지급 청구 可

□ 지급을 담보하지 않겠다는 문언이 기재된 배서 : 무담보배서 ⇨ 허용
□ 배서인의 담보책임
  □ 배서금지배서의 배서인 ⇨ 직접의 피배서인에 대한 담보책임 ○ / 그 후의 어음소지인에 대한 담보책임 ×
  □ 무담보배서의 배서인 ⇨ 모든 어음취득자에 대한 담보책임 ×
  □ 추심위임배서의 배서인 ⇨ 피배서인에 대한 담보책임 ×
□ 어음소지인이 자기에 대한 배서의 원인관계가 흠결됨으로써 그 어음을 소지할 정당한 권원이 없어지고 어음금의 지급을 구할 경제적 이익이 없게 된 경우
  ⇨ 인적 항변 절단 ×
□ [HIT] 백지어음에 만기 전에 한 배서는 만기 후에 백지가 보충된 때에도 기한 후 배서 ×
  (判) ⇨ 만기 도래 전 배서양도 + 지급제시기간 경과후 백지보충시에도 기한 후 배서 ×

Excalibur 배서 이외의 방법에 의한 권리이전

□ 지명채권양도의 방법에 의한 양도 ⇨ (判)어음의 교부 + 대항요건 구비
□ 백지식배서, 소지인출급식배서에 의해 취득한 어음 : 어음의 교부만으로 양도 可
  ⇨ 소지인에게 지급하라는 소지인출급식배서도 백지식배서와 동일한 효력 有

Excalibur 배서의 효력

□ 배서의 불연속된 경우 실질적 권리자 증명 + 배서로서의 유효요건 구비
  ⇨ 배서의 담보적 효력 有
□ 배서의 종류별 효력

	권리이전적 효력	자격수여적 효력	담보적 효력
무담보배서	○	○	×(피배서인 및 그 후자)
기한후배서	○(인적항변 절단 ×)	○	×
숨은 추심위임배서 (신탁적 양도설)	○(인적항변 절단 ×)	○	직접의 피배서인에는 × 그 이후 피배서인에는 ○
공연한 입질배서	×	○	견해 대립
배서금지배서	○	○	×(피배서인에 대한 후자)

Excalibur 배서의 연속(어음법 제16조)

- 배서의 연속 : 배서의 연속이 형식상 존재함으로써 족하고 또 형식상 존재 要
  - 자격수여적 효력 인정 요건 : 배서의 연속 ⇨ 적법한 권리자로 추정
  - 연속된 배서의 중간에 위조된 배서 有 ⇨ 배서의 연속은 유지 ○
- 어음에 있어서 배서의 연속 : 형식상 연속되면 족하고 실질적 연속은 不要
  - 어음소지인 형식적 자격 구비(배서의 연속에 의하여 그 권리를 증명) ⇨ 적법한 소지인으로 추정
  - 말소된 배서 : 배서의 연속을 판단함에 있어서 없는 것으로 ○
  - [HIT] 어음에 있어 형식상 배서의 연속이 끊어진 경우 다른 방법에 의하여 중단된 부분에 관하여 실질적 관계가 있음을 증명한 소지인은 어음상 권리 행사 可
  - (判)수취인을 피배서인으로 하는 발행인의 배서 : 배서의 연속에서는 기재가 없는 것으로 ○

Excalibur 추심위임배서(어음법 제18조)

- 공연한 추심위임배서
  - 어음상의 권리를 이전하기 위한 것이 아니기 때문에 배서금지어음에도 할 수 ○
  - 대리인으로서의 형식적 자격 추정 (권리추정력 ○)
  - 담보적 효력 × (배서인은 피배서인에 담보책임 ×)
  - 인적항변 절단 × : 어음채무자는 배서인에 대항할 수 있는 항변으로 피배서인에 대항 可
- cf) 공연한 입질배서
  - 소지인은 어음으로부터 생기는 모든 권리 행사 可
  - 소지인이 한 배서는 대리를 위한 배서의 효력만 有
- 추심위임배서의 피배서인 대리권의 범위 : 어음으로부터 생기는 모든 권리 재판상·재판외 행사 ○
- 추심위임배서의 피배서인
  - ⇨ 어음금청구 소제기 可
  - ⇨ 대리를 위한 배서(재추심위임배서)만 可 / 양도배서 不可
  - cf) 입질배서의 피배서인 ⇨ 양도배서 ×, 추심위임배서 ○
- 제3자의 소제기를 통해 인적 항변을 절단 시켜 어음금지급 받을 목적으로 양도배서(숨은 추심위임배서) : 무효

Excalibur 기한후배서(어음법 제20조)

- 만기후배서 : 만기후배서는 만기전배서와 같은 효력 有 (어음법 §20① 전단)
- 기한후배서 : 지급거절증서작성 후 또는 지급거절증서작성기간 경과후의 배서(어음법 §20① 후단) / 지급거절증서작성기간은 '지급할 날+2거래일' (어음법 §38①)

- □ **기한후배서의 효력** : 지명채권양도의 효력 有 but 지명채권양도방식(통지·승낙) 不要
  - ⇨ 인적 항변 절단 ✕(단, 기한 후 배서 전에 발생한 항변에 한하여 담보적 효력 無)
- □ **기한후배서 아닌 경우**
  - □ 지급거절의 사실이 어음면에 명백한 때라도 적법한 지급거절증서가 작성되지 않은 경우
  - □ 백지식으로 배서가 된 약속어음의 소지인이 지급거절증서 작성기간이 경과되기 전에 배서일이 백지로 된 채 배서에 의하여 그 약속어음을 양도받은 경우 피배서인을 자신으로 각 보충한 경우

Excalibur 환어음의 지급제시기간

확정일출급·발행일자후정기출급·일람후정기출급어음	일람출급어음	수표
지급을 할 날 또는 그날 이후의 2거래일 내	발행일로부터 1년 (만기는 제시된 때 cf. 일람후정기출급어음의 만기는 인수제시 후 일정한 기간이 경과한 날)	발행일로부터 10일

- □ 어음의 지급제시기간 내에 어음의 지급을 받기 위한 제시가 없는 경우(어음법 §42)
  - ⇨ 어음채무자는 소지인의 비용과 위험부담으로 어음금액 공탁 可

Excalibur 어음의 상환청구

	만기 전의 상환청구	만기 후의 상환청구	재상환청구
실질적 요건	① 인수의 전부 또는 일부의 거절 ② 인수인, 지급인의 파산, 지급정지, 또는 강제집행의 부주효 ③ 인수제시를 금지한 어음 발행인이 파산	① 정당한 어음소지인 ② 지급제시기간내에 ③ 적법한 지급제시 ④ 지급거절(지급인의 부재 소재불명 포함)	① 상환의무자 (어음채무자 중 주채무자 제외)가 ② 상환청구권자에게 ③ 상환금액지급했을 것
형식적 요건	인수거절증서 / 파산결정서 / 지급거절증서	지급거절증서	어음 / 거절증서 / 영수증
상환 청구 금액	48② (어음금액 + 이자 + 비용 - 중간이자)	48① (어음금액 + 이자 + 비용)	49 (지급한 총금액 + 이자 + 비용)

- □ 어음소지인의 상환청구권 보전의무 有 ⇨ 어음상 상환청구권 보전의무 위반하였더라도 주채무자인 발행인이 자력이 있는 한 어음소지인의 배서인에게 아직 손해 발생 ✕

- □ 발행인의 인수제시 금지문언에 반하여 인수제시하고 인수 거절된 경우
  ⇨ 상환청구권 행사 不可
- □ 상환청구를 위해서는 지급기일 변경합의는 피할 수 없는 장애가 아닌 한 지급을 할 날 또는 그날 이후의 2거래일 내인 적법한 지급제시 기간내에 어음소지인이 지급제시 要
- □ 상환청구권 행사가 가능한 경우에도 ⇨ 어음상 주채무자에게 어음금청구 可
- □ 약속어음의 경우 ⇨ 인수거절로 인한 만기 전 상환청구 不可(∵인수제도 無)
- □ 재상환청구권의 소멸시효 ⇨ 어음환수 또는 제소된 날 이후 6개월
- □ 상환청구의 상대방(어음법 §43) ⇨ 주채무자를 제외한 어음채무자 (배서인, 보증인)
- □ 소구의무를 부담하지 않는 자가 상환요구에 응하여 어음금을 지급하고 어음을 취득한 경우
  ⇨ 전배서인에게 소구 不可

Excalibur 어음보증

- □ 의의 : 주된 어음행위에 의하여 발생한 어음상의 채무를 담보할 목적으로 하는 부수적 어음행위
- □ 기능 : 어음금의 지급의 확실성 향상
- □ 법적 성질 : 보증인의 단독행위 / (判)그 행위의 상대방은 피보증인
- □ 어음보증인 : 제3자, 어음채무자 모두 可 / **피보증인** : 어음채무자만 可
- □ 방식 : ① 보증인의 기명날인 또는 서명 ② 보증문언 ③ 피보증인의 기재의 3요소
  - □ 모두 갖춘 것 : 정식보증
  - □ 피보증인의 기재 생략 : 약식보증 ⇨ 어음 앞면 뒷면 어디든 可 / 발행인을 피보증인으로 ○
  - □ 보증문언, 피보증인의 기재 생략 ⇨ 간략약식보증 ⇨ 어음 앞면에만 可, 발행인을 피보증인으로 ○ / 어음보증인이 어음의 앞면에 단순한 기명날인 ⇨ 발행인을 위한 보증
- □ [HIT] 일부보증 可 ○
- □ 지명채권양도 방식에 의한 약속어음 양도에 있어서 주채무자인 발행인 외에 어음보증인에 대하여 별도의 대항요건 不要
- □ 약속어음소지인은 그 발행인에게 지급을 위한 제시 없이도 어음금청구권 행사 可
  ⇨ 어음보증인에게도 지급을 위한 제시 없이도 어음청구권 행사 可

Excalibur 어음보증의 효력

- □ 합동책임
  - □ 어음보증인은 보증된 자와 같은 책임(어음법 §32) ⇨ 최고·검색의 항변권 ×
- □ 부종성
  - □ 피보증인의 채무가 소멸하면 보증인의 채무도 소멸

- □ 소지인이 피보증인에 대하여 시효중단 시키면 보증인에 대해서도 동일한 효력 有
- □ 피보증인에 대한 권리가 양도되면 보증인에 대한 권리도 이에 수반하여 이전
- □ **독립성 (어음행위 독립의 원칙)** : 피보증채무가 성립되지 않거나 소급하여 그 효력이 상실되는 경우에도 보증채무는 성립한다는 것
  - ⇨ 담보된 채무가 무효인 경우 어음보증의 효력 : 담보된 채무가 그 방식에 흠이 있는 경우 이외의 사유로 무효인 경우에는 어음보증은 효력 有
- □ **(判) 피보증인이 가지는 인적항변의 원용 不可**
  - ⇨ 어음보증인은 피보증인의 인적항변으로 어음소지인에게 대항 不可
  - ⇨ But 소지인이 피보증인과 관계에서 어음금을 지급받을 실질적 근거가 없어졌다면 보증인에 대해서도 마찬가지이므로 보증인에 대한 청구는 신의성실의 원칙에 비추어 부당한 것으로 소지인의 권리남용
- □ **어음보증인의 구상권** : 피보증인 및 그 전자들에 대해 구상권 행사 可
  - □ 어음법상 인정되는 구상권 이외에 실질관계에서 발생하는 민법상의 구상권도 취득, 선택적으로 행사 可
- □ 조건부 어음보증의 효력 ⇨ 유효
- □ 보증인의 환어음 지급의 효과
  - ⇨ 보증된 자와 그 자의 어음상 채무자에 대하여 어음으로부터 생기는 권리를 취득
- □ 보증책임의 범위
  - ⇨ 어음보증을 하는 사람은 그 어음보증으로 인한 어음상의 채무만을 부담하는 것이 원칙

Excalibur 제권판결

- □ **의의** : 공시최고절차를 거쳐 기존에 발행된 유가증권인 어음·수표의 실효를 선고하고 상실자에게 자격을 회복시켜주는 판결
- □ **공시최고 요건** : 자신의 의사에 반하여 / 증권의 점유를 잃은 자가 / 현재의 점유자를 알지 못하는 경우에 신청
  - ⇨ 청구권자에는 발행인도 포함 ○
  - ⇨ 현재의 점유자를 알고 있을 때는 공시최고 신청 × (∵ 반환청구하면 충분)
- □ **효력**
  - □ 소극적 효력 : 제권판결의 대상이 된 주권이나 어음수표가 무효 ○
    - ⇨ 제권판결 후 소지인은 권리행사 × 이득상환청구권도 발생 ×
  - □ 적극적 효력 : 제권판결 얻은 자는 증권 없이도 증권상의 권리를 행사 可 / 형식적 자격 회복 / But 실질적 권리자로 만드는 효력 ×
- □ **제권판결과 선의취득 (제권판결 전 선의취득 했으나 권리신고 안한 자와 그 후 제권판결 취득자의 관계)** ⇨ 선의취득자는 제권판결이 불복으로 취소되지 않는 한 권리행사 × (제권판결 우선설로 평가)

- □ 소지인이 약속어음을 공시최고 전에 선의취득하였다고 하더라도
  - ⇨ 제권판결 취소판결 없이 어음금 청구 不可
- □ 증권의 재발행 청구 : 주권의 제권판결 받은 자는 재발행청구 可 / But 어음수표는 규정 ×
  - ⇨ 회사가 주주의 주권을 보관 중 분실한 경우라도 주주는 제권판결이 없이 주권 재발행 청구 ×
- □ 백지어음수표의 분실과 제권판결 : 백지어음수표도 제권판결 대상 ○ / 제권판결 받은 자가 어음수표 없이 백지보충하는 방법
  - ⇨ (判)어음 외 의사표시로 백지를 보충하여 발행인에 대한 어음상 권리를 행사 可

Excalibur 어음과 수표의 비교

	환어음	약속어음	수표
필요적 요건	9가지	8가지 (지급인 제외)	7가지(수취인 만기 제외)
만기	① 일람출급 ② 일람 후 정기출급 ③ 발행일자 후 정기출급 ④ 확정일출급	左同	일람출급식으로만 가능 (∴ 만기가 없음)
지급거절의 증명	공정증서	左同	공정증서 + 지급인 또는 어음교환소의 선언
주채무자	인수인	발행인	주채무자가 없음
횡선제도	불인정	左同	인정

Excalibur 수표요건의 흠결과 법정보충

- □ 지급지가 적혀있지 아니한 경우 지급인의 명칭에 부기한 지(地)를 지급지로 봄(수표법 §2 1호)
- □ 지급인의 명칭에 부기한 지(地)나 제1호의 기재나 그 밖의 다른 표시가 없는 수표는 발행지에서 지급
- □ 발행지가 적혀있지 아니한 수표는 발행인의 명칭에 부기한 지(地)를 발행지로 봄
- □ 수표면상 발행지의 기재가 없는 경우 무효의 수표 ×
- □ 발행일에 대한 명시적인 기재가 없더라도 자기앞수표의 표면에 자기앞수표라는 표기 바로 옆에 일정한 날을 표기하는 기재가 있는 경우 ⇨ 발행일자로 봄
- □ 수표발행의 기재사항
  - □ 수취인 기재 ⇨ 유익적 기재사항
  - □ 일람출급 이외의 만기 기재 ⇨ 무익적 기재사항

> **Excalibur** 수표의 지급과 제시

- 수표의 일람출급성 ⇨ 이에 위반되는 문구는 무익적 기재사항
- 선일자수표의 유효성을 전제로 발행일자 전의 지급제시도 유효성 인정
- 수표를 발행한 후 발행인이 사망하거나 무능력자가 된 경우 ⇨ 수표의 효력에 영향 ×
- 수표의 지급제시
  - 수표요건이 흠결된 채 지급제시 (ex. 백지수표의 발행 월을 보충하지 않은 채 지급제시)
    ⇨ 적법한 지급제시 ×
  - 수표의 지급제시기간 : 발행일 (수표에 기재된 발행일 기준 ○)부터 10일
- 수표 지급인의 조사의무(수표법 §35①)
  ⇨ 배서의 연속 조사의무 ○ / 배서인의 기명날인 또는 서명 조사의무 ×
- 지급위탁의 취소 : 수표소지인의 이익보호 위하여 제시기간이 지난 후에만 효력 有
- 수표의 지급위탁 취소가 없는 경우(수표법 §32②) ⇨ 지급제시기간이 지난 후에도 지급 可
- 수표소지인 : 일부지급 거절 不可
- 수표의 상환청구권 소멸시효 ⇨ 제시기간이 지난 후 6개월
- 수표법상 이득상환청구권의 양도 방법 ⇨ 지명채권양도의 방법으로 ○
- 횡선수표 : 횡선제도 위반 지급도 유효(○), 손해배상책임을 부담할 따름
- 선일자수표 : 지급제시기간의 기산점은 발행일을 기준으로 함
- 자기앞수표
  - 지급인과 발행인으로서의 지위 겸병
  - 지급거절시 발행인으로서의 상환의무 부담
  - 이득상환청구권의 양도 : 자기앞수표의 교부양도로 양도통지권능도 함께 이전 (○)

제5편 보 험

제1장 보험법 통칙

Excalibur 보험약관

- □ 보험약관의 구속력의 근거 : 당사자의 의사 (判 : 의사설)
  - □ 보험약관과 다른 내용으로 보험계약이 설명되고 체결된 경우 당사자의 합의대로 계약이 되고 약관보다 우선적용 (개별약정우선원칙, 약관규제법 §4, 判)
- □ 약관의 해석 원칙은 보험약관 해석에도 그대로 적용됨
- □ 보험약관 교부·설명의무(§638의3①)
  - □ 교부·설명의무자 : 보험자, 보험모집인, 보험대리상 또는 보험중개인
  - □ 상대방 : 보험계약자 본인 또는 그 대리인
    - ⇨ 보험자가 보험계약자의 대리인과 보험계약을 체결하는 경우, 보험약관에 관한 명시·설명의무의 상대방은 대리인
  - □ 교부·설명 방법
    - ⇨ 보험자는 보험계약을 체결할 때에 보험계약자에게 보험약관을 교부하고 그 약관의 중요한 내용을 설명하여야 ○ / 보험자가 위반한 경우 보험계약자는 보험계약이 성립한 날부터 3개월 이내에 그 계약 취소 可
    - ⇨ 설명의무의 대상인 중요한 내용인지 여부는 보험자 측에 입증책임 有
    - ⇨ 보험약관의 교부·설명의무의 구체적 이행방법에 대해 상법에 특별한 규정 無
    - ⇨ 보험약관만으로 중요사항을 설명하기 어려운 경우 적절한 추가자료를 활용하여 설명하여야 ○
    - ⇨ 통신판매 방식으로 체결된 상해보험계약에서 면책사고에 해당하는 경우를 확인하라는 내용이 기재된 안내문과 청약서를 우송한 것만으로는 보험계약자가 약관을 내용 충분히 알거나, 보험자의 면책 약관에 관한 설명의무 다한 것 ×
  - □ 교부·설명의무 인정한 例
    - ⇨ 보험청약서에 일정한 사항에 관하여 답변을 구하는 취지가 포함되어 있는 경우
    - ⇨ 상법의 일반조항과 다른 내용으로 보험자의 책임개시시기를 정한 경우
  - □ 교부·설명의무 부정한 例
    - ⇨ 보험약관의 중요한 내용에 해당하는 사항이라 하더라도 보험계약자나 그 대리인이 그 내용을 ① 충분히 잘 알고 있거나, ② 거래상 일반적이고 공통된 것이어서 보험계약자가 별도의 설명 없이도 충분히 예상할 수 있었거나, ③ 이미 법령에 의하여 정하여진 것을 되풀이하거나 부연하는 정도에 불과한 사항
    - ⇨ 피보험자동차의 양도에 관한 통지의무를 규정한 보험약관(∵ §726의4 부연한 정도)

- □ 약관교부 및 중요내용 설명의무 위반의 효과(②) : 보험계약자는 보험계약이 성립한 날로부터 3개월 내에 그 계약을 취소 可
- □ 약관규제법 제3조와의 관계 : 중첩적용
  - ⇨ 따라서 명시적으로 설명하지 않을 시, 보험자는 계약내용으로 주장 × / But 보험계약자는 계약내용으로 주장 가능하고 취소권 행사도 可
- □ 고지의무(제651조)와의 관계 ⇨ (判)보험자가 보험약관의 명시·설명의무에 위반하여 보험계약을 체결한 때에는 그 약관의 내용을 보험계약의 내용으로 주장할 수 없다 할 것이므로, 보험계약자나 그 대리인이 그 약관에 규정된 고지의무를 위반하였다 하더라도 이를 이유로 보험자가 보험계약을 해지 不可

Excalibur 보험대리상

- □ 권한 (§646의2①)
  - □ 보험료수령권(1호)
  - □ 보험증권교부권한(2호)
  - □ 보험계약에 관한 의사표시 수령권(3호)
  - □ 보험계약에 관한 의사표시 할 수 있는 권한(4호)
- □ 체약대리상 뿐만 아니라 중개대리상도 可(동조② 본문)
- □ 보험자는 중개대리상에 대한 권한 제한을 이유로 선의 보험계약자에게 대항 不可(동조② 단서)

Excalibur 보험설계사

- □ 보험대리상이 아니면서 특정한 보험자에 종속되어 보험자를 위하여 보험계약의 체결을 중개하는 자(§646의2③)
- □ (判) 소속보험회사의 사용인, 보험계약의 체결대리권이 없는 중개인
- □ 권한 및 의무
  - □ 체약대리권 : 부정
  - □ 고지, 통지수령권 : 부정
  - □ 제1회 보험료수령권 : 긍정
  - □ 보험료수령권한(§646의2③) : 보험자가 작성한 영수증을 보험계약자에게 교부하는 경우에만 제한적으로 인정
  - □ 명시 설명의무 : 긍정
- □ 보험자의 사용자책임(보험업법 §102, 민법에 우선적용)
  - □ 보험자는 보험설계사 또는 보험대리점에 모집을 위탁하면서 상당한 주의를 하였고 이들

이 모집을 하면서 보험계약자에게 손해를 입히는 것을 막기 위하여 노력한 경우가 아니라면 그 임직원·보험설계사 또는 보험대리점(보험대리점 소속 보험설계사를 포함)이 모집을 하면서 보험계약자에게 손해를 입힌 경우 배상할 책임 有
- ☐ 모집행위와의 관련성 판단 시 외형이론 적용

Excalibur 보험계약·보험사고

- ☐ **보험계약의 사행계약성**
  - ☐ 보험계약은 체결시 보험사고발생의 발생가능성과 발생 여부의 불확실성 要
  - ☐ 체결 이후의 사정은 보험계약에 영향 ×
- ☐ **보험사고** ⇨ 우연성 + 특정성 요구
- ☐ **보험사고가 이미 발생한 후 또는 발생 불가능한 경우의 보험계약**(§644)
  우연성 흠결 ⇨ 무효(§644는 강행규정)
  But 당사자 쌍방과 피보험자가 모두 보험사고가 이미 발생하였거나 발생 불가능하다는 점에 대해 선의인 경우 유효
- ☐ **우연성의 입증책임** : 보험금 청구자 ○
- ☐ 암 진단의 확정 및 이를 원인으로 한 사망을 보험사고의 하나로 하는 보험계약에서 보험약관상 피보험자가 보험계약일 이전에 암 진단이 확정되어 있는 경우, 보험계약을 무효로 한다는 조항이 있는 경우
  - ⇨ 보험계약 전체가 무효
  - ⇨ 보험사고가 암과 관련하여 발생한 경우에 한하여 보험계약 무효로 하는 취지 ×

Excalibur 보험계약·보험기간

- ☐ **보험자의 책임기간**, 보험자는 보험기간 내의 보험사고에 대해서만 보험금지급의무 부담
- ☐ **보험계약의 성립** ⇨ 보험계약자의 청약과 보험자의 승낙으로 성립
  - ☐ 보험자는 청약이 적합하지 않은 경우 승낙거절 可
  - ☐ 보험자가 보험계약자로부터 보험계약의 청약과 함께 보험료의 전부 또는 일부를 받은 때 30일 내 낙부의 통지 발송해야, 그 기간 내 낙부통지를 해태한때는 승낙의제(§638의2①,②)
  - ☐ **HIT** 예외(승낙 전 보험) : 청약서 + 1회 보험료 납부 후 승낙 전에 보험사고 발생
    → 청약거부사유가 없는 한 책임 有(§638의2③ 본문) / 단, 인보험에서 신체검사 받기 전의 사고에는 책임 無(동조 단서)
- ☐ **보험자의 책임개시시기**(제656조) : 다른 약정이 없으면 최초 1회 보험료 납부시점
  - ⇨ 당사자 간에 다른 약정을 한 경우 그 약정에 따름

- ☐ 계약체결 후 최초보험료 미지급 시 2개월 경과 후 자동해제(§650①)
- ☐ 소급보험(§644) : 보험기간을 계약 성립이전의 어느 시기까지 소급하는 보험
  - ⇨ 보험계약자가 보험사고 발생 사실을 알고도 소급보험을 체결한 경우 계약은 무효이고 보험계약자는 납입한 보험료 반환청구 不可

Excalibur 보험계약체결상 고지의무

- ☐ 보험계약자 또는 피보험자가 보험계약을 체결함에 있어 계약체결에 영향을 미칠 중요한 사항을 보험자에게 알려야 하는 법률상 의무(§651)
- ☐ 고지의무자
  - ☐ 보험계약자 ○, 피보험자 ○ / 인보험의 보험수익자 ×(§651)
  - ☐ 대리인에 의한 보험계약의 경우 대리인도 고지의무자 ○(§646)
- ☐ 고지의 상대방 : 체약대리상 ○ / 보험설계사 ×
- ☐ 고지시기 : 보험계약 성립 시 (청약 시 ×)
- ☐ [HIT] 고지사항 : 중요한 사항
  - ☐ 보험자가 계약 체결에 있어서 서면(보험청약서 포함)으로 질문한 사항
    - ⇨ 중요한 사항으로 추정(§651의2)
    - ⇨ 질문표에서 제외된 사항이라고 하여 당연히 고지사항에서 제외되는 것 ×
  - ☐ (判)객관적으로 고지사항을 보험자가 알았더라면 보험계약을 체결하지 않았거나 또는 적어도 동일한 조건으로는 계약을 체결하지 아니하리라고 평가되는 사항
  - ☐ 체결 당시 보험의 목적인 건물이 완성되지 않아 잔여공사를 계속하여야 한다는 사정
    - ⇨ 고지의무의 대상 ○
  - ☐ 다른 보험에 가입한 사실 ○
  - ☐ 중복보험을 체결한 사실 ×
- ☐ 고지의무 위반의 효과

  보험계약당시 보험계약자 또는 피보험자가 고의·중과실로 중요한 사항을 고지하지 않거나 부실의 고지를 한 경우
  - ⇨ 보험자는 해지권(§651) + 보험금지급책임면책, 이미 지급한 보험금 반환청구 可(§655 본문)
  - ⇨ 보험자는 이미 납입한 미경과보험료를 반환하여야 ○
  - ⇨ 경제적으로 독립한 여러 물건에 대해 화재보험계약을 체결하면서 일부 물건만 고지의무 위반 : 원칙적으로 고지의무 위반이 있는 부분만 해지 可
- ☐ 고지의무위반이 사기에 해당 : 상법 규정에 의하여 해지할 수 있음은 물론 민법 일반원칙(§110①)에 따라 취소도 可
- ☐ 해지권

- ☐ 보험자는 고지의무 위반의 사실을 안 날부터 1개월 내에, 계약을 체결한 날부터 3년 내에 계약 해지 可(§651)
- ☐ 해지의 상대방 : 보험계약자 ○ / 보험수익자 ×
- ☐ 보험사고 발생 후라도 계약 해지가능, 이 경우 보험자는 보험금액을 지급할 책임이 없을 뿐만 아니라 이미 지급한 보험금액의 반환까지 청구 可(§655)
- ☐ 보험계약자 또는 피보험자의 고의·중과실 입증책임 : 보험자 ○
☐ **해지의 제한 (보험계약자의 항변사유)**
- ☐ 보험자의 악의 중과실(§651 단서) / 입증책임 : 보험계약자 ○
- ☐ 약관의 명시 설명의무 불이행한 보험자는 보험계약자의 고지의무위반을 이유로 보험계약 해지 ×
- ☐ [HIT] 고지의무위반사실이 보험사고의 발생에 영향 없음이 증명된 경우 (고지의무 위반과 보험사고 발생 간에 인과관계가 없는 경우)
    - ☐ 입증책임 : 보험계약자
- ☐ 고지의무 위반으로 인한 계약해지와 보험금청구권
    - ⇨ 보험계약자가 고지의무를 위반하여 보험자가 계약을 해지하였을 때 고지의무위반과 보험사고 발생 간에 인과관계가 없다면 보험자는 보험금을 지급해야 하지만, 인과관계가 있다면 보험자는 보험금 지급의무를 면함(§655)
    - ⇨ 고지의무 위반에 의한 해지 자체는 인과관계를 불문하고 可(§651, 判)
- ☐ 타인을 위한 손해보험계약의 경우에 그 타인의 위임이 없는 때에는 보험계약자는 이를 보험자에게 고지 要(§639①)

Excalibur 소멸시효

- ☐ 책임보험에서 피해자의 직접청구권의 법적성격 : 손해배상청구권의 병존적 채무인수
    - ⇨ 민법 제766조 불법행위 손해배상 시효 적용 (3년, 10년)
- ☐ 보험금청구권의 소멸시효의 기산점
    - ☐ 보험사고가 발생한 때
    - ☐ [HIT] 객관적으로 보험사고 발생사실을 알 수 없는 경우 ⇨ 보험사고의 발생을 알았거나 알 수 있었던 때
- ☐ 보험금청구권의 소멸시효기간(3년)은 모든 손해보험과 인보험에 적용
- ☐ 무효인 보험계약에 따라 납부한 보험료에 대한 반환청구권의 소멸시효
    - ⇨ 각 보험료를 납부한 때부터 각 보험료에 대하여 개별적으로 진행 (보험료 전체 ×)

> **Excalibur** 보험자의 의무 - 보험증권 교부의무

- 보험자의 보험증권의 교부의무(§640)
  - 보험계약이 성립한 때는 지체 없이 하여야 하나 보험계약자의 보험료지급의무 불이행시 교부의무 면제(①)
  - 보험계약을 연장하거나 변경한 경우에 증권에 기재함으로써 보험증권의 교부에 갈음 可(②)
- 보험증권의 교부가 있은 날로부터 일정한 기간 내에 한하여(§641)
  ⇨ 그 증권내용의 정부에 관한 이의를 할 수 있음을 약정 可
- 보험증권을 멸실 또는 현저하게 훼손한 때(§642)
  ⇨ 보험계약자는 보험자에 대하여 자신의 부담으로 증권의 재교부 청구 可
- 보험증권의 증거증권성 ⇨ 보험증권은 증거증권에 불과하므로 보험계약의 성립여부나 내용은 증거증권만이 아니라 계약체결의 전후경위 등을 종합하여 인정 可

> **Excalibur** 보험계약자의 의무 - 보험료 지급의무

- 지급방법
  - 최초보험료의 지급이 있는 때부터 보험자의 책임이 개시(§656)
  - 최초의 보험료를 선일자수표로 지급한 경우 보험자의 보험금지급 책임의 발생시기
    ⇨ 判 : 선일자수표를 교부받은 날은 최초 보험료의 지급일 × (∴ 책임개시 ×)
- 지급 시기
  - 최초보험료(§650①) : 약정이 없는 한 계약체결 후 지체 없이
  - 계속보험료 : 약정한 시기
- 지급 해태의 효과
  - 계약체결 후 보험료 전부 또는 제1회 보험료(최초보험료) 미지급
    ⇨ 다른 약정이 없는 한 계약 성립 후 2개월 경과 시 계약해제로 간주(§650①단서)
  - 계속보험료 미지급
    ⇨ 보험료 납입의 연체를 이유로 보험계약이 일정기간 경과 후 당연히 실효된다고 한 보험약관의 규정은 무효
    ⇨ 보험자가 상당한 기간을 정하여 보험계약자에게 최고 후 이 기간 내에도 지급하지 않으면 계약 해지 可(동조 ②)
    ⇨ (判) 보험자가 계속보험료 연체를 이유로 해지한 경우라도 연체가 없었던 기간의 보험사고에 대해서는 보험자가 보험금을 지급하여야 ○
  - [HIT] 특정한 타인을 위한 보험계약에서 보험계약자가 보험료지급을 지체한 경우
    ⇨ 그 타인(피보험자·보험수익자)에게도 상당한 기간을 정하여 최고한 후에야 보험계약 해제·해지 가능(동조 ③)

- □ [HIT] 실효약관의 효력
  - □ 분납 보험료(계속보험료) 체납 시 상법 제650조 제2항, 제3항 소정의 최고 및 해지절차 없이 곧바로 보험계약이 해지 또는 실효되도록 하는 보험약관(실효약관) ⇨ (判) 무효, 보험계약의 해지를 위해서는 최고와 해지통고 절차가 要
- □ 보험료청구권의 소멸시효는 2년(§662 단서)
- □ 보험계약의 부활(§650의2)
  - □ 계속보험료의 지급지체로 보험계약이 적법하게 해지되고 해지환급금이 지급되지 아니한 경우 ⇨ 보험계약자는 일정기간 내 연체보험료에 약정이자를 붙여 보험자에게 지급하고 계약 부활 청구 可. 이 경우 보험계약의 부활은 소급 ○
- □ 보험료불가분의 원칙
  - □ 보험 기간 중 계약이 소멸하여도 보험자는 그 기간 전부에 대한 보험료 전액을 청구할 권리를 갖게 되고, 보험계약자는 보험료의 반환을 청구할 수 없다는 원칙
  - □ 통설, 판례는 모두 부정 ∴ 미경과기간에 대한 보험료를 반환하도록 하는 보험약관은 유효

[Excalibur] 보험계약자의 의무 - 위험변경·증가 통지의무

- □ 보험기간 중 보험계약자 또는 피보험자가 사고발생의 위험이 현저하게 변경 또는 증가된 사실을 안 때에는 지체 없이 보험자에게 통지하여야 ○(§652①)
- □ 통지대상 및 방법
  - □ 보험계약 당시 보험자가 그 사실을 알았더라면 보험계약을 체결하지 않았거나 적어도 동일한 조건으로는 보험계약을 체결하지 않았을 것이라고 인정되는 위험의 변경이나 증가
  - □ 객관적 원인에 의한 위험 증가만 의미
  - □ 서면이든 구두든 통지방식은 무관
- □ 통지의무 위반의 효과
  - □ 보험자는 그 사실을 안 날로부터 1월 내 계약 해지 可(§652①)
  - □ 통지해태 : 반드시 보험계약자 또는 피보험자의 고의 또는 중과실 不要 / 통지의무를 해태함으로 인하여 손해가 증가된 때에는 보험자는 그 증가된 손해 보상 책임 無(§657②)
  - □ 이미 보험사고가 발생했어도 보험자는 보험금액을 지급할 필요가 없고, 이미 지급한 경우에도 보험금액의 반환 청구 可(§655)
- □ 통지의 효과
  - □ 보험자는 위험변경증가의 통지를 받은 1월 내 보험료의 증액 청구 또는 계약 해지 可(§652②)
  - □ 보험료증액청구권은 형성권

> **Excalibur** 보험계약자의 의무 - 보험위험유지의무

- 보험기간 중에 보험계약자, 피보험자 또는 보험수익자의 고의 또는 중대한 과실로 인하여 사고발생의 위험이 현저하게 변경 또는 증가된 경우(§653) ⇨ 통지의무 無 / 보험자는 그 사실을 안 날로부터 1월 내 보험료 증액 청구 또는 계약 해지 可
- 보험계약자 등이 스스로 증가 변경시킨 주관적 위험을 의미
- 제653조에 따라 계약 해지 시(§655) ⇨ 이미 보험사고가 발생했어도 보험자는 보험금액을 지급할 책임 無 / 이미 지급한 보험금의 반환 청구 可

> **Excalibur** 타인을 위한 손해보험계약

- 보험계약자와 피보험자가 서로 다름 (인보험에서는 보험계약자와 보험수익자가 다른 경우)
- 법적 성질 : (判)제3자를 위한 계약, 단 제3자의 수익의 의사표시 不要
- [HIT] 특정 또는 불특정 타인을 위하여 보험계약 체결 可(§639① 본문)
- [HIT] 타인의 위임은 不要
  - 타인의 위임이 없는 경우 보험자에게 고지하여야 ○
  - 불고지시 타인이 보험계약 체결사실을 알지 못하였다는 사유로 보험자에게 대항 不可
- 보험계약자의 지위
  - 보험금청구권 無
    ⇨ 예외) 보험계약자가 타인에게 보험사고 발생으로 인한 손해배상을 한 경우 타인의 권리를 해하지 아니하는 범위 안에서 예외적으로 보험자에게 보험금액의 지급청구 可 (§639② 단서)
  - 보험사고 발생 전 타인의 동의를 얻지 아니하거나 보험증권을 소지하지 아니하면 계약 해지 不可(§649① 단서)
- 타인의 권리
  - 타인은 수익의 의사표시 없이 당연히 자신의 고유의 권리로써 보험금지급 청구 可(§639② 본문)
  - 타인의 동의를 얻지 아니하거나 보험증권을 소지하지 아니하면 계약 해지 不可(§649① 단서)
  - 타인은 보험계약의 당사자가 아니므로 보험계약의 해지권과 보험료반환청구권 행사는 不可
- 타인의 의무
  - 2차적 보험료 지급의무 : 보험계약자가 파산선고를 받거나 보험료의 지급을 지체한 경우
    ⇨ 타인이 권리를 포기하지 아니하는 한 그 타인도 보험료를 지급할 의무 有(§639③ 단서), 보험자는 보험계약자의 보험료지급지체의 경우 타인에게도 보험료 지급최고한 후 계약해지 可(§650③)
- 임가공업자가 소유자로부터 공급받은 원·부자재 및 이를 가공한 완제품의 멸실·훼손으로 인하여 발생하는 손해배상책임에 대비하기 위해 체결한 보험계약 ⇨ 자신이 보관하는 보

험목적물의 멸실·훼손으로 인하여 손해가 생긴 때의 손해배상책임을 담보하는 소극적이익을 피보험이익으로 한 책임보험 ○ (타인을 위한 보험 ×)

제2장 손해보험

Excalibur 피보험이익

- □ 의의
  - □ 보험사고로 인한 손해가 발생한 경우 피보험자가 보험의 목적에 대하여 갖는 경제적 이익
  - □ 피보험이익 = 보험계약의 목적(§668)
    cf. 보험의 목적 : 보험사고의 객체가 되는 재산·생명 등(§669①, §679)
  - □ 손해보험에서만 존재하는 특유의 요소 (인보험 ×)
- □ 요건 : 적법할 것 / 금전으로 산정 가능할 것
  - ⇨ But 반드시 법률상의 권리(보험의 목적에 대한 소유권 등)여야 하는 것 ×
- □ 기능 : 도박보험 방지, 보험자의 책임범위 결정 기준, 보험계약의 동일성, 중복·초과보험의 판단기준
  - □ [HIT] 두 개의 책임보험계약이 피보험이익과 보험사고의 내용 및 범위가 상당부분 중복되고, 발생한 사고가 그 중복되는 피보험이익에 관련된 보험사고에 해당 ⇨ 중복되는 범위 내에서 중복보험 ○ ⇨ 각 보험자는 보험금액의 한도 내에서 연대하여 보험금액 비율에 따라 연대책임
  - □ 양도담보설정자에게 양도담보물에 대한 화재보험계약의 피보험이익 有
- □ **책임보험과 타인을 위한 보험의 구별** : 피보험자가 누구인지로 구별
  - □ 임차건물에 대하여 피보험자 언급 없이 임차인이 스스로를 소유자로 하여 화재보험을 체결한 사안 ⇨ 피보험자는 소유자
    - ⇨ ∴ 자기를 위한 책임보험 × / (判) 타인(소유자)을 위한 화재보험 ○
  - □ 운송인 甲이 하주 乙의 물건을 운송하면서 A보험회사와 물건 멸실을 보험사고로 하여 보험계약 체결 시
    - ⇨ 乙을 피보험자로 계약 : 타인을 위한 보험 (피보험자에게 보험사고에 관해 전혀 책임이 없어도 보험회사는 보험금 지급하여야 ○)
    - ⇨ 甲 자신을 피보험자로 계약 : 자기를 위한 책임보험 (피보험자에게 보험사고에 관해 책임이 없다면 보험자는 보상의무 ×)

> **Excalibur** 화재보험에서 보험목적의 양도

- 특약이 없다면 양수인이 보험계약상의 권리·의무를 승계한 것으로 추정됨 ⇨ ㉠ 피보험자 지위를 승계한 것으로도 추정 可, ㉡ 피보험자 지위 승계시 보험계약자의 지위 승계도 인정됨
- 양도사실 통지 의무 有 ⇨ 그러나 위반시를 대비한 규정은 無
- 양도 자체로 위험의 현저한 변경 또는 증가가 있는 것은 아니므로 통지의무 위반 자체로 보험계약을 해지할 수는 없음

> **Excalibur** 보험금액 및 보험가액

- **보험금액** : 계약상 보험자 책임의 최고한도로서 약정된 금액
- **보험가액** : 피보험이익의 금전적 평가액, 법률상 보험자가 보상할 최고한도
- 보험가액과 보험금액의 관계
  - 보험가액 = 보험금액 : 전부보험
  - 보험가액 < 보험금액 : 초과보험
  - 보험가액 > 보험금액 : 일부보험
- 보험가액의 결정
  - 기평가보험(§670) : 당사자 간 보험가액을 정한 경우 사고발생시의 가액을 정한 것으로 추정 / But 협정된 가액이 사고발생시의 가액을 현저하게 초과할 때에는 사고발생시의 가액을 보험가액으로 ○
  - 미평가보험(§671) : 당사자 간 보험가액을 정하지 않은 경우 사고발생시의 가액이 보험가액
- **초과보험**(§669) : 보험금액이 보험가액을 현저히 초과한 보험
- 초과보험에서 보험자가 지급할 보상액의 범위 : 보험가액을 한도로 실제 손해액 ○ / 보험금액을 한도 ×
- 단순 초과보험 : 당사자가 초과보험이라는 사실을 알지 못하고 계약 체결
  ⇨ 보험료와 보험금액 감액 청구 可(형성권) / 보험료감액은 장래효 / 가액은 계약당시 가액 기준 (사고당시 ×)
- 사기적 초과보험 : 보험계약자의 사기로 인한 초과보험 체결
  ⇨ 보험계약 전체가4 무효(보험자가 증명책임). 단, 보험자는 초과보험의 사실을 안 때까지의 보험료 청구 可
- **일부보험**(§674) : 보험금액이 보험가액에 미달한 보험
  - 전부멸실 (전손) : 약정한 보험금액 지급
  - 일부멸실 (분손)
    ⇨ 원칙 : 비례보상원칙 (보험금액의 보험가액에 대한 비율에 따라 보상)
    ⇨ 예외 : 특약이 있는 경우 보험금액의 범위 내에서 손해액 전액 지급 可

Excalibur 중복보험

- □ [HIT] 의의 : 동일한 피보험이익, 사고 및 보험기간에 대하여 수개의 보험계약이 동시 또는 순차로 체결된 경우에 보험금액의 총액이 보험가액을 초과하는 경우(§672)
- □ **초과중복보험** (보험금액의 합계가 보험가액을 초과)
  - ⇨ 일정한 규제의 대상, 단순한 중복보험과 사기적 중복보험이 존재
- □ **단순중복보험** : 각 보험자의 연대책임, 비례보상책임(동조 ①)
  - □ 비례보상주의
    보험가액 2억 4,000만원 건물의 소유자가 보험자 A와 2억원, 보험자 B와 1억원 보험금액 합계액 3억 원인 화재보험계약 체결하여 중복보험 성립 후 화재로 건물 전부멸실 시 ⇨ 보험자 A 1억 6,000만원, 보험자 B 8,000만원을 각각 피보험자에게 지급하여야 ○
  - □ 연대책임주의
    보험자 B가 불이행 시 ⇨ 보험자 A는 자기 보험금액인 2억 원 한도로 피보험자에게 보상할 책임, 이를 지급한 후에는 자기의 부담부분(1억 6,000만원)을 넘어서 지출한 부분인 4,000만원에 대하여 B에게 구상권 행사 可
- □ **다수계약체결사실 통지의무**(동조 ②)
  - □ 중복보험의 보험계약자는 각 보험자에 통지하여야(동조 ②),
  - □ But 다수계약통지의무를 이행하지 않은 것만으로는 사기적 중복보험으로 추정 × ⇨ 고의·중과실에 의한 것으로 보기 어려우므로 해지 不可 (判)
  - □ 다수계약통지의무는 손해보험에만 有 / 인보험인 생명보험에는 無
- □ **사기적 중복보험**(동조 ②, §669④)
  - □ 보험계약 전체가 무효 / 보험자는 안 때까지의 보험료 청구 可
  - □ 다수계약통지의무(§672②)를 위반한 경우 ⇨ 사기로 인한 중복보험으로 추정 ×
- □ **보험자 1인에 대한 권리의 포기**(§673, 상대效) : 다른 보험자의 권리의무에 영향 ×
- □ **보험금 부정취득 목적으로 체결한 다수의 보험계약** : 무효

단순한 중복보험	사기적 중복보험
① 보험자의 보상책임(§672①) : 보험자는 각자의 보험금액의 한도(보험금액비율)에서 연대책임 → 보험자가 자기의 부담부분을 넘어서 지출한 부분은 다른 보험자에 대하여 구상권 ○ ② 보험자 1인에 대한 권리의 포기(§673) → 다른 보험자의 권리의무에 영향을 미치지 × ③ 보험계약자의 통지의무(§672②)	보험계약이 무효 → 보험사고가 발생하더라도 보험자가 보험금을 지급할 책임 × → 계약이 무효임에도 불구하고 보험자는 초과보험의 사실을 안 때까지의 보험료를 청구 ○ (§672③, §669④ 但)

Excalibur 손해보험자의 보험금지급의무(손해보상의무)

- □ 사고발생 후의 목적멸실과 보상책임(§675)
  - ⇨ 보험의 목적에 관하여 보험자가 부담할 손해가 생긴 경우에는 그 후 그 목적이 보험자가 부담하지 아니하는 보험사고의 발생으로 인하여 멸실된 때에도 보험자는 이미 생긴 손해를 보상할 책임 면책 ×
- □ 손해액 산정비용(§676②) : 보험자 부담
- □ 손해방지비용(§680①)
  - □ 보험계약자 또는 피보험자가 보험사고로 인한 손해를 방지하거나 경감하기 위하여 지출한 필요, 유익한 비용
  - □ 손해방지비용과 보상액이 보험금액을 초과하더라도 언제나 보험자가 부담
- □ 손해보험에서 보험자의 보험금지급의무의 범위
  - ⇨ 보험금액 범위 내에서 산정된 실제 손해액 (이득금지원칙)

Excalibur 보험자대위

- □ 의의 : 보험자가 피보험자에게 보험금을 지급한 경우 보험의 목적이나 제3자에 대하여 가지는 피보험자의 권리를 법률상 당연히 취득하는 것
- □ 취지 : 피보험자의 이중이득 방지 + 가해자의 면책방지
- □ 유형 : 보험의 목적에 대한 보험자대위(잔존물대위, §681) / 제3자에 대한 보험자대위(청구권대위, §682)
- □ 보험자대위
  - □ 인보험 : 원칙적으로 금지, 상해보험의 경우 제3자에 대한 보험자대위를 인정할 것을 약정 可
  - □ 손해보험 : 보험자대위 인정
  - □ 상해보험 : 특약있다면 인정 가능
- □ 상법 제682조 '제3자의 행위' ⇨ 피보험이익에 대하여 손해를 일으키는 행위 ○ / 고의 또는 과실에 의한 행위만 해당하는 것은 ×
- □ 상법 제682조의 제3자 ⇨ 타인을 위한 손해보험계약자 ○ / 생계 같이 하는 가족 × (단, 가족의 고의에 의한 손해 발생의 경우 대위 可) / 피보험자
- □ 보험사고에서 피보험자가 제3자에게 불법행위나 채무불이행에 기한 손해배상청구를 하는 경우
  - □ 피보험자가 수령한 보험금은 제3자의 손해배상책임과는 별개이므로 공제 ×
  - □ 피보험자는 보험금으로 전보되지 않은 손해에 대해 제3자를 상대로 이행청구 可
  - □ 전체 손해액에서 보험금으로 전보되지 않은 경우의 문제
    - ⇨ 남은 손해액이 제3자의 손해배상책임보다 많다면 : 전부를 이행청구 可

⇨ 남은 손해액이 제3자의 손해배상책임보다 적다면 : ㉠ 남은 손해액 청구 可 ㉡ (判) 보험자가 보험자대위에 의해 제3자의 손해배상책임액과 남은 손해액의 차액을 제3자에게 청구 可(차액설)

□ 이른바 '일부보험'의 경우 보험자가 대위할 수 있는 피보험자의 제3자에 대한 권리의 범위
  □ 보험약관 등에 이에 관한 명시적인 규정이 있다면 이에 따라야 할 것
  □ 명시적 규정이 없다면 고객에게 유리하게 해석하여 피보험자의 권리를 해하지 아니하는 범위 내로 제한 ○
  □ 보험자의 면책사유 존재 시 보험자대위 × ⇨ 보험계약자 또는 피보험자의 중과실에 의한 경우 보험자대위 ×

Excalibur 잔존물대위

□ 보험의 목적이 전부 멸실한 경우 보험금액의 전부를 지급한 보험자(§681 본문) ⇨ 그 목적에 대한 피보험자의 권리를 취득 ○
□ 일부보험의 경우(§681 단서) ⇨ 보험금액의 보험가액에 대한 비율에 따라 권리취득
□ **전부멸실** : 일부멸실 시에는 불성립
□ **전부지급** : 피보험자가 보험의 목적에 입은 손해뿐만 아니라 보험자가 부담하여야 하는 손해방지비용(§680)까지 지급한 것

Excalibur 청구권대위

□ 손해가 제3자의 행위로 인하여 발생한 경우에 보험금을 지급한 보험자는 지급한 금액의 한도에서 제3자에 대한 보험계약자 또는 피보험자의 권리 취득(§682① 본문)
□ 제3자의 행위로 인한 손해발생에서 제3자의 범위
  □ [HIT] 타인을 위한 보험계약에서의 보험계약자 ○
  □ 피보험자의 과실로 보험사고를 일으킨 경우 피보험자 ×
  □ [HIT] 보험계약자의 동거가족은 제외(피보험자로 봄) 단, 가족의 고의에 의한 손해발생의 경우에는 여전히 대위가 可(§682②)
  □ 자동차종합보험에 가입한 차주의 피용 운전사 ×
  □ 자동차종합보험에서 승낙피보험자의 행위로 보험사고가 발생한 경우 승낙피보험자 ×
□ 보험자의 피보험자에 대한 적법한 보험금 지급 要
  □ 일부 지급한 경우(§682① 단서)
    ⇨ 피보험자의 권리를 해하지 아니하는 범위 내에서 행사 可
  □ 보험자가 보험계약에 따라 면책 or 단순히 임의로 보험금 지급한 경우
    ⇨ 보험자대위 不可

- □ 피보험자 등의 제3자에 대한 권리의 존재
  - □ 불법행위 또는 채무불이행으로 인한 손해배상청구권에 한해 인정 ○
  - □ 피보험자가 제3자에 대한 권리를 미리 포기한 경우 대위 ✕
  - □ 보험금을 지급한 이후에는 피보험자가 권리를 포기하더라도 대위 ○
- □ **HIT** 효과 : 피보험자 등의 제3자에 대한 권리가 동일성 유지하며 보험자에게 이전
  - □ 보험자는 지급한 보험금액의 한도에서만 제3자에 대한 권리를 취득 ○
  - □ 채권의 소멸시효 기간 및 그 기산점은 피보험자 등이 제3자에 대하여 가지는 채권 자체를 기준으로 판단 ○
  - □ 권리의 이전 시 당사자 간 의사표시나 대항요건 不要
- □ 피보험자에 의한 권리행사의 효과
  - □ 보험자의 보험금 지급 전
    - ⇨ 피보험자는 자유로이 제3자로부터 손해배상을 받을 수 있고 권리 등의 처분도 可
  - □ 보험자의 보험금 지급 후
    - ⇨ 제3자가 변제한 경우 : 피보험자의 권리는 보험자에게 당연 이전 / 그럼에도 제3자가 피보험자에게 손해배상금 지급 시 선의·무과실이면 채권의 준점유자에 대한 변제로서 유효 / 보험자는 청구권대위 침해를 이유로 피보험자에게 부당이득반환청구, 손해배상청구 可
    - ⇨ 피보험자의 손해배상청구권 포기한 경우 : 무권한자의 처분행위로서 무효 / 보험자는 피보험자에 대해 부당이득반환청구 不可 (∵보험자는 제3자에게 여전히 대위권 행사가 可)
- □ 공동불법행위자 중 1인과 사이에 체결한 보험계약에 따라 보험자가 피해자에게 손해배상금을 보험금액으로 모두 지급함으로써 공동불법행위자들이 공동면책 된 경우 보험금액을 지급한 보험자가 상법 제682조 보험자대위에 따라 보험계약을 체결한 공동불법행위자 아닌 다른 공동불법행위자에 대하여 취득하는 구상권의 범위 ⇨ 지급한 보험금액의 범위 내에서 피해자가 불법행위로 인하여 입은 손해 중 다른 공동불법행위자의 과실비율에 상당하는 부분을 한도로 하는 것이므로 보험자가 피해자의 손해액을 초과하여 보험금액을 지급하였다 하더라도 그 초과부분에 대하여는 구상 不可

Excalibur 보험 목적의 양도

- □ 피보험자가 보험의 목적인 물건을 개별적으로 타인에게 양도한 때 (§679①)
  - ⇨ 양수인은 피보험자가 가졌던 보험계약상의 권리와 의무를 승계한 것으로 추정
- □ 적용여부 ⇨ 손해보험 일반에 적용 ○ / 인보험에는 적용 ✕
- □ 보험의 목적
  - ⇨ 보험의 목적은 특정되고 개별화된 물건이어야 ○
  - ⇨ 보험의 목적은 물권적 양도방법에 의하여 양도(특정승계)되었어야 ○

- □ 보험의 목적의 양도시
  - ⇨ 양도인 또는 양수인(함께 ×)은 보험자에 대하여 지체 없이 통지해야 ○(§679②)
  - ⇨ [HIT] 보험목적의 양도로 인한 현저한 위험의 변경 또는 증가가 없으면 통지의무위반을 이유로 보험계약 해지는 不可
- □ 선박보험과 자동차보험의 예외규정(§726의4①, §703의2)
  - ⇨ 선박양도는 보험자의 동의
  - ⇨ 자동차양도는 보험자의 승낙을 얻어야 보험계약상의 권리의무를 승계, 승낙이 없으면 보험계약 종료

Excalibur 책임보험

- □ 피보험자가 보험기간 중의 사고로 제3자에게 배상책임을 진 경우 그로 인한 손해보상을 목적으로 하는 보험(§719)
- □ 보험의 목적 ⇨ 피보험자의 전 재산 ○
- □ 보험가액을 정할 수 × ⇨ 일부보험, 초과보험, 중복보험의 문제 無
- □ 피보험자의 귀책사유에 의한 사고만 해당 ○
- □ 보험자의 보험금으로 지급할 의무 ⇨ 원본뿐만 아니라 지연손해금도 ○
- □ 피보험자가 제3자에게 손해배상을 하기 전에는 피보험자에게 보험금을 지급하지 않는다는 내용의 지급거절조항 : 유효
  - ⇨ 약관에 지급거절조항 존재 시 보험자는 피보험자의 보험금지급청구 거절 可
- □ 동일한 보험계약의 목적과 동일한 사고에 관하여 수개의 책임보험계약이 동시 또는 순차로 체결되어 보험금액의 총액이 피보험자의 제3자에 대한 손해배상액을 초과한 경우
  - ⇨ 보험자는 각자의 보험금액을 한도로 하여 연대책임(§725의2, 중복보험 준용)
- □ 피보험자의 배상청구 통지의무(§722)
  - ⇨ 제3자로부터 배상청구를 받은 경우 인정(①)
  - ⇨ 피보험자의 의무해태 시 보험자는 증가된 손해 보상 책임 無(② 본문)
- □ 책임보험에 있어 보험자의 제3자에 대한 항변
  - ⇨ 보험자가 보험계약자나 피보험자에게 대항할 수 있는 항변을 제3자에게 주장 可
  - ⇨ 보험자가 피보험자가 피해자에 대하여 가지는 항변을 제3자에게 주장 可(§724② 단서)
- □ 피보험자가 보험자의 동의 없이 제3자에 대하여 변제, 승인 또는 화해를 한 경우 보험자가 그 책임을 면하게 되는 합의가 있음에도 피보험자가 보험자와 협의 없이 제3자와 변제, 승인 또는 화해를 한 경우
  - ⇨ 그 행위가 현저히 부당하지 않는다면 보험자는 면책 ×(§723)
  - ⇨ 합의금액이 현저히 부당해도 보험자가 완전히 면책되는 것은 아니고, 다만 약관에서 정한 금액만 보상하면 충분 ○

Excalibur 손해보험의 손해방지비용과 책임보험의 방어비용

- □ **손해방지비용**(§680) : 손해의 방지와 경감을 위하여 필요 또는 유익하였던 비용
  - ⇨ 피보험자의 법률상 책임 여부가 판명되지 않은 상태에서 피보험자가 손해확대방지를 위한 긴급한 행위를 하였다면 이로 인한 필요·유익한 비용 : 손해확대방지를 위한 비용으로서 보험자가 부담 ○
  - ⇨ 손해방지비용과 보상액이 보험금액을 초과한 경우 : 보험자가 전액 부담 ○
- □ [HIT] **방어비용**(§720) : 피해자가 피보험자를 상대로 손해배상청구를 한 경우에 그 방어를 위하여 지출한 재판상 또는 재판 외의 필요비용
  - ⇨ 방어비용에 손해액을 가산한 금액이 보험금액을 초과하는 경우 초과부분에 관하여 보험자는 지급책임 無
  - ⇨ 보험자에 선급 청구도 可 / 피보험자는 방어비용 지출이 명백히 예상되는 경우에도 선급청구 可 / 방어비용을 실제로 지출한 경우에만 청구가능 약관은 무효
  - ⇨ 피보험자 및 보험자의 법률상 책임 여부가 판명되지 않은 상태에서 피해자라고 주장하는 자의 청구를 방어하기 위하여 피보험자가 지출한 비용도 방어비용에 포함
  - ⇨ 피해자가 피보험자에게 재판상 청구는 물론 재판외 청구조차 하지 않는 이상, 피보험자가 아닌 제3자를 상대로 제기된 소에서 지출한 변호사비용 ×
- □ **손해방지비용과 방어비용은 별개**
  - ⇨ 손해방지비용에 관한 약관이 방어비용에도 당연히 적용 ×

Excalibur 책임보험에 있어 제3자의 직접청구권

- □ **의의**(§724②) : 피보험자가 책임을 질 사고로 입은 손해에 대하여 제3자가 보험금액의 한도 내에서 보험자에게 직접 보상을 청구할 수 있는 권리
- □ **법적 성질**
  - □ 보험자가 피보험자의 피해자에 대한 손해배상채무를 병존적으로 인수한 손해배상청구권 ○ (보험금청구권 ×)
  - □ 중첩적 채무인수에서 인수인이 채무자의 부탁으로 인수한 경우 채무자와 인수인은 연대채무관계 ○
  - □ [HIT] 보험자의 손해배상채무와 피보험자의 손해배상채무는 연대채무관계 ○
- □ **청구 범위**
  - □ 지연손해금도 포함
  - □ 피보험자의 제3자에 대한 법률상 손해배상책임액이 그 한도 ○
- □ 공동불법행위자들의 보험자들 중 하나가 그 부담 부분을 넘어 피해자에게 손해배상금을 보험금으로 지급함으로써 공동면책된 경우
  - ⇨ 공동불법행위자 뿐 아니라 그들의 보험자들에 대해서도 구상권 행사 可

- □ 제3자의 직접청구권 행사 시(§724②)
  - ⇨ 보험자는 피보험자가 그 사고에 관하여 가지는 항변으로 제3자에게 대항 可
- □ 보험자가 보험계약자나 피보험자에 대해 대항할 수 있는 사유가 있는 경우
  - ⇨ 이를 이유로 제3자에게 대항 可
- □ 책임보험에 있어 피보험자가 보험자에 대하여 갖는 보험금청구권과 제3자가 보험자에 대하여 갖는 직접청구권의 관계
  - ⇨ 제3자의 직접청구권이 피보험자의 보험금청구권에 우선
- □ 피해자의 보험자에 대한 직접청구권의 전제가 되는 피해자의 운행자에 대한 손해배상청구권이 위 손해배상청구권과 손해배상의무가 상속에 의하여 동일인에게 귀속하는 경우 혼동으로 소멸 ⇨ 가해자가 피해자의 상속인이 되는 등 특별한 경우에 한함

Excalibur 해상보험

- □ 공동해손분담액의 보상(§694)
  - □ 보험자는 피보험자가 지급할 공동해손의 분담액을 보상할 책임 有(①)
  - □ But 보험의 목적의 공동해손분담가액이 보험가액을 초과할 때에는 그 초과액에 대한 분담액은 보상 無(②)
- □ 구조료의 보상(§694의2)
  - □ 보험자는 피보험자가 보험사고로 인하여 발생하는 손해를 방지하기 위하여 지급할 구조료를 보상할 책임 有
  - □ But 보험의 목적물의 구조료분담가액이 보험가액을 초과할 때에는 그 초과액에 대한 분담액은 보상할 책임 無
- □ 특별비용의 보상(§694의3)
  - □ 보험자는 보험의 목적의 안전이나 보존을 위하여 지급할 특별비용을 보험금액의 한도 내에서 보상할 책임 有
- □ 희망이익보험의 보험가액(§698)
  - □ 적하의 도착으로 인하여 얻을 이익 또는 보수의 보험에 있어서는 계약으로 보험가액을 정하지 아니한 때에는 보험금액을 보험가액으로 한 것으로 추정 ○
- □ 이로(§701의2)
  - □ 선박이 정당한 사유 없이 보험계약에서 정하여진 항로를 이탈한 경우 ⇨ 보험자는 그때부터 책임 無, 선박이 원항로 이탈 후 손해발생 전에 원항로로 돌아온 경우도 책임 無
- □ 상법상 보험위부
  - □ 피보험자가 보험사고로 인해 자기의 선박 또는 적하의 점유를 상실하여 이를 회복할 가능성이 없거나 회복하기 위한 비용이 회복하였을 때의 가액을 초과하리라고 예상될 경우 피보험자는 보험의 목적을 보험자에게 위부하고 보험금액의 전부를 청구 가능(§710)

- □ 선박의 존부가 2월간 분명하지 아니한 때(§711) ⇨ 그 선박의 행방이 불명한 것으로 하고 전손으로 추정 ○
- □ 위부는 무조건이어야 함(§714①)
- □ 위부의 원인이 그 일부에 대하여 생긴 때(§714②) ⇨ 그 부분에 대하여서만 이를 할 수 있음
- □ 보험자가 위부를 승인한 후(§716) ⇨ 그 위부에 대하여 이의 불가능

제3장 인보험

Excalibur 인보험(제727조 제1항)과 손해보험의 차이

- □ **피보험자**
  - ⇨ 인보험 : 자신의 생명, 신체가 보험에 붙여진 자연인
  - ⇨ 손해보험 : 피보험이익의 주체, 손해보상을 받을 권리를 가진 자
- □ **보험수익자** : 보험금을 받을 자로 지정된 자, 인보험에만 존재
- □ **보험의 목적**
  - ⇨ 인보험 : 피보험자의 생명, 신체
  - ⇨ 손해보험 : 보험사고 발생의 객체가 되는 피보험자의 재화
- □ **피보험이익**
  - ⇨ 보험사고가 발생하지 않는 데 대하여 피보험자가 가지는 경제적 이익
  - ⇨ 인보험 : 보험사고 발생 시 경제적 손해 유무 불문하고 약정금액 지급하므로 피보험이익의 문제 발생 × / 초과보험, 중복보험, 일부보험 문제 발생 × / 민법 제103조 적용해 무효여부 판단
  - □ 손해보험 : 손해보상이 목적이므로 피보험이익의 존재를 전제 ○ / 피보험이익의 평가액이 보험가액 ○ / 초과보험, 중복보험, 일부보험 문제 발생 ○
- □ **보험자의 면책사유**
  - □ 인보험 : 보험계약자 측의 고의로 인한 사고이면 면책 ○ / 중과실에 의한 사고라면 면책 ×
  - □ 손해보험 : 보험계약자 측의 고의, 중과실에 의한 사고이면 면책 ○
- □ **보험자대위**
  - □ 인보험 : 원칙적으로 금지 / 상해보험의 경우 제3자에 대한 보험자대위를 인정할 것을 약정으로 하는 것은 허용 ○
  - □ 손해보험 : 보험자대위 인정

Excalibur 생명보험(면책사유)

- □ 생명보험계약에서 보험자의 면책사유를 규정한 경우(§732의2)
  - □ 면책사유의 주장·입증책임 ⇨ 보험자 ○
  - □ [HIT] 손해보험과 달리 고의에 의한 경우에만 면책 ○ / 보험사고가 보험계약자, 피보험자, 보험수익자의 중과실로 인하여 발생한 경우에 보험자는 면책 × (§732의2)
  - □ (判) 보험자의 면책사유인 자살은 의도적 자살을 의미 ○ / 정신적 질환에 의한 자살은 면책사유인 자살 ×
  - □ 피보험자등의 고의행위가 사고의 공동원인 중 하나였다는 점을 증명하는 정도로 면책 × / 결정적 원인임을 입증하여야 ○
- □ 보험사고의 우연성의 입증책임 ⇨ 보험금청구자 ○

Excalibur 타인의 생명보험

- □ 보험계약자와 피보험자가 다른 생명보험 (보험계약자 ≠ 피보험자)
  - □ 타인의 사망을 보험사고로 하는 보험계약
  - □ cf. 타인을 위한 생명보험 : 보험계약자 ≠ 보험수익자
- □ [HIT] 타인(피보험자)의 서면동의(§731①) : 효력발생요건, 강행규정
  - □ 타인의 개별적 서면에 의한 동의 要
    - ⇨ 위반 시 확정적 무효 / 무효인 계약에 기초한 보험금 청구도 不可
  - □ 각 보험계약에 대하여 개별적으로 서면에 의하여 이루어져야 ○ (포괄적, 묵시적, 추정적 동의 인정 ×)
  - □ 대리·대행에 의한 서면동의 : 구체적 개별적 수권이 명백한 경우 인정 ○
  - □ 보험계약 체결 시까지 동의하여야 ○ / 피보험자에 의한 사후 추인은 무효
  - □ 피보험자의 서면동의 없이 타인의 사망을 보험사고로 하는 보험계약을 체결한 자 스스로가 무효를 주장하는 것 ⇨ 신의성실의 원칙 또는 금반언의 원칙 위반 ×
  - □ 타인의 생명보험계약 성립 당시 피보험자의 서면동의가 없을 경우 ⇨ 그 보험계약은 확정적으로 무효이고 보험계약을 추인하였다고 하더라도 그 보험계약이 유효 ×
  - □ 타인의 사망을 보험사고로 하는 보험계약에서 보험모집인이 타인의 서면동의를 받아야 한다는 점에 대한 설명의무를 이행하지 않고 보험계약자로 하여금 피보험자 대신 피보험자 자필서명란에 서명하게 하여 무효로 된 경우
    - ⇨ 보험회사는 보험금을 지급받지 못하게 된 보험계약자에게 손해배상책임 有
  - □ 보험수익자로 지정된 상속인 중 1인이 자신에게 귀속된 보험금청구권을 포기한 경우 ⇨ 그 포기한 부분이 당연히 다른 상속인에게 귀속 ×
  - □ 단체보험은 피보험자가 보험수익자 ○
    - ⇨ 서면동의가 不要, 단체구성원의 추정적 승낙만으로도 충분

- □ 15세 미만, 심신상실, 심신박약자 사망을 보험사고로 한 계약(§732)
  - ⇨ 무효 / 단 심신박약자는 예외 有 : 보험계약 체결 시나 단체보험의 피보험자가 될 때 의사능력이 있는 경우 무효 ×
- □ 보험계약으로 인하여 생긴 권리를 피보험자가 아닌 자에게 양도하는 경우(§731②)
  - ⇨ 타인의 서면동의 要
- □ 피보험자 이외의 제3자를 보험수익자로 지정 또는 변경 시(§734②)
  - ⇨ 피보험자의 서면동의 要

Excalibur 보험수익자 지정·변경권(제733조)

- □ 타인을 위한 생명보험(보험계약자 ≠ 보험수익자)에 존재
- □ 보험계약자는 보험수익자를 변경할 권리(①)
  - □ 행사에 의해 즉시 변경의 효력 발생하는 형성권, 보험자나 보험수익자의 동의 不要
  - □ 변경권을 행사하지 아니하고 사망 ⇨ 보험수익자의 권리가 확정(②)
- □ 보험계약자는 보험수익자를 지정할 권리(①)
  - □ 지정권을 행사하지 아니하고 보험계약자가 사망 ⇨ 보험수익자는 피보험자(②)
  - □ 지정권을 행사하기 전 보험사고 발생 ⇨ 보험수익자는 피보험자(④)
- □ 보험수익자가 보험존속 중 사망한 때 : 보험계약자는 다시 지정권 행사 可(③ 본문)
  - □ 지정권 행사하지 않고 보험계약자가 사망 ⇨ 보험수익자는 보험수익자의 상속인(③ 단서)
  - □ 지정권을 행사하기 전 보험사고 발생 ⇨ 보험수익자는 피보험자 또는 보험수익자의 상속인(④)
- □ 형성권, 보험자에 대해 통지해야 대항 可

Excalibur 재보험

- □ 의의(§661) : 보험자가 인수한 책임의 전부 또는 일부를 다른 보험자에게 인수시키는 보험계약
- □ 법적 성질 : 원보험자의 보험금지급채무를 담보하게 되므로 책임보험의 성격을 가지는 손해보험이며 기업보험
- □ 보험자가 피보험자에게 보험금 지급하면 보험자대위 법리에 따라 피보험자가 보험사고발생에 책임이 있는 제3자에 대하여 가지는 권리(§682)
  - ⇨ 지급한 보험금 한도에서 보험자에게 당연히 이전
- □ 재보험자가 원보험자에게 재보험금을 지급한 경우 ⇨ 원보험자가 취득한 제3자에 대한 권리는 지급한 보험금 한도에서 다시 재보험자에게 이전

- □ **책임보험의 규정(§726)** ⇨ 성질에 반하지 아니하는 범위에서 재보험계약에 준용
- □ **재보험자가 보험자대위에 의하여 취득한 제3자에 대한 권리의 행사**
  - ⇨ 재보험자가 이를 직접 하지 아니하고 원보험자가 재보험자의 수탁자의 지위에서 자기 명의로 권리를 행사하여 그로써 회수한 금액을 재보험자에게 재보험금의 비율에 따라 교부하는 방식에 의하여 이루어지는 것이 상관습
- □ **재보험자의 보험자대위에 의한 권리** ⇨ 원보험자가 제3자에 대한 권리행사의 결과로 취득한 출자전환주식에 대하여도 미침 ○

MEMO

MEMO

MEMO

MEMO

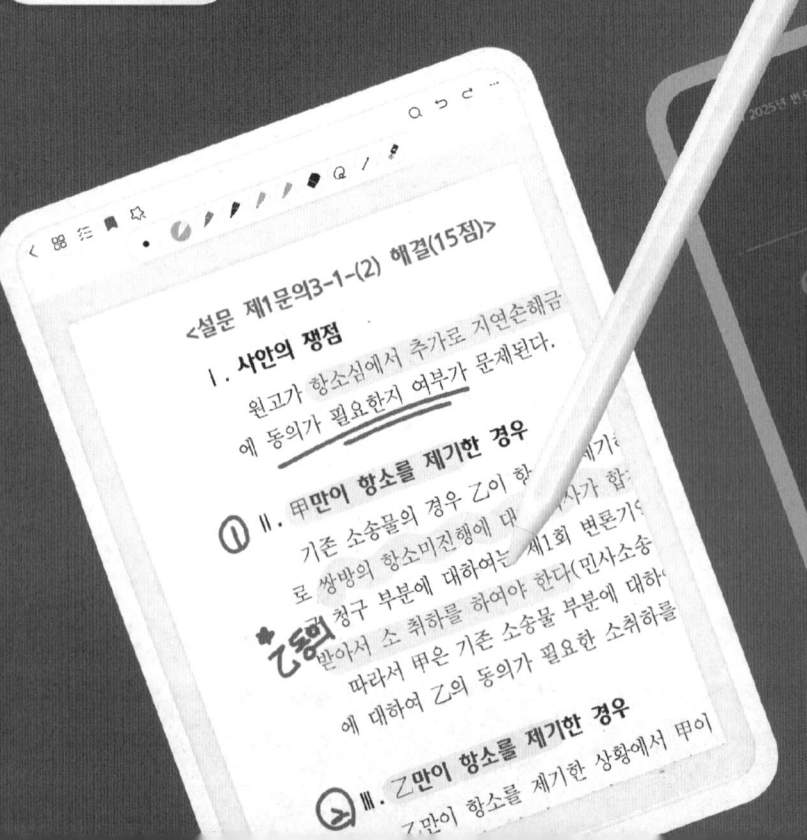